高等职业教育“十二五”电子商务专业规划教材

国家示范性高等职业院校建设项目成果

# 网上支付与结算

**第2版**

主　编　纪　琳

参　编　程　娅　朱小立

机 械 工 业 出 版 社

本书结合国家劳动技能考核标准与电子商务行业相应岗位所必需的电子商务从业人员的能力要求，以培养职业能力为核心，以项目为导向，用任务进行驱动，全面阐述网上支付结算的相关理论知识与实践操作方法，并力图把网上支付的理论分析与国内外网上支付的实践环境紧密结合起来，培养学生分析问题和解决问题的能力，为学生日后的实际工作奠定坚实的基础。

全书共分 7 个项目模块，包括网上支付与结算概述、网上支付的安全使用、网上支付工具、网上银行、第三方支付、其他支付结算方式与系统、网上金融等内容。每个项目由子任务构成，任务由情景实例引入，通过分析情景实例，使学生了解任务产生的实际背景、相关知识与技能的实际应用，从而提高学生的学习兴趣。同时，全书注重学习引导，每个项目都针对其自身内容提出了“应知目标”和“应会目标”，使项目内容有一个统一的主题；在每个任务完成后设置了任务完成结论、课堂训练、知识拓展，从而加深学生对课堂内容的理解，巩固所学的知识与技能。

本书可作为高职高专电子商务专业、经济管理专业及相关专业的教材，也可作为电子商务管理和应用人员的参考用书。

**图书在版编目（CIP）数据**

网上支付与结算/纪琳主编. —2 版. 北京：机械工业出版社，2014.6（2019.7 重印）
高等职业教育“十二五”电子商务专业规划教材
ISBN 978-7-111-47041-0

Ⅰ. ①网… Ⅱ. ①纪… Ⅲ. ①电子银行—支付方式—高等职业教育—教材 ②电子银行—结算方式—高等职业教育—教材 Ⅳ. ①F830.49

中国版本图书馆 CIP 数据核字（2014）第 125587 号

机械工业出版社（北京市百万庄大街 22 号　邮政编码 100037）
策划编辑：徐春涛　　责任编辑：徐春涛　乔　晨
封面设计：鞠　杨　　责任印制：郜敏
责任校对：徐春涛
河北宝昌佳彩印刷有限公司印刷
2019 年 7 月第 2 版第 7 次印刷
184mm×260mm · 17印张 · 418千字
标准书号：ISBN 978-7-111-47041-0
19501–21400册
定价：39.00 元

凡购本书，如有缺页、倒页、脱页，由本社发行部调换

电话服务
服务咨询热线：010-88379833
读者购书热线：010-88379649

网络服务
机 工 官 网：www.cmpbook.com
机 工 官 博：weibo.com/cmp1952
教育服务网：www.cmpedu.com
金 书 网：www.golden-book.com

# 第2版前言

作为电子商务关键环节的网上支付与结算，在电子商务的快速发展中愈发显示出其重要性。但在我国，由于相关网上支付与结算知识的缺乏以及传统观念的影响等原因，众多政府部门、企业组织与个人还是喜欢并习惯于传统支付结算方式，这与高水平的电子商务的发展需求并不适应，增加了企业开展电子商务的难度与成本，从而使资金流的处理成了电子商务业务流程中的难点，并成为我国电子商务发展的瓶颈之一。同时，我国高职高专学校为了应对来自社会的电子商务人才需求，正纷纷建立电子商务专业，开设了“网上支付与结算”课程。“网上支付与结算”是电子商务专业的一门专业核心课程，该课程正是融电子商务专业知识和专业技能为一体的实践性很强的综合性应用科学，涉及电子商务、计算机网络等学科的基本原理与基本知识的运用。通过本课程的学习，学生可以对有关网上支付与结算的基本理论和知识有一个全面的了解，并掌握一定的从事网上支付业务操作的技能。因此，本课程对于电子商务专业及相关专业培养目标的实现具有重要的意义。

有关全面叙述网上支付与结算内容的专业教材非常缺乏，能够全面地、专门地介绍网络支付结算与网络银行业务的教材几乎没有，多数是把相关网上支付的内容编成一章或一节放在有关电子商务安全或技术类书籍中，叙述简单，有很大局限性。

也有些教材多从网上支付的技术角度出发，所包括的技术知识和内容几乎涵盖了计算机科学技术目前所关注的尖端研究领域，而成为一本计算机专业知识的教材，缺少从企业实践的角度撰写电子商务从业人员网上支付与结算的相关内容，而老师和学生对真正的网上支付操作和流程并不了解，致使老师难以教授学生必需的网上支付与结算知识，也使学生难以掌握相关的网上支付与结算技能。Internet的飞速发展，也促进了网上支付技术的飞速发展。目前网上支付与结算相关教材的数据与案例相对比较陈旧，使这类教材运用起来不能得心应手。因此，很有必要结合能力本位的要求，从电子商务从业人员实践能力的角度来编写《网上支付与结算》教材，使其符合电子商务行业相应岗位的要求，也真正适应高职高专电子商务专业学生的需要。

近年来，国家大力推进以服务为宗旨、以就业导向的职业教育改革，并取得了一定的研究成果，尤其是在课程改革环节，提出了工作过程导向、项目导向、任务驱动等一系列新理念、新方法、新理论。目前，“以培养职业能力为核心，以工作实践为主线，以项目为导向，用任务进行驱动，建立以行动体系为框架的现代课程结构，重新序化课程内容，做到陈述性知识与程序性知识并重，将陈述性知识穿插于程序性知识之中，理论与实践一体化”的课程改革思路，已得到大多数专家和学者的认可。随着课程改革的进行，作为课程内容载体的教材也必然要进行改革。

基于以上原因，本教材结合国家劳动技能考核标准和电子商务行业相应岗位所必需的电子商务从业人员的能力要求，以培养职业能力为核心，以工作实践为主线，以项目为导向，用任务进行驱动，建立以行动体系为框架的现代课程结构，全面阐述网上支付结算的相关理论知识与网上支付结算的实践操作方法。本教材力图把网上支付的理论分析与国内外网上支付的实践环境紧密结合起来，培养学生分析问题和解决问题的能力，培养学生树立专业意识，提高学生的专业素养，为学生日后的实践工作奠定坚实的基础。

近年来网上支付与结算方式不断变化与丰富，《网上支付与结算》第 2 版更新了目前教材中各个项目模块中比较陈旧的数据与案例。其次，网上支付的飞速发展对网上支付的安全性要求也越来越高，因此第 2 版在各个项目中新增了电子商务网上支付的新方法与工具，如信用卡快捷支付、手机钱包移动支付、拉卡拉支付等，使教材内容及时反映市场需求，紧跟市场变化。

本书的编写人员由电子商务教学一线的拥有丰富的企业实践经验的教师、中青年专家组成，由纪琳担任主编，负责全书的整体设计、策划和统稿工作，程娅、朱小立参与了部分章节的编写。

在本书的编写过程中，编者参考了国内外相关出版物与网站资料，在此向相关作者表示衷心的感谢。由于网上支付正处于快速发展之中，编者学识所限，书中难免存在不妥之处，恳请广大同行与读者提出宝贵意见。

为方便学习，本书在相应任务中配有二维码，读者可扫码观看，自主学习。另外，本书还配有电子课件等教学资源，凡选用本书作为教材的老师均可登录机械工业出版社教育服务网 www.cmpedu.com 免费下载。如有问题请致信 cmpgaozhi@sina.com，或致电 010-88379375，联系营销人员。

编　者

# 目　录

第 2 版前言

项目一　网上支付与结算概述……1

任务一　了解网上支付与结算的基础知识……1
任务二　了解网上支付的基本流程和分类……13
任务三　网上支付与结算应用发展现状……19

项目二　网上支付的安全使用……24

任务一　了解网上支付的安全风险与需求分析……24
任务二　网上支付的安全管理……29
任务三　了解网上支付的相关安全技术……34
任务四　网上支付的 SSL 与 SET 协议机制……61

项目三　网上支付工具……74

任务一　了解信用卡网上支付方式……74
任务二　电子现金的使用……86
任务三　电子钱包的使用……93
任务四　智能卡的使用……100
任务五　电子支票的使用……106

项目四　网上银行……117

任务一　了解网上银行的相关知识……117
任务二　了解网上银行的金融业务……127
任务三　网上银行的业务申请……133
任务四　使用网上银行进行网上支付……141
任务五　国内外网上银行发展状况……150

项目五　第三方支付……157

任务一　了解第三方支付的相关知识……157
任务二　了解第三方支付的业务功能……162
任务三　使用第三方支付工具进行网上支付……172
任务四　第三方支付发展现状……192

项目六　其他支付结算方式与系统……197

任务一　移动支付应用……197
任务二　虚拟货币的支付应用……213
任务三　电话支付的应用……222

项目七　网上金融……233

任务一　网上证券交易……233
任务二　网上保险服务……244

参考文献……265

参考网址……265

# 项目一　网上支付与结算概述

作为电子商务的关键环节的网上支付与结算，在电子商务的快速发展中愈发显得重要，这也是当前金融电子化中电子银行构建的核心问题。随着技术的进步和日益迫切的电子商务需求以及人们传统观念的革新，越来越多的安全、可靠的网上支付手段正不断地被研发出来并且投入实践。网上支付结算方式相对于传统的支付结算方式更加快捷、成本更加低廉，而且实现了对网上交易者来说更加方便的支付，网上支付与结算是金融电子化的发展趋势，也是新时代商务支付结算方式的发展趋势。

本项目比较完整地介绍了网上支付的基本理论，如网上支付的产生与定义、功能与特点，重点描述了网上支付的运作体系结构、网上支付的支撑平台、网上支付的基本流程以及网上支付的系统模式，并分析了国内外网上支付方式的发展状况与发展趋势。

❑ 应知目标

- 了解网上支付与结算的概念、特点。
- 了解网上支付与结算体系的基本构成。
- 了解网上支付的支撑网络平台的构成。
- 了解网上支付的基本模式以及不同模式下网上支付的基本流程。
- 了解国内外网上支付的发展情况。

❑ 应会目标

- 能够对网上支付方式的类型进行判断。
- 能够用图文叙述网上支付的基本运作流程。

## 任务一　了解网上支付与结算的基础知识

### 知识点、能力点

- 了解网上支付与结算的产生与定义。
- 了解网上支付与结算体系的基本构成。
- 了解网上支付与结算的特征。
- 了解网上支付的支撑网络平台的构成。

### 任务情境

“网上支付”的出现不仅降低了银行的经营成本，它更为重要的意义在于：它构成了整个电子商务的核心环节。一个典型的电子商务交易由 3 个阶段组成，分别是信息搜寻阶段、订货和支付阶段以及物流配送阶段，其中第二阶段就涉及了网上支付问题，即如何利用互联网以安全、快捷的方式实现交易双方的资金划拨，以确保电子商务交易的顺利进行。

从 3 个阶段来看，网上支付是最关键的，因为网上支付一旦完成，物流的配送就是顺理成章的事，也就意味着完整网上交易的完成。而网上支付若不进行，电子商务就停留在信息搜寻或者至多草签协议阶段，无法进入实质的交易阶段。目前，国际上流行的网上交易模式 CtoC（消费者对消费者）、BtoC（企业对消费者）和 BtoB（企业对企业），无一不对网上支付阶段存在很强的依赖。可以说，没有有效的网上支付就不能完成完整的电子商务交易，由此可见网上支付的重要性。那究竟什么是网上支付与结算？网上支付与结算又是怎么产生的？网上支付系统由哪些角色组成？网上支付有什么特点与功能？网上支付的支撑平台是什么？本任务中我们将介绍网上支付的相关基本知识。

## 任务分析

通过本任务的学习，大家可以对以 Internet 为主要平台的网上支付与结算的基本知识有一个全面的认识，为我们以后学习网上支付应用体系与网上支付实际操作打下坚实的理论基础。

## 任务实施

### 一、了解网上支付与结算的产生与定义

支付结算就是最终实现将现金的实体从发款人传到收款人的商务过程。

传统支付是指为了偿清商务伙伴间由于商品交换和劳务活动引起的债权、债务关系，由银行所提供的中介金融服务业务，通过银行的信用流通工具为商务伙伴之间办理转账与结算，主要利用传统的纸质媒介进行资金转账，纸质媒介包括现金与纸质单据（银行汇票、银行支票、邮政汇票等）。

电子支付也称电子支付与结算，用英文一般描述为 Electronic Payment，或简称 E-Payment。它是通过电子信息化的手段实现交易中的价值与使用价值的交换过程，即完成支付结算的过程。电子支付产生于 20 世纪 70 年代，当时随着计算机和网络通信技术的普及和应用，银行的业务开始以电子数据的形式通过银行电子信息专用网络进行办理，诸如信用卡、电子汇兑等一些电子支付方式开始投入使用。至今，电子支付在支付结算业务中仍发挥着重要的作用，并且随着信息网络技术的不断进步，出现了很多新型电子支付与结算方式。

随着 20 世纪 90 年代全球范围内 Internet 的普及和应用，电子商务的深入发展标志着信息网络经济时代的到来，一些电子支付结算方式逐渐采用费用更低、应用更为方便的公用计算机网络，特别是以 Internet 作为运行平台，网上支付与结算方式应运而生了。

网上支付（Internet Payment）也称网络支付，它指以金融电子化网络为基础，以商用电子工具和各类交易卡为媒介，采用现代计算机技术和通信技术作为手段，通过计算机网络特别是 Internet，以电子信息传递形式来实现资金的流通和支付。

网上支付是基于电子支付的基础发展起来的，它是电子支付的一个最新发展阶段，即网上支付是基于 Internet 并且适合电子商务发展的电子支付。网上支付比流行的信用卡ATM 存取款、POS 支付结算等这些基于专线网络的电子支付方式更新、更先进、更方便，网上支付将是 21 世纪网络时代里支撑电子商务发展的主要支付手段。

## 二、了解网上支付体系的基本构成

### 1. 传统的电子支付系统

电子支付系统（Electronic Payment System）最早出现于20世纪60年代。美国率先开发出全球首个电子资金转账系统（EFT），随后英国和德国也相继创造出自己的电子资金转账系统。1985年，世界上出现了电子数据交换技术（EDI），并在电子支付中得到了广泛的应用。随着EFT技术的推广，产生了各种各样的电子支付系统，例如用于零售业务的银行卡授权体系、自动清算所以及20世纪末发展起来的网上支付和移动支付系统也在迅速发展。电子资金转账系统（Electronic Funds Transfer System，EFTS）缩短了银行之间支付指令传输的时间，并减少了在途流动资金。然而，EFTS并没有改变支付系统的基本结构。在过去的20年中，很多所谓的支付革新致力于减少银行成本、加快支票清算速度以及减少欺诈，而消费者很少与EFTS进行交互。电子商务中的支付创新改变了消费者处理支付的方式，消费者电子支付系统正在迅速地完善，包括网络支付和移动支付在内的支付形式，与以往各种电子支付方式相比，无论在技术上还是在经营理念上均有巨大的差异。传统电子支付系统中，应用比较广泛的主要有ATM系统、POS系统、电话银行系统以及电子汇兑系统。

（1）ATM系统　CD/ATM系统（简称ATM系统）即自动柜员机系统，是利用银行发行的银行卡，在自动存款机（Cash Dispenser，CD）或自动取款机（Automatic Teller Machine，ATM）上，执行存取款和转账功能的一种自助银行系统。该系统深受客户的欢迎，有效地提高了银行的效率，降低了银行的运营成本，是最早获得成功的电子资金转账系统。

ATM系统中的ATM是无人管理的自动、自助的出纳装置，客户可直接在CD或ATM上，以联机或脱机的方式自行完成存取款和转账等金融交易。CD和ATM既可安装于银行内，也可安装于远离银行的购物中心、机场、工厂和其他公共场所。按其要放的位置和方式，分为大堂式和穿墙式两种。通过ATM系统，银行可把自己对客户的服务扩大到银行柜台以外的地方，因此ATM系统是银行柜台存取款系统的延伸。由于ATM系统可在广泛的场所为客户提供全天候（7×24h）的日常银行业务服务，因此系统一经推出，就深受广大客户的普遍欢迎和喜爱，并迅速得到推广和应用。

一次典型的ATM交易过程通常包括3个步骤：

1）顾客将银行卡插入卡片入口，然后机器提示顾客在数字键盘上输入其密码。

2）顾客输入正确的密码后，可选择交易的类型，机器会进一步提示顾客用数字键输入交易额。

3）顾客输入交易额之后，系统将检验持卡人身份和权限，送往系统后台进行授权，若检验通过，顾客则可以得到要求的服务，并获得相关凭证。

一笔典型的交易所用的时间，大约在30～60s，口令输入错误不得超过3次，软件预制的交易时间不得超过2.5min。一旦超过此时限，机器就退回银行卡，拒绝受理此交易，并返回初始状态。根据央行发布的《2014年第三季度支付体系运行总体情况》报告，截至2014年第三季度末，全国共有联网ATM设备58.37万台，较2013年第三季度末增加9.97万台，增长率达20.6%。

（2）POS系统　POS的英文全称是Point of Sales，指安装在商户收款处的用于接受消费者使用支付卡支付的售货终端。POS 机的发展经过了几个阶段，从最早使用借记卡专有系统，到共享的联机系统，再到现在能够完成网上购物、网上支付和电子转账的 POS 系统。截至 2014 年上半年末，我国联网 POS 机具 1 358.12 万台，预计到 2020 年中国金融 POS 机市场保有量将达到 1.4 亿台左右。

目前 POS 支付体系主要分为 2 类：一类是开放式 POS 支付体系，另一类是封闭式 POS 支付体系。开放式 POS 支付体系是指发卡业务和收单业务相互独立，依靠信用卡组织的信息平台作用而运作的 POS 支付体系。它的开放式结构具有方便新业务机构加入和开拓客户的优点，容易形成大规模的网络，因而这是国际上目前应用最广泛的一类支付体系，如 Visa 支付体系和 MasterCard 支付体系以及我国的银联支付体系。封闭式 POS 支付体系是指由非银行机构的专业支付卡公司独立运作的支付体系。在封闭式 POS 支付体系中，支付卡公司为客户提供从发卡到收单的全套服务，无需信息中介参与。全球第三大支付卡组织美国运通采用的就是封闭式 POS 支付体系。

从消费者向商户出示支付卡到消费者当场收到支付凭证完成支付，一笔成功的 POS 支付大致需要经过以下几个步骤：

1）POS 终端的读卡机从消费者支付卡背面的磁条中解读出数据，然后将这些数据与有关特约商店、购物的货币价值等信息整合在一起创立一个新的电子信息。随后接通由收单行（该商店的交易账户所在的银行）维护运行的计算机。

2）收单行的计算机将与信用卡组织网络中心的计算机取得联系。当信用卡组织的计算机中获得该信息，将与发卡行（发给消费者支付卡的银行）的计算机取得联系，以检查消费者的账户中是否有足够的资金或者信用额度为此次购物进行支付。当资金足够时，发卡行的计算机就会向信用卡组织的计算机发回授权该笔交易的通知。信用卡组织的计算机再把这条指令传递给收单行的计算机，由收单银行计算机再传回给 POS 终端。

3）终端打印出应由消费者签字的收据，消费者签过字后支付过程就完成了。通常，整个交易授权过程只需花费几秒钟即可完成，其支付流程如图 1-1 所示。

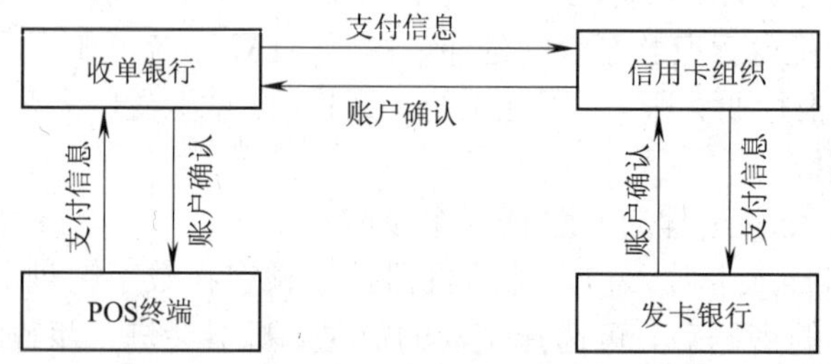


图 1-1　POS 支付流程

接下来的一段时间内（通常为 2～3 天），消费者的支付卡的发卡行将通过信用卡组织的计算机网络与商户的收单行完成清算和结算。如果消费者使用的是信用卡，消费款项将记入消费者的账户，由消费者按月向发卡行缴纳；如果消费者使用的是借记卡，消费款项将直接从消费者的账户中扣除。通常，商户只能得到消费款项的98%左右，其余的2%统称商户折扣（Merchant Discount），它以交换费、收单行收益和信用卡组织收益的形式在发卡行、收单行和信用卡组织之间进行分配。

（3）电话银行系统　电话银行中心是通过最新的数字处理技术以及软硬件技术的结合，将电信网络紧密地融合在一起，利用电话、手机、计算机等通信方式向客户提供金融服务的机构。电话银行中心提供的服务可以实现与客户沟通的渠道多样化、服务方式自动化、服务过程个性化、服务管理科学化，受理通过电话、手机、计算机、传真、电子邮件等多种通信方式发出的业务请求，不受时间、地域的限制，向客户提供365天每天24小时不间断的金融服务。

从业务角度而言，电话银行系统可分为以下几个子系统：

1）客户管理系统。该系统包括客户开户、账户管理、更改客户号等。客户需通过电话语音平台申请开户，取得一个客户号后，才能通过本系统进行有关业务。客户号可连接若干张已入网的银行卡卡号，通过客户指定的银行卡方可进行支付。

2）自助电话缴费系统。客户可通过系统选择缴费项目、缴费金额、银行卡种类及密码，缴纳各种费用，并将缴费结果实时通知收费单位。

3）长话系统。该系统可实现银行卡直接打长话业务。

4）综合查询。系统查询客户号所连接的银行卡账户余额。

5）网上购物、电话支付系统。作为电子商务的过渡形式，即客户通过互联网进行商品的选购、订购，再通过电话进行银行卡的支付。

电话银行系统具有较高的安全性。客户通过电话输入的信息都是以文字形式传到系统主机的，为了防止客户卡号和卡密码在电话中泄漏，系统在设计上要求客户必须先在系统开户后才能使用。客户在交易时输入客户号和部分卡信息（如卡号后四位）、卡密码，由系统找到相应卡号，再结合卡密码一起打包送银行，这样就防止了客户的卡号和卡密码同时出现在电话中，客户信息即使在电话中泄漏，风险也完全控制在本系统内，不会对其他系统造成危害。经过以上处理，可将客户卡号从电话交易中屏蔽掉，出于进一步的安全考虑，应将客户卡密码也屏蔽掉，即客户在开户时，由系统分配一个初始密码，以后交易时客户用此密码，而不直接用卡密码，这样就将系统与其他电话交易系统完全隔离，客户的风险也就更安全地被控制在本系统内部了。

（4）电子汇兑系统　电子汇兑（Electronic Agiotage 或 Electronic Exchange）是利用电子手段处理资金的汇兑业务，以提高汇兑效率，降低汇兑成本。电子汇兑系统泛指行际间各种资金调拨作业系统，包括一般的资金调拨业务系统和清算作业系统。一般的资金调拨作业系统，如托收系统用于行际间的资金调拨；清算作业系统用于行际间的资金结算。电子汇兑系统是银行之间的资金转账系统，它的转账资金额度很大，是电子银行系统中最重要的系统。通常，一笔汇兑交易，由汇出行发出，至汇入行收到为止。图1-2为电子汇兑系统的运作模式示意图。

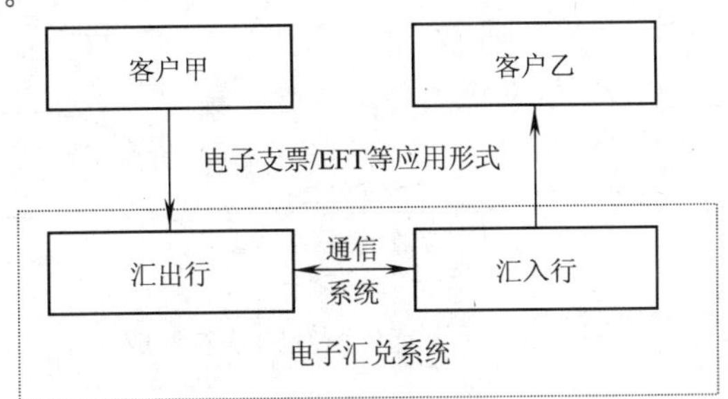


图1-2　电子汇兑系统的运作模式示意图

一般将汇兑作业分成两类：联行往来汇兑业务和通汇业务。联行往来汇兑业务是指汇出行与汇入行隶属同一银行的汇兑业务；通汇业务的资金调拨作业需要经过不同银行多重转手处理才能顺利完成，因此通汇业务实际是一种行际间的资金调拨业务。

电子汇兑系统由于功能和作业性质的不同可分为如下几大类：

1）通信系统。该系统负责为银行、资金调拨系统或清算系统提供信息服务，为其成员金融机构传送同汇兑有关的各种信息。成员行接收到信息后，若同意处理，则将其转送到相应的资金调拨系统或清算作业系统内，再由后者进行各种必要的资金转账处理。最著名的通信系统是国际环球同业银行金融电讯协会（SWIFT）。通信系统的存在，可以解决没有资金往来历史的银行间的汇兑问题，在国际贸易交易中，这类系统的存在是十分必要的。

2）资金调拨系统。这类系统是典型的汇兑作业系统，它们的功能比较齐全。这类系统有的只提供资金调拨，有的还提供清算服务。代表性的系统包括美国的 CHIPS、FEDWIRE 和日本全国银行数据通信系统。中国各商业银行的电子汇兑系统以及中国人民银行的全国电子联行系统均属此类。

3）清算系统。当汇入行接受汇出行委托，执行资金调拨处理，导致行际间发生借差或贷差，且两家银行又无直接清算能力时，则需委托另一个适当的清算系统进行处理。以美国为例，CHIPS 除可做资金调拨外，还可兼做清算，但对象仅限纽约地区的银行。纽约以外的银行清算要交给具有清算能力的 FEDWIRE 来处理。中国的异地跨行转汇，必须经过中国人民银行的全国电子联行系统，才能得以最终清算。

### 2．网上支付系统的体系结构

电子商务中的网上支付系统利用计算机技术，借助于 Internet，实现在线支付，支付过程涉及了客户、商家、银行或其他金融机构、商务认证管理部门之间的安全商务互动，因此支撑网上支付的体系可以说是融购物流程、支付与结算工具、安全体系、认证体系、信用体系以及现在的金融体系为一体的综合大系统。网上支付系统的基本构成如图 1-3 所示，其中涉及 7 大构成要素。

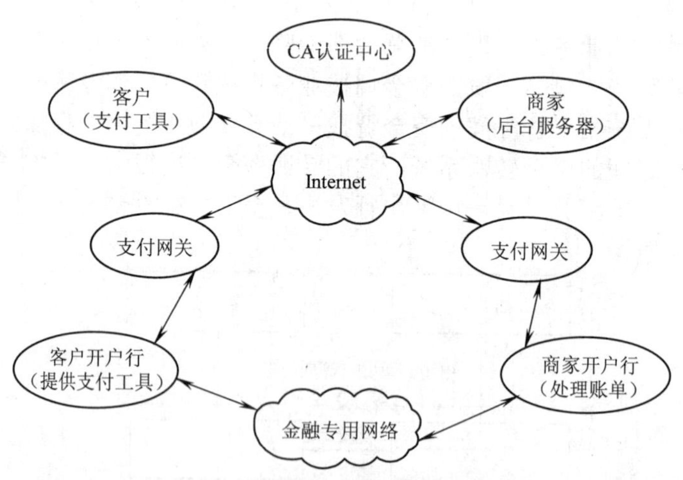


图 1-3　网上支付系统的基本构成

（1）客户　客户是指在 Internet 上与某商家或企业有商务交易关系并且存在未清偿的债权、债务关系的一方（一般是债权）。客户用自己已拥有的支付工具（信用卡、电子支票、电子现金等）发起支付，它是网上支付体系运作的原因和起点。

（2）商家　商家是指在 Internet 上拥有债权的商品交易的另一方，可以根据客户发起的支付指令向金融体系请求获取货币给付，商户一般设置专门的后台服务器来处理这一过程，包括协助身份认证及不同网上支付工具的处理。

（3）客户开户行　客户开户行是指客户在其拥有资金账户的银行，客户所拥有的网上支付工具主要是由开户银行提供的。客户开户行在提供网上支付工具时，同时提供一种银行信用，即保证支付工具是真实并可兑付的。在利用银行卡进行网上支付的体系中，客户行又被称为发卡行。

（4）商家开户行　商家开户行是指商家在其中开设账户的银行，其账户是整个支付过程中资金流向的目的地，商家将收到的客户支付指令提交给其开户行后，就由开户行进行支付授权的请求以及进行商家开户行与客户开户行之间的清算等工作。商家开户行是依据商家提供的合法账单（客户的支付指令）来工作的，因此又被称为收单行或接受行。

（5）支付网关（Payment Gateway）　支付网关是指银行金融专用网络系统和 Internet 网络之间的接口，是由银行操作的将 Internet 上传输的数据转换为金融机构内部数据的一组服务器设备，或由指派的第三方处理商家支付信息和顾客的支付指令。网络支付的电子信息必须通过支付网关进行处理后才能进入安全的银行内部支付结算系统，进而完成安全支付的授权和获取。支付网关可确保交易在 Internet 用户和交易处理商之间安全、无缝的传递。支付网关将 Internet 传来的数据包解密，并按照银行系统内部的通信协议将数据重新打包；接收银行系统内部传回来的响应消息，将数据转换为 Internet 传送的数据格式，并对其进行加密。即支付网关主要完成通信、协议转换和数据加解密功能，以保护银行内部网络。

（6）金融专用网络　金融专用网络是指银行内部及银行间进行通信的专用网络，它不对外开放，因此具有很高的安全性。金融专用网络包括中国国家现代化支付系统（CNAPS）、人民银行电子联行系统、商业银行电子汇兑系统、银行卡授权系统等。目前我国传统商务中的电子支付与结算应用如信用卡 POS 支付结算、ATM 资金存取、电话银行、专业 EFT 系统等，均运行在金融专用网络上。银行的金融专用网络发展迅速，为逐步开展电子商务网上支付提供了必要条件。

（7）CA 认证中心　CA 认证中心与传统商务中的工商局的作用有点类似，是个第三方公证机构，主要负责为 Internet 上参与网上电子商务活动的各方（包括客户、商家、支付网关、银行）发放与维护数字证书，以确认各方真实身份，保证网上支付的安全性。

除以上 7 大构成要素外，网上支付系统的构成还包括网上支付时使用的网上支付工具以及遵循的支付通信协议。其中网上支付工具有银行卡、电子现金、电子支票、网上银行等。支付通信协议指支付的安全通信与控制模式，主要对交易中的购物流程、支付步骤、支付信息的加密、认证等方面作出规定，以保证能实现快速、有效、安全地支付与结算，如 SSL 协议与 SET 协议。

## 三、了解网上支付与结算的特征与基本功能

### 1．网上支付与结算的特征

相对于传统支付结算时普遍使用的“一现三票一卡”（现金、发票、本票、汇票和信用卡）方式，以 Internet 为主要平台的网上支付结算方式表现出更多的优点，其特征如下：

（1）数字化　网上支付以计算机技术为支撑，采用先进数字技术、数字流转来处理有关存储、支付和流通，即以数字化的方式完成相关支付信息传输。与传统支付通过现金、票据等实物流转来实现有很大的不同，传统支付结算方式是通过纸质现金的流转、纸质票据的转让和银行的汇兑等物理实体的流转来完成款项支付。

（2）网络化　网上支付的工作环境为开放的网络平台 Internet，并结合了银行专用网络，而传统支付往往只利用封闭的银行专用网络系统。

（3）方便、快捷、高效、经济　网上支付具有方便、快捷、高效、经济的优势。由于 Internet 应用的特点就是兼容性较强，因此网上支付客户对软、硬件设施要求并不是很高，联网与应用均十分便捷。用户只要拥有一台上网的 PC（Personal Computer），便可以足不出户，在很短的时间内完成整个支付与结算过程。支付费用仅相当于传统支付的几十分之一，甚至几百分之一。传统的支付方式，由于票据传递迟缓和手工处理的手段落后形成了大量在途资金，无法做到银行间的当天结算，因而交易双方的资金周转速度很慢。网上支付系统可以直接通过 Internet 将资金转账到收费者的银行账号上，这比邮寄或第三方转账大大缩短了付款时间，提高了资金的周转率和周转速度，既方便了客户，又提高了商家的资金运作效率，也方便了银行的处理。同时，接入非常简便，使得普通消费者与小公司也有机会使用网上支付系统。

（4）轻便性、低成本性　网上支付具有轻便性和低成本性。与电子货币相比，一些传统的货币如纸质货币和硬币则愈发显示出其奢侈性。在美国，每年搬运有形货币的费用高达 60 亿美元，英国则需要 2 亿英镑。世界银行体系之间的货币结算和搬用费用占到其全部管理费用的 5%。而采用网上支付方式，会使电子信息系统的建立和维护开销都很小，且 Internet 的应用费用很低。例如，据咨询公司 Booz 所做的调查，在美国，一桩通过 Internet 完成的网络支付结算成本仅为 1 美分，而通过 POS 专线支付或营业员柜台操作完成结算的成本分别高达 27 美分与 1.07 美分。

（5）安全性、一致性　网上支付的安全性是保护买卖双方不会被非法支付和抵赖，一致性是保护买卖双方不被冒名顶替。网络支付系统和现实的交易情况基本一致，而网络支付协议充分借用了尖端加密与认证技术，其设计安全可靠。所以，网上支付远比传统的支付结算更安全可靠。

（6）提高资金管理水平　网上支付可以提高开展电子商务的企业资金管理水平。银行和商家发现通过 Web 页面或 E-mail 向客户散发宣传资料是一条很好的促销渠道。采用网上支付方式以后，不仅可以做原有的网络广告宣传，而且能够十分方便地利用收集的客户信息建立相关的决策支付系统，如进行账单分析、估测市场趋势、预算新举措费用等，为企业进行科学的决策，降低经营风险等提供有力支持。同时，网上支付的高效率，可使企业很好地进行资金处理和结算，有效地防止拖欠的发生，这对于提高资金管理和利用水平有很大的帮助。由于网上支付工具和支付过程具有无形化、电子化的特点，它将传统支付方式中的面对面的信息关系虚拟化，因此对网上支付工具的安全管理不能依靠普通的防伪技术，而是通过用户密码、软硬件加密和解密系统及防火墙等网络安全设备的安全保护功能实现。为了保证网络支付工具的通用性，还要制定一系列标准与规则。因此，网络支付能使企业资金管理的复杂性逐渐降低。由于随着网上各种资金检测系统的研发应用与电子商务发展的逐渐成熟，系统的自动处理能力越来越强，复杂性将逐渐降低。

当然，就目前的技术水平而言，网上支付作为新兴方式，还存在一定的安全性以及支付环境、管理规范不完善等问题，但这些问题在传统支付结算中也存在。随着电子商务的蓬勃发展，电子货币和网上支付的发展已经呈现加速趋势。网上支付和电子货币的出现使得在全球范围内统一货币成为可能，货币的统一将进一步推动全球经济的一体化进程，货币交换速度的提高也将加快社会经济的增长速度。

2．了解网上支付的基本功能

虽然网上支付体系的基本构成和方式在不同的环境不尽相同，但安全、有效、方便、快捷是所有网上支付方式或工具追求的共同目标。对于一个实用的网上支付与结算系统而言，它至少应该具有以下 7 种基本功能：

（1）能够通过数字签名和数字证书等实现对网上商务各方的认证，以防止支付欺诈。为实现网上交易与支付的安全性，对参与网上贸易的各方身份的有效性进行认证，通过认证机构或注册机构向参与各方发放数字证书，以证实其身份的合法性。例如，经常有一些网上黑店、网上钓鱼网站利用 Internet 的漏洞来进行网络诈骗。

（2）利用较为尖端的加密技术，对相关支付信息流进行加密。可以采用对称密钥加密与非对称密钥加密技术进行信息的加密和解密，可采用数字信封、数字签名等技术加强数据传输的保密性与完整性，以防止未授权的第三者获取信息的真正含义，如防止网上信用卡密码被黑客破译窃取。

（3）能够使用数字摘要（数字指纹）算法确认支付信息的真实性，防止伪造、假冒等欺骗行为。为了保护数据不被未授权者建立、嵌入、删除、篡改、重放等，完整无缺地到达接受者一方，可以采用数据摘要技术（Hash 技术）。

（4）当网上交易双方出现纠纷，特别是有关支付结算的纠纷时，系统能够保证对相关行为或业务的不可否认性。网上支付系统必须在交易的过程中生成或提供足够充分的证据来迅速辨别纠纷中的是非，可以用数字签名等技术来实现。例如，当客户运用信用卡在某月 10 号支付完毕，可是商家因为自身的某些原因而故意认为在该月 20 号才收到货款而延迟发货，甚至根本否认收到客户的网上支付款项，从而产生纠纷，此时系统便可明辨是非，保护客户权益。

（5）能够处理网上贸易业务的多边支付问题。由网络支付体系的基本构成可知，支付结算牵涉客户、商家和银行等多方角色，传送的购货信息与支付指令信息还必须连接在一起，因为商家只有确认了某些支付信息后才会继续交易，银行也只有确认支付指令后才会提供支付。同时，为了保证安全，商家不能读取客户的支付指令，银行不能读取客户的购货信息，这种多边支付的关系能够借用系统提供的诸如通过双重数字签名等技术来实现。

（6）整个网上支付结算过程对网上贸易各方，特别对客户来讲，应该是方便易用的，手续与过程不能太烦琐，大多数支付过程对客户与商家来讲是透明的。

（7）能够保证网络支付结算的速度，即应该让商家与客户感到快捷，这样才能体现电子商务的效率，发挥网络支付结算的优点。例如，开通网上支付方式，通过网络购买证券或基金，如果下单后，资金迟迟不能到账，便会造成经济损失。因此，网上支付结算如果处理太慢，则会误事，甚至引起很多纠纷。当然，在保证网上支付结算快捷的同时，应注意稳定性。

## 四、了解网上支付的支撑网络平台

包括网上支付在内的电子支付是一种通信频次大，数据量不定，实时性要求较高，分布面很广的电子通信行为，因此电子支付的网络平台通常为交换型、通信时间较短、安全保密性好且稳定可靠的通信平台，它必须面向全社会，对所有公众开放。

电子支付的常见网络平台有电话交换网 PSTN、公共数据网、专用数据网、EDI 专用网络平台以及近年发展起来的 Internet 等。最早的电子支付网络平台主要有 PSTN、X.25 和 X.400 网络等，后来出现 X.435、X.500 等网络平台。随着网络时代的到来，这些网络的普及面及速度明显跟不上当前业务发展的需要，特别是不能支撑以 Internet 为平台的电子商务下网上支付结算的需要。

目前，网上支付的支撑网络平台主要有 2 类：一类是传统成熟的专用网络支付平台，另一类是大众化网络平台 Internet。它们各有优缺点和应用环境，随着 Internet 在社会各行各业的大规模普及应用，EDI 已从专用网络逐渐向 Internet 转移，如 Web-EDI 的发展就是支付平台的关注热点，也体现出上述两个平台的融合趋势。

**1．早期的传统网络平台**

（1）电话交换网 PSTN　当前我国的电话普及率几乎达到了 100%，电话交换网 PSTN 的网络规模非常庞大，这为开展以 PSTN 为平台的电话支付结算业务提供了支持。不过，发达国家的许多银行早在 20 世纪 70 年代就开展了这种电话转账、查询业务，近几年，在我国各地包括转账、支付、查询在内的电话银行业务也逐渐开展起来。在基于 PSTN 的网络平台下，用户入网比较方便灵活，相关技术比较成熟。随着电子支付用户的大量增多和交易量的大幅度增加，基于模拟电话网的电子支付业务便暴露出一些问题，如直观性差、交易时间长、“重拨”现象明显、接通率低、可靠性较低、保密性较差、误码率高等，使电话银行的业务受到影响，更不能满足电子商务的需求，因此现代化大容量的电子支付与电子商务下的网上支付需要数字化、安全、可靠、快捷的网络平台来支撑。当然，现在的移动电话（手机）已经非常普及并且处理事务非常方便，基于无线通信网络的移动电话支付是非常有发展潜力的，特别是对小额的个体消费支付。比较高级的移动支付实质上已经不是语音服务而是数据服务，它主要借助无线网络来处理数据业务，例如现在的 WAP 服务就为手机上网后进行支付提供了支持，它实际上也是基于 Internet 的支付，只不过是无线的 Internet 平台。

（2）分组交换数据网　分组交换数据网主要有 X.25、X.400、X.435、X.500 网络等，以 X.25 网络为典型代表，也就是包交换（Package Exchange）或帧交换网络，网络通信协议遵循 ISO 的 OSI 7 层模型，非常规范。分组交换数据网应用上有很多特点，本身非常适合于业务量较小的异步数据传输。例如：虚拟电路的灵活设置适用于多台终端同时与银行主机通信，且扩容变得非常容易，带宽的统计复用消除了原来因中继线争用带来的通信不畅；通信协议的多层纠错功能保障误码率比电话交换网低很多，基本能使商务伙伴间支付结算等交易数据准确无误地被传递；组网模式也可以与原有的 PSTN 模式兼容，以便分别发挥各自的优势。我国已形成了覆盖全国的公用分组交换等数据网络设施，这为实现全国范围内电子支付网络打下了物质基础。

分组交换数据网在电子支付领域具有固有的安全性能，这不仅体现在数据网本身良好的网络拓扑结构和网络管理能力上，VPN（虚拟专用网）、CUG（闭合用户群）、Firewall（防火墙）等技术的广泛应用也为数据网上电子支付的应用提供了有力的保障，有效防止了非法用户的侵入。例如，借助 VPN，银行利用公用数据网的条件组成专用的虚拟金融支付网络，并可由自己来管理 VPN 资源。由于是专用线路专用网络，VPN 比较安全可靠。

还可借助闭合用户群 CUG 业务，即根据由若干用户组成一个固定或临时的通信群体，群体内的用户之间可以互相通信，群体外的用户则无法与内部用户通信，该业务也可为电子支付的安全通信提供方便。

用户应用分组交换数据网络毕竟是专网租用，比较昂贵，而且在应用人群的普及面上还比较窄，与支持电子商务开展的 Internet 技术上还有不同。这些都不能满足电子商务中即时、经济、方便、快捷的网上支付与结算需要。现在银行的金融专用网还采用分组交换数据网络技术或专线 DDN 技术，支持 POS 支付、ATM 服务等。

（3）专用成熟的 EDI 网络平台 EDI 是 Electronic Data Interchange 的缩写，中文译为“电子数据交换”。EDI 业务出现在美国 20 世纪 70 年代初，最早应用于物流企业的贸易服务，经过多年发展，现已成为国际贸易的主要模式之一，广泛应用于各行各业。EDI 是一种在贸易企业之间借助通信网络，以标准格式传输订货单、发货通知单、运货单、装箱单、收据发票、保险单、进出口申报单、报税单、缴款单等贸易业务文件的电子文本，可以快速交换贸易双方或多方之间的商务信息，从而保证商务快速、准确、有序并且安全进行。可以说 EDI 是一种以网络为平台的基于电子处理的商务形式，被称为企业间的 “无纸贸易”。EDI 业务代表了电子商务真正的开端，只不过网络平台是 EDI 专用通信网，而非 Internet。

在 EDI 系统中交易的信息需要根据国际标准协议进行格式化，形成标准电子版本，通过计算机通信网络对这些数据进行交换和自动化处理，从而有机地将商业贸易过程的各个环节（包括海关、运输、银行、商检、税务等部门）连接起来，实现包括电子支付在内的全部业务，在效率上较传统手工或传真商务有很大的优越性。EDI 系统具有一整套成熟的安全技术体系，能够有效防止信息的丢失、泄密、篡改、假冒、商务抵赖和拒绝服务等。

由于整个 EDI 业务系统的开展是建立在一个遍布全球的 EDI 通信专用平台上，所以 EDI 的支付结算业务也是应用这个专用网络平台开展的，经过多年发展，技术相当成熟，现已成为 WTO 成员国之间采用的主要国际贸易形式。随着经济全球化的进一步深入，EDI 商务形式正在包括我国在内的国家大力拓展。但 EDI 通信网络平台毕竟是专用的，且只用于企业和企业间的贸易信息交换，应用条件较为苛刻、专业，而且昂贵，所以发展到现在用户面还比较窄，特别是在我国这样的发展中国家，目前还主要用于较大企业之间的国际贸易，在中小企业间尚未普及。

随着 Internet 的进一步发展，目前 EDI 与 Internet 有相互结合的发展趋势，即 Web-EDI 的出现。所谓 Web-EDI，就是把 EDI 系统建立在 Internet 平台上，而不是原来的专用网络，而 EDI 运作规则与标准基本不变。这样，Web-EDI 就能大大减少中小企业实现 EDI 的费用，允许中小企业只需要通过 Web 浏览器和 Internet 连接来执行 EDI 信息交换，大大拓展了 EDI 的应用范围。这里，Web 是 EDI 报文的接口，一般情况下，其中一个参与者是比较大的企业，针对每个 EDI 报文开发或购买相应的 Web 表单，改造成适合自己的译文，然后把它们放在 Web 站点上，Web 表单就成为 EDI 系统的接口；另外一个参与者是较小的公司，它登录到 Web 站点，选择其所感兴趣的 Web 表单填写，将填写结果递交 Web 服务器后，通过服务器端程序进行合法性检查，把它变成通常的 EDI 报文。报文的处理就与传统的 EDI 报文处理一样，为了保证报文信息从 Web 站点返回它的参与者，报文还能转变成 Web 表单或 E-mail 的形式通知贸易双方。因此，对所有的交易，EDI 的相关费用转换只发生一次，对所有参与者来说都发生在 Web 站点上，使 Web-EDI 应用起来简单方便，同时也降低了 EDI 的使用成本。

银行 EDI 系统是 EDI 应用的重要部分之一，其特点是业务数据量大，单证种类多，处理复杂，涉及面广（如涉及商业、制造业、海关、运输业、保险业等重要行业）。银行作为经济活动中的主要角色，在商业贸易中承担着将商业信用变为银行信用的任务，由于银行的介入，增强了买卖双方成交的信心，同时为买卖双方提供了融资的可能性。EDI 的全球发展要求采用统一的国际标准，Un/Edifact 已经成为了事实上的国际统一标准。因此，银行 EDI 系统全面采用了 Edifact 标准，包括数据源、报文标准及语法规则，Edifact 已经制定了涉及银行结算业务的报文标准格式，如开证申请书、证实书、托收申请书、通知书等。

通过商户业务管理系统产生的内部数据结构的单证，利用报文格式翻译模块将商户内部格式转化为标准 EDI 格式，然后对报文进行加密和权限检查，附加相应的标志、地址等信息，将报文数据流打包，然后对数据进行压缩，加上相应的纠错码以后调用 EDI 通信软件，通过网络发送出去。若没有 EDI 中心，银行方将承担一部分应由 EDI 中心承担的工作，根据纠错码信息决定是否要求对方重发数据，如果校验正确，则将数据拆包，解密并进行权限检查，将报文各部分分解后翻译为业务系统可识别的信息，送入业务处理系统进行处理。

随着 EDI 应用的深入发展，部分大城市建了 EDI 服务中心，在有中心的地方，无论银行、商户都可作为信息中心的客户，报文的通信、法律等问题就比较容易解决，银行在系统中的地位与普通商户相同，只作为 EDI 服务中心的用户。

一般银行—商户 EDI 系统均由两大部分组成：其一是银行内部国际结算等相关业务处理系统，包括进口、出口、汇入、汇出、托收等子系统；其二是银行与商户进行网络数据交换的 EDI 系统，主要包括接口软件、翻译软件和通信服务软件。其中，网络通信系统和翻译系统通用性强，目前不乏大量的成熟产品。

（4）大众化网络平台 Internet　在传统通信网和专用网络上开展网上支付结算业务，由于终端和网络本身的技术难以适应电子商务业务量的急剧上涨等一些局限性因素，使用户面很难扩大，且使用户、商家和银行面对昂贵的通信费用。因此，寻求一种经济、易用的且对大中小型企业与普通消费者都能适用的大众化平台，成了当务之急。全球飞速发展的 Internet 就顺其自然地成为焦点。与此同时，与网上支付结算相关的技术、标准和实际应用系统也不断涌现，使得基于 Internet 上进行网上支付已经成为现代化支付系统特别是支撑电子商务支付结算的发展趋势。

Internet 网络支付平台并不只包括 Internet 部分，大众化 Internet 网络支付平台要由 Internet、支付网关、银行内部专用网络 3 个部分组成，其网络结构如图 1-3 所示。支付网关的作用是特殊而重要的。它是位于 Internet 和传统的银行专用网之间，用于连接银行专用网络与 Internet 的一组专用服务器。设置支付网关的主要目的是安全地连接 Internet 和银行专网，完成两者之间的通信、通信协议转换和进行相关支付数据的加密、解密，将目前不安全的开放的 Internet 上的交易信息传给内部封闭的安全的银行专网，起到隔离和保护银行内部网络的作用。正是有了支付网关，整个 Internet 网络支付平台才是一个安全可靠的平台，大大方便了商家与客户对网络支付系统的应用，因为支付网关的运作对商家与客户来讲均是“透明”的，它由第三方或银行来研发运作。

支付网关的主要应用过程简略描述如下：

1）将从 Internet 传来的相关支付数据包进行解密，按照银行系统内部的通信协议将数据重新打包，完成协议转换，发送银行内部业务处理服务器。

2）接收从银行内部业务处理服务器传回的反应或反馈信息，将此数据转换为外面 Internet 网络使用数据格式（TCP/IP 包），并对其进行加密，防止失密。

3）支付网关将经过加密的 Internet 数据包转发相关商家或客户，这样一次支付结算的信息处理流程结束。后面继续这个处理流程，直至客户的一次网上支付结算业务处理完毕。

在 Internet 这个大众化的网络支付平台中，认证中心也是一个很重要的角色，它是安全支付的控制与管理中心。在完成网络支付结算时，客户、商家、支付网关甚至银行服务器均需频繁地与认证中心进行信息交互，如数字证书的验证、数字签名的辅助运作等，因此可以说它是保证安全可靠的网上支付结算的核心。

### 任务完成结论

本任务比较完整地介绍了网上支付的产生、定义、特征、功能以及网上支付的支撑平台，重点详细描述了支持电子商务发展的网上支付运作体系结构。通过本任务的学习，大家可以对网上支付的相关基本理论有了一个全面的认识。

### 课堂训练与测评

结合网上支付的运作体系结构，分析我国目前网上支付运作体系中的不足。

### 知识拓展

了解艾瑞咨询发布的《2013 年中国网上支付市场监测报告》。

## 任务二　了解网上支付的基本流程和分类

### 知识点、能力点

- 了解网上支付的基本流程。
- 了解网上支付的分类。

### 任务情境

大约在 15 年前，国内进行过一场“72 小时网络生存测试”，参赛者需要在封闭的房间内待上三天三夜，房间内没吃没喝，所有用品都只能通过互联网购买。当时国内电子商务才刚起步，参赛者下了购物订单，能成功送上门的货物却不多，参赛者就像现代版的“鲁滨逊漂流记”那样想方设法从互联网获得生存的物资，而时至今日，网络购物却已经成为很多网民生活中必不可少的一环。三年前，小王从 CtoC 网站上以一半市场价购买到一个相机三脚架后，其网上购物瘾便一发不可收拾，不仅数码产品从网上购买，连化妆品、健身器材，甚至连小吃都“网购”，所有的网上开销都通过他的银行信用卡支付，一分钱现金都不用。这还不止，小王每次出差、旅游要坐飞机时，所有的机票也都是通过航空公司的网站去买，起飞前一天的晚上再买机票也不迟，机票款也用信用卡来支付，支付成功后小王的手机便会收到银行发来的提醒确认短信。网上购物、网上支付用得越多，小王对这种新的消费方式便越是依赖，现在小王家里的水费、电费、煤气费都改用了网上支付，再也不用每个月自己去营业厅排队缴费了。今天，像小王这样“网络化生活”的年轻人不在少数。现在大家享受的是网络购物足不出户的便捷，而不再是昔日“鲁滨逊式”的生存烦恼，这一切都要归功于网上支付途径的日益完善。既然在网上支付更容易也更方便了，那么网上支付的基本流程是什么呢？目前又有哪些种类的网上支付形式呢？我们马上就来学习网上支付的基本流程与分类。

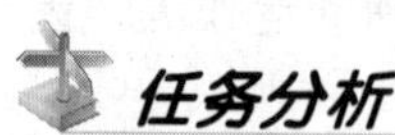

## 任务分析

本任务主要是结合支撑网上支付的大众化网络平台 Internet，细致描述网上支付的基本流程，并通过对目前国内外正在使用中与实验中的网上支付方式的调研与分析，主要从开展支付数据流的内容性质不同、支付金额的规模大小不同、业务模式不同 3 个方面叙述了目前网上支付方式的分类，以帮助大家从不同角度了解电子商务下的网上支付方式。

## 任务实施

### 一、网上支付的基本流程

网上支付系统借鉴了很多传统支付方式的应用机制与过程，只不过流动的媒介不同：一个是传统纸质货币与票据，大多手工作业；一个是电子货币且网上作业。可以说，基于 Internet 平台的网上支付结算流程与传统的支付结算过程是类似的。如果熟悉传统的支付结算方式，如纸质现金、支票、POS 机信用卡等方式的支付结算过程，将有助于对网上支付结算流程的理解。例如，用户通过 Internet 进行网上支付的过程是通过 PC、Internet、Web 服务器作为操作和通信工具，而 POS 机信用卡支付结算使用专用刷卡机、专用终端、专线通信等。

基于 Internet 平台的网上支付一般流程如图 1-4 所示。

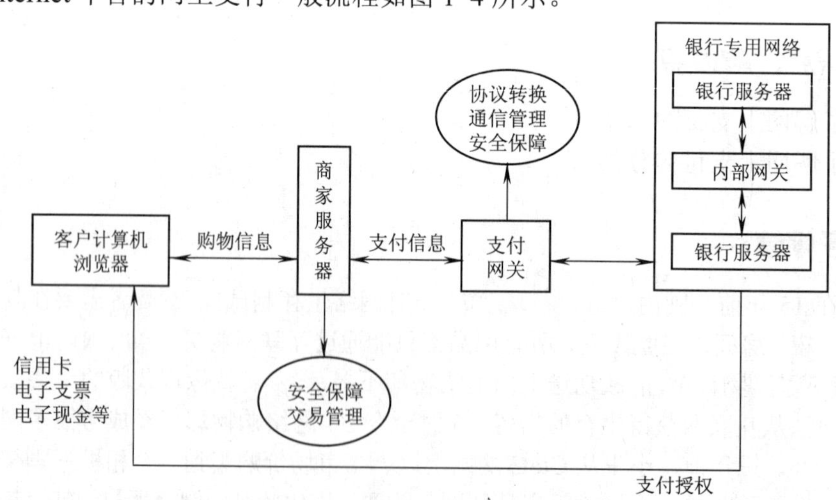


图 1-4　基于 Internet 平台网络支付一般流程

（1）客户连接 Internet，用 Web 浏览器进行商品浏览、选择与订购，填写网络订单，选择应用的网上支付结算工具，并且得到银行的授权使用，如信用卡、电子钱包、电子现金、电子支票或网上银行账号等。

（2）客户机对相关订单信息，如支付信息进行加密，在网上提交订单。

（3）商家服务器对客户的订购信息进行检查、确认，并把相关的、经过加密的客户支付信息等转发给支付网关，直至银行专用网络的银行后台业务服务器确认，以期从银行等电子货币发行机构验证得到支付资金的授权。

（4）银行验证确认后，通过建立起来的经由支付网关的加密通信通道，给商家服务器回送确认及支付结算信息，有时为进一步的安全通过 Internet 或手机短信给客户回送支付授权请求。

（5）银行得到客户传来的进一步授权结算信息后，把资金从客户账号转拨至开展电子商务的商家银行账号上，借助金融专用网络进行结算，并分别给商家、客户发送支付结算成功信息。

（6）商家服务接收到银行发来的结算成功的信息后，给客户发送网络付款成功信息和发货通知。至此，一次典型的网上支付结算流程结束。商家和客户可以分别借助网络查询自己的资金余额信息，以进一步核对。

图 1-4 所示的网上支付一般流程只是对目前各种网上支付结算方式的应用流程的普遍归纳，不同的网络支付结算工具的流程也有差别，但大致遵守该图示流程，在以后的相关学习项目中会有详细的叙述。

## 二、网上支付方式的分类

发展中的以 Internet 为主要运作平台的网上支付方式也有多种分类标准，而且随着电子商务的发展与技术上的进步，更多更新的网上支付工具被不断地研发出来并且投入应用，又会产生新的分类。

通过对目前国内外正在使用中与实验中的网上支付方式的调研与分析，本任务主要了解如下电子商务下网上支付方式的 3 种分类。

### 1．按支付数据流的内容性质分类

进行网上支付时，用电子支票与用电子现金支付在网络平台上传输的数据流的内容性质是有区别的，正如用纸质现金支付与用纸质支票支付传递的信息性质不同一样，收到 100 万元的纸质现金给人的感觉是收到了真的 100 万元“金钱”，而收到了 100 万元的纸质支票只是收到了可以得到 100 万元“金钱”的指令。因此，根据电子商务流程中用于网上支付结算的支付数据流内容性质不同，即传递的是指令还是具有一般等价物性质的电子货币本身，可将网上支付方式分为如下 2 类：

（1）指令传递型网上支付方式　支付指令是指启动支付与结算的口头或书面命令，网上支付的支付指令是指启动支付与结算的电子化命令，即一串指令数据流。支付指令的用户从不真正地拥有货币，而是由他指示银行等金融中介机构替他转拨货币，完成转账业务。指令传递型网上支付方式是现有电子支付基础设施和手段（如 ACH 系统和信用卡支付等）的改进和加强。

指令传递型网上支付方式主要有银行网络转拨指令方式（EFT、CHIPS 与 SWIFT、电子支票、网络银行、金融电子数据交换 FEDI 等）、信用卡支付方式等。其中，FEDI 是一种以标准化的格式在银行与银行计算机之间、银行与银行的企业客户计算机之间交换金融信息的方式。因此，FEDI 可以较好地应用在 BtoB 电子商务交易的支付结算中。

（2）电子现金传递型网上支付方式　电子现金传递型网上支付是指客户进行网上支付时在网络平台上传递的是具有等价物性质的电子货币本身，即电子现金的支付结算机制。其主要原理是：用户可以从银行账户中提取一定数量的电子现金，且把电子现金保存到一张卡（如智能卡）或者用户计算机的某个软件中（如一台 PC 或个人数字助理 PDA 的电子钱包），这时消费者便拥有了真正的电子“货币”，他就能在 Internet 上直接把这些电子现金按相应支付数额转拨给另一方，如消费者、银行或供应商。

可将电子现金传递型网上支付方式再划分为 2 类：①依靠智能卡或电子钱包提供安全和其他特征的系统以及严格基于软件的电子现金系统；②对款额特别小的电子商务交易（如用户浏览一个收费网页），需要一种特殊的成本很低的网上支付策略，这就是所谓的微支付方式。微支付（Micro payment）是指对于那些款额特别小的电子商务交易，如浏览一个收费网页、在线收听一首歌曲、上网发送一条手机短信息等，如果应用一般信息卡支付，每次的运作成本可能会超过支付数额的本身，显得成本相对较高，所以类似零钱应用的微支付应用就有了很大的需求空间。目前的电子零钱系统是实现微支付的方式之一，例如 Millicent 钱包用的是能够在 Web 上使用的一种叫做 Script 的电子令牌或电子零钱。Script 可被安全地保存在用户的 PC 硬盘上，且用口令对其保护，可像电子现金一样实现在线的灵活支付。

**2．按网上支付金额的规模分类**

由于电子商务基于 Internet 平台进行，运作成本较低，对大中小型企业、政府机构以及个体消费者均比较适用。不同规模的企业及个体消费者的消费能力、网络上商品与服务的价格也是不同的，大到有几十万元的汽车，小到几分到几角钱的一条短消息服务。因此，同一个商务实体针对这些不同规模的资金支付，也可能采用不同的支付结算方式。

根据电子商务中进行网络支付金额的规模大小来划分，可以将网络支付方式分为如下 3 类：

（1）微支付商务的日益繁荣与 Internet 的广泛应用也使人们在生活或工作中经常发生一些微额的资金支付，如网上下载一段音乐、发送一条短信、在线阅读一篇学术论文等，由于成本、便利性等原因，为适应这些微小金额结算的要求，迫切需要有效的微支付方式。

微支付是指在互联网上进行的一些小额的资金支付。按美国标准发生的支付金额一般在 5 美元以下，中国相应为 5 元人民币以下，如浏览一个收费网页、网站为用户提供搜索服务、在线观赏或下载一部电影、上网发送一条手机短信息、下载试用版软件等，英国一些网络企业正在应用的电子零钱支付方式也属于这种微支付。在我国，微支付方式已逐渐风行，网上订阅、网上游戏等成为典型应用，充分体现了网上支付的便捷与高效。微支付就是为解决这些“小金额的支付”而提出的。这种支付机制有着特殊的系统要求，在满足一定安全性的前提下，要求有尽量少的信息传输、较低的管理和存储需求，即速度和效率要求比较高。由于 Internet 的快速普及，这类小额的资金支付还在经常发生。因此，企业与银行业发展一个良好的微支付体系将大大有利于数目众多的小额网络服务的开展，特别是在普通大众中进行电子商务业务的推广。

微支付应用模式目前存在 3 种，即分别以商业银行、移动运营商和第三方支付商主导的微支付产业链。

1）商业银行：无法满足微支付交易的广泛需要。虽然我国各类商业银行更注重大额以及中等额度的支付，但大多已经开通了个人网上银行业务，支付者可以使用申请了在线转账功能的银行卡转移资金到同城或异地账户，适用于微支付交易。

优点：效率高，直接利用网上银行进行支付，支付指令立即生效，收款人立即可以得到收款确认，一般在 10 分钟内；费用相对低廉，如建行同城交易不收费，每笔异地同行转账服务费为 6‰，最低 1 元最高 30 元，这对百元左右的微支付是很划算的；安全性高，经过数字签名处理的支付命令一般无法被未经授权的第三方破解。

缺点：步骤烦琐，付款人需要向银行申请个人认证，并下载安装证书，如果希望在多台计算机终端使用，还需要对证书的导入导出使用方法加以了解，这些烦琐的环节足以令消费者在交易前望而却步，不符合微支付需要的便捷特点；买方利益缺乏保障，银行不提供中介认证服务，买方无法确定卖方是否在收款后履行交易，交易后的纠纷也难以处理；小额交易不便，异地同行转账最低1元手续费，对几元钱的微支付来说很不方便；此外，很多银行缺乏异地跨行支持业务，或者需要多个工作日才能到账，导致交易不便。因此，总体上说，目前这种支付模式在微支付领域的使用是受到一定限制的，它更适合于中等额度，且付款人事先能够明确收款人身份，并对其满怀信任，主要用于公共事业费用、住房贷款、学费的缴纳等方面。

2）移动运营商：受风险和费用划分制约。移动通信运营商运用自己的支付平台，支持微支付交易。移动用户通过手机发出指令完成交易，支付交易金额包含在手机费中，而商家可直接从运营商处提现。例如，中国移动推出的手机短消息收费策略为每次短消息费用从手机费中直接扣除，手机的SIM卡就像一个装满了电子零钱的钱包一样，支付起来很方便，对企业结算也方便，这正是短消息应用推广很快的原因之一。

优点：手机用户规模足够大，足以涵盖网上交易用户；语音方式操作简单，容易实施。

缺点：运营商承担恶意欠费用户导致的坏账风险。运营商规定的10%～15%的高额渠道费用，商家难以承受，因此虽然移动支付模式的特点很适用于几元到数百元内的微支付，但运营商与商家的风险与费用承担划分在没有得到合理解决之前，很难在电子商务的更广范围更深领域进一步推进。

3）第三方支付模式：目前从主流应用来看，第三方支付主导的微支付产业链模式比较普遍，特别是国际以 eBay 业务为支撑的 PayPal，国内以阿里巴巴业务为支撑的支付宝，都发展到了一定的规模，已经比较深入地开展了微支付交易领域的服务。这种支付方式本质上就是第三方支付商为交易双方提供电子现金兑换交易清算等服务。交易双方均在第三方支付商提供的平台上开通账户，买方通过银行往自己账户中充值后可以任意支付使用，卖方可以把自己账户中收到的电子现金提现到收单银行账户。整个支付链中，第三方支付起到了连接银行和买卖交易双方的作用，并为交易双方提供公正仲裁服务。

优点：费用成本低，这对交易双方都有很大的吸引力，很多第三方支付都以免费策略来占领市场，兑换一定数额电子现金后，可避免每次交易都经过银行网络交付手续费的过程，解决了几元金额类型的微支付难题；便捷，与传统现金以及储值卡使用方式相似，易于国人接受；安全，提供第三方公正仲裁等服务，为交易双方提供了安全交易机制，促进了交易的生成。

缺点：第三方支付商之间存在流通壁垒，第三方支付商的电子现金彼此不互通，限制交易的广泛展开；公正环节导致交易流程时间加长，这是为确保交易安全交易双方必须承受的代价。

除了以上模式，国内目前在一些交易数额特别小的电子支付中，商户发行电子凭证（如账号），客户通过预先购买的电子凭证（如账号）的形式，在发生交易后商户根据交易金额在电子凭证中扣除相关费用并在网上发送相关账单。微支付适用于 BtoC、CtoC 最活跃的商品交易，特别是数字音乐、游戏等数字产品。如果能够打通微支付环节，势必将大大推动整个电子商务的发展。

（2）消费者级网上支付　消费者级网上支付指满足个体消费者和商业（包括企业）或政府部门在经济交往中的一般性支付需要的网络支付服务系统，亦称小额零售支付系统。

这种网络支付方式，按美国标准发生的支付金额一般在5～1 000美元之间的网上业务支付，中国相应为5～1 000元人民币。由于金额不大的一般性网上支付业务在日常事务中最多，一般占全社会总支付业务数量的80%～90%，所以这类系统必须具有极大的处理能力，才能支持经济社会中发生的大量支付交易，如去买一本书、买一束鲜花、下载一个收费软件及企业批发一些办公用品等。因此，支持这种档次消费的网络支付工具也发展得最成熟与最普及，常用的有信用卡、电子现金、小额电子支票、个人网络银行账号等。

（3）商业级网上支付　商业级网上支付指满足一般商业（包括企业）部门之间的电子商务业务支付需要的网上支付服务系统，亦称中大额资金转账系统。这种网上支付方式，按美国标准发生的支付金额一般在1 000美元以上，中国相应为1 000元人民币以上的网上支付。中大额资金转账系统，虽然发生次数远不如一般的消费者级支付，但其支付结算的金额规模占整个社会支付金额总和的80%以上，因此是一个国家网络支付系统的主动脉。

一般来说，跨银行间、银行与企业间、企业与企业间、证券公司与银行间等发生的支付，金额较大，安全可靠性要求高，这些支付就属于中大额支付系统处理的业务。常见的商业级网上支付方式主要有金融EDI（FEDI）、电子汇兑系统、电子支票、CNAPS、企业网络银行服务等。

### 3．按业务模式分类

网上支付按照业务模式可分为预付费、代缴费、网上银行付费、在线支付平台付费。

（1）预付费　预付费的实现方式有发行预付费卡、与银行合作建立预付费账户。目前以发行预付费卡方式为主。预付费卡最早来源于储值电话卡，目前已经成了互联网替代性支付机制的一种，通常有刮开式与磁条式之分，可利用其他支付机制（包括在线与现实渠道）购买，通常以现金的匿名购买方式为主，持卡人使用前必须进行账号的"激活"，才可用于WEB交易。大多预付费卡支持多种充值方式（包括在线与现实方式）。

预付费卡的使用范围很小，一般只能用于购买一种在线数字产品或服务，如某种游戏。因此，预付费卡一般由特定产品或服务的提供商亲自发行、推广。尽管使用范围小，但预付费卡还是有诸多优点，例如具有"匿名性"，易于购买，运营门槛低，进入门槛低也使得预付费卡种类非常丰富。

下面以《传奇3》游戏充值点卡为例来说明预付费的支付流程：

1）《传奇3》的运营商发行游戏充值点卡，并派送到各零售点。

2）零售点支付购卡费用。

3）玩家向零售点购卡。

4）零售点将卡交给玩家，玩家获得卡号和密码。

5）玩家输入《传奇3》的注册账号和密码登录充值界面。

6）玩家输入卡号和密码为账号充值。

7）《传奇3》向玩家通知充值结果。

（2）代缴费　银行、电信运营商这类营业网点众多的机构可提供代缴费业务。就网上代缴费来讲，最合适的提供者为电信运营商。

电信增值业务提供商即SP（Service Provider），是移动互联网服务内容应用的直接提供者，负责根据用户的要求开发和提供适合手机用户使用的服务。电信运营商将SP的信息费纳入电话费中一并向用户收取，然后按照一定的周期同SP结算。在代缴费中，计费和鉴权这一部分可由SP承担，也可由电信运营商承担。若由SP承担，每个SP都需要建立一套计费鉴权系统，这无疑是极大的浪费，但拥有该系统的SP，受电信运营商的制约相对较小，其支付给电信运营商的佣金也较少；由电信运营商承担，则可大量压缩计费鉴权系统的数量，电信运营商也能增加佣金收入，但其承担的责任也相对增加。

代缴费的应用范围受到金融政策限制，仅适合小额支付，但它目前的使用较为普遍，较典型的有手机代缴费等。

（3）网上银行付费　网上银行付费指网上购物者直接通过银行提供的在线支付界面付费。为提供网上银行付费业务，银行需要亲自发展 SP、网上商场。目前，我国提供在线支付的银行有招商银行、中国银行、中国工商银行、中国建设银行等。

但网上银行付费的使用范围受到银行卡的限制。一般地，各银行的在线支付界面仅支持本行发行的银行卡。此外，使用范围也受到银行推广能力的影响，无支持的商户，网上银行付费自然也无从谈起。有关网上银行的网上支付模式，我们将在后面的项目任务中进行详细的介绍。

（4）在线支付平台付费　在线支付平台付费由独立的在线支付平台运营商提供。在线支持平台运营商是独立于银行的第三方经济实体，具有独立的经营权，它是连接用户、银行和商户的纽带。在线支付平台运营商的主要工作是不断发展提供产品/服务的商户和提供实际支付的银行，从而扩展在线支付平台的应用范围，吸引更多的用户，同时自己也获取更多的佣金。目前，国内的在线支付平台运营商较多，比较著名的有银联电子支付、首信易支付、支付宝、易宝支付等。有关第三方在线支付平台的网上支付模式，我们也将在后面的项目任务中进行详细的介绍。

### 任务完成结论

通过本任务的学习，我们了解了网上支付的基本流程以及目前国内外网上支付的方式和网上支付方式的分类等内容，让大家从不同角度了解电子商务下的网上支付方式的类别。

### 课堂训练与测评

（1）举例说明中国已经在实际应用的网上支付方式有哪些？

（2）通过阅读相关书籍或 Internet 搜索，了解目前还有没有新的网上支付的分类方法？

### 知识拓展

艾瑞网——电子商务（http://ec.iresearch.cn）。

## 任务三　网上支付与结算应用发展现状

### 知识点、能力点

- 了解国外网上支付与结算的发展现状。
- 了解国内网上支付与结算的发展现状。

## 任务情境

作为电子商务关键环节的网上支付与结算，在电子商务的快速发展中愈发显示其重要性，这也是当前金融电子化中电子银行构建的核心问题。网络化的支付结算方式相对于传统的支付结算方式更加快捷、成本更加低廉，而且实现了对网上交易者来说更加方便的随时随地支付，它是金融电子化的发展趋势。目前，世界上基于 Internet 平台的网上支付与结算方式正在大力发展中，有些技术手段已比较成熟，如信用卡网上支付，有的还在实验阶段，如电子现金、电子支票等。随着技术的进步、日益迫切的电子商务发展需求及人们传统观念的革新，越来越多更加安全、可靠、方便、快捷的网络支付手段正不断被研发出来并且投入应用实践。那么目前网上支付的发展情况如何呢？我们现在就来详细地了解网上支付在国内外的应用现状与发展前景。

## 任务分析

本任务主要是从国外与国内两个方面了解网上支付与结算的发展与应用情况，以实例说明网上支付的发展前景，当然网上支付方式毕竟是新生事物，目前其普及应用还面临政策、法律、标准、社会信用体系以及技术等多方面的问题，因此在本任务最后我们还结合了我国的具体情况对网上支付的发展思路进行了探讨。

## 任务实施

### 一、国外网上支付应用发展现状

谈到国外网上支付的发展历程，有必要提到两个公司，一个是美国安全第一网上银行（SFNB）。1995 年 10 月 18 日，SFNB（1998 年被加拿大皇家银行收购）作为第一家网上银行对公众开放，在它的推动下，世界上越来越多的银行开始提供在线金融交易服务，如美洲银行、摩根大通银行等相继推出网上支付的金融增值业务。另外一个是在全球范围内最成功的在线支付平台 PayPal。PayPal 于 1998 年成立，是一家没有任何金融背景的 IT 技术公司。它使拥有电子邮件地址的人可以通过 E-mail 实现支付，不仅适合在线竞价交易业务中个人或小商户的收付款需求，而且减少了人们使用信用卡号收款的风险。2002 年 10 月，PayPal 被 eBay 以 15 亿美元收购。PayPal 还于 2006 年 4 月推出了 PayPal 移动支付服务，允许用户通过手机文本消息购买物品或付钱。PayPal 获得的巨大成功依赖于若干特定的条件，包括特定的金融支付业务支撑环境、准确的市场定位与恰当的市场时机、灵活坚决的扩张战略与有效的风险控制措施、特定的法律与政策环境等。到 2012 年底，PayPal 在全球 190 国家和地区，有超过 2.2 亿用户，已实现在 25 种外币间进行交易。目前，网上支付在发达国家已成为支付主流。据有关统计信息，在发达国家的支付方式上，非现金支付大约占支付总额的 60%～70%，其中第三方支付占有较大的支付市场份额。

纵观整个国际网上支付市场的发展历程和现状，网上支付市场有着分工细化的特点，各分工领域的参与主体正在不断地向其他领域进行战略性渗透和融合。移动支付就是在这种不断融合的环境下发展起来的一种新型支付手段。20 世纪 90 年代初期，移动支付业务在美国出现，随后在日本和韩国出现，并得到迅速发展。韩国移动支付吸引了大量手机用户使用，为电信运营商、手机制造商、内容服务商等创造了巨大的商机。每个月有超过30万的韩国人在购买新手机时会选择具备特殊记忆卡的插槽，用以存储银行交易资料，并进行交易时的信息加密。日本移动支付模式的鲜明特色在于其完全由移动运营商主导、传统金融机构顶多扮演辅助性的角色。日本移动支付市场发展的首要推动者是NTT DoCoMo。移动支付业务在其他国家也有很多尝试，例如英国Vodafone公司于2003年7月推出了移动购物门户，该门户与零售商建立了虚拟购物中心。2002年，PayBox公司在德国、瑞典、奥地利、西班牙和英国等国推出了支付停车场费用、商场购物等移动小额业务。

总的来说，国外支付行业由于多方参与以及支付工具的不断创新，呈现出一片繁荣景象，有力地推动了电子商务的发展。

## 二、国内网上支付应用发展现状

### 1. 国内网上支付发展情况

1999年9月，招商银行全面启动了国内首家网上银行——“一网通”，建立了由网上企业银行、网上个人银行、网上证券、网上商城、网上支付组成的较为完善的网上银行服务体系，网上支付在中国浮出水面。随着招商银行首推网上银行业务，各大银行的网上缴费、移动银行业务和网上交易等网上支付形式逐渐发展起来。

根据2014年7月中国互联网络信息中心（CNNIC）发布的《第34次中国互联网络发展状况统计报告》显示，截至2014年6月，我国使用网上支付的用户规模达到2.92亿，与2013年12月相比，我国网民使用网上支付的比例从42.1%提升至46.2%。

网上支付用户快速增长离不开网上消费的繁荣发展，随着中国网络零售市场的迅猛发展，线上消费的生活服务类型不断拓宽，交易规模持续增大，也极大地带动了用户网上支付的使用普及。快捷支付、卡通支付等支付便利形式增强了支付的可用性，促进了网上支付在更广泛用户中的覆盖。而随着移动支付技术标准的确立，支付企业在手机支付领域的布局与发展，也带动了手机网上支付用户的快速增长。根据CNNIC报告显示，截至2014年6月，中国手机支付用户规模达到2.05亿，半年度增长率为63.4%，是整体网上支付市场用户规模增长速度的5.2倍。

网上支付用户规模的快速增长主要基于以下3个原因：①网民在互联网领域的商务类应用的增长直接推动网上支付的发展；②多种平台对于支付功能的引入拓展了支付渠道；③线下经济与网上支付的结合更加深入，促使用户付费方式转变，如用支付宝支付打车费用等。

目前我国网上支付服务业市场呈现以下主要特征：

（1）网上支付的业态格局基本形成　2014年，央行继续发放《支付业务许可证》，逐步向第三方支付企业开放传统金融领域支付结算业务，在完善监管、细化市场的同时，也形成了包括支付企业、传统银行、电商巨头、电信运营商在内的电子支付生态圈。支付牌照发放以后，第三方支付行业出现多元化发展趋势，各家支付企业纷纷开始多业务布局，互联网支付、移动支付等众多业务纷纷开始发展，并逐步形成稳定的业态格局。

（2）银行发力电子支付业务　商业银行电子支付渠道正在逐步取代传统柜面支付渠道，满足企业和个人的支付结算需求。2014年，中国网上支付已近9万亿，业务发生接，反映出央行加快推动电子支付行业发展的措施正在发挥作用。近年来，央行先后发布了《金融行业移动技术标准》《网上银行系统信息安全通用规范》《支付机构互联网支付业务管理办法》（征求意见稿），有效规范了网络支付业务发展，系统性地提高网上银行的安全水平。

（3）新兴细分应用市场不断深化和拓展　近年来，电子商务在传统零售业和制造业得到大面积推广，传统企业电子支付的需求得到挖掘；同时，电子支付的新兴细分市场，如保险、基金、高校、跨境支付等被逐步开拓，整个社会形成了新的非现金交易热潮。

（4）支付多元化趋势显现　近年来，以互联网支付、移动支付等为代表的新兴电子支付方式正在被越来越多的社会公众所认可和使用，成为引领电子支付发展的生力军。当前，中国电子支付发展呈现出以银行卡支付和互联网支付为主流，电话支付、移动支付、数字电视支付等其他电子支付方式并存的多元化发展态势。

**2. 网上支付发展所面临的问题及发展思路**

网上支付在我国正处于行业发展的初级阶段，还面临着行业监管、支付安全、市场培育、产品创新等众多问题。

（1）网上支付的安全问题　巴塞尔银行监管委员会在《有效银行监管的核心原则》中曾经指出，银行业面临的风险主要有8类：信用风险、国家风险和转移风险、市场风险、利率风险、流动性风险、操作风险、法律风险以及声誉风险。在网络经济时代下，此8类风险仍普遍存在于各大商业银行的日常业务的处理过程中。互联网的出现得以使银行能够借助其开展新型的网上支付业务，然而互联网的诸多特性在使得网上支付效率大大提高的同时也不可避免地赋予了银行业风险新的内容，即技术相关风险，具体包括与技术相关的战略风险、操作风险、法律风险等。这些风险将潜在威胁到金融机构的安全性和稳健性，必须采用多种方式来加以控制，将风险出现的可能性降到最低。

（2）支付的信用问题　网络所特有的虚拟环境使得相隔两地的人在非面对面地进行交流与沟通的同时，也加剧了信息的不对称性，出现了网络欺诈的可能。基于这种情况，诚信变得尤为重要。在国外，个人资信评估体系的发展、完善，促使人们的观念发生了巨大的变化，新型的网上支付方式得以迅速推广并普及。然而，在我国，信用体系建设严重滞后、信用观念相对薄弱、社会公众对网上支付信任度不高的基本国情严重制约了网上支付的发展。调查资料显示，国内有相当大比例的用户未曾接触过在线支付，究其原因，很大程度上是对网上支付方式不信任，大多数被调查对象认为，在计算机内存储以及在网上传递的交易与支付信息很容易受到来自网络的攻击，计算机病毒的入侵会造成银行应用系统的崩溃、数据丢失等严重后果，在线支付安全没有保障。事实上，在解决在线支付安全性方面，政府和有关技术部门采取了积极的措施，主要表现为使用信息加解密技术实现交易、支付信息在网络传输途中的安全性以及使用权威认证机构CA发放的数字证书来实现对交易各方身份的安全认证等。对于我国网上支付能否被接纳的问题，关键在于健全社会信用制度，建立完善的社会信用体系，以提升社会公众对网络安全性的认知度。

（3）支付的法律问题　网上支付业务是一种全新的金融活动方式，必然会对央行的现行监管机制带来巨大的冲击。网络的开放性以及交互性在为网上支付带来便利的同时，资金流动的频繁与迅速也加大了网上支付的风险，导致了洗钱等不法活动的频繁出现，而对于客户使用网上支付方式所造成的法律纠纷以及出现纠纷后涉及的责任认定、如何处理等问题，还没有相关的法律法规进行约束以及裁决。此外，电子现金这一支付工具的发行主体、发行额度以及如何管理等问题一方面加大了相关职能部门的监管困难，但另一方面也促使了相应的法律法规尽快完善。这些问题即使在发达国家也没有得到很好的解决，在中国就更显得落后一些。缺乏统一的立法和监管制度会出现无序和混乱的局面，直接影响网上支付业务的开展与普及。近年来，我国也正积极出台并修改相应的法律法规，但还需要进一步完善。

（4）网上支付结算机制的标准化问题　目前中国网上支付结算体系的技术标准、认证中心和支付网关的发展滞后制约着网上支付系统的建设。所以，应该确立一些网上支付体系中的政府部门和龙头企业（如中国人民银行与中国银行等）制定的行业标准的权威性；通过这些企业之间的交叉认证，加强网上支付系统的建设与完善。最后，经过市场的进一步选择和检验，具有生命力和权威性的企业将通过谈判和协商的方式制定统一的技术标准。中国人民银行作为中央银行与国家立法机构正在采取积极的态度推动和规范网上支付业务、网上银行业务的发展，制定相应的管理办法。

未来支付领域的服务主体和模式更加多样化，网上支付的风险也在加大，需要从健全政府监管政策、加强企业联盟合作、提升消费者安全意识等方面，不断完善网上支付安全的生态环境。总之，网络支付结算体系在一个畅通无阻的快捷的网络中，在一个健全的社会信用体系下，在各种政策、法规、标准、安全手段的保护下，一定能够发挥最大的作用，极大地促进中国电子商务的发展以及金融的电子化与信息化水平，为中国经济在21世纪初的可持续快速发展作出最大的贡献。

## 任务完成结论

通过本任务的学习，我们从国外与国内两个方面了解了网上支付与结算的应用情况以及网上支付的发展前景，分析了当前网上支付方式应用中面临着政策、法律、标准、社会信用体系以及技术等多方面的问题，最后结合了中国的具体情况对网上支付的发展思路进行了探讨。

## 课堂训练与测评

（1）结合身边的实例，说明中国目前实际应用的网上支付方式存在的问题有哪些？

（2）通过阅读相关书籍或进行 Internet 搜索来了解目前国内外网上支付发展的现状。

## 知识拓展

（1）中国互联网信息中心—互联网络发展研究（http://www.cnnic.net.cn/hlwfzyj）

（2）艾瑞网—数据报告（http://report.iresearch.cn）

# 项目二　网上支付的安全使用

网上支付与结算是电子商务业务流程的一个重要环节，快捷、方便、可靠的网上支付方式是促进电子商务快速顺利发展的根本保证。随着互联网的普及、电子商务的发展以及广大消费者传统支付观念的改变，人们开始越来越多地使用网上支付。截至2014年6月，我国使用网上支付的用户规模达到2.92亿，未来几年我国网上支付用户规模将会继续扩大。伴随着电子商务的发展，作为重要支柱的网络支付行业也面临着前所未有的发展契机。网络支付为人们带来巨大的便利，但它的安全性也一直饱受关注，病毒木马、钓鱼网站的肆虐使得很多人对于网络支付心存顾虑，整个行业也面临着巨大的挑战。同时，在网上支付快速发展的前提下，仍有很大一部分人拒绝使用网上支付平台。是什么成为网上支付发展的最大障碍的呢？iResearch的调查显示，网民不使用网上支付的主要原因有2类：一类是对网上支付的安全性表示怀疑，主要体现在担心交易的安全性；担心因泄漏个人隐私和错误操作而导致的不必要损失，其中最为明显的是担心交易的安全性；另一类原因主要包括注册账户太麻烦，时间过长，网上支付没有价格优势，不能随时随地办理业务和使用服务等。可见，安全性是阻碍网民使用网上支付的主要因素。如果能处理好这个问题，使用网上支付的网民数量将会有更大的增加。

❑ 应知目标

- 了解网上支付面临的安全问题与安全需求。
- 了解并掌握网络支付的安全策略及解决方法。
- 了解并掌握网上支付的安全技术——防火墙技术、数字机密技术、数字摘要技术、数字签名技术、数字时间戳的工作机理。
- 了解数字证书的基本概念与认证中心的功能。
- 了解并掌握SSL和SET安全协议的基本原理与工作程序。

❑ 应会目标

- 能够识别网上支付安全风险。
- 掌握网上支付数字证书的申请、安装与使用。
- 掌握网上支付的安全使用方法。

## 任务一　了解网上支付的安全风险与需求分析

### 知识点、能力点

- 了解网上支付面临的安全风险。

● 了解网上支付的安全需求。

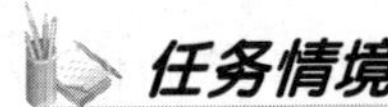

## 任务情境

2005年2月发现了一个骗取美邦银行（Smith Barney）用户的账号和密码的“网络钓鱼”电子邮件，该邮件利用了IE的图片映射地址欺骗漏洞，并精心设计脚本程序，用一个显示假地址的弹出窗口遮挡住了IE浏览器的地址栏，使用户无法看到此网站的真实地址。当用户使用未打补丁的Outlook打开此邮件时，状态栏显示的链接是虚假的。当用户单击此链接时，实际连接的是钓鱼网站http://**.41.155.60:87/s。该网站页面酷似Smith Barney银行网站的登录界面，而用户一旦输入了自己的账号密码，这些信息就会被黑客窃取。

曾在国内网上传得沸沸扬扬的“光大证券网银木马（newup.exe）”病毒着实让大家都紧张了一把，甚至某些媒体发出了“多款证券交易软件捆绑网银木马程序”这样的报道。一旦用户安装了这些网银客户端并访问个人银行，木马就会弹出伪造的登录对话框，诱骗用户输入账号、登录密码及支付密码，通过邮件将窃取的信息发送出去。面对越来越多的网上偷盗事件，网上支付中的安全威胁都有哪些呢？我们该如何识别与预防使用网上支付时出现的各种安全风险呢？通过本任务的学习，我们将对网上支付的安全风险的识别与防范方法有一个全面的认识与了解。

## 任务分析

在网上支付与结算中，资金支付结算体系问题是电子商务中主要的安全隐患发生点。基于Internet平台的电子商务必然涉及客户、商家、银行及相关管理认证部门等多方机构以及它们之间可能的资金划拨，这使得客户和商家必须充分考虑支付体系是否安全。因此，保证安全是推广应用网上支付与结算方式的根本基础。本学习任务中，我们将了解网上支付面临的安全风险与网上支付的安全需求。

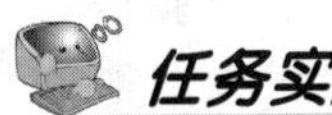

## 任务实施

### 一、了解网上支付面临的安全风险

具体来说，目前电子商务网上支付结算流程中面临的主要安全风险有以下几方面：

#### 1. 互联网环境的安全隐患

网络基础设施和迅猛发展的互联网为网上支付的发展奠定了良好的基础。采用网上支付最重要的就是具有方便、快捷、高效、经济的优势。用户只要拥有可以上网的终端设备，便可足不出户地完成整个支付过程。支付费用仅相当于传统支付的几十分之一，甚至几百分之一。然而，这些优势的建立，需要的网上支付工作环境Internet是一个开放的系统平台，而不像传统支付那样在较为封闭的系统中运作，这就带来了安全上不可避免的隐患。

网络社会和人类社会一样，既有繁荣太平，也有天灾人祸。除了现实社会中的共性安全问题，网络虚拟社会还有其特殊的安全问题，病毒和黑客就是网络社会的另一面。

短信诈骗、黑客入侵、病毒爆发、内控漏洞等问题使网上支付的发展面临着严峻的安全考验。

目前，国内外黑客的发展趋势已经由黑网页逐步发展到了职业化、规模化、趋利化。黑客造成的危害有病毒传播、网站被黑、秘密被窃、主机被控、资金被转、系统瘫痪。僵尸网络是互联网上受到黑客集中控制的一群计算机，往往被黑客用来发起大规模的网络攻击，如分布式拒绝服务攻击（DDos）、海量垃圾邮件等；同时黑客控制的这些计算机所保存的信息，如银行账号的密码都可被换或随意“取用”。因此，不论是对网络安全运行还是用户数据安全的保护来说，黑客都是极具威胁的隐患。信息系统广泛的互联、漏洞的普遍存在意味着不可信的网络环境，安全是相对的，不安全是绝对的，在不可信的环境中要进行可信交易必然存在风险。

**2. 黑客对网上支付的主要攻击方式**

目前黑客对网上支付的攻击主要通过以下几个途径：

（1）钓鱼网站和服务器攻击　所谓“钓鱼”，即黑客首先建立一个酷似支付官方网站的假网页，用于诱骗用户输入账号密码等信息，或者包含用于种植木马的恶意脚本，然后给假网页申请一个酷似官方网址的域名，等待用户由于拼写错误而链接进来；有时黑客也会花几十元购买一个包含几百万个邮箱地址的数据库，然后向这些邮箱发送“钓鱼”（Phishing）邮件。邮件内容通常包含煞有介事的文字，如中奖信息或优惠的折扣信息，引诱用户访问假网页。无论哪种欺骗方式，一旦用户上当受骗，他们的隐私数据都会被发送到黑客那里。“证券大盗”（Trojan/PSW.Soufan）的作者就是为他的网页申请了与某知名证券咨询网站类似的域名，并且编写了利用 IE 浏览器漏洞的恶意脚本，成功地让他的木马感染了大量用户。此外，黑客还会对金融网站服务器直接发起攻击。虽然这种攻击成功的机会不大，但 2006 年 8 月，国内某知名证券业网站还是被黑客入侵，该网站上提供下载的所有证券交易客户端软件都被捆绑上了网银木马。

（2）键盘记录　即通过木马监视用户正在操作的窗口，如果发现用户正在访问某网银系统的登录页面，就开始记录所有从键盘上输入的内容。这种方法很普遍也很简单，极易获取网银或者在线游戏的账号密码。2004 年 11 月的“网银大盗Ⅱ”木马，是一个典型的例子，它把几乎所有的国内网银系统都列为盗窃的目标，在测试中，只有少数提供虚拟键盘技术的登录系统可以避开它。

（3）嵌入浏览器执行　这种技术主要通过嵌入浏览器进程中的恶意代码来获取用户当前访问的页面地址和页面内容，此外还能在用户数据（包括账号密码）以 SSL 安全加密方式发送出去之前获取它们。利用这种技术的木马，通常会动态改变用户正在浏览的页面内容，使用网页脚本制作的虚拟键盘，在对付这类木马时会完全失效。“网银大盗”木马（Trojan/PSW.HidWedMon）就利用了这种技术，它监测到用户正在访问某个引用了安全登录控件的地址时，就会让浏览器自动跳转到另一个网页。后者看上去和正常登录页面没有什么两样，只是没有任何安全登录控件的保护。对于那些只对交易对话进行验证，而没有对交易过程进行验证的系统，嵌入浏览器的恶意代码甚至可以完全控制一次交易。这样的交易系统只对用户身份进行验证，而在用户身份确定之后，会无条件地执行任何来自用户的指令。木马可以等到用户验证通过后再开始工作，拦截用户的转账操作，篡改数据后发送给服务器，而服务器没有办法区分给它发出转账指令的是用户还是木马，就直接执行了转账，木马再把服务器返回的信息篡改后显示给用户。

（4）屏幕“录像”　有些网银木马的确会进行“录像”，它们并不会生成体积庞大的视频文件，而是在键盘记录的基础上，额外记录了用户点击鼠标时鼠标的坐标以及当时的屏幕截图。黑客根据这些数据，就可以完全回放出用户在进行交易时敲击了哪些键、点击了哪些按钮、看到了什么结果。“证券大盗”（Trojan/PSW.Soufan）就是这样的木马，它抓取的屏幕截图是黑白色的，数据量很小，但对于病毒作者来说，有这些黑白图片加上键盘鼠标数据已经足够了。

（5）窃取数字证书文件　数字证书是网银交易的一项重要安全保护措施。有些系统允许用户把证书保存成硬盘文件，这是一个安全隐患。2004 年 9 月，“TrojanSpy. Banker.s”和“TrojanSpy. Banker.t”的作者仔细观察了某个人银行系统保存证书的整个流程后，编写了木马，他的程序能够准确识别这个流程的每个步骤，自动记录必要的数据，最终再复制一份证书文件。木马作者就是利用盗取的证书和其他必要信息来达到非法使用证书的最终目的的。

（6）伪装窗口　2006 年，国内出现了一系列新的网银木马，它们都是“TrojanSpy. Banker.yy”的变种，感染了很多用户。这类木马首先向 IE 浏览器注入一个 DLL（Dynamic Link Library，动态链接库），用以监视当前网页的网址，同时记录键盘；当发现用户输入了卡号、密码并进行提交以后，迅速隐藏浏览器，弹出自己的窗口；木马弹出的窗口看上去和在线理财的页面非常相似，并且包含一些“钓鱼”文字，称由于系统维护需要，用户必须重新输入密码；只有当用户再次输入的密码和最初登录时的密码吻合时，木马才会把密码发给木马作者。伪装成浏览器界面的木马实现简单，虽然技术上听起来比较幼稚，但极易窃取用户资料。随着网银业务的不断普及、深入和扩展，越来越多的新业务形式（如手机银行）正在涌现，而黑客们的跟进速度总是很快，可以预见，更多更老练、更有创造性的攻击方法也会在不久的将来出现，所以我们一定要加强防范。

**3．主要信息安全风险**

根据网上支付系统的组成，可以将网上支付分成 3 部分进行安全性分析：指令终端的安全性、指令传送渠道的安全性、指令支付网关的安全性。典型的网上支付系统机构如图 2-1 所示。

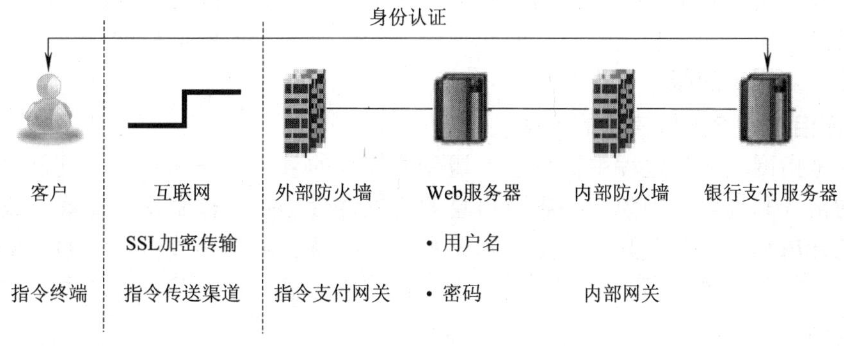


图 2-1　网上支付系统机构

（1）指令终端的安全性　指令终端主要包括互联网的计算机、移动电话、自助消费终端等。网上支付系统最大的安全风险来源于终端客户的安全性。目前所发生的网上支付安全事故几乎都是案犯利用客户的身份进入银行的网银系统进行作案的。而案犯之所以能比较容易地窃取用户的密码和资金，主要是由于广大用户的安全意识不强所致，如用户在网吧或公共场合使用网上支付、未使用数字证书或 USBKey、被假银行网站欺诈、被木马程序或病毒窃取密码、不小心泄露身份证号和密码以及设定网银密码的疏忽等。

（2）指令传送渠道的安全性　网上支付通过互联网传输，应保证信息传输中数据的机密性、完整性；应防止支付账号和密码等隐私支付信息在网络传送过程中被窃取或盗用、防止支付金额被更改、防止对支付行为或支付的信息内容进行抵赖、修改和否认。目前，国内外网上支付机构都已经通过各种加密技术手段及安全传输协议，基本保证了指令传送渠道的安全性。

（3）指令支付网关的安全性　指令支付网关置于互联网上，主要面临来自互联网的安全威胁。目前典型的攻击方式有网络钓鱼、拒绝服务攻击（DOS）、蠕虫等。

总之，网上支付的技术风险问题，是一个牵连甚广的应用问题。网上支付环节非常多，包括客户端、电子商务网站、电子支付平台、通信运营商，一直到银行，支付手段也是五花八门，不断涌现。电子商务发展需要开放的支付环境，需要金融和通信、互联网等产业之间的融合，而这也导致了网上支付中的风险相互传递。

## 二、网上支付的安全需求

针对在网络支付结算过程中可能发生的安全问题，为了保证网络支付流程的安全和可靠，结合电子商务系统的安全，考虑到网络支付结算过程中涉及的客户、商家、银行、CA认证中心等商务系统各自的安全需要，网络支付的安全需求可以总结为如下 5 点：

### 1．保证网络上资金流数据的保密性

保密性是指交易过程中必须保证信息不会泄露给非授权的人或实体，不为其所用。网上支付系统必须保证信息在输入、传输、存储、输出过程中的保密性。

客户的关键信息如登录密码或交易密码是账户安全的关键。在网上支付系统要求客户输入密码等关键信息时，应采取安全控制措施，防止木马程序截获键盘记录；在存储信息时，应对用户信息中的密码、密码问题答案采取加密存储方式。

由于网上支付系统被建立在 Internet 较为开放的网络环境中，交易信息在传输过程中的保密性成为了电子商务全面推广应用的重要屏障，例如：信用卡的账号和用户名被人获悉，就可能被盗用；订货和付款的信息被竞争对手获悉，就可能丧失商机。因此，必须保证网络交易过程中发送者和接收者之间交换信息的保密性，即便信息被非法窃取，也无法阅读，不能获取用户的账户等重要信息。

### 2．保证相关网络支付信息的完整性

完整性是指网上交易过程中数据没有遭受非授权的篡改或破坏。网上支付中必须保存数据原始的格式和内容，因为交易各方信息的完整性会影响进行交易和经营的战略。但由于互联网是开放体系，只要具备特定的知识和工具，就有可能篡改传输中的数据，因此必须预防对信息的随意生成和修改，同时还要防止数据传输过程中的信息的丢失和重复，并保证信息传送次序的统一。

### 3．保证网络上资金结算双方身份的真实性

真实性是指交易双方的身份是真实的，不是假冒的，网上支付系统应确保交易信息来自发送者，而不是第三者冒名发送，同时确保信息接收方的身份是真实的，而不至于发往与交易无关的第三方。由于网上支付是在开放的互联网环境下完成的，要使交易成功，必须能够互相确认身份，即网上支付系统如网络银行系统或第三方支付系统要考虑客户端是

不是假冒用户，客户端也要识别将要使用的网络银行系统或第三方支付系统是否是所要访问的真实平台，而不是“钓鱼”网站，所以对客户端和网上支付系统相互间的身份认证成为了电子支付中很重要的一环，例如中国工商银行网上银行所设置的“预留信息验证”，就是帮助用户有效识别真假网站、防范钓鱼网站的有效措施。

**4．保证网络上有关资金的支付结算行为发生的事实及发生内容的不可抵赖性**

不可抵赖性是指在交易数据发送完成后，双方都不能否认自己曾经发出或接收过的信息。在传统支付过程中，交易双方通过对银行出具的纸质凭证盖章或签名，以预防抵赖行为的发生。随着《中华人民共和国电子签名法》的出台，电子签名也同样具有了法律效力。网上支付中应采用电子签名作为双方通信的凭证，以确认交易数据已经完成发送或接收，防止接收用户更改原始记录，或者否认已收到数据。

**5．保证网上支付系统运行的稳定可靠、快捷**

网上支付系统应确保经过授权的用户能够在任何时间、任何地点使用其所提供的支付服务，保证网上支付系统服务的可靠性是开展电子商务网上支付的前提。由于网上支付不受时间和空间的限制，网上支付系统应能够提供 7×24h 不间断的支付服务，同时对网络故障、操作错误、应用程序错误、硬件故障、计算机病毒以及黑客攻击等方面存在的潜在威胁加以控制和预防，并做好数据备份且具有灾难恢复功能，以保证系统的可靠性。

### 任务完成结论

通过本任务的学习，大家了解了网上支付面临的安全风险，并结合目前电子商务的开展状况与需求，分析了电子商务实体各方对网上支付的安全需求。

### 课堂训练与测评

结合身边网上支付实例或所了解的案例，分析目前经常出现的网上支付安全问题与特点。

### 知识拓展

（1）赛迪网——新闻中心（http://news.ccidnet.com）。

（2）艾瑞网——电子商务（http://ec.iresearch.cn）。

## 任务二　网上支付的安全管理

### 知识点、能力点

- 了解网上支付安全衡量指标。
- 了解制定网上支付的安全管理策略的原则。
- 了解并掌握网上支付的安全管理措施。

## 任务情境

实时在线的网上支付行为对网上支付系统的性能要求很高，网上支付的支撑网络需有较高的安全防护能力，如防火墙系统的配置、网络通道速度的检测、管理机制的制定与确立等。

随着网上支付的快速发展，很多内部、外部的风险管理问题开始显现。“内部控制无效”“客户资金保管不善”“交易对手风险无法防范”以及“违反法律法规”等因素，都有可能引发网上支付的重大风险事件，阻碍网上支付持续健康发展。因此，面对网上支付面临的安全风险的威胁，除了不断完善系统的安全技术外，还必须花大力气加强网上支付的安全管理，因为诸多的不安全因素恰恰反映在组织管理和人员管理等方面。如果客户随意放置自己的信用卡号码与密码，那么纵然银行应用了最尖端的加密技术，又有什么用呢？因此，光有高尖的技术手段是不够的，还需要建立良好的管理机制，这样的安全机制才是有效的。

## 任务分析

安全管理是网上支付系统安全所必须考虑的基本问题，应引起重视。本学习任务将让我们了解网上支付的安全衡量指标、制定网上支付安全管理策略原则以及分别从金融机构和客户的角度来了解网上支付安全体系建立的安全管理对策。

## 任务实施

### 一、网上支付安全衡量指标

安全是支付信息通过公开网络传递面临的首要问题，网上支付安全通常包含保密性、完整性、不可抵赖性、可靠性、身份的验证等要素。大多数安全要素可通过不同技术的组合而实现，但是技术方案并非支付安全的全部，网上支付安全可以从两方面的指标来衡量。

#### 1. 技术手段

技术手段通常由卡组织、银行、支付网络所提供，例如访问控制技术、对称/非对称加密技术、数字签名技术、身份认证技术、SSL、SET 等。在后面的任务中我们将进一步地了解该内容。

#### 2. 管理方面

面对网上支付所面临的安全风险的威胁，除了不断完善系统的安全技术外，还必须花大力气加强网络支付的安全管理，因为诸多的不安全因素恰恰反映在组织管理和人员管理等方面，而这又是计算机网络安全所必须考虑的基本问题，所以应引起重视。支付工具的提供者必须为技术方案的实施建立充分的管理制度、处理流程、操作规则；针对可能出现的支付欺诈、差错、争议，必须提供有效的解决流程与处理办法；建立合理的责任分配安排，技术方案的安全性与消费者的信任可通过消费者、商家、支付服务商之间责任的合理分配而得到增强；对消费者进行充分的教育与培训，使其充分认知潜在风险与防范措施。

## 二、制定网上支付安全管理策略的基本原则

### 1. 预防为主

为了掌握主动权，必须有齐全的预防措施，使系统得到有效的保护，这样才能使损失降低至最小。

### 2. 实际安全需求分析

必须根据系统的安全需求和目标制定安全策略，并且不同组织应根据其实际情况与实际需求采用适应的安全策略。在制定安全策略之前，先要确定保护的内容；再确定谁有权访问系统的哪些部分，不能访问哪些部分；然后确定有哪些手段可用来保护这些资产，应当估计和分析风险。

### 3. 多人负责原则

每一项与安全有关的活动，都必须有两人或多人在场。这些人应是系统主管领导指派的，他们忠诚可靠，能胜任此项工作；他们应该签署工作情况记录以证明安全工作已得到保障。

### 4. 任期有限原则

一般地讲，任何人最好不要长期从事与安全有关的服务，工作人员应不定期地循环任职，强制实行休假制度，并规定对工作人员进行轮流培训，以使任期有限制度切实可行。

### 5. 职责分离原则

除非经系统主管领导批准，在信息处理系统工作的人员不要打听、了解或参与职责以外的任何与安全有关的事情。出于安全的考虑，应将下面每组内的两项信息处理工作分开：计算机操作与计算机编程、机密资料的接收和传送、安全管理和系统管理、应用程序和系统程序的编制、访问证件的管理与其他工作、计算机操作与信息处理系统使用媒介的保管等。

## 三、网上支付安全管理的措施

通过分析网上支付系统面临的各种安全风险，金融机构与用户可以有针对性地采取相应的安全风险防范措施，提高风险控制能力，尽可能避免网上支付安全风险的发生。下面我们分别从金融机构和客户的角度来说明网上支付安全体系建立的安全管理对策。

### 1. 金融机构的安全管理措施

加入 WTO 后，我国的网上银行必须有足够强大的安全措施，否则将会危及国家的安全。网上银行的安全问题已得到了我国政府与金融界的高度重视，银行在创建和发展网上银行时，应从以下几方面努力防范和化解网上银行的风险。

(1)加强基础设施建设　首先，商业银行应制定正确的网上银行技术风险管理策略，对建设网上银行的技术方案进行科学论证，确保信息技术安全可靠，网上银行系统应设计严密、功能完善、运行稳定。其次，应加大网上银行安全技术投入，提高通信网络带宽，建立灾难备份与恢复系统，增强网上银行抵御灾难和意外事故的能力。再次，加快发展信息加密技术。近年来，世界加密技术的市场规模巨大，达到几十亿美元，并呈现

迅猛发展的态势。美国在加密技术软件的开发方面占据世界领先地位，我国应尽快学习和借鉴美国等发达国家的先进技术和经验，加快网络加密技术的创新、开发和应用，包括乱码加密处理、系统自动签退技术、网络使用记录检查评定技术、人体特征识别技术等。最后，应采取有效措施防范病毒和黑客的攻击，及时更新、升级防病毒软件和防火墙，提高计算机系统抵御外部网络攻击和抗病毒侵扰的能力，增强网上银行系统的保密性和完整性。

（2）强化客户安全意识　提高客户安全意识是防范网上银行风险的有效途径。首先，银行要加强对客户的安全教育，在客户办理网上银行业务时，重点介绍安全使用网上银行的知识。其次，要充分利用新闻媒体对网上银行的安全风险进行宣传报道，向公众介绍犯罪分子利用网上银行盗取客户资金的各种手段，提高客户识别真伪、防范风险的能力。

（3）加强内部管理　首先，商业银行要制定全面的网上银行业务规程和安全规范，并根据业务和技术发展情况及时修订完善，确保及时发现并处理系统运行中出现的各种问题。其次，要建立完善的内部控制机制，科学分配网上银行业务各环节的权限，构建网上银行业务流程与权限相互制约体系，加强对信息系统人员的监控。再次，要建立健全激励约束机制，加强思想政治工作，及时了解员工的思想动态，深入开展爱岗敬业活动，充分调动广大员工的积极性，降低内部违规事件出现的几率。

（4）加强网上银行相关法律与标准的建设　首先，应建立完善的网上银行法律体系：健全的法律体系是防范和化解网上银行风险的重要手段。虽然目前我国已出台了电子签名法，但还远没有形成体系，因此我国应加快立法进程，尽快构筑完善的网上银行法律体系，给网上银行的发展提供充分的法律保护。同时，应加大对金融犯罪的打击力度：我国公安部门要适应形势变化的需要，提高对高科技犯罪的侦破能力，同时电信和金融行业要主动提供相关的信息资料，积极配合公安部门侦破犯罪案件，采取各种有效措施，加大对网上银行盗窃案件的查处力度，从严从重打击犯罪分子。其次，加入 WTO 后我国银行金融业还应尽快熟悉和掌握国际上有关计算机网络安全的标准和规范，制定一套较为完整的国家标准，以便我国网上银行在风险防范上与国际接轨。

**2．客户的自我安全保护措施**

随着网络的普及，网上支付这种方便而快捷的交易方式越来越受到用户的青睐。用户不能一味地拒绝和回避网上支付，拒绝网上支付势必造成客户和商业银行资金运营成本的提高，降低效率，甚至错失良机。同时，又不能麻痹大意，认为网上支付是绝对安全没有风险，放松警惕。银行与商业网站虽然采取了多种安全防范措施以提高网上交易的安全性，但用户还需树立安全意识，多方面认知支付的风险并尽可能主动采取相应措施来保障自身安全。

（1）核对网址，能够识别仿冒网站与诱骗邮件。例如，要开通网上银行功能，通常事先要与银行签订协议，客户在登录网银时应留意核对所登录的网址与协议书中的法定网址是否相符，谨防一些不法分子恶意模仿银行网站，骗取账户信息；同时还要识别诱骗邮件，例如关于中奖信息的邮件，要仔细核对邮件中的链接地址，最好不打开来历不明的邮件和附件。

（2）妥善选择和保管个人 ID 和密码。ID 与密码应避免与个人资料有关系，不要选用诸如身份证号码、出生日期或电话号码等作为密码，建议选用字母、数字混合的方式，以提高密码破解难度；密码应妥善保管，避免将密码写在纸上；尽量避免在不同的系统使用同一密码，否则一旦遗失，后果将不堪设想。

（3）保管好数字证书。即使用户登录了钓鱼网站或不慎让“木马”病毒通过诈骗等手段获得了用户的账号、密码等信息，只要保管好数字证书，用户仍然可以安全地使用网上银行。所以必须要保管好数字证书，以防数字证书等机密资料落入他人之手，从而使网上身份识别系统被攻破，网上账户遭盗用。

（4）对异常动态提高警惕。银行网站大多由专业部门管理，运行稳定，一般情况下不会出现“系统维护”的提示；若遇重大事件，系统必须暂停服务，并提前公告客户。客户要避免在陌生的网址上输入银行卡号和密码，如果遇到类似“系统维护”之类的提示，应立即拨打银行客服热线进行确认，万一发现资料被盗，应立即修改相关交易密码或进行银行账户挂失。

（5）使用安全正版的防毒软件与防火墙并及时更新版本，保护自身 PC 免受病毒、木马、恶意代码的攻击，防止个人账户信息遭到黑客窃取，尽量不要在公共场所，如网吧、公共图书馆等地方的计算机上使用网上银行。

（6）消费者使用完一次网上银行服务后，切记要单击“退出登录”退出网上银行页面，彻底退出，并关闭浏览器，及时清理上网历史记录，然后再启动浏览器进行其他浏览。

（7）堵住软件漏洞。为防止他人利用软件漏洞进入计算机窃取资料，用户应及时更新相关软件，下载补丁程序，不安装过期软件和来历不明的软件。

（8）尽可能使用强制认证手段进行交易，如网上银行专业版、安装数字证书。

（9）充分运用各项网上银行或支付网站的增值服务。用户可以申请开通银行的账户短信变动通知服务，无论存取款、转账、刷卡消费，还是投资理财，只要账户资金发生变动，在第一时间就能收到手机短信提醒，以实现对个人账户资金的实时监控；用户还可以申请开通网上银行登录提醒短信服务，在每次登录网上银行时均会短信通知用户。

（10）限制无关人员靠近个人计算机。

（11）尽可能核实商家的身份、资质、交易信誉，更多了解商家的相关信息。

（12）记录与保留交易记录，如订单号码、商品描述页面、网上洽谈记录、网上银行办理的转账和支付等业务页面等，并定期查看“历史交易明细”、定期打印业务对账单。如果发现异常交易或账务差错，则应立即与银行或商家联系，避免损失。

总之，网上支付的安全性除了要求商业银行保证系统运行安全和数据通信安全外，用户掌握正确的使用方法和注意事项也是至关重要的，尤其是随着电子商务的飞速发展，现金交易结算正在逐步减少，取而代之的是网上支付和网上结算。正确使用网上支付工具，树立安全意识，防患于未然，即可尽享网上支付的便捷、安全与快乐；同时网上支付安全还是一项系统工程，不能仅靠用户或一个行业来解决问题，也需要依靠政府的协调和全社会的共同努力。

## 任务完成结论

网上支付的安全保障仅依靠高新的技术手段是不够的，还需要建立良好的管理机制，这样的安全机制才是有效的。通过本任务的学习，我们对网上支付的安全衡量指标、制定网上支付安全管理策略原则以及金融机构和客户网上支付的安全管理对策有了一个全面的认识。

## 课堂训练与测评

分析一个实际开展电子商务的企业，如 Dell 公司、海尔商城、淘宝网站等保证网上支付的安全管理策略。

## 知识拓展

计算机信息网络国际联网安全保护管理办法（http://www.gov.cn/gong bao/content/2011/content_1860856.htm）。

# 任务三　了解网上支付的相关安全技术

## 知识点、能力点

- 了解并掌握访问控制技术的原理与应用。
- 了解并掌握数据机密技术的原理与应用。
- 了解并掌握数据抗抵赖技术的原理与应用。
- 了解并掌握身份认证技术的原理与应用。
- 能够熟练使用网上支付系统的安全技术工具。

## 任务情境

艾瑞市场咨询分析认为，安全性一直是极大困扰广大网民使用网上银行服务的一个问题，最近出现的因使用支付工具等发生的洗钱、盗窃等案件，一直让人心有余悸。由于对网上支付安全性的担忧，有 80.9%的网民希望网上支付服务安全更有保障，支付安全是支付企业的生命线，是支付行业的发展瓶颈，是广大网民最最关心的问题。“工欲善其事，必先利其器”，网络信息安全的先进安全技术是网上支付平台的安全性保障。基于此，支付行业尤其是支付企业对网上支付的安全工作也作出了不懈的努力。由于某些风险防范技术措施只是大多数网民在使用，支付行业没有意识到它的存在和价值。那么可以采用哪些网络安全技术来防范网上支付的安全风险呢？本任务中，我们将对网上支付的安全技术进行全面的阐述。

## 任务分析

安全技术是信息网络技术中较为尖端的技术，只要运用得当，配合相应的安全管理措施，就能基本保证电子商务中的网上支付安全。应用了这些安全技术的网上支付是比较安全的，随着信息网络安全技术的进步与信用机制的完善，网上支付与结算一定会越来越安全。因此，我们必须对网上支付的安全技术有一个全面的认识。本任务中，我们将学习保证网上支付平台安全的防火墙技术，保证数据机密性的私有/公开密钥加密技术，保证数据完整性的数字摘要与数字签名技术，能在 Internet 上有效认证网上支付双方的真实身份，安全有效地传递公开密钥的数字证书等安全保障技术及其安全协议的基本知识。

## 任务实施

### 一、访问控制技术与应用

#### 1. 防火墙技术

（1）防火墙的定义 最典型的访问控制产品是防火墙。防火墙（Fire Wall）是一个由软件和硬件组合而成的、设置在不同网络（如可信任的企业内部网和不可信任的公共网）或网络安全域之间的保护屏障，如图 2-2 所示。它是不同网络或网络安全域之间信息的唯一出入口，能根据企业的安全政策控制（允许、拒绝、监测）出入网络的信息流，实现访问控制，且本身具有较强的抗攻击能力。它是提供信息安全服务、实现网络和信息安全的基础设施；在逻辑上，防火墙是一个分离器，一个限制器，也是一个分析器，有效地监控了内部网和互联网之间的任何活动，保证了内部网络的安全。

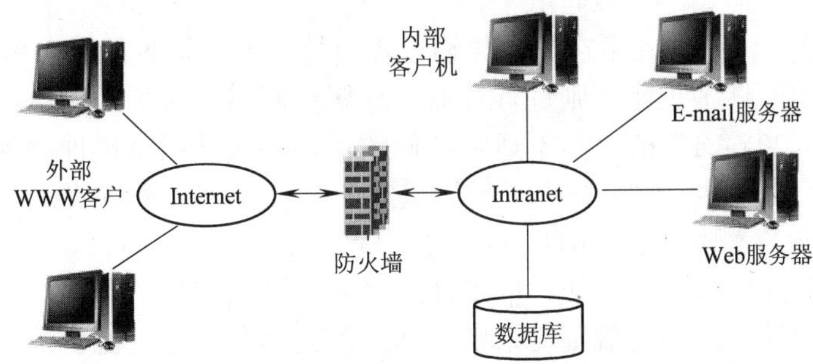


图 2-2 防火墙系统示意图

（2）防火墙的功能 防火墙通常有“门”和“闸”两部分。前者的功能是在网络之间移动数据，体现信息传输的功能；而后者则将未授权的数据移动进行过滤，以保证网络的安全，体现管理控制的功能，正如配置了警卫的物理围墙一样。具体地说，作为防火墙的系统设备具有以下功能：

1）由内部安全的 Intranet 到外部不安全的 Internet 的访问和由外到内的访问都必须通过防火墙监控，体现双向功能。

2）设置用户认证等安全控制机制，只有本地安全策略所定义的合法访问才被允许通过防火墙。

3）防火墙本身无法被穿透。

4）明确 Intranet 的边界。防火墙能够保护站点不被任意连接，甚至建立反向跟踪工具，帮助总结并且记录有关正在进行的连接资源、服务器提供的通信量，以及试图闯入者的任何企图。美国军方在防火墙上已经建立了面向世界范围的网上反向黑客追踪系统，以有效辅助追捕非法入侵者。

（3）防火墙的种类　目前按防火墙采用的技术分类，防火墙主要分为包过滤型防火墙、代理服务器型防火墙（应用级防火墙）、状态监测型防火墙等。

1）包过滤型防火墙。包过滤技术是在网络层中对数据包实施有选择的通过，依据系统内事先设定的过滤逻辑，检查数据流中每个数据包后，根据数据包的源地址、目的地址、所用的 TCP/UDP 端口与 TCP 链路状态等因素来确定是否允许数据包通过。包过滤技术的核心是安全策略，即过滤算法的设计。

在 Internet 这样的 TCP/IP 网络上，所有往来的信息都被分割成许多一定长度的信息包，信息包中包含发送者的 IP 地址和接受者的 IP 地址信息。当这些信息包被送上 Internet 时，路由器读取接受者的 IP 地址并且选择一条合适的物理线路发送出去，信息可能经过由不同的线路抵达目的地，当所有的信息包抵达目的地后重新组装还原。

包过滤型防火墙是面向网络层和传输层的，它根据事先设定的过滤规则，检查流经防火墙的 TCP/IP 封包头文件中的字段值，根据 IP 数据包的源 IP 地址和端口号、目标 IP 地址和端口号以及 TCP 链路状态等因素，在网络层对数据包实施有选择的通过。这样由一组网络关联所形成的过滤逻辑就列入了存取控制表中。数据流到达防火墙服务器时，包过滤器检查数据流中每一个 IP 包的网络关联信息，将符合过滤逻辑的 IP 包转发到目的地址，否则就拒绝通过，并加以删除。通常，可以将包过滤器 PF 和路由器 Route 结合在一起，构成包过滤路由器，这种路由器既具有选择功能和转发功能，又有过滤功能。

因此，包过滤型防火墙就是在信息传输过程中检查所有通过的信息包中的 IP 地址，按照系统管理员给定的许多过滤规则进行过滤，这属于网络级防护。例如：若防火墙设定某个 IP 地址如“10.20.64.1”的站点不适宜访问的话，那么从这个地址来的所有信息都会被防火墙屏蔽掉；浙江大学的图书馆电子资源只对浙江大学校园网 IP 地址的主机开放，而其他大学的师生的 PC 就不能连接访问。

包过滤技术速度快、实现方便，但审计功能差。过滤规则的设计存在着矛盾关系，过滤规则简单则安全性差，过滤规则复杂则管理困难。因此，包过滤型防火墙的优点主要是应用简单、处理速度快，通常作为第一道网络安全防线，进行网络级防护；但包过滤型防火墙也存在明显不足，它虽然能阻挡别人进入内部网络，但不能在应用级别上进行过滤，即不能鉴别不同用户和防止 IP 地址盗用，缺少身份验证，对高层协议信息无理解能力。所以黑客常常利用“IP 地址欺骗”和“同步风暴”等方式攻击或欺骗包过滤型防火墙。另外包过滤型防火墙还具有配置烦琐的缺点。因此，单纯的包过滤型防火墙提供的安全防护功能很有限。

2）代理服务器型防火墙（应用级防火墙）。代理服务器型防火墙也就是通常提到的应用级网关，它运行的代理服务软件即应用级防火墙，在应用级别上提供安全防护服务。应用级网关适用于特定的 Internet 服务，如在电子商务活动中主要采用的 http、telnet 及 ftp 服务等。代理服务器通常运行在两个网络之间，它对客户来说像一台真的服务器，而对于 Web 服务器来说，它又是一台客户机。

代理服务器（应用级网关）的应用原理是当其接收用户对自己代理的某 Web 站点的访问请求后，检查请求是否符合规定，如果规则允许用户访问站点时，代理服务器代理客户去那个站点取回所需要的信息，再转发给客户，体现“应用代理”的角色。代理服务器防火墙的应用原理如图 2-3 所示。

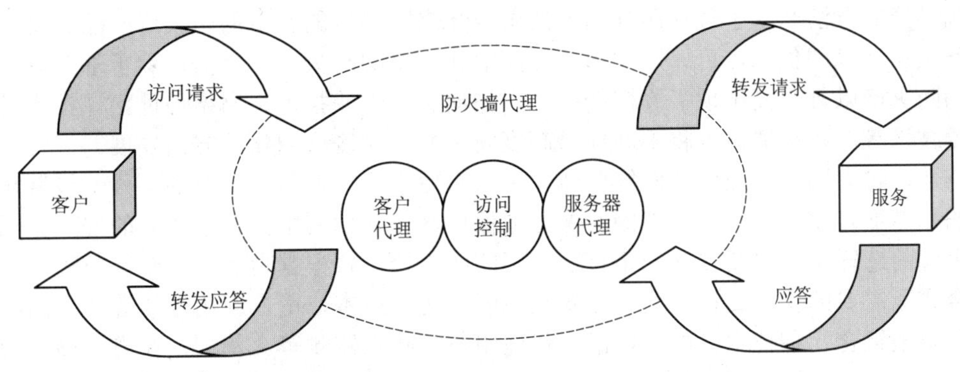


图 2-3　代理服务器型防火墙的应用原理

配置两块网卡的双宿主机代理服务器就是应用级防火墙的典型示例。两块网卡各自配置 IP 地址，分别与内外网络连接。

作为应用级网关的代理服务器像“一堵墙”一样，挡在内部网和外界网络之间。从外部网络只能看到该代理服务器而无法知晓内部网的任何内部资源信息，诸如用户的真实 IP 地址等；访问业务都由“守规矩”的代理服务器完成，这样就大大减少了安全事故发生的机会与概率。因此，应用代理服务技术的应用级网关提供的是应用层次上的安全防护，比网络级别上的单一包过滤式防火墙更为安全、可靠，且会详细地记录所有的访问状态信息，以利于分析与追踪。

但代理服务器型防火墙也有不足之处：由于需要代理服务，使网络访问速度变慢；因为不允许用户直接访问网络，因而应用级网关需要对每个特定的 Internet 应用服务安装相应的代理服务软件，比较麻烦，且维护量大；同时用户不能使用未被服务器支持的网络服务，对每类应用服务需要特殊的客户端软件，同时还要进行一些相关设置，透明性较差。

3）状态监测型防火墙。状态监测型防火墙就是使用一个在网关上执行网络安全策略的软件模块，称为监测引擎，它是最新一代即第三代防火墙技术。状态监测型防火墙的应用原理是用监测引擎软件在不影响网络正常运行的前提下，采用抽取有关数据的方法对网络通信的各层实施监测，抽取状态信息，并动态地保存起来，作为执行安全策略的参考。当用户的访问请求到达网关的操作系统前时，由状态监视器抽取有关数据进行分析，然后结合网络的安全配置和安全规定作出接纳、拒绝、身份认证、报警或给该通信加密等处理动作。一旦某个网络访问违反安全规定，它就会拒绝该访问，并且报告有关状态并做日志记录。

由于状态监测防火墙的监测引擎支持多种协议和应用程序，且可容易地实现应用和服务的扩充，因此这种防火墙具有非常好的安全特性。

同时，这种监测型防火墙产品一般还带有分布式探测器。这些探测器安置在各种应用服务器和其他网络节点之中，不仅能够监测来自网络外部的攻击，而且对来自内部的恶意破坏也有极强的防范作用。状态监测防火墙的另一个优点是它会监测无连接状态的远程过程调用（RPC）和用户数据包（UDP）之类的端口信息，而包过滤防火墙和应用级网关都不支持此类应用。

虽然监测型防火墙在安全性上已超越了包过滤型和代理服务器型防火墙，但由于监测型防火墙技术的实现成本较高，配置比较复杂，所以目前防火墙产品仍然以代理服务型防火墙产品为主，但在某些方面也已经开始使用监测型防火墙，例如用户可以有选择性地使用某些监测型技术。

很多防火墙产品为适应实际需求，往往混合采取上述多种技术，例如复合型防火墙就是把包过滤的方法和基于代理服务的方法结合起来，形成的新型的防火墙产品。结合上述几种防火墙技术的优点，可以产生通用、高效和安全的防火墙。目前，除了基于以上 3 种技术的防火墙以外，又出现了许多新技术，如动态包过滤技术、网络地址翻译技术、加密路由器技术等。防火墙技术将不断向着高度安全性、高度透明化的方向发展。

总之，防火墙是保证内部网络整体安全的有效手段，但不是绝对的手段。设置防火墙的目的只是加强安全性，而不能绝对保证被保护网络（如网络银行系统）的安全。因此，在防火墙的选择上，需要建立一个符合需要的防火墙，要根据自身的安全需求程度制定一个符合实际需要的安全防护策略，在安全性能、防护成本、用户应用性能等几方面综合权衡，尽量地组合几种技术，如包过滤、代理服务、状态监测等。例如，在电子商务网上的支付活动中，防火墙不仅要为银行后台网络提供各种安全保护功能，也要具有足够的透明性和网络性能，保证正常支付结算业务的即时处理；否则，客户上网购物支付时半天也支付不了，银行网络再安全也没有意义。

**2．基于角色的访问控制技术**

除了网络层的访问控制要求，网上支付系统应用层一般设计了对用户的基于角色的访问控制技术。基于角色的访问控制的基本思想是将权限与角色联系起来，在系统中根据应用的需求为不同的工作岗位创建相应的角色，同时根据用户职务和责任指派合适的角色，用户通过所指派的角色获得相应的权限，实现对文件的访问。

总之，网上支付公司、银行、网上商城、客户等应根据各自不同的业务特性和需求，使用防火墙技术和基于角色的访问等访问控制技术，合理制定彼此之间安全域边界的访问控制策略。

## 二、数据机密性技术

机密技术是保护信息安全的主要手段之一，它是结合数学、计算机科学、电子与通信等诸多学科于一身的交叉学科。它不仅具有保证信息机密性的信息加密功能，而且还可以利用其他基本原理进行数字签名、身份验证以及维护系统安全等。使用密码技术不仅可以保证信息的机密性，而且还可以保证信息的完整性和确切性，防止信息被篡改、伪造和假冒。

数据机密技术与密码编码学和密码分析学有关。密码编码学是为了设计出安全的密码体制，防止被破译；密码分析学则是研究如何破译密文的。这两门学科结合起来就称为密码学。加密和解密过程包括 2 个元素：加密算法和密钥。加密算法是基于数学计算方法将普通的文本（或者可以理解的信息）与一串字符串（密钥）相结合，产生不可理解的密文的步骤；密钥，英文 Keyword，它是用来对文本进行编码和解码的数字，其加密或解密变换是由密钥控制来实现的。

加密就是使用加密密钥通过加密设备或数学算法来重新组织数据，将某些重要信息和数据从一个可以理解的明文形式变换成一种复杂错乱的、不可理解的形式，这种不可理解的内容叫做密文，这个过程就是加密。解密是加密的逆过程，即合法接收者用解密密钥将密文还原成原来的可以理解的明文。如果传输过程中有人窃取，他只能得到无法理解的密文，从而对信息起到保密作用。

一个加密系统数学符号描述如下：

$$S=\{P，C，K，E，D\}$$

式中　$P$——明文，也就是原文，需要加密的信息；

$C$——密文，是 $P$ 经过加密后产生的信息；

$K$——密钥，密码算法中的一个参数；

$E$——加密算法；

$D$——解密算法。

对于每个密钥 $K$，都有对应的 $E_k$ 和 $D_k$，并且 $C=E_k(P)$，$P=D_k(C)$。

数据的加密和解密过程如图 2-4 所示。

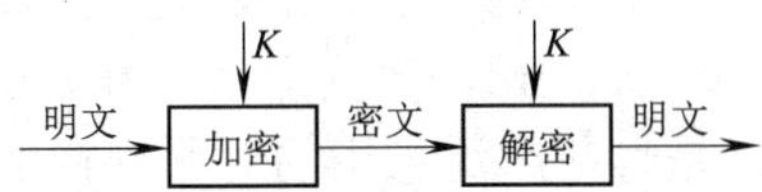


图 2-4　数据的加密和解密过程

我们可以用比较古老的加密算法说明一个加密和解密的过程，如用加法代替密码（移位）加密就是将明文字母向后移位形成密文。让 26 个字母 $A$，$B$，$C$，…，$X$，$Y$，$Z$ 的自然顺序保持不变，但要让它们与 $D$，$E$，$F$，…，$A$，$B$，$C$ 分别对应，即相差 3 个字母的顺序，见表 2-1。这条规则就是加密算法，其中 3 就是密钥。如果要发送一个军事命令给前线，明文为“今晚 8 点发动总攻”即“JIN WAN BA DIAN FA DONG ZONG GONG”，加密后得到密文“MLQ ZDQ ED GLDQ ID GRQJ CRQJ JRQJ”。不知道算法和密钥的人，是不能将这条密文还原成明文的。

表　2-1

| A | B | C | D | E | F | G | H | I | J | K | … | R | S | T | U | V | W | X | Y | Z |
|---|---|---|---|---|---|---|---|---|---|---|---|---|---|---|---|---|---|---|---|---|
| D | E | F | G | H | I | J | K | L | M | N | … | U | V | W | X | Y | Z | A | B | C |

根据密钥的特点，可以将密码体制分为单密钥密码体制（也称对称密码体制或私有密钥密码体制）和双密钥密码体制（也称非对称密码体制或公开密钥密码体制）。

### 1. 对称密钥加密法

（1）对称密钥加密法的定义与应用原理　对称密钥加密（Symmetric Key Cryptography）也称单密钥加密或私有密钥加密，就是指在计算机网络甲、乙两用户之间通信时，发送方甲为了保护传输的明文信息不被第三方窃取，采用密钥 A 对信息进行加密而形成密文 M 并且发送给接收方乙，接收方乙用同样的一把密钥 A 对收到的密文 M 进行解密，得到明文信息，从而完成密文通信目的的方法。这种信息加密传输方式就称为对称密钥加密法。由于密文 M 在网络传输过程中谁也看不懂，就算在网络中途被窃取或被复制也会由于没有密钥 A 而非常难以破译，这样就保证了甲、乙之间信息传输的安全。对称密钥加密模型如图 2-5 所示。

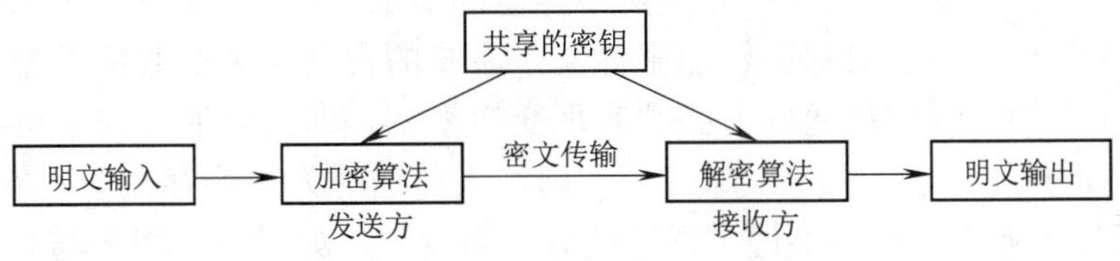


图 2-5　对称密钥加密模型

对称密钥加密法中加密密钥和解密密钥相同，或者虽然不同，但是由其中一个可以很容易地推导出另一个。因此，信息发送方和信息接收方拥有的为相同或可互推的密钥，就必须保证密钥的绝对安全与保密。信息发送方与信息接收方谁也不能把密钥泄露给其他人，为自己私有，若一方泄漏了密钥就必须停止该密钥的使用。只要将密钥保护好，使密钥只有通信的双方知道，任何第三方都得不到密钥，也就无法窃取这些通信双方所传送的信息内容了。

（2）对称密钥加密法的常用算法　目前，国际上某些专业组织机构研发了许多对称密钥加密算法，比较著名的有 DES、IDEA、AES 以及 RC4、RC5 等算法。

DES 算法（Data Encryption Standard，数据加密标准）由美国国家标准和技术研究院（NIST）在 1977 年公布实施，是目前广泛采用的对称密钥加密算法之一，DES 综合运用了置换、迭代等多种密码技术。它面向二进制设计，数据分组长度为 64b（8B），加密后的密文分组长度仍为 64b，没有数据扩展。DES 算法中密钥也是 64b，其中 8 位为校验位（检查传输过程中是否有数据出错或丢失），有效的密钥长度为 56b。通过替代和置换对数据进行变幻，将密钥分解成 16 个子密钥，每个子密钥控制一次变换过程，共进行 16 次变换，生成密文。解密与加密的密钥和流程完全相同，只是所用密钥次序相反。三重 DES 是 DES 的一种变形，最早由 Tuchman 提出，这种方法使用两个独立的 56b 密钥对交换的信息进行三次加密，从而使其有效密钥长度达到 112b，更加安全。

目前，随着计算机技术的进步，破解 DES 的方法也日趋增多，这将促使更加安全的高级加密标准 AES 成为 DES 的替代者，成为新一代的加密标准。AES 采用 Rijndael 算法，仍是分组密码，但分组长度和密钥长度都可以改变。分组长度、密钥长度可分别独立设定为 128b、192b 或 256b。

国际数据加密算法 IDEA 完成于 1990 年，开始时称为 PES 算法，1992 年被命名为 IDEA。其分组长度为 64b 的分组密码，但密钥长度为 128b，大大提高了安全性。因此，IDEA 比 DES 的加密性好，且对计算机功能要求也没有那么高。

RC4 方法是 RSA 数据安全分公司的对称密钥加密专利算法。RC4 不同于 DES，它采用可变密钥长度的算法。通过规定不同的密钥长度，RC4 能够按不同需求动态提高或降低安全的程度。RC5 在 1994 年被开发出来，由于其前身 RC4 的源代码在 1994 年 9 月被人匿名张贴到 Cypherpunks 邮件列表中，泄露了 RC4 算法。RSA 数据安全公司的很多产品都已经使用 RC5 算法。

（3）对称密钥加密法的优缺点　对称密钥加密法的主要优点是加解密速度快。由于加解密应用同一把密钥，而且应用简单，适用于专用网络中通信各方相对固定的情况，例如在金融通信专网、军事通信专网、外交及商业专网的加密通信。对于数据量大的文件传送，利用对称密钥加密法是比较有效率的。

同时，对称密钥加密法也存在着以下一些问题：

1）对称密钥难于满足开放式计算机网络环境的需求，难于满足在 Internet 上开展电子商务安全性方面的要求。在对称密钥加密体制中系统的安全性主要取决于密钥的保密性，加解密使用相同密钥，因此在通信前必须实现交换密钥，即需要通过安全可靠的途径传递密钥，而通过 Internet、电话通知、邮寄、专门派人传送等方式均存在一些安全问题。

2）若用户与多方通信时，不便于密钥的分配与管理。如果一个用户与多方通信采用相同的密钥，那么与它通信的各方也必须使用该密钥才可以保证信息的解读。这样，由于多方使用相同的密钥，则导致任一方都可截获其他各方的信息并解读，而且一旦密钥被破译或泄漏，与此密钥通信的各方都会受到损失，后果更加严重。若用户与多方通信采用不同的密钥，例如当网络中有 n 个用户时，将至少需要 n（n-1）/2 个通信密钥。对于任一用户来讲，至少需要拥有 n-1 个密钥，才能与网络中其他 n-1 个用户进行加密通信。当然，这在专用网应用还可以，但对于 Internet 这样的大型、公众的网络来说，用户几乎是无限多的，分布很广，密钥量将是一个无穷数，这样密钥的分配和保存就成了大问题。

3）不能进行用户身份的认定。采用对称密钥加密法可实现信息加密传输，解决了数据的机密性问题，由于加解密使用同一把密钥，因此不能认证信息发送者的身份。

以上不足和电子商务的发展需求，可以通过非对称密钥加密法解决和满足。

**2．非对称密钥加密法**

（1）非对称密钥加密法的定义与应用原理　非对称密钥加密（Asymmetric Key Cryptography）也称双密钥加密或公开密钥加密，与对称密钥加密法的加解密用同一把密钥的原理不同，非对称密钥加密法的加解密所用的密钥是不相同的，也是不对称的，因此称其为非对称密钥加密法。该加密法是指在计算机网络甲、乙两用户之间进行通信时，发送方甲为了保护传输的明文信息不被第三方窃取，采用密钥 A 对信息进行加密，形成密文 M 并且发送给接收方乙，接收方乙用另一把密钥 B 对收到的密文 M 进行解密，得到明文信息，完成密文通信目的的方法。由于密钥 A 和密钥 B 这两把密钥中，其中一把为用户私有，另一把对网络上的大众用户是公开的，所以这种信息加密传输方式也称为公开密钥加密法。

在非对称密钥体制中，需要用户掌握两个不同的密钥：一个是可以公开的密钥，称其公钥（Public Key）；另一个则是秘密保存的密钥，称其为私钥（Private Key）。

非对称密钥体制有 2 种基本模型：①加密模型，②认证模型。非对称密钥加密模型如图 2-6 所示。

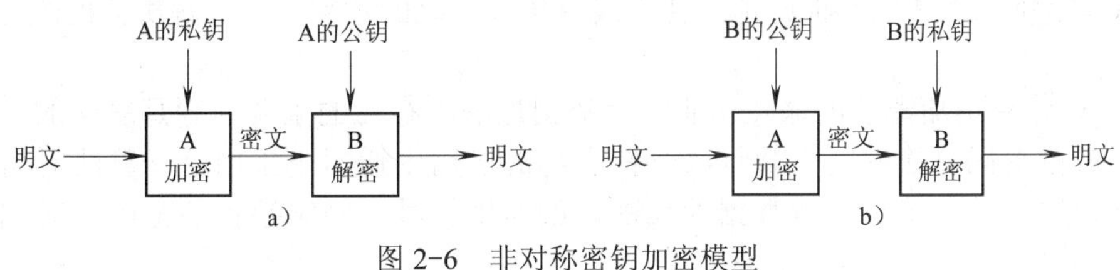


图 2-6　非对称密钥加密模型

a）认证模型　b）加密模型

（2）非对称密钥加密法的常用算法　非对称密钥加密法的常用算法主要有 RSA 算法、ECC 算法、DSA 算法。它们的安全性都是基于复杂的数学难题，都被认为是安全和有效的。

RSA 算法是非对称加密领域内最为著名的算法，也是应用最广泛的。RSA 算法名称取自它的三位创始人的名字 Rrivest、Shamir、Adleman 的第一个字母。RSA 算法基于一个十分简单的数论事实：将两个大素数相乘十分容易，但那时想要对其乘积进行因式分解却极其困难，因此可以将乘积公开作为加密密钥。RSA 是目前最有影响力的公钥加密算法，它能够抵抗目前为止已知的绝大多数的密码攻击，已被 ISO 推荐为公钥数据加密标准。目前，电子商务中大多数使用非对称密钥加密法进行加解密和数字签名的产品和标准使用的都是 RSA 算法。由于 RSA 密码体制使用大数，所以产生密钥比较麻烦，受到素数产生技术的限制；而且它的运算速度很慢，无论是软件还是硬件实现，速度是 RSA 的一大缺陷，因此一般 RSA 只用于少量数据的加密。

RSA 算法中的密钥长度从 40～2 048b 不等，加密时也把明文分成块，块的大小可变，但不能超过密钥的长度，RSA 算法把每块明文转化为与密钥长度相同的密文块。密钥位数越长，加密效果越好，但密钥长度的增加导致其加解密的速度大为降低，硬件实现也变得越来越难以忍受，这给 RSA 算法的应用带来了很重的负担，所以要在安全与性能之间进行折中考虑，但特殊的如网络支付中的密码传送业务等密钥位数又可能较长。就目前来说，对 RSA 的攻击威胁来自 2 个方面：计算能力的不断增强和因子分解算法的不断改善。因此，需要谨慎选取 RSA 密钥的大小。可以预计，在这两方面还会继续取得突破，在将来一段时间内，一个 1 024～2 048b 的密钥是合理的，但这样又会导致加解密速度变慢，这对进行大量安全交易的电子商务站点来说会引起比较严重的后果。

ECC 算法。1985 年，N. Koblitz 和 V. Miller 分别提出了椭圆曲线密码体制（ECC），其安全性依赖于椭圆曲线点群上离散对数问题的难解性。ECC 可以用少很多位数的密钥取得和 RSA 相等的安全性，减少了处理负荷，成为了 RSA 的挑战者。

（3）非对称密钥加密法的优缺点

1）非对称密钥加密法的优点：

认证较为方便。也许你并不认识某个商务实体，但只要你的服务器认为该实体的带公钥的数字证书是可靠的，就可以进行安全通信，这正是 Web 商务业务所要求的，例如使用信用卡进行网络支付购物。

分配简单。非对称密钥加密法解决了大量网络用户密钥管理的难题，非对称密钥可以像电话号码一样，告诉每个网络成员与商业伙伴，需要好好保管的只是一个私人密钥。可见，密钥的保存量比私有密钥加密少得多，密钥管理也比较方便，可像收集电话号码一样收集所有成员的公钥。

非对称密钥加密法能够很好地支持完成对传输信息的数字签名，解决数据的否认与抵赖问题。

2）非对称密钥加密法的缺点。非对称密钥加密法存在的主要问题是算法的运算速度较慢，较对称密码算法慢几个数量级。在实际的应用中通常不采用这一算法对信息量大的信息进行加密，只用于少量数据的加密，如信用卡号、网络银行的密码、对称密钥的加密。

在实际应用中，通常是将对称加密法和非对称加密法结合起来使用，即信息用对称密码加密，而对称密码的密钥用接收方公钥密码的公钥加密，接收方收到密文后用自己的私钥解密出对称密钥，再用对称密钥解密明文，也就是数字信封技术，这样就实现了对称密钥的分配并提高了加解密速度。

## 三、抗抵赖技术

### 1. 数字摘要

电子商务中通信双方在互相传送如电子合同、电子支票等数据信息时，不仅要对相关数据进行保密，不让第三者知道，而且还要知道数据在传输过程中没有被别人改变，也就是要保证数据的完整性，数字加密技术只能解决信息的保密性问题，对于信息的完整性则可以用数字摘要技术来保证。

（1）数字摘要的定义　所谓数字摘要（Digital Digest）是发送者对被传送的一个信息报文根据某种数学算法算出一个信息报文的摘要值，并将此摘要值与原始信息报文一起通过网络传送给接收者，接收者应用此摘要值检验信息报文在网络传送过程中有没有发生改变，以此判断信息报文的真实与否。

（2）数字摘要的应用原理　数字摘要是由哈希（Hash）算法计算得到的，所以也称哈希值。Hash 算法是 Ron Rivest 发明的一种单向不可逆的数学算法，信息报文经此算法处理后，能产生一份数字摘要，但不可能由此数字摘要用任何算法还原为原来的报文，这样就保护了信息报文的机密性。同时，不同的信息报文通过 Hash 算法所产生的数字摘要必不相同，对原文数据哪怕改变一位数据，数字摘要也会产生很大变化；而相同的信息报文产生的数字摘要必定相同。因此，数字摘要类似于人类的“指纹”，可以通过摘要去鉴别原文的真伪。

数字摘要的使用过程如图 2-7 所示。

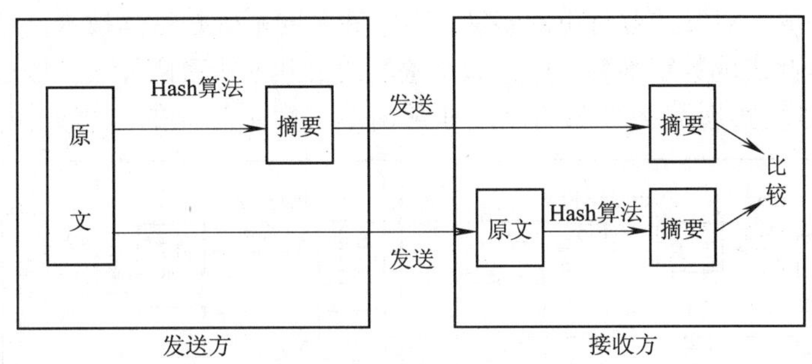


图 2-7　数字摘要使用过程示意图

（3）常用的 Hash 算法　目前使用的数字摘要常用算法如 RSA 公司提出的报文摘要算法（MD4、MD5）和安全散列算法（SHA）等，都是以 Hash 函数算法为基础的，所以这些算法也称 Hash 编码法。

SHA（Secure Hash Algorithm）安全散列算法是一种报文摘要算法，它产生 160 位的散列值。SHA 已经被美国政府核准为标准，即 FIPS180-1 Secure Hash Standard（SHS），FIPS 规定必须用 SHA 实施数字签名算法。在产生与证实数字签名过程中用到的 Hash 函数也有相应的标准规定。

MD2、MD 4 和 MD5（MD Standards for Message Digest）是由 RSA 数据安全公司创始人 Ron Rivest 发明的报文摘要算法，由 Ron Rivest 所设计。该编码算法采用单向 Hash 函数将需加密的明文“摘要”成一串 128b 的密文，这一串密文亦称为数字指纹（Finger Print），它有固定的长度，且不同的明文摘要成密文，其结果总是不同的，而同样的明文其摘要则必定一致。这样，这串摘要便可验证明文是否为“真身”的“指纹”。其中 MD2 最慢，MD4 最快，MD5 是 MD4 的一个变种。

### 2. 数字签名技术

在传统商务的合同或支付单据中，人们用笔签名或盖章，这个手工的签名或印章通常有 2 个作用：①证明支付单据是由签名者发送并认可的，不可抵赖，负有法律责任；②保证信件的真实性，不是伪造的，非经签名者许可不许修改。而在电子商务中，为了保证电子合同以及网络支付电子单据的真实性和不可否认性，可以使用类似手工签名功能的数字签名，如在电子支票上的签名认证等。

（1）数字签名的定义　数字签名（Digital Signature）指在要发送的信息报文上附加一个特殊的唯一代表发送者个人身份的标记（数字标签），以此来证明信息报文是由发送者发来的。数字签名是密钥加密和信息摘要相结合的技术，即把 Hash 函数和公钥算法结合起来，可以在提供数据完整性的同时，也可以保证数据的真实性与不可否认性。完整性是指传输的数据没有被修改，真实性是指确实由合法者产生的Hash 函数而不是由其他人假冒。数字签名类似于文档的签名，以防止抵赖行为。

（2）数字签名的应用原理　将报文按双方约定的Hash 算法计算得到一个固定位数的报文摘要值，然后把该报文的摘要值用发送者的私人密钥（Private Key）加密，所得的加了密的摘要值即为数字签名，并将密文同原报文一起发送给接收者，接收者用发送者的公开密钥对数字签名进行解密，若解密出的数字签名与计算出的相同，则可确定发送者的身份是真实的。这样，只要拥有发送者的公开密钥的人都能够验证数字签名的正确性，而只有真正的发送者才能用数字签名，这也就完成了对发送者身份的鉴别。数字签名的基础是密码技术，目前较多使用的是公钥加密体制，以此实现数字签名，用于数字签名的公开密钥密码算法一般选用 RSA 算法。

用公开密码体制实现数字签名的原理非常简单，数字签名的过程如图 2-8 所示。

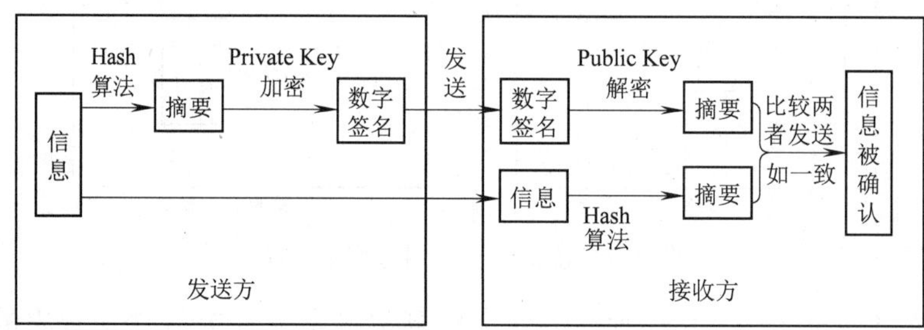


图 2-8　数字签名过程示意图

1）对原文使用 Hash 算法得到信息摘要。

2）发送者用自己的私钥对信息摘要加密。

3）发送者将加密后的信息摘要与原文一起发送。

4）接收者用发送者的公钥对收到的加密摘要进行解密。

5）接收者对收到的原文用 Hash 算法得到接收方的信息摘要。

6）将解密后的摘要与接收方摘要进行对比，相同说明信息完整且发送者身份是真实的，否则说明信息被修改或不是该发送者发送的。

由于发送者的私钥是自己严密管理的，他人无法仿冒，同时发送者也不能否认用自己的私钥加密发送的信息，所以数字签名解决了信息的完整性和不可抵赖性问题。

**3．数字时间戳**

在电子商务交易中，时间和签名同等重要。数字时间戳（DTS，Digital Time-Stamp）是由专门机构提供的电子商务安全服务项目，用于证明信息的发送时间。

需要数字时间戳的用户首先将文件用 Hash 算法加密得到摘要，然后将摘要发送到提供数字时间戳服务的专门机构，DTS 机构对原摘要加上日期和时间信息以后，用自己的私钥加密，然后发还给原用户，获得数字时间戳的用户就可以将它再发送给自己的商业伙伴以证明信息的发送时间。数字时间戳的获得过程如图 2-9 所示。

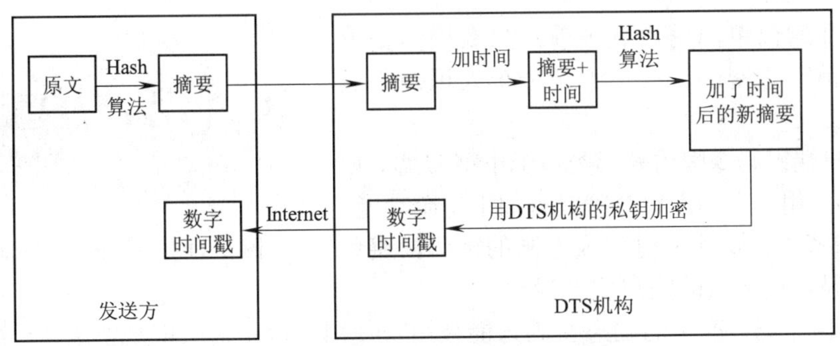


图 2-9　获得数字时间戳的过程示意图

数字时间戳是一个经加密后形成的凭证文档，包括 3 个部分：时间戳的文件摘要、DTS 收到文件的日期和时间、DTS 的数字签名。必须注意的是，书面签署文件的时间是签署人自己写上的，而数字时间戳则是由 DTS 机构加上的，DTS 是以收到文件的时间作为确认依据的。

## 四、身份认证技术

网上支付系统在身份鉴别技术方面，应采用双向身份鉴别机制。用户在进行支付操作中不仅是服务器验证用户的身份，同时用户也需要验证服务器的身份，以防止“网络钓鱼”之类的攻击方式。“用户名+口令”是最基本的身份鉴别方式。随着支付业务安全需求的不断上升，又出现了其他身份鉴别方式，主要包括动态密码技术、数字证书、预留信息验证技术等。

### 1. 动态密码技术

（1）动态口令卡　动态口令卡相当于一种动态密码。口令卡上以矩阵的形式印有若干字符串，客户在进行对外转账、BtoC 购物、缴费等支付交易时，支付系统就会随机给出一组口令卡坐标，客户根据坐标从卡片中找到口令组合并输入支付系统。只有当口令组合输入正确时，客户才能完成相关交易。这种口令组合是动态变化的，使用者每次使用时输入的密码都不一样，交易结束后即失效，从而杜绝不法分子通过窃取客户密码盗窃资金，保障电子支付安全。中国工商银行网络银行的动态口令卡如图 2-10 所示。

电子银行口令卡正面

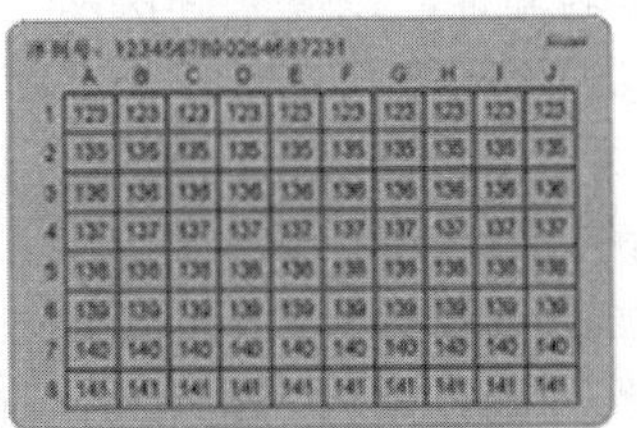

电子银行口令卡背面
（覆膜刮开后的示意图）

图 2-10　中国工商银行的动态口令卡

（2）动态口令系统　动态口令系统由用户端的动态口令牌和应用系统端的认证服务器组成。认证服务器是整个系统的核心部分，与应用系统服务器通过局域网相连，对所有使用支付系统的用户进行身份认证。用户登录应用系统时，依据安全算法，认证系统会在动态口令牌的专用芯片和认证服务器上同时生成动态密码。经过比较，若双方密码相同，则为合法用户，否则为非法用户。动态密码每分钟变化一次。用户端的动态口令牌使用起来非常简单，用户登录前，只要根据令牌上显示的当前动态密码，再加上一个个人识别码登录即可。

一般用户端密码令牌的外形类似于小型U盘，如图2-11所示。用户端动态口令牌具有如下安全功能：

图2-11　中国银行的动态口令牌

1）动态密码：每次实时生成不同的密码，避免了因静态密码被盗导致的账户安全风险。

2）一次性密码：产生的动态密码只能被用户使用一次，无法重复使用。一次性密码增强了安全性。

3）随机性：动态密码是随机生成、无规律的。即使本次密码被窃取，也难以由此猜出下次的密码。

4）不可拆解：为了防止非法持有者通过改动动态口令生成器内部零件窃取密码，动态口令生成器不能拆解，一旦强行拆解，动态口令生成器将会自动报废。动态口令生成器的电池，也都是一次性的。

**2．预留信息验证技术**

“预留信息”是为帮助客户有效识别电子支付站点、防范不法分子利用假网站进行网上诈骗的一项服务。一般在电子支付系统中预先记录一段文字或图片，当登录电子支付网站进行支付时，网页会自动显示您的预留信息，以便验证是否为真实的电子支付网站。如果网页上没有显示预留验证信息或显示的信息与您的预留信息不符，应该立即停止交易并拨打电子支付公司客户服务电话。

**3．数字证书**

（1）数字证书的基本概念　数字证书（Digital Certificate或Digital ID）就是网络通信中标志通信各方身份信息的一系列数据，提供了一种在Internet上验证身份的方式，其作用类似于现实生活中的身份证。数字证书是由权威公正的第三方机构，即CA（Certificate Authority）中心签发的。以数字证书为核心的加密技术可以对网络上传输的信息进行加解密、数字签名和签名验证，以此来确保网上传递信息的机密性、完整性，交易主体身份的真实性，签名信息的不可抵赖性，从而保障网络应用的安全性。

数字证书利用一对互相匹配的密钥进行加解密。每个用户自己设定一把特定的、仅为本人所知的私钥，用它进行解密和签名；同时设定一把公钥并由本人公开，为一组用户所共享，用于加密和验证签名。当发送一份保密文件时，发送方使用接收方的公钥对数据加密，而接收方则使用自己的私钥解密，这样信息就可以安全无误地到达目的地，即使被第三方截获，由于没有相应的私钥，第三方也无法解密。

（2）数字证书的内容　数字证书是一个经证书授权中心数字签名的包含公开密钥拥有者信息以及公开密钥的文件。目前，证书的格式一般采用X.509国际标准。一个标准的X.509数字证书包括如下内容（如图2-12所示）：

1）证书的版本信息。

2）证书的序列号，每个证书都有一个唯一的证书序列号。

3）证书所使用的签名算法。

4）证书的发行机构名称。

5）证书的有效期，现在通用的证书一般采用 UTC 时间格式，它的计时范围为 1 950～2 049。

6）证书主题或使用者。

7）证书所有人的公开密钥信息。

8）其他额外的特别扩展信息。

9）证书发行者对证书的数字签名。

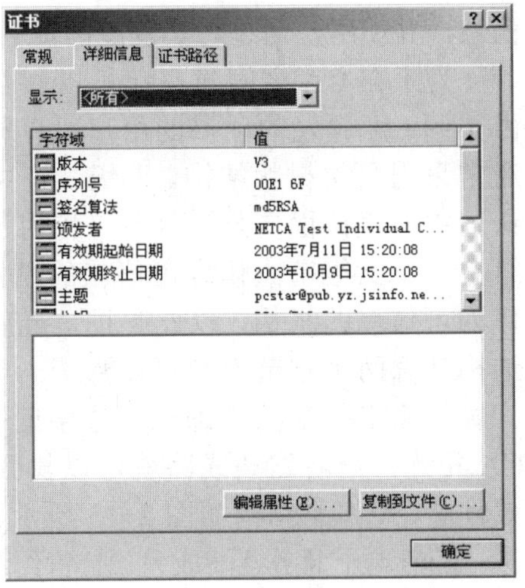


图 2-12 数字证书的详细信息

（3）数字证书的分类 数字证书根据用途、证明实体的不同，分为很多种类，现在常用的一般有以下几种类型：

1）个人身份证书（客户证书），用来表明和验证个人在网络上的身份的证书，个人的数字证书是唯一的，它确保了网上交易和作业的安全性和可靠性，可以用于网上支付、网上炒股、网上保险、网上理财、网上缴费、网上购物、网上办公等。

2）企业身份证书，用来表明和验证企业用户在网络上的身份的证书，它确保了企业网上交易和作业的安全性和可靠性，可应用于网上证券、网上办公、网上缴税、网上采购、网上资金转账、企业网上银行等。

3）服务器数字证书（站点证书），主要用于电子商务交易或支付企业的服务器，标志该企业在互联网中的身份，需要和网站的 IP 地址、域名绑定，以保证该企业网站的真实性和不被人仿造。其目的是保证客户计算机和服务器之间交易及支付时双方身份的真实性、安全性和可信任度等。

4）企业代码签名证书，Netscape 版企业代码签名证书代表软件开发者身份，用于对其开发的软件进行数字签名。使用 Netscape 浏览器申请，储存于 Netscape 个人用户目录下，专用于 Netscape 浏览器。Internet Explorer 版企业代码签名证书代表软件开发者身份，用户先要下载微软的 InetSDK，使用其中的工具生成证书请求，将证书请求通过受理点递交到 FJCA 签发，私钥储存于 Windows 的注册表中，专用于 Internet Explorer 浏览器。

5）CA 证书，发行数字证书的认证中心是安全网络支付的核心，如果它不可靠，那问题就严重了，所以认证中心一样需要拥有自己的数字证书，证实其 CA 的真实身份。在 IE 浏览器里，用户可以看到浏览器所接受的 CA 证书，也可选择是否信任这些证书；在服务器端，管理员可以看到服务器所接受的 CA 证书，也可选择是否信任这些证书。

6）安全电子邮件证书，用于证实电子邮件用户的身份和公钥，可以确保邮件的真实性和保密性。申请后一般安装在用户的浏览器里，用户可以利用它来发送签名或加密的电子邮件。

（4）认证机构 认证机构（Certificate Authority，CA）也称认证中心，是一个负责发放和管理数字证书的权威机构，是电子商务体系中的核心环节，是电子交易中信赖的基础。在电子商务交易中，商家、客户、银行的身份都要由 CA 认证。CA 通过自身的注册审核体系，检查核实进行证书申请的用户的身份和各项相关信息，并将相关内容列入发放的证书域内，使用户属性的客观真实性与证书的真实性一致，CA 作为一个电子商务交易中受信任和具有权威性的第三方，需要承担网络上安全交易的认证服务，受理数字证书的申请、签发及对数字证书的管理。CA 以其公正、权威、可信赖的地位，获得证书使用者对它的信赖，并使用户通过对其发放的证书的信赖，实现对交易中持有证书的各方的信赖。

为了在 CA 之间建立起可以相互信赖的关系，建立起可信赖的数字证书链，使拥有由不同 CA 颁发的证书的用户可以相互认证，保证终端用户的安全和交易的方便性，CA 通常采用层次树状结构。上级认证中心负责签发和管理下级认证中心的证书，最下级的认证中心直接面向最终用户，将用户作为树的端节点，这些端节点又可以分为几组，每组有一个上级节点作为可信赖的机构，这些节点又可以分为几组，每组都有其上级节点作为可信赖的机构，以此类推，最后到达根结点，也就是最高级别的认证中心。在这种结构任意两个端节点都可以形成一个有效的相互认证。认证数字证书就是通过这种信任分级体系来验证的，每一个数字证书与签发它的 CA 联系，这个 CA 由于其与上一级 CA 相连，沿着这条线路就可以找到一个交易各方都信任的组织，就可以确定证书的有效性。CA 体系结构如图 2-13 所示。

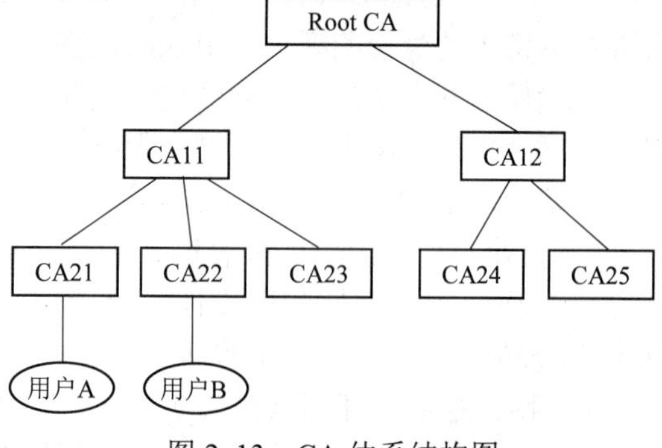


图 2-13 CA 体系结构图

随着电子商务逐渐成为 21 世纪经济生活的新领域，互联网上的安全问题已经日益突出，建立完善的电子认证体系将成为电子商务发展的关键。目前，世界上最著名的数字认证中心是美国的 VeriSign 公司。该公司成立于 1995 年，为全球 50 多个国家提供数字认证服务，已为 2 700 多万的 Web 站点服务器提供了认证服务，使用它提供的个人数字证书的人数就更多了，世界 500 强的绝大多数企业的网上业务都用 VeriSign 的认证服务业务。除了普遍的有限网络服务外，目前 VeriSign 还为无线网络上的付款业务等提供安全严格的认证服务。目前的 VeriSign，作为世界级的 CA，就像 Internet 世界里的“世界工商行政管理总局”。世界著名 CA VeriSign 的服务站点如图 2-14 所示。

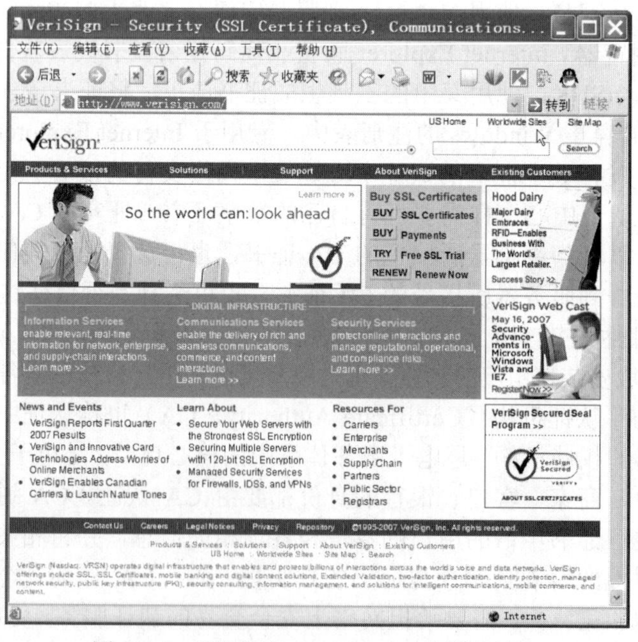


图 2-14 世界著名 CA VeriSign 的服务站点

为了保证电子商务在我国的顺利开展，我国的CA发展迅速。自1998年中国第一家CA（CTCA）成立以来，全国已经有了超过30家的CA。从CA建设的背景来分，国内的CA主要分为2大类：行业性的和区域性的。行业CA有金融、外经贸、国家统计局等，如CFCA、CTCA等；区域性CA大多以地方政府为背景，以公司机制来运作，如上海CA、广东CA、海南CA、中国西部电子商务（宁夏）证书认证中心等。另外，还有一些商业性CA和跨国CA的代理机构，如天威诚信公司、亚洲诚信等。

国内常见的认证中心的网址如下：

中国金融认证中心：http://www.cfca.com.cn

中国数字认证网：http://www.ca365.com

北京数字证书认证中心：http://www.bjca.org.cn

上海市数字证书认证中心：http://www.sheca.com

广东电子商务认证中心：http://www.cnca.net

中国目前建立的CA虽然数目众多，但在规模、服务水平、用户数量、社会信赖度上与国外著名CA如VeriSign等还有相当差距。整体上存在着认证中心资源过剩和兼容性差的问题。认证中心很多，但每个认证中心发放的证书却寥寥无几，而且很多证书发放后存在闲置的现象。各认证中心之间的交叉认证不完善，很多基于不同认证中心的用户不能通过已有的证书实现认证。这主要由于我国电子商务发展不完善，受意识形态制约，同时电子商务法律法规和网络安全系统发展不完全成熟，使得个人和企业不敢完全将交易放在网上进行，因此大力发展电子商务对CA平台的扩充有着十分重要的意义。

（5）数字证书的申请

不同CA类型的数字证书的申请步骤略有不同，一般有下列几个步骤：

1）用户需携带有效证件（身份证或执照等）及其复印件到认证中心申请证书，填写申请表，也可以从网站直接下载证书申请表，填好后交予认证中心。

2）认证中心录入申请表数据，审核用户身份是否属实（身份审核可能需要一定的时间），如果审核未通过，则CA拒绝发证。

3）CA进行身份审核，审核通过后，签发证书。

4）用户获取证书。用户一般可通过2种方式获得证书：①由认证中心将证书存入存储介质（如IC卡、U盘）等交给用户；②用户在指定的时间到认证中心的站点上凭身份审核后得到的序列号和密码，从网上下载数字证书。

证书可以存放在计算机硬盘、软盘、IC卡、智能卡、USB电子密钥或其他介质中。USB电子密钥即USB Key，它采用双钥（公钥）加密的认证模式，USB Key是一种USB接口的硬件设备，外形如图2-15所示。它内置单片机或智能卡芯片，有一定的存储空间，可以存储用户的私钥以及数字证书，利用USB Key内置的公钥算法实现对用户身份的认证。由于用户私钥保存在密码锁中，理论上使用任何方式都无法读取，因此保证了用户认证的安全性。

图2-15　USB Key数字证书

除了上述身份认证方式之外，在客户身份认证过程中为了保护客户密码输入的安全，大多数网上支付页面还使用了软键盘技术。在输入用户名和密码的时候，可以不使用真正的键盘，而是在屏幕上显示一个软键盘，用鼠标输入密码，以防止按键记录的窃取手段，并且该“软键盘”在屏幕上出现的位置也是随机的，这样也能防止鼠标轨迹记录的窃密。这种方法只是加强了对诸如按键记录窃密的防护，但对“机器人暴力破解法”却没用。

## 五、资源控制技术

网上支付系统的资源控制技术主要包括链路负载均衡技术和应用负载均衡技术。

网上支付企业面对的客户遍布全国，甚至是全球，因此客户依托不同通信运营商的通信线路访问支付页面。但由于我国运营商之间存在的互联互通问题，不同运营商的客户互相服务效率很低，同时单条运营商链路存在单点故障也是性能瓶颈。链路负载均衡技术能够解决链路冗余问题。一般根据预定义的业务规则作出流量分配决定，即根据客户定义的参数，如地理相邻性、流量级别、服务器响应时间等来分配终端用户请求，并且自动状态检测能够及时发现问题并将用户请求路由到最佳的服务器资源。

应用负载均衡技术主要解决系统服务器响应性能的问题，该设备能够迅速地检测出服务器的应用故障，将流量分配给性能最佳的服务器应用；能够充分利用所有的服务器资源，将所有流量均衡地分配到各个服务器，使系统性能等于所有服务器性能的总和，远大于流量“峰值”，有效地避免了“峰值堵塞”现象的发生。

## 六、入侵检测技术

入侵检测技术是主动保护自己免受攻击的一种网络安全技术。入侵检测技术能够帮助系统对付网络攻击，扩展了系统管理员的安全管理能力（包括安全审计、监视、攻击识别和响应），提高了信息安全基础结构的完整性。它从计算机网络系统中的若干关键点收集信息，并分析这些信息。入侵检测被认为是防火墙之后的第二道安全闸门，在不影响网络性能的情况下能对网络进行监测，可以防止或减轻网络威胁。

## 七、网上支付安全技术操作实例

下面以中国数字认证网为例，演示数字认证的安全操作。

数字认证要解决的是网上互不相识的人之间的信任问题，也就是说，你怎么知道对方的身份是否可靠。为了实现这一点，引入一个第三方认证机构，即 CA。

首先，当事双方都要信任这个认证中心，表示信任的方法就是当事双方都要在自己的计算机上安装表达 CA 身份的一个证书，即根证书。CA 有很多，你安装了某个 CA 的根证书就表示你信任这个 CA 颁发的所有证书，即你认为这些人的身份是可靠的，然后才能进行各种交易和操作。

通过执行浏览器的“工具”—“Internet 选项”—“内容”—“证书”—“受信任的根证书颁发机构”可以看到你安装的所有 CA 根证书，如图 2-16 所示。为了方便用户，微软操作系统已经预装了一些 CA 的根证书，凡是使用不在这里面的 CA 证书，都需要客户机安装根证书。由于证书是按照 X.509 国际标准生成的文件，安装了根证书后的任何厂商颁发的证书格式都是一样的。

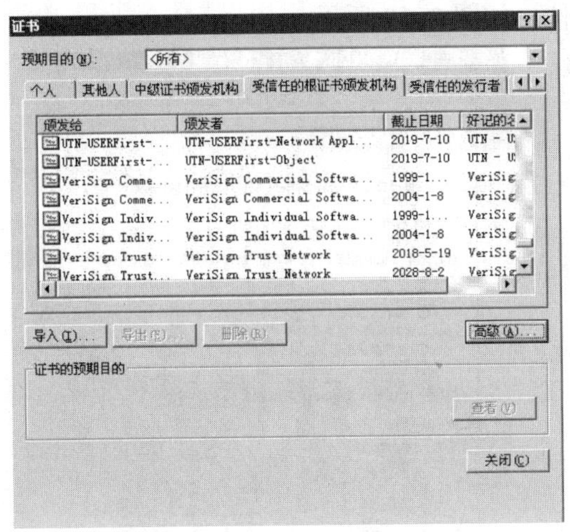


图 2-16　查看 CA 根证书

**1. 浏览器的安全设置**

安装了根证书表示你相信这个通过 CA 确定的用户身份，即便是对方的身份是知道的，也不能允许他做任何事情，为了更详细地约束网络软件的行为，浏览器设置了一系列安全级别。也就是说，CA 证书用来确定对方是谁，浏览器安全级别用来确定用户允许他做什么事情。通过执行浏览器的“工具”—“Internet 选项”—“安全”可以设置浏览器的安全级别，如图 2-17 所示。

浏览器定义了 4 个安全级别：“Internet”“本地 Intranet”“可信站点”“受限站点”。选择“可信站点”，单击“站点”按钮，可定义哪些站点是可信的。添加安全站点的时候，一定要去掉“对该区域中的所有站点要求服务器验证（https:）”选项，例如添加 http://www.ca365.com 为安全站点，如图 2-18 所示。

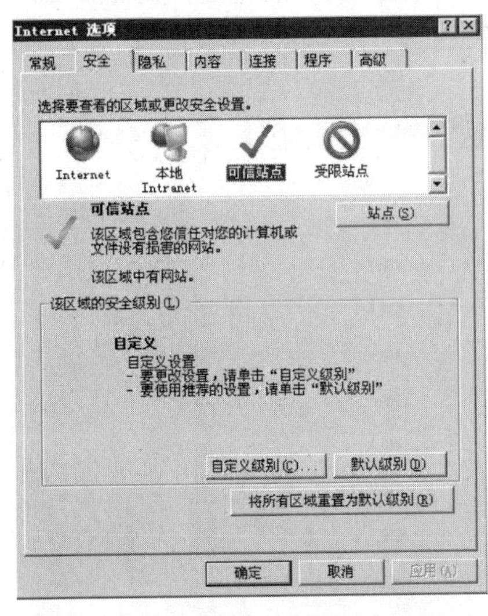


图 2-17　设置浏览器的安全级别

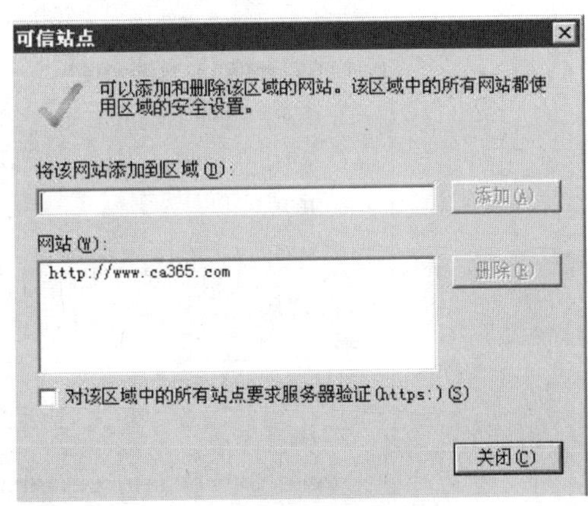


图 2-18　安全站点添加

浏览器为 4 种安全级别设置了缺省的安全策略，单击“自定义级别”按钮，可以详细定义安全策略的具体内容，指明哪些操作是被允许的，哪些操作是被禁止的。“禁用”选项会使浏览器阻止某些控件，如图 2-19 所示。

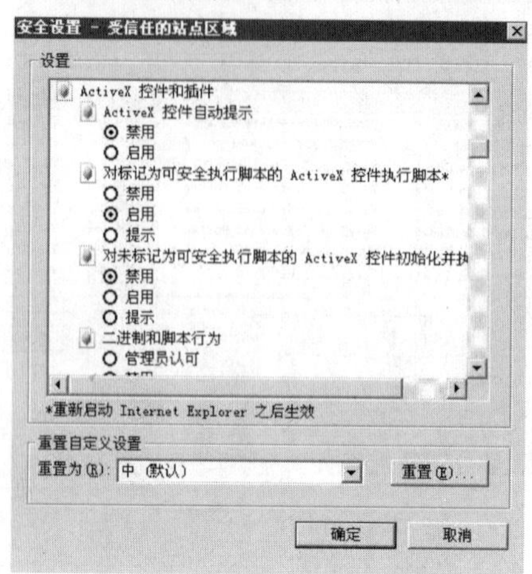


图 2-19　浏览器安全策略

**2．安装根证书**

任何使用数字证书的计算机都要安装根证书（除了服务器外，每个客户机都要安装），中国数字认证网提供企业证书、免费证书、测试证书等类型的证书。根据所要申请的证书类型，选择对应的根证书类型进行安装。一般情况下系统会根据证书类型，自动选择正确的存储，也可以选择“将所有的证书放入下列存储”，手动选择存储。选择“受信任的根证书颁发机构”，在客户机安装根证书是一个非常重要的操作，系统会给出确认提示。通过执行浏览器的“工具”—“Internet 选项”—“内容”—“证书”—“受信任的根证书颁发机构”可以看到你安装的所有 CA 根证书，以便确认根证书安装正确。

**3．申请证书**

从数字认证的网站首页选择“用表格申请证书”，并选择证书的用途，如图 2-20 所示。

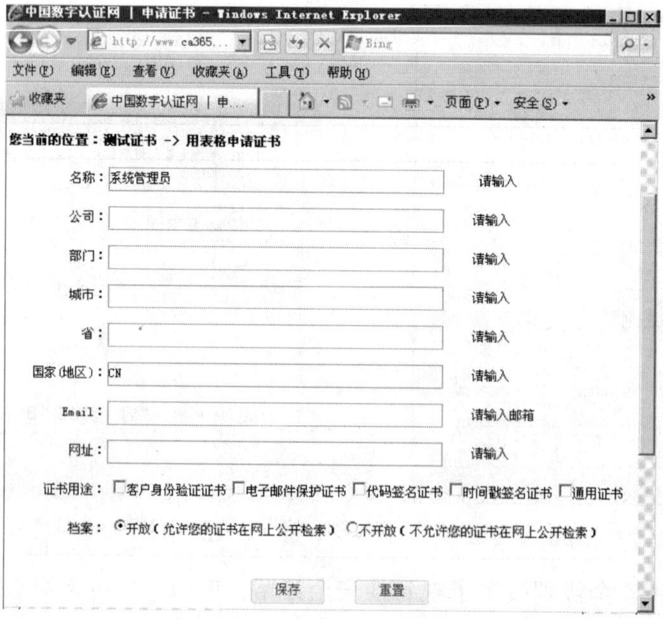

图 2-20　证书申请表格

“加密服务提供”一般用缺省值，如果使用能够生成密钥的Ukey，则选择Ukey厂商提供的“加密服务提供”。证书必须安装在申请证书的计算机上，因为这台计算机有用户的私钥。如果需要将密钥备份或者安装到其他计算机上使用，则选择“密钥可导出”，如图2-21所示。

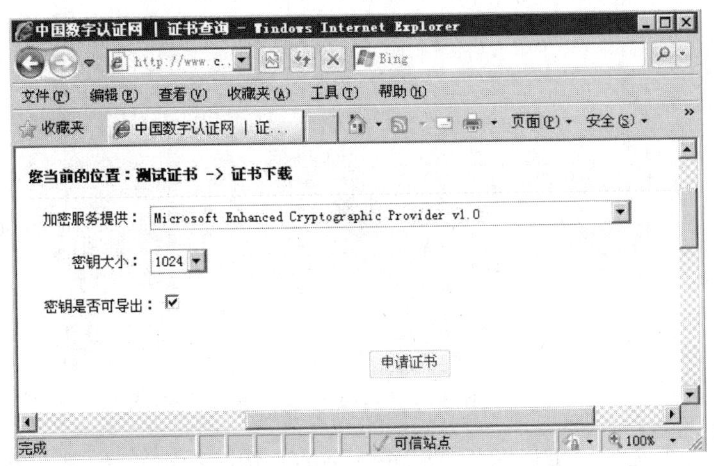


图2-21　申请证书

密钥对是在客户端生成的，私钥留在客户机内，公钥送到CA制作证书，中国数字认证网不掌握用户的私钥（有时也称密钥），如图2-22所示。

如果证书实现了正确申请和签发，系统会提示用户安装证书，如图2-23所示。

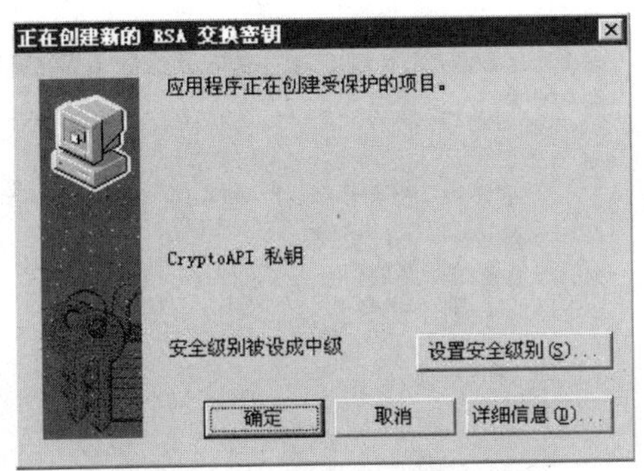


图2-22　创建新的RSA交换密钥

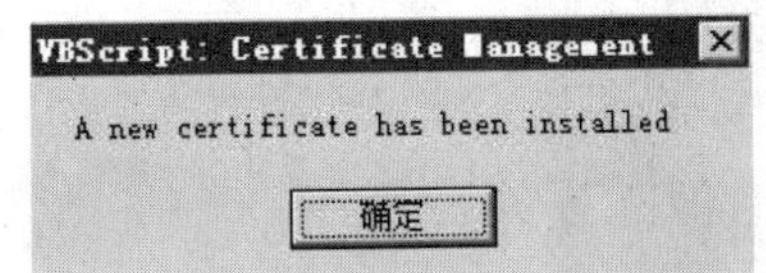


图2-23　系统会提示用户安装证书

从服务器端传过来的证书只有公钥，没有私钥。安装证书的时候，系统会自动寻找当时申请证书的私钥，配成一对，有私钥的证书被认为是用户自己的证书，出现在“个人”里。如果找不到私钥，则证书被认为是其他人的证书，出现在“其他人”里。如果申请证书时没有安装证书，也可以在“证书查询”里下载安装证书。这时必须使用当时申请证书的机器来安装，否则系统找不到私钥，证书会被认为是其他人的证书。

**4．保存密钥和证书**

通过执行浏览器的“工具”—“Internet选项”—“内容”—“证书”—“个人”可以看到你安装过的证书，如图2-24所示。

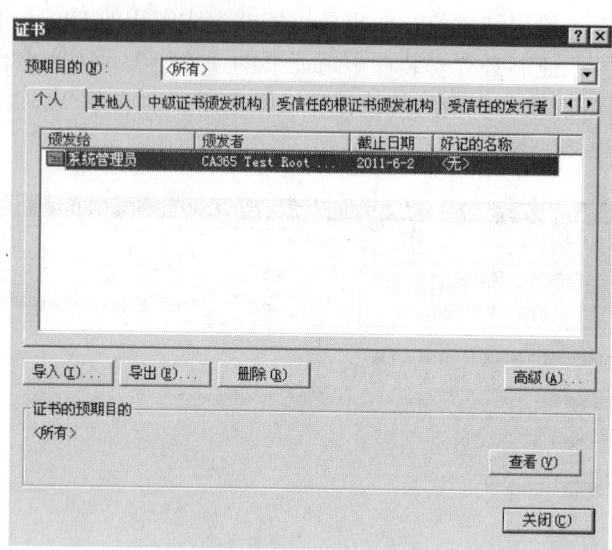


图 2-24 个人证书查看

证书在“个人”选项卡里说明你有这个证书的密钥（私钥）。如果证书在“其他人”选项卡里，则说明你没有这个证书的私钥，只有公钥。有私钥的证书（你自己的证书）可以用来进行数字签名和加密，只有公钥的证书（别人的证书）只能用来进行加密操作。选择证书，单击“导出”按钮。按照向导提示操作，如图 2-25 所示。

如果证书包含私钥，而且申请证书的时候选择了“密钥可导出”，则这里就可以选择“是，导出私钥”，如图 2-26 所示。

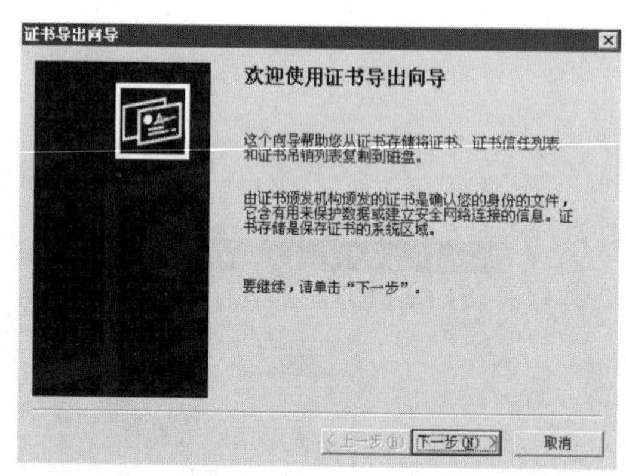


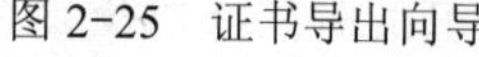
图 2-25 证书导出向导

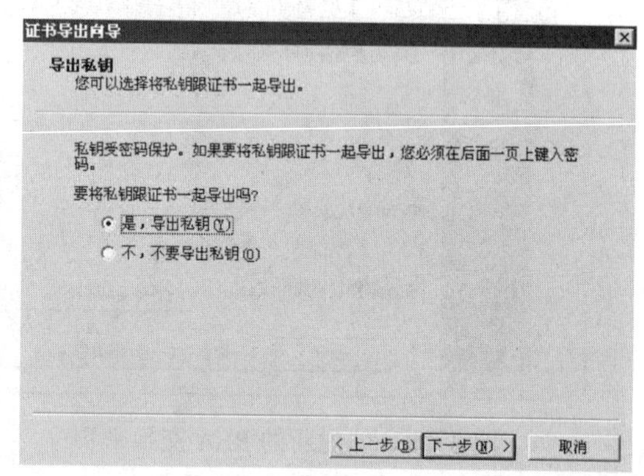


图 2-26 证书私钥导出

如果选择了“如果可能，包含证书路径中所有证书”，则导出的证书文件中会包含根证书，这样在你安装证书的时候，根证书会同时被安装，不必单独安装根证书，如图 2-27 所示。

系统会提示设置密码，如果不需要密码可以不填，如图 2-28 所示。

按照系统提示设置证书导出的路径，单击“下一步”，如图 2-29 所示。

单击“完成”即可，如图 2-30 所示。

需要安装证书的时候，只要双击证书文件即可启动安装向导，如图 2-31 所示。

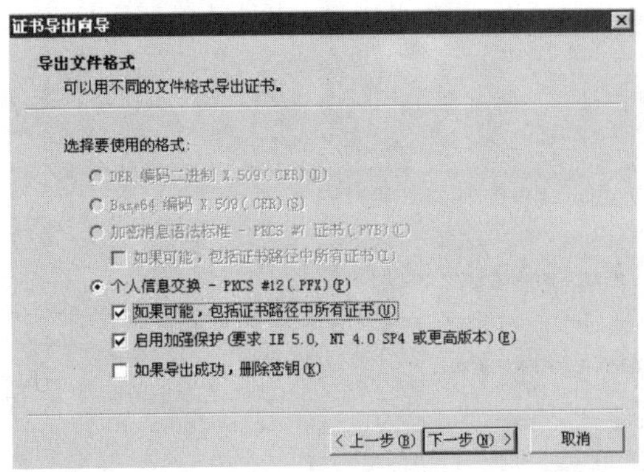


图 2-27　证书导出设置

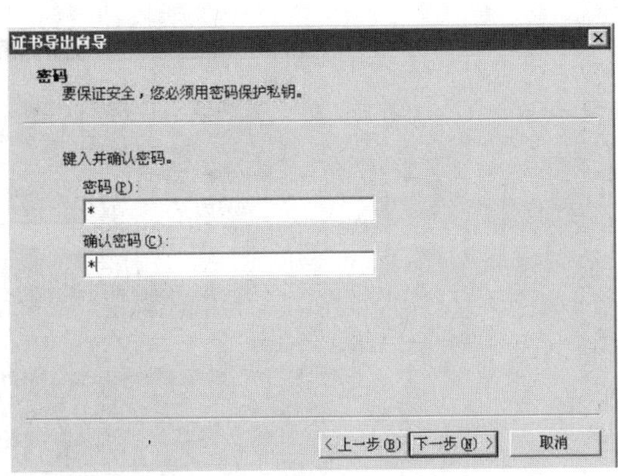


图 2-28　证书导出密码设置

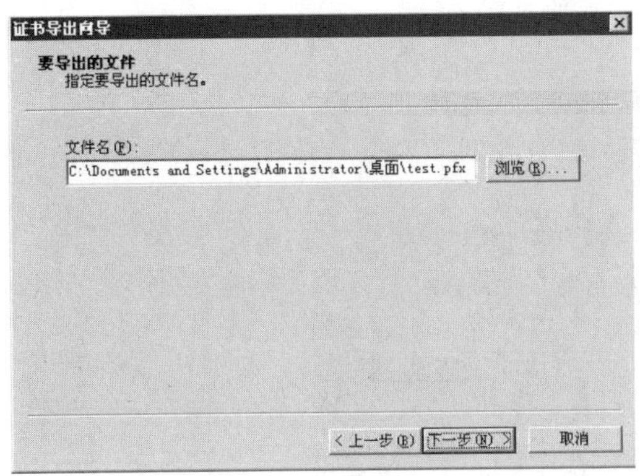


图 2-29　证书导出路径设置

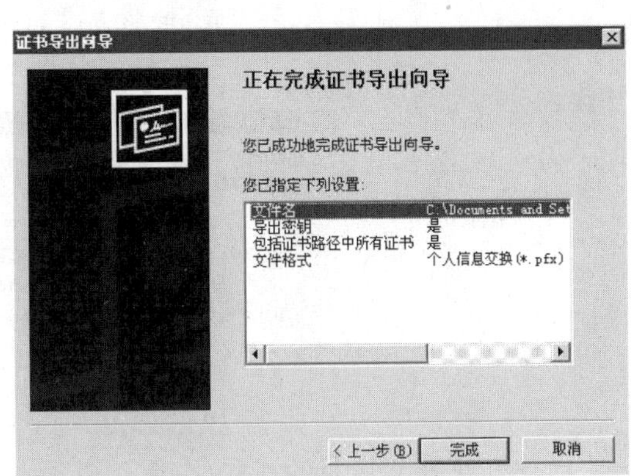


图 2-30　证书导出完成

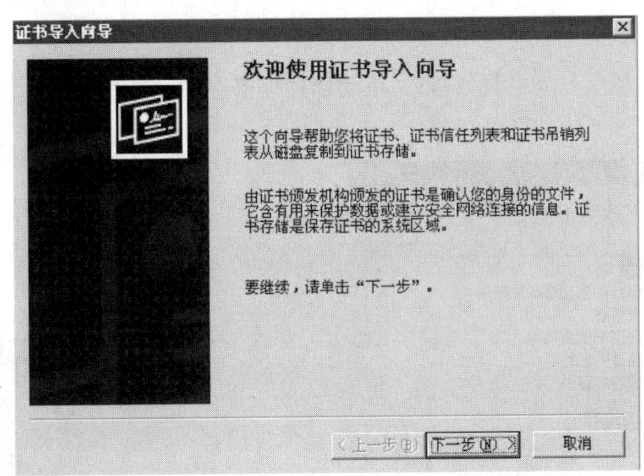


图 2-31　证书导入向导

输入导出证书时设置的密码，如图 2-32 所示。

一般情况下，系统会根据证书类型自动选取正确的存储区，如果系统不能正确选择存储区，也可以手动选择，如图 2-33 所示。

选择“个人”，按系统提示完成向导，如图 2-34 所示。

此时证书就导入成功了，如图 2-35 所示。

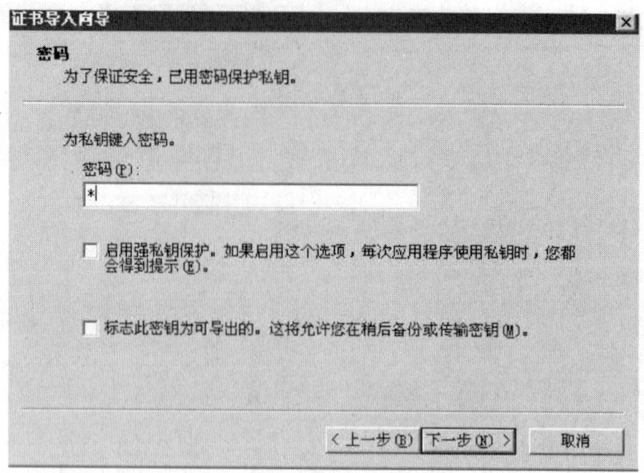


图 2-32　证书导出密码设置

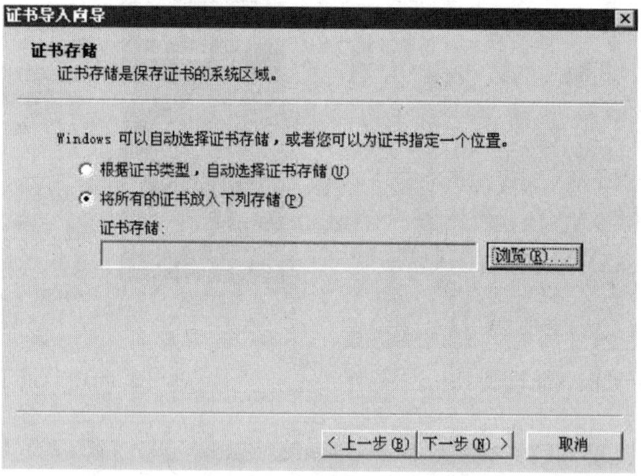

图 2-33　手动选择证书存储区

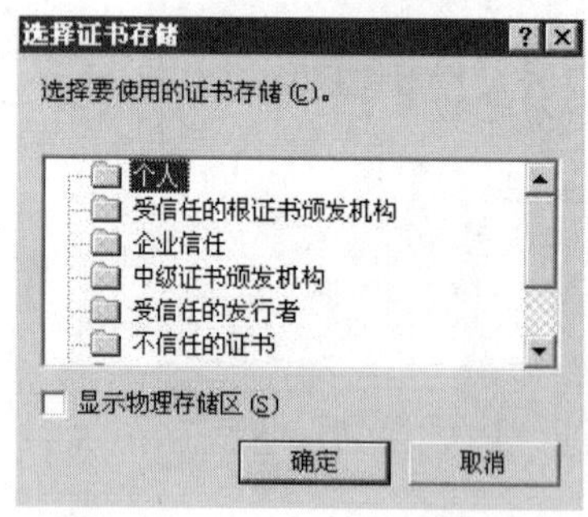


图 2-34　选择个人证书存储区

图 2-35　证书导入成功

**5. 发送签名、加密邮件**

在申请证书时选择“电子邮件保护证书”，同时填写与实际使用信箱一致的电子邮件地址，如图 2-36 所示。

安装电子邮件保护证书后，通过执行浏览器的“工具”—“Internet 选项”—“内容”

—“证书”—“个人”可以看到你申请的证书。选择证书并双击，即可查看证书信息，可以看到证书的目的是“保护电子邮件消息”，如图 2-37 所示。

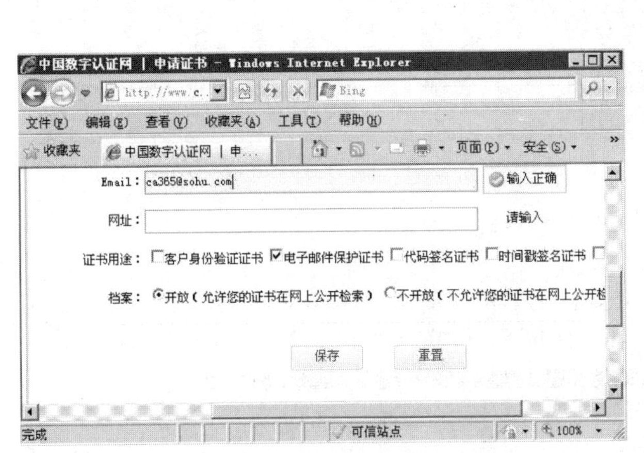


图 2-36　电子邮件保护证书申请

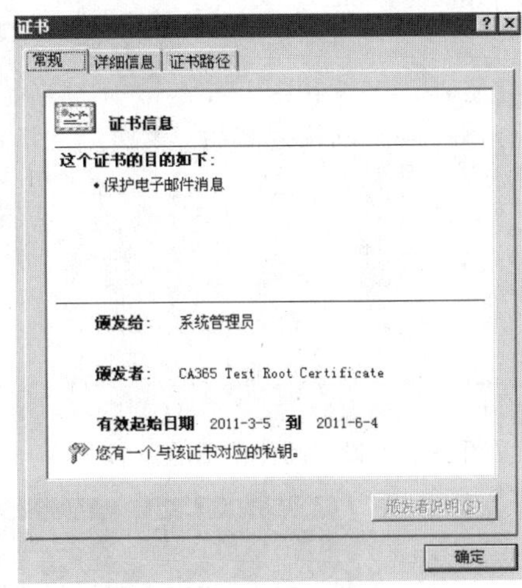


图 2-37　邮件保护证书信息查看

一般情况下，如果电子邮件证书安装正确，则发送签名电子邮件时，系统会自动找到正确的证书进行签名。如果系统找不到证书，也可以手动设置邮件使用的签名证书。

如果使用的是 Outlook Express，则在“工具”菜单里选择“账户”，如图 2-38 所示。

选择需要设置证书的账户后，选择“属性”，在“安全”选项卡里选择“签署证书”，并从证书列表里选择正确的证书，如图 2-39 所示。

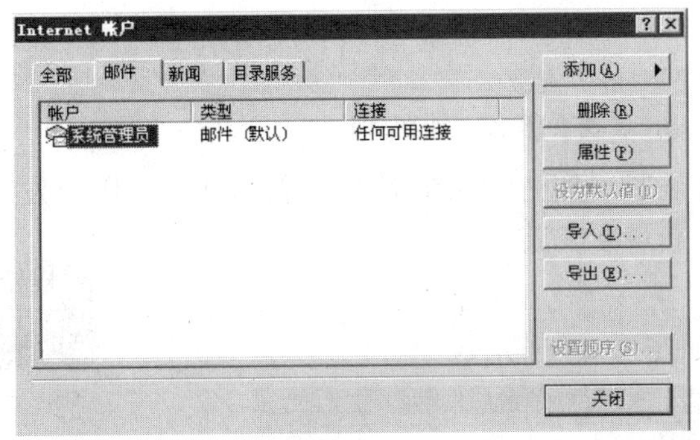


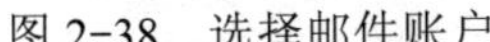
图 2-38　选择邮件账户

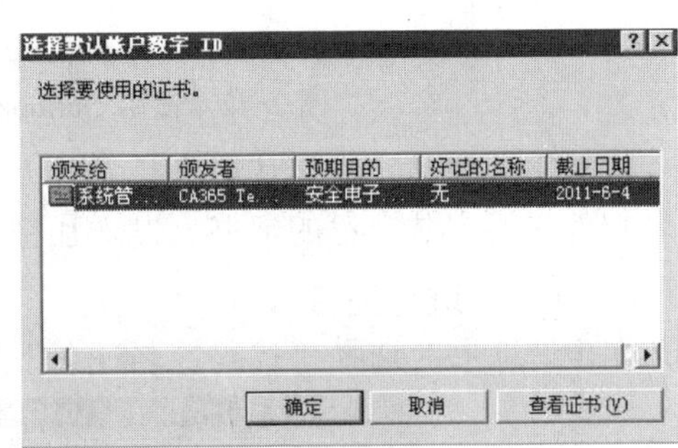


图 2-39　选择签名证书

如果希望对方给你发送加密邮件，在“加密首选项”里选择证书，这样当你给对方发送签名邮件后，对方就会收到你的加密证书，对方可以用这个证书给你发送加密邮件。这时邮件使用的证书就设置完成了，如图 2-40 所示。

如果是用 Outlook Express 发送邮件，则可以在工具栏里选择“签名”或“加密”，如图 2-41 所示。

如果在 Outlook Express 里查看签名和加密信息，则单击“签名”“加密”图标就可以查看签名和加密信息，如图 2-42 所示。

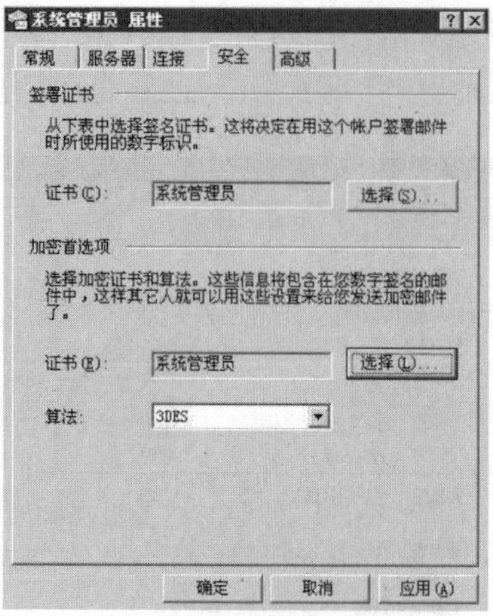

图 2-40　设置邮件使用的证书

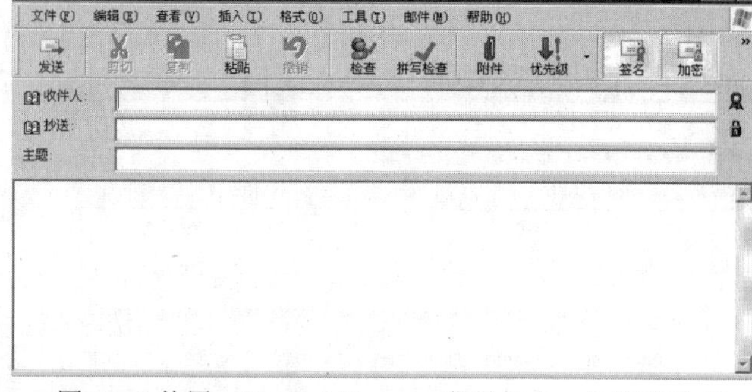


图 2-41 使用　Outlook Express 发送签名、加密邮件书

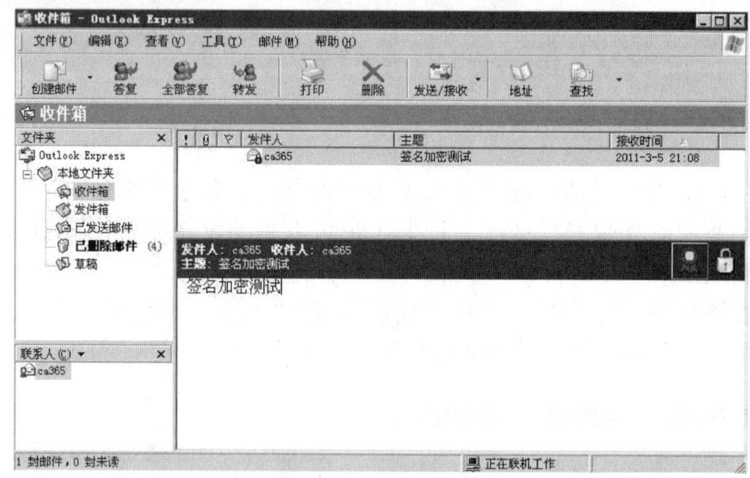


图 2-42　使用 Outlook Express 查看签名、加密邮件

值得注意的是，签名使用的是发件人的证书，加密使用的是收件人的证书，因此发送签名邮件需要安装自己的证书，发送加密证书需要安装收件人的证书。

**6．对控件进行签名**

在申请证书时选择“代码签名证书”，如图 2-43 所示。

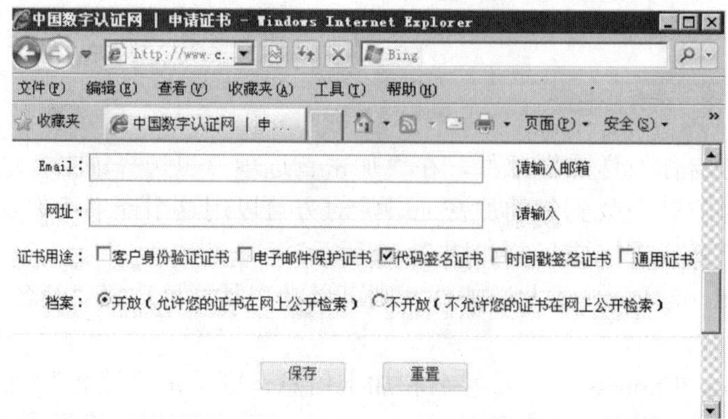


图 2-43　代码签名证书申请

安装代码签名证书后，通过执行浏览器的“工具”—“Internet 选项”—“内容”—“证书”—“个人”可以看到你申请的证书，双击证书查看证书信息，可以看到证书的目的是“确保软件来自软件发行商”和“确保软件在发行后不被改动”，如图 2-44 所示。

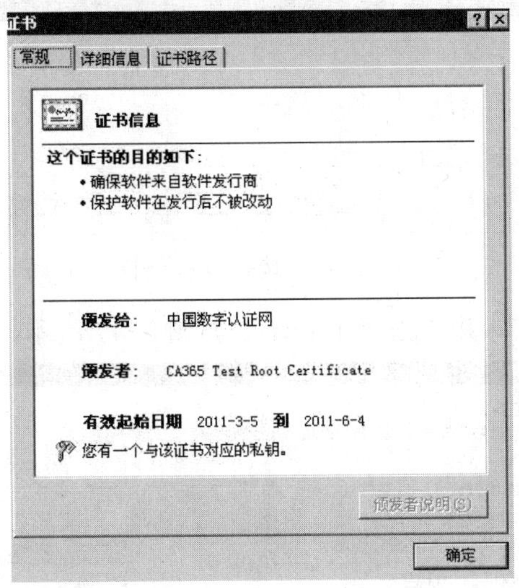


图 2-44　代码签名证书信息查看

如果是对需要从网上自动下载安装的 ActiveX 控件进行签名，如网络银行、支付宝安全控件等，则必须在 ActiveX 控件的程序代码中实现“初始化安全”和“脚本安全”2 个接口。ActiveX 控件能否自动下载与“代码签名证书”的有效期有关，当“代码签名证书”失效后，ActiveX 控件不能继续下载，但已经下载的 ActiveX 控件仍然可以继续有效使用，因此用户应当根据需要确定代码签名证书的有效期。

下载好代码签名证书，就可以使用代码签名证书签名了，首先下载代码签名工具“signcode.exe”，并运行“signcode.exe”。选择要签名的文件，用鼠标单击“下一步”，如图 2-45 所示。

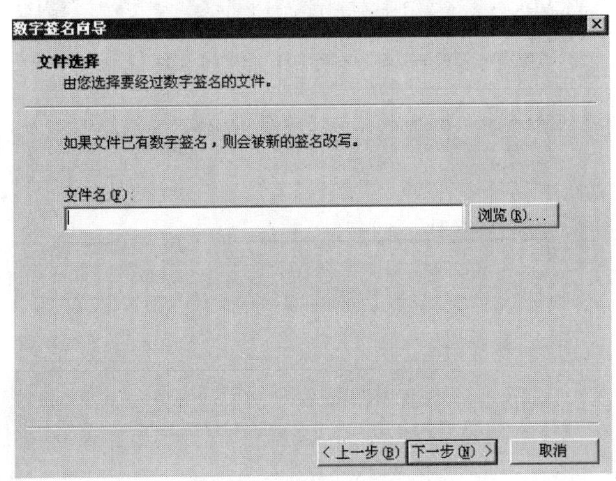


图 2-45　选择签名的文件

选择签名证书，单击“确定”，如图 2-46 所示。

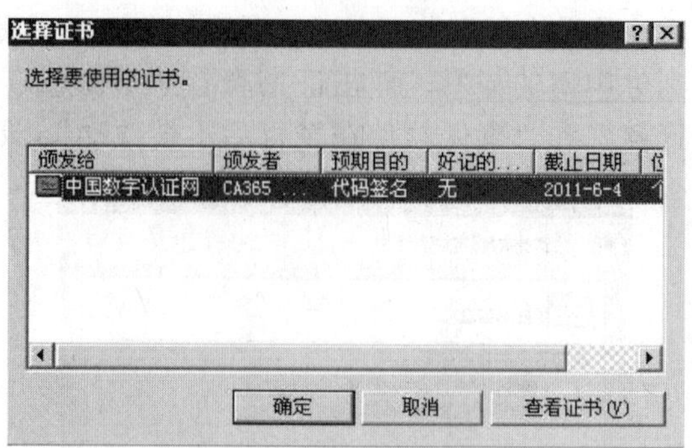


图 2-46　选择签名证书

单击“以存储区选择”，并单击“下一步”如图 2-47 所示。

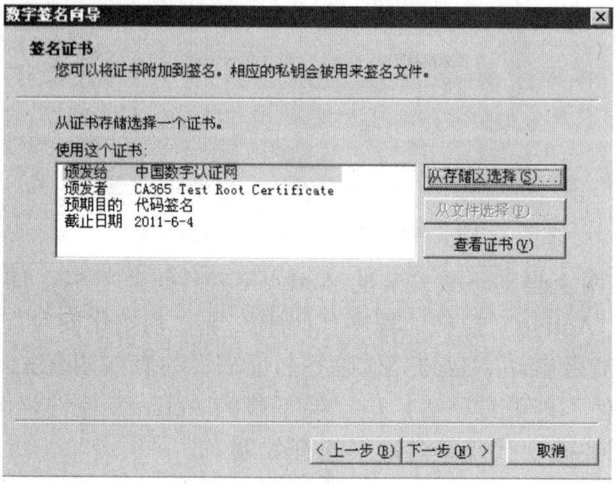

图 2-47　选择签名证书完成

输入必要的信息，如图 2-48 所示。

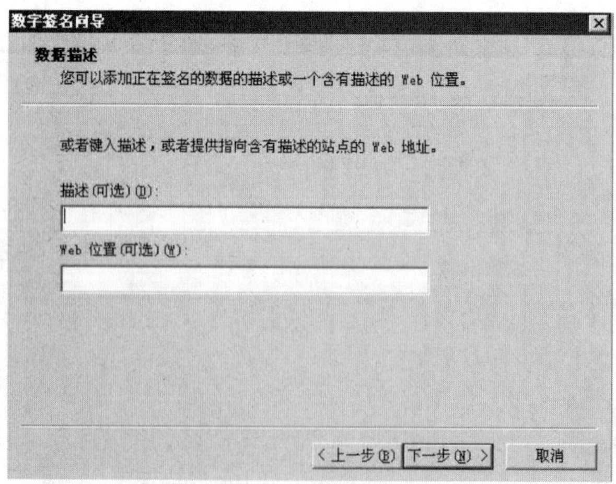


图 2-48　签名信息描述

如果需要添加时间戳，则在“时间戳服务 URL”编辑框中填入权威第三方认证的 URL 地址，如图 2-49 所示。

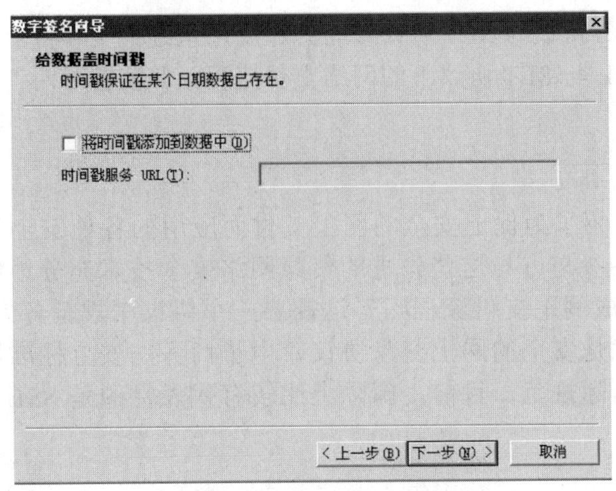


图 2-49　添加时间戳

至此，控件、软件以及代码的数字签名就完成了。我们可以通过属性查看数字签名信息，也可以通过“chktrust.exe”验证签名。设置服务器证书和使用证书进行客户身份认证的学习，可以参考中国数字认证网（http://www.ca365.com）用户手册。

## 任务完成结论

通过本任务的学习，我们对网上支付的安全技术有了一个全面的了解。应用以上先进的安全技术的网上支付是非常安全的，但不是 100%的绝对安全，而是相对安全。随着信息网络技术的进步与信用机制的完善，网上支付与结算一定会越来越安全。

## 课堂训练与测评

（1）登录www.ca365.com，掌握数字证书的申请流程与数字证书导入与导出的具体操作；会利用数字证书的密钥对代码进行签名，要求操作方法正确。

（2）分析一个实际开展电子商务的企业，如 Dell 公司、海尔商城、淘宝网站等保证网上支付的安全技术策略。

## 知识拓展

（1）中华人民共和国电子签名法（http://news.xinhuanet.com/newscenter/2004-08/28/content_1908927.htm）。

（2）中国数字认证网（http://www.ca365.com）。

# 任务四　网上支付的 SSL 与 SET 协议机制

## 知识点、能力点

- 了解网上支付的 SSL 与 SET 协议机制的原理。

- 能够理解 SSL 协议与 SET 协议参与方、应用系统框架和特点。
- 能够描述 SSL 与 SET 协议下的网络支付流程，并能够对两者进行分析比较。

## 任务情境

上个任务主要介绍了为保证安全的网上支付而应用的各种安全技术，那么如何将电子商务网上支付的各参与方与这些先进的信息网络安全技术充分地结合起来，来保证安全、有序、快捷地完成网上支付流程呢？这需要一个协议来规范各方的行为与各种技术的运用。这个协议就是安全的网上交易协议，电子商务的安全标准协议正在走向成熟，并逐渐形成了一些国际规范。目前，国际上比较有代表性的是 SSL 与 SET 两种安全交易协议机制。

## 任务分析

电子商务的安全不仅需要每一个交易个体采用相应的安全技术和对策，它还需要一套广大交易参与者都遵守的安全规则，即电子商务中的常用安全标准协议。本任务将让我们了解 SSL 与 SET 两种安全交易协议机制的原理与交易流程。

## 任务实施

### 一、安全套接层协议 SSL

#### 1. SSL 协议简介

SSL 协议（Secure Sockets Layer Protocol，安全套接层协议）最初由 Netscape 公司设计开发，它提供在 Internet 上的安全通信服务，也是目前电子商务业务中广泛应用的安全通信协议。本质上，SSL 协议是一种在持有数字证书的客户端浏览器（如 Internet Explorer、Netscape Navigator 等）和远程的 www 服务器（如 Netscape Enterprise Server、IIS 等，这里具体为电子商务服务器或银行的网络支付业务服务器）之间，构造安全通信通道并且传输数据的协议。

建立了 SSL 安全机制后，只有 SSL 允许的客户才能与 SSL 允许的 Web 站点进行通信，并且在使用 URL 资源定位器时，输入“https://”，而不是“http://”。

SSL 协议是介于应用层协议和传输层协议（TCP 协议）两层之间的一个可选协议（如图 2-50 所示），建立用户与服务器之间的加密通信，确保所传递信息的安全性。SSL 协议包括 2 个协议：SSL 握手协议和 SSL 记录协议。其中，握手协议负责协议版本号的交换，完成加密算法和会话密钥的确定，通信双方的身份验证等功能。而 SSL 记录协议则定义数据传输格式，负责对信息的分片、压缩、加密等。这样，应用层通过 SSL 协议把数据传输给传输层时，已是被加密后的数据，TCP/IP 协议只负责将数据可靠地传送到目的地，弥补了 TCP/IP 协议安全性较差的弱点。

SSL 是工作在公共密钥和私人密钥基础上的，任何用户都可以通过获得公共密钥来加密数据，但解密数据必须要通过相应的私人密钥。使用 SSL 安全机制时，首先客户端要与服务器建立连接，服务器把它的数字证书与公共密钥一并发送给客户端，客户端随机生成会话密钥，用从服务器中得到的公共密钥对会话密钥进行加密，并把会话密钥在网络上传递给服务器，而会话密钥只有在服务器端用私人密钥才能解密，这样客户端和服务器端就建立了一个唯一的安全通道。

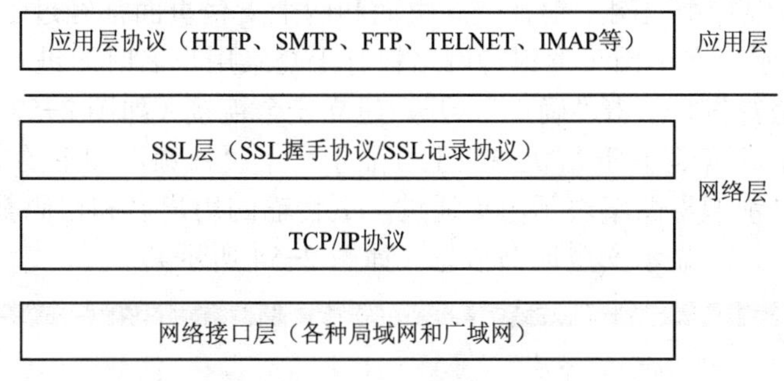


图 2-50　SSL 协议的协议层次图

### 2. SSL 协议的特点

SSL 协议实现简单，独立于应用层协议，而且大部分的 Web 浏览器（如 IE、Netscape）以及主要的服务器（如 IIS、Netscape Server 等）都支持 SSL 协议，便于在电子交易中应用，国际著名的信用卡支付系统就支持这种简单加密模式，应用比较广泛。但 SSL 协议也存在不足：

（1）因为它是一个面向连接的协议，是针对点对点通信设计的，只能提供交易中客户与服务器间的双方认证。而电子商务的支付系统需要涉及多方，SSL 协议不能对电子商务中支付各方提供信任关系，只能确保数据传输的安全，不能实现多方认证。

（2）SSL 只能保证资料传递过程的安全性，而传递是否有人截取就无法保证了。

（3）系统的安全性差，SSL 协议的数据安全性其实就是建立在 RSA 等算法的安全性之上，因此从本质上说，攻破了 RSA 算法就等同于攻破了此协议。

### 3. 建立 SSL 安全连接的过程

客户机的浏览器在登录服务器的安全网站时，服务器将招呼要求发给浏览器（客户机），浏览器以客户机招呼来响应。接着浏览器要求服务器提供数字证书，如同要求查看有照片的身份证。作为响应，服务器发给浏览器一个认证中心签名的证书，浏览器检查服务器证书的数字签名与所存储的认证中心的公开密钥是否一致，一旦认证中心的公开密钥得到验证，签名也就证实了。此流程完成了对商家服务器的认证。由于客户机和服务器需要在互联网上传输信用卡号、发票号、验证代码等，所以双方都同意对所交换的信息进行安全保护。

具体连接过程如下：

（1）客户机向服务器提出访问要求，例如你要访问一个安全网站，必须输入对方的网址。

（2）服务器向客户机发出包含服务器公钥的证书。

（3）客户机自动验证服务器的证书，如果该证书不在客户机上，则浏览器会提示安全风险，也就是说，如果你愿意继续访问该网站，你选择确认即可。

（4）客户机的浏览器自动生成一个对称密钥，用服务器的公钥加密后，发送到服务器，服务器用私钥解密，从而获得客户机的对称密钥。

（5）此时，客户机与服务器之间的所有交换数据都会用对称密钥自动加密，并且送到对方后会自动解密，从而保证了信息的保密性。

以上过程实际上也是数字信封的密钥的生成、封装、分包和拆解的整个过程，SSL 协议完成了数据传输的加密及服务器身份的认定，但是没有进行客户机的数字签名。

例如，中国工商银行个人网上银行登录页面和网上支付页面都经过了 128 位 SSL 的加密处理。图 2-51 显示，在中国工商银行网络银行上登录用户名时即进入 SSL 安全连接。这时浏览器发出安全警报，单击“确定”，开始建立安全连接（如图 2-52 所示）。SSL 安全连接建立好后，在 IE 浏览器右下角状态栏上会显示一个“挂锁”图形的安全证书标识（如图 2-53 所示），该“锁型”图案表示用户通过网页传输的用户名和密码都将通过加密方式传送。单击挂锁图形，应显示安全证书信息（如图 2-54 所示）。

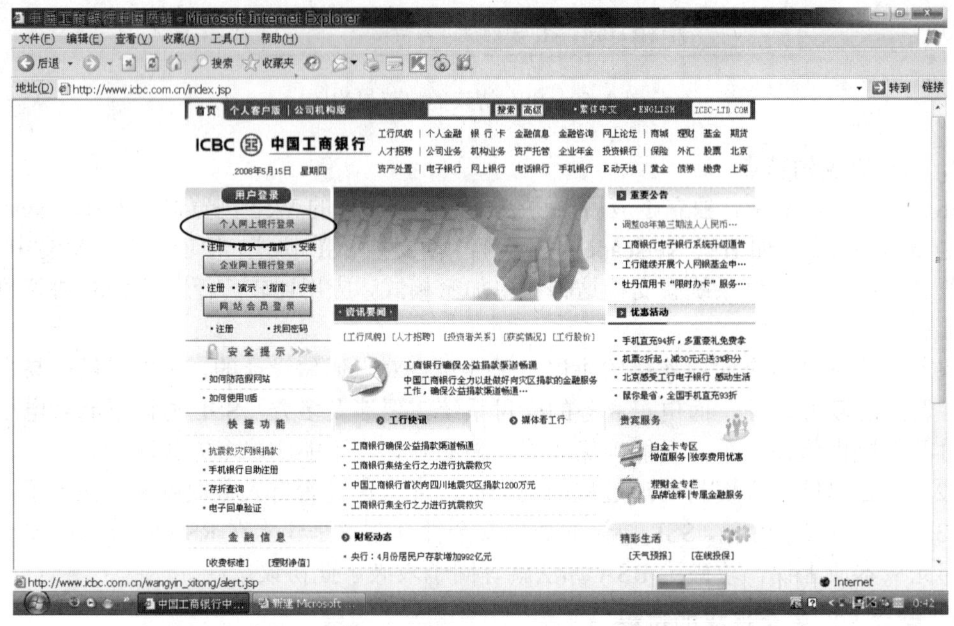


图 2-51　在中国工商银行网上银行连接交换敏感信息的页面

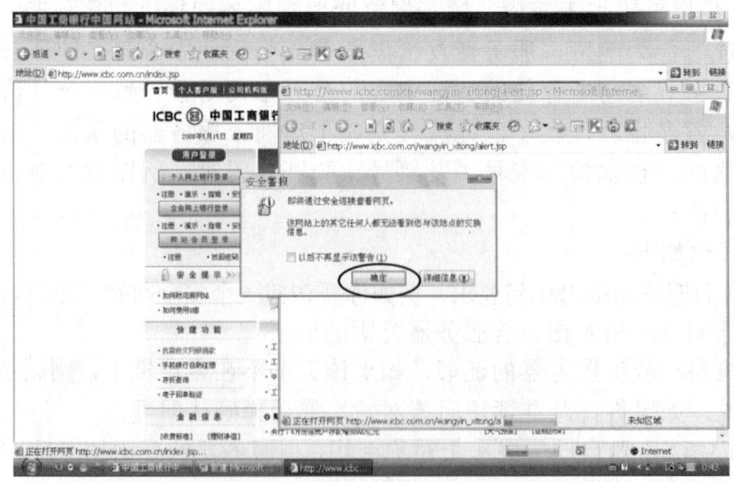


图 2-52　浏览器开始建立安全连接

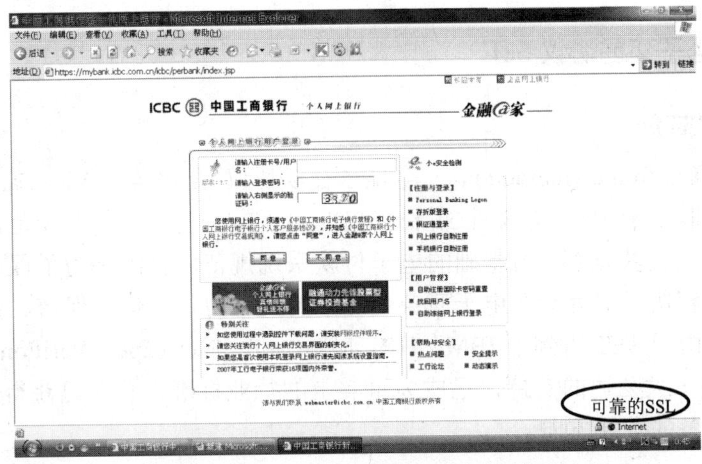


图 2-53　SSL 安全连接已建立的页面

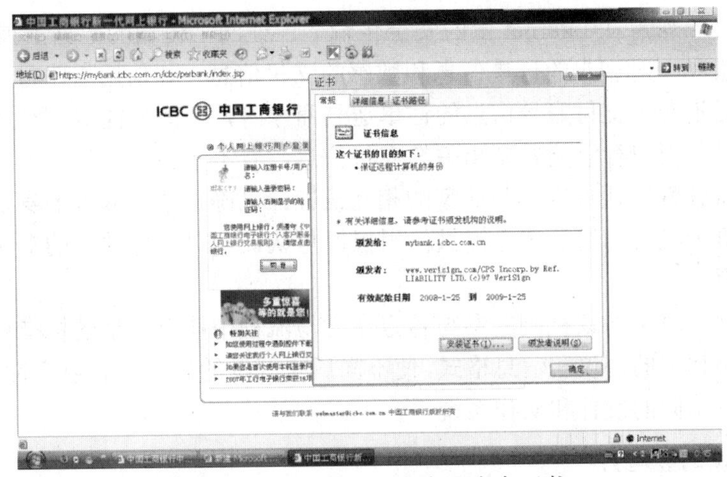


图 2-54　查看并验证服务器安全证书

当退出网上银行登录页面，即加密方式传输结束后，浏览器会离开交换敏感信息的页面，单击图 2-55 中的“是”，即断开 SSL 安全连接。

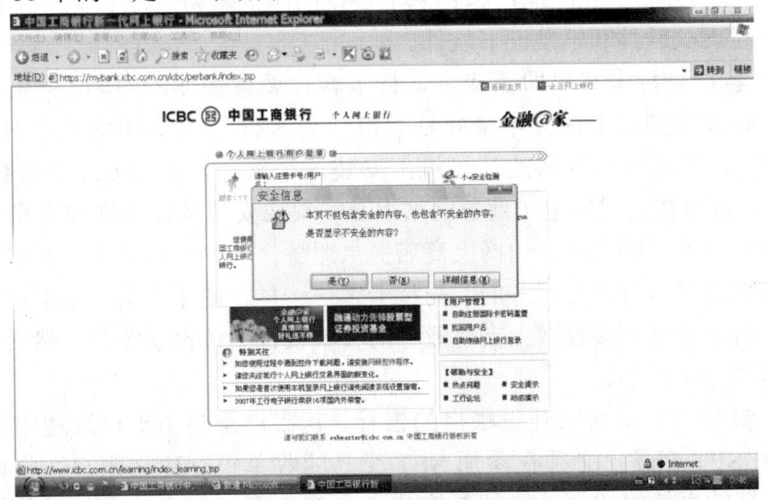


图 2-55　离开交换敏感信息的页面，断开 SSL 安全连接

## 二、安全电子交易协议 SET

### 1. SET 协议简介

SET(Secure Electronic Transaction,安全电子交易协议)是由美国 Visa Card 和 Master Card 两大信用卡组织联合于 1997 年 5 月 31 日推出的用于电子商务的行业规范，其实质是一种应用在 Internet 上、以信用卡为基础的电子付款系统规范，目的是为了保证网络交易的安全。SET 妥善地解决了信用卡在电子商务交易中的交易协议、信息保密、资料完整以及身份认证等问题。由于 SET 得到了 IBM、HP、Microsoft、Netscape、VeriFone、GTE、Terisa 和 VeriSign 等很多大公司的支持，已成为事实上的行业标准，目前已获得了 IETF 标准的认可，是电子商务的发展方向。

### 2. SET 协议的目标

（1）机密性　信息在 Internet 上的安全传输，保证网上传输的数据不被窃取。

（2）保护隐私　对客户的订单信息和敏感的支付信息（如信用卡账号、密码等）进行隔离。在将包括消费者支付账号信息的订单送到商家时，商家只能看到订货信息看不到消费者的账户信息；而银行只能看到相关的支付信息，看不到订货信息。

（3）多方认证性　通过客户与商家的相互认证，以确定通信双方的身份，一般由第三方 CA 机构负责为在线的通信双方提供信用担保与认证，对参与其中的支付网关也要进行认证，以防假冒。

（4）标准性　SET 协议机制的参与各方在交易流程中均有严格的标准可循，主要体现在要求软件遵循相同的协议和信息格式,使不同厂家开发的软件具有兼容性和互操作功能，并且可以运行在不同的硬件和操作系统平台上。

### 3. SET 协议的参与方

SET 支付系统主要由持卡客户（CardHolder）、商家（Merchant）、发卡银行（Issuing Bank）、收单银行（Acquiring Bank）、支付网关（Payment Gateway）、认证中心（Certificate Authority）6 个部分组成。相应地，基于 SET 协议的网上购物系统至少包括电子钱包软件、商家软件、支付网关软件和签发证书软件。

（1）持卡客户　持卡客户即消费者，持卡客户要参加 SET 协议交易且用信用卡进行安全支付，必须先到发卡银行申请并且取得一套 SET 交易专用的持卡客户端软件（如电子钱包软件），并在自己联网的计算机上安装这个软件，并向 CA 申请数字证书。

（2）商家　商家在自己的电子商务网站上必须集成安装运行 SET 交易的商家服务器软件。当持卡客户在网上购物时，由网上商店提供服务；购物结束时进行网络支付，这是由 SET 交易商家服务器软件进行服务的。与持卡客户一样，商家必须先到银行进行申请，但不是到发卡银行，而是到接收网上支付业务的收单银行申请设立账户，然后向 CA 申请一张商家服务器的数字证书。

（3）收单银行　这是商家开设账户的银行，其账户是整个支付过程中资金流向的地方，商家参加 SET 交易，必须在参加 SET 交易的收单银行建立账户。收单银行虽然不属于 SET 交易的直接组成部分，却是完成交易的必要参与方。支付网关接收商家转来的持卡客户支付请求后，要将支付请求转交给收单银行，进行银行系统内部的联网支付处理工作。

（4）发卡银行 这是指消费者在其中拥有账户的银行。消费者所拥有的支付工具就是由发卡行提供的，支付请求最后必须通过银行间专用金融网络，经收单银行传送到持卡客户的发卡银行，进行相应的授权和扣款。与收单银行一样，发卡银行也不属于 SET 交易的直接组成部分，且同样是完成交易的必要参与方，持卡客户参加 SET 交易，发卡银行就必须参加 SET 交易。

（5）支付网关 这是公用网和金融专用网之间的接口。由于 SET 交易是在 Internet 这个公开的网络上进行的，而银行端的计算机主机及银行专用金融网络是不能与各种非安全的公开网络直接相连的。为了接收从 Internet 上传来的客户支付信息，在银行与 Internet 之间必须有个专用系统，接收处理从商家传来的支付扣款信息，并且通过专线传送给银行；银行对支付信息的处理结果通过这个专用系统反馈给商家。这个专用系统就称为支付网关。支付网关不能分析交易信息，对支付信息也只起保护与传输的作用，即这些保密数据对网关而言是透明的。

（6）认证中心 为了保证 SET 交易的安全，SET 协议规定参与 SET 交易的直接各方，包括支付网关、网上商家、持卡客户，在参加交易前必须到 CA 申请并安装数字证书，以向其他各方认证自己的真实身份。

### 4. SET 协议的工作流程

以目前流行的信用卡网络支付为例，当采用 SET 安全协议机制时，信用卡的支付流程其实就是电子钱包支付流程。需要进行的预备工作是持卡客户、网上商家、支付网关、收单银行、发卡银行等已经完成相应的网上交易的预备手续，包括持卡客户、网上商家、支付网关的数字证书的申请以及相应软件的安装运行。如图 2-56 所示，SET 协议的工作流程如下：

（1）持卡客户利用自己的 PC 机通过因特网选定所要购买的物品，并在计算机上输入订货单，订货单需包括在线商店、购买物品名称及数量、交货时间及地点等相关信息。

（2）通过电子商务服务器与有关网上商家联系，网上商家做出应答，告诉客户所填订货单的货物单价、应付款数、交货方式等信息是否准确，是否有变化。

（3）客户选择付款方式，确认订单签发付款指令，此时 SET 开始介入。

（4）在 SET 中，客户必须对订单和付款指令进行数字签名，同时利用双重签名技术保证商家看不到客户的账号信息。

（5）网上商家接受订单后，向客户所在发卡银行请求支付认可。信息通过支付网关到收单银行，再到客户的发卡银行确认；批准交易后，返回确认信息给网上商家。

（6）网上商家发送订单确认信息给客户。客户端软件可记录交易日志，以备将来查询。

（7）网上商家发送货物或提供服务并通知收单银行将钱从客户的账号转移到商店账号，或通知发卡银行请求支付。在认证操作和支付操作中间一般会有一个时间间隔，例如在每天的下班前请求银行结一天的账。

前两步与 SET 无关，从第三步开始 SET 起作用，一直到第六步，在处理过程中对通信协议、请求信息的格式、数据类型的定义等，SET 都有明确的规定。在操作的每一步，客户、网上商家、支付网关都通过CA来验证通信主体的身份，以确保通信的对方不是冒名顶替，所以也可以简单地认为SET协议充分发挥了认证中心的作用，以维护在任何开放网络上的电子商务参与者所提供信息的真实性和保密性。

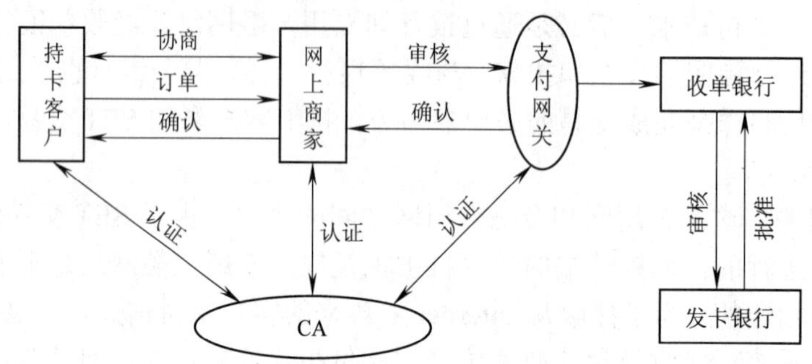

图2-56 SET协议的应用流程示意图

#### 5．SET协议的特点

在SET开始介入后的处理过程中，对通信协议、请求信息的格式、数据类型的定义等，SET都有明确的规定。以SET协议为基础的支付流程每一步都有严格与严谨的规范，并大量利用公开密钥加密法、私有密钥加密法、数字证书、数字摘要、数字签名、双重数字签名等安全技术，同时在操作的每一步，消费者、商家、支付网关都需要通过CA来验证交易各方的身份，以确保通信的对方不是冒名顶替者。所以，SET协议充分发挥了认证中心的作用，维护了在任何开放网络上的电子商务参与者所提供信息的真实性和保密性。因此，以SET协议支持的支付流程是非常安全的。

但SET协议也存在不足之处：协议复杂，使用成本高，客户端必须安装“电子钱包”软件才能使用；同时在SET交易过程中，需验证数字证书9次，验证数字签名6次，传递证书7次，进行5次签名、4次对称加密和4次非对称加密，整个交易过程花费时间1.5～2min，交易效率低。

### 三、SET协议和SSL协议的比较

在SET协议出现之前，网上交易支付所用的安全措施主要是SSL协议。到目前为止，很多网上交易系统还是采用SSL协议。下面我们将对SSL协议与SET协议进行比较，以便了解2种协议的优缺点。

SSL与SET都采用公开密钥加密法、私有密钥加密法、数字摘要等加密技术与数字证书等认证手段，在支持技术上，可以说两者是一致的；对信息传输的机密性来说，两者的功能是相同的，且都能保证信息在传输过程中的保密性与完整性。但SSL与SET两种协议在网络中层次不一样：SSL是基于传输层的协议，而SET则是基于应用层的协议。SSL在建立双方的安全通信通道之后，所有传输的信息都被加密，而SET则会有选择地加密一部分敏感信息。

SSL协议中，商家也有数字证书，可向客户证明自己是一家真实存在的商家。有些系统也向客户发放数字证书，但该证书是发给浏览器软件的，而不是像SET那样，与信用卡绑在一起，这使SET机制更安全。SET协议主要针对信用卡应用，而SSL则支持较多的

网络支付手段，如网络银行服务、第三方支付服务等。

SSL 有一个很大的缺点，就是当信息经过商家中转时，不能保证商家看不到客户信用卡账户等信息；而 SET 协议则在这方面采取了强有力的措施，用网关的公开密钥加密持卡人的敏感信息，采用双重签名方法，保证商家无法看到持卡人传送给网关的信息，也使银行看不到客户的需求商品信息，保护了客户的隐私权。

当今市场上，已有了许多与 SSL 相关的产品及工具，而有关 SET 的相关产品相对较少。SSL 已被大部分 Web 浏览器和 Web 服务器所内置，因而容易被接受，各方面应用也比较简单，应用过程是透明的；而 SET 要求在银行建立支付网关，在商家的 Web 服务器上安装服务器端软件，在客户的计算机上安装客户端软件如电子钱包等，而且 SET 还必须向交易各方发放数字证书，实现较为复杂，成本也比较高。但 SET 安全防范机制较高，速度较 SSL 协议慢一些。

总之，SET 系统给银行、商家、持卡客户带来了更多安全，使他们在进行网上交易时更加放心，但实现复杂、成本较高；而 SSL 则相应地简单快捷，但存在一定的安全漏洞。目前，SSL 的应用面比 SET 更广泛。

随着 Internet 的大规模应用，越来越多的商家追求更加安全的网上支付手段，SET 协议机制将逐渐被更多的企业、商家与客户所接受，因此具有良好的应用前景。

## 任务完成结论

通过对本任务的学习，我们了解了为综合应用网络安全技术而保证网上支付安全的 SSL 协议机制与 SET 协议机制，主要学习了这两种安全协议的基本工作与应用原理，并结合具体网上支付业务流程掌握 SSL 与 SET 协议在网上支付中的应用。

## 课堂训练与测评

（1）通过分析网络支付的实际案例，运用所学知识，描述 SSL 协议与 SET 协议下的网络支付的流程，比较两者的不同。

（2）分析在基于 SSL 安全协议机制的信用卡网上支付中，是如何应用本项目所述的系列安全技术的？

## 知识拓展

下面我们选取了 5 个具有代表性的支付企业，就安全保护体系作出一个评测，以利于广大用户选择，保障自己的权益。

横评对象：

支付宝：依附于淘宝的支付工具

快　钱：独立第三方支付企业领头羊

网付通：银联官方电子支付平台

财付通：腾讯旗下的支付工具

安付通：卷土重来的易趣支付工具

横评参数：注册登录安全性、支付安全性、独立硬件保护措施、风险控制体系

### 1．注册登录安全性

注册登录安全性就是指用户在输入用户名、密码等的过程中，支付平台所采取的保护措施。作为整个支付体系的第一道堡垒，注册登录的重要性不言而喻，因此各个支付企业也很看重这个部分。

（1）是否设置密码提示　设置密码提示的主要作用有 2 个：①在登录的时候，输入用户名和密码的同时还需要输入提示问题才能正常登录，这样可以确认是注册用户自身在登录；②万一密码不慎泄漏，可以用来找回密码。

是否设置密码提示问题见表 2-2。

表 2-2　是否设置密码提示问题一览表

| 支付宝 | 快钱 | 网付通 | 财付通 | 安付通 |
|---|---|---|---|---|
| 是 | 是 | 否 | 是 | 否 |

（2）网站登录是否分页　由于病毒的攻击具有连续性的特点，在登录页面分页可以避免病毒入侵的长驱直入，一般是将用户名和验证码放置在一页，将用户名与登录密码分页设置，这样可以有效阻击病毒入侵与攻击。快钱账户就采用了用户名与登录密码分页设置，如图 2-57 和图 2-58 所示。

图 2-57　快钱账户登录用户名输入页面

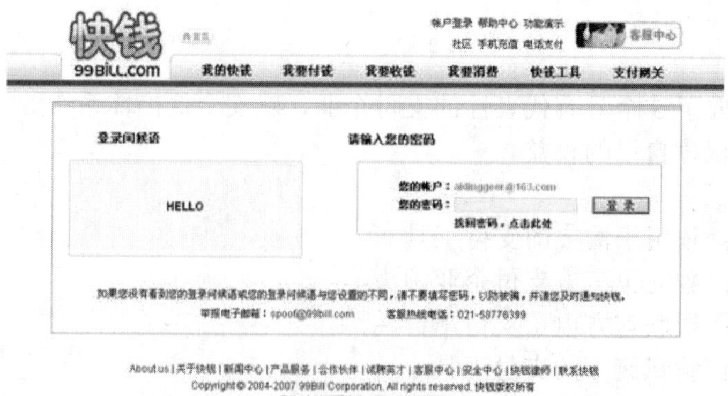

图 2-58　快钱账户登录密码输入页面

各个支付工具网站登录是否分页情况见表 2-3。

**表 2-3　网站登录是否分页一览表**

| 支付宝 | 快钱 | 网付通 | 财付通 | 安付通 |
|---|---|---|---|---|
| 否 | 是 | 否 | 否 | 否 |

（3）登录是否使用验证码　验证码就是将一串随机产生的数字或符号生成一幅图片，图片里加上一些干扰像素，用户靠肉眼识别其中的验证码信息，输入表单提交网站验证，防止有人对用户使用的特定程序暴力破解，像百度贴吧就需要输入验证码。目前，验证码模式已经通用于各网站及论坛。

各支付工具登录是否使用验证码情况见表 2-4。

**表 2-4　登录是否使用验证码一览表**

| 支付宝 | 快钱 | 网付通 | 财付通 | 安付通 |
|---|---|---|---|---|
| 是 | 是 | 是 | 是 | 是 |

（4）登录是否使用安全控件　控件是支付企业客户端安全密码输入控件，原本是为了防范木马程序及其他病毒的攻击，更好地保护网银用户的账户信息安全而设计的。中国工商银行客户端安全控件安装页面如图 2-59 所示。

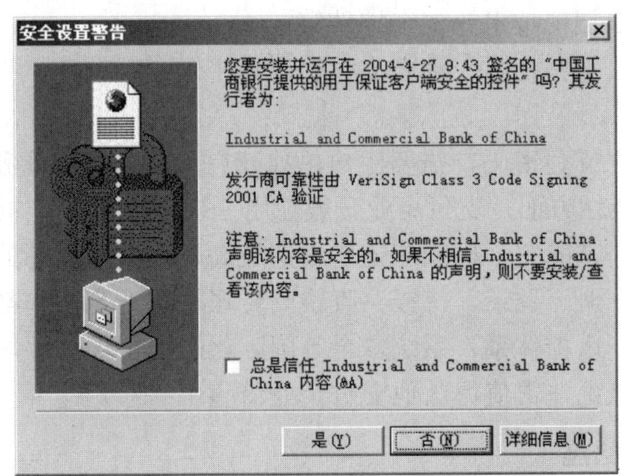


图 2-59　中国工商银行客户端安全控件

但是现实情况却发生了一个令人尴尬的逆转，控件被江民反病毒专家列为病毒入侵 6 大方式之一。例如，2007 年 2 月 7 日，江民公司反病毒中心监测到，支付宝 ActiveX 控件（pta.dll）的一处严重漏洞被发现，利用该漏洞的源代码也同时被公布到互联网上。黑客可以针对这个漏洞编写恶意网页，如果用户计算机上安装过支付宝，在浏览黑客网页时就可能执行任意代码。

各支付工具登录是否使用安全控件见表 2-5。

**表 2-5　登录是否使用安全控件一览表**

| 支付宝 | 快钱 | 网付通 | 财付通 | 安付通 |
|---|---|---|---|---|
| 是 | 否 | 是 | 是 | 否 |

### 2. 支付安全性

安全措施最终保障的是支付安全。在网络支付里金钱就是数字。保障支付安全就是保障信息或者数据传输的安全以及相应的增值服务等。目前，绝大多数企业都使用了 SSL 加密技术保障数据传输的安全，SSL 是一种国际标准的加密及身份认证通信协议。它具备以下基本特征：信息保密性、信息完整性、相互鉴定。当地址栏中出现锁型图片时，表明正在填写的所有信息都处于 128 位的加密保护之下，其他人无法通过任何手段从网络中监测得到。

各支付工具数据 SSL 安全传输情况见表 2-6。

表 2-6 数据 SSL 安全传输一览表

| 支付宝 | 快钱 | 网付通 | 财付通 | 安付通 |
|---|---|---|---|---|
| 有 | 有 | 有 | 有 | 有 |

下面我们来看看支付平台在这方面的表现。

（1）支付宝 SSL 加密技术、独立支付密码、安全控件、手机绑定支持、账户余额大额短信提醒等。

（2）快钱 SSL 加密技术、独立支付密码、动态密码算法、目前最为安全的硬件设备快钱盾、4 种身份验证机制、交易成功、大额资金流动提醒等。

（3）网付通 SSL 加密技术、安全控件等。

（4）财付通 SSL 加密技术、独立支付密码、密码自动锁定、手机绑定、密码修改、提现短信提醒等。

（5）安付通 独立支付密码，需要用户单独开启贝宝账户才能独立使用。

点评：在支付安全性方面，支付企业一般使用 SSL 加密技术，同时配合其他的安全措施。综合来看，快钱提供的安全机制应该是级别最高、效果最理想的，安全防护功能也是最为全面的。从账户注册、登录、付钱、收钱到转账等每一步操作都有专业保护，尤其是对创新性产品快钱盾、风控体系、系统安全等国际化的安全保护手段的应用，快钱更是走在行业前面。在这一点上非常值得其他支付企业借鉴。

### 3. 独立硬件保护措施

在网上病毒肆虐的今天，病毒的更新速度非常快，仅依靠软件技术已经很难保证支付安全，必须在硬件保护机制上想办法。

快钱：快钱盾是保护商家快钱账户安全的硬件产品，它采用了国际上最先进的动态密码算法，它的外形小巧，类似于普通的小型计算器，携带方便，如图 2-60 所示。目前，全球已经有上千家金融机构都在采用类似的硬件产品来保护客户的账户安全，快钱是国内第一家独立第三方支付企业给商家提供该类产品的公司，它让商家放心地体验网上交易收付款的方便快捷。

图 2-60 快钱盾正面图示

快钱盾安全防护特点：无需与计算机或者网络连接，真正意义上避免病毒入侵。支付宝、网付通、财付通、安付通等支付工具都没有硬件保护，具体见表 2-7。

表 2-7　是否有硬件保护一览表

| 支付宝 | 快钱 | 网付通 | 财付通 | 安付通 |
|---|---|---|---|---|
| 否 | 是 | 否 | 否 | 否 |

**4．风险控制体系**

作为后台运作的部分，风险控制体系并不是所有人都知道。支付平台根据用户的虚拟账户，追踪网上交易的全过程，并对资金的进出实时监控，能够在盗窃行为发生前及时进行控制，最大限度地为用户的资金提供安全保障，例如快钱曾凭借风控体系，帮助湖北经济学院大一新生遏制了银行卡资金被非法转移。目前，绝大多数支付企业还未建立风控体系。各支付工具风险控制体系情况见表 2-8。

表 2-8　风险控制体系一览表

| 支付宝 | 快钱 | 网付通 | 财付通 | 安付通 |
|---|---|---|---|---|
| 无 | 有 | 无 | 无 | 无 |

支付工具安全性能总评见表 2-9。

表 2-9　支付工具安全性能总评

| | 快钱 | 支付宝 | 财付通 | 网付通 | 安付通 |
|---|---|---|---|---|---|
| 密码问题设置 | ★ | ★ | ★ | | |
| 登录分页 | ★ | | | | |
| 登录验证码 | ★ | ★ | ★ | ★ | ★ |
| 安全控件 | | ★ | ★ | ★ | ★ |
| 支付安全 | ★★★ | ★★ | ★★ | ★★ | ★ |
| 硬件保护 | ★ | | | | |
| 风险控制体系 | ★ | | | | |
| 安全性能指数 | ★★★★★★★★ | ★★★★★ | ★★★★★ | ★★★★ | ★★★ |

# 项目三　网上支付工具

通过前面项目的学习，我们基本理解了网上支付与结算的一些基础知识，以及保证网上支付安全的一些技术与认证手段。随着众多实用先进的安全技术和工具的不断出现与应用，网上支付已经具备了安全可靠的技术基础。这也是目前很多网上支付工具快速普及的原因，它有力地促进了电子商务的快速发展。在网上支付工具的实现方式上，根据目前各国推行的情况来看，主要包括以下几种方式：信用卡、电子现金、电子钱包、电子支票等。这些网上支付工具的支付、结算和运用方式各有特点。本项目主要对几种比较主要的网上支付工具如信用卡、数字现金、电子钱包、智能卡、电子支票等进行介绍，分析每种网上支付工具应用的技术、网上支付的业务过程，并在此基础上，结合国内外的发展情况，介绍它们的具体应用情况。

❑ **应知目标**

- 了解信用卡网上支付的模式与业务流程。
- 了解电子现金网上支付的模式与业务流程。
- 了解电子钱包网上支付的模式与业务流程。
- 了解智能卡网上支付的模式与业务流程。
- 了解电子支票网上支付的模式与业务流程。

❑ **应会目标**

- 能够熟练使用信用卡完成网上支付。
- 能够熟练使用电子现金完成网上支付。
- 能够熟练使用电子钱包完成网上支付。
- 能够熟练使用智能卡完成网上支付。
- 能够熟练使用电子支票完成网上支付。

## 任务一　了解信用卡网上支付方式

### *知识点、能力点*

- 了解信用卡的种类。
- 了解信用卡网上支付的模式及业务流程。
- 能够熟练使用信用卡进行网上支付。

### *任务情境*

银行卡在个人支付方面的应用日益普及，人均银行卡交易金额不断上升：我国从 1985 年中国银行发行第一张银行卡以来，在继续发展银行卡资源共享的基础上，在全国范围内实现了联网通用。2002 年，银行卡联网同步的实现和银联的成立，标志着银行卡发展到了的新阶段。根据央行公布的《2014 年第三季度支付体系运行总体情况》报告显示，截至 2014 年第三季度末，全国累计发行银行卡 47.46 亿张、信用卡 4.36 亿张。平均来看，相当于全国人均持有约 3.5 张银行卡、0.32 张信用卡。银行卡发卡规模激增的同时，ATM 机、POS 机等配套设施数量也在增加。根据央行的数据，截至 2014 年第三季度末，全国共有银行卡跨行支付系统联网商户 1 091.1 万户，联网 POS 机 1 466.6 万台，ATM 机 58.37 万台。由于银行卡受理环境的改善，截至 2014 年第三季度末，全国共发生银行卡业务 425.28 亿笔，银行卡交易金额达到 332.76 万亿元。可见，银行卡（广义信用卡）在消费交易、现金服务、网上支付以及各种缴费业务方面扮演着越来越重要的角色。我国目前网上交易支付的绝大部分都是通过银行卡来完成网上支付的，这也越来越被人们所愿意接受。

## 任务分析

信用卡作为银行服务与信息技术相互融合的产品，一方面提高了银行的综合服务水平和质量，成为银行利润的重要来源；另一方面对于改善流通环境，提高居民生活质量，发展个人消费信贷，促进相关产业发展具有重要意义。特别对于迅速发展的互联网经济来说，信用卡为其提供了网上支付的一种主要方式和工具，信用卡必将在网上支付中发挥越来越大的作用。本学习任务中，我们将了解信用卡的基本知识、信用卡网上支付的模式以及目前常用的信用卡网上支付系统的操作流程。

## 任务实施

### 一、了解信用卡的基本知识

#### 1．信用卡的起源与种类

信用卡 1915 年起源于美国，是银行或其他财务机构签发给资信状况良好人士的一种特制卡片，是一种特殊的信用凭证，可以证明持卡人的身份、支付能力和信用状况等，并且不断创新。它是目前最流行的支付工具之一，用户可以在饭店、机场、旅馆、商场等通过刷卡记账、POS 机结账和 ATM 机提取现金方式来支付，同时信用卡支付也是网上支付中最常见的一种方式。

随着信用卡业务的发展，信用卡的种类不断增多，概括起来，一般有广义信用卡和狭义信用卡之分。

从广义上说，凡是能够为持卡人提供信用证明、持卡人可以凭卡购物消费或享受特定服务的特制卡片均可成为信用卡。广义上的信用卡包括贷记卡、准贷记卡、储蓄卡、提款卡（ATM 卡）、支票卡及赊账卡等。本任务中信用卡即指广义的信用卡。

从狭义上说，国外的信用卡主要指由银行或其他财务机构发行的贷记卡，即无需预先存款可贷款消费的信用卡，是先消费后还款的信用卡。狭义的信用卡是真正的凭借持卡人信用而获取银行资金支持进行消费的银行卡，因此称为 Credit Card。国内的信用卡主要指贷记卡或准贷记卡。

准贷记卡是指持卡人须先按发卡银行要求交存一定金额的备用金，当备用金账户金额不足支付时，可在发卡银行规定的信用额度内透支的信用卡，如中国建设银行的龙卡、中国农业银行的金穗卡。

贷记卡是指发卡银行给予持卡人一定的信用额度，持卡人可在信用额度内先消费、后还款的信用卡，如长城国际卡、牡丹国际卡等。对于信用额度内的消费透支，持卡人在对账单规定的还款日期前全部还款，即可享受最短 25 天、最长 56 天的免息还款期，若选择最低还款额方式还款，则信用额度按还款金额恢复。国际标准双币信用卡（贷记卡）是指在国内特约单位和指定营业网点、国内和国外信用卡组织或国际信用卡公司受理点使用，以人民币和某一指定外币 2 种货币结算，具有信用消费、转账结算、存取现金等功能。使用国际信用卡在境外消费或支取外币现金所产生的外币欠款，可以使用人民币购汇还款。

借记卡是指先存款、后消费（或取现），没有透支功能的信用卡。借记卡按功能不同可以分为转账卡、专用卡和储值卡；按币种不同，可以分为人民币借记卡和国际借记卡（双币种）。转账卡是实时扣账的借记卡，具有转账结算、存取现金和消费的功能；专用卡是具有专门用途、在特定区域使用的借记卡，具有转账结算、存取现金的功能；储值卡是发卡银行根据持卡人要求将其资金转至卡内储存，交易时直接从卡内扣款。国际借记卡（双币种）可以在境内外通用，以人民币和某一指定外币结算，具有消费、转账结算、存取现金等功能。

按照不同标准进行划分，可分为：按信用卡发卡对象不同，可分为公司卡和个人卡；按信用卡从属关系划分，可分为主卡和附属卡；按流通范围划分，可分为国际卡和地区卡；按信用卡发卡机构划分，可分为银行卡和非银行卡；按信用卡信息存储媒介划分，可分为磁条卡和芯片卡；按信用卡结算货币不同，可分为外币卡和本币卡；按信用卡账户币种数目划分，可分为单币种信用卡和双币种信用卡；按持卡人信誉地位和资信情况划分，可分为无限卡、白金卡、金卡、普通卡；按信用卡形状不同，可分为标准信用卡和异形信用卡；按清偿方式的不同，可分为贷记卡、准贷记卡和借记卡。

### 2. 信用卡的特点

信用卡可采用刷卡记账、POS 机结账、ATM 机提取现金等多种支付方式。不同的支付方式和使用不同发卡行的信用卡其使用流程并非完全一样，大致的使用流程是：持卡人用卡购物或消费时，出示信用卡，同时出示持卡人身份证明（如身份证）或提供密码口令；商家得到购物申请后，与发卡行联系，请求发卡行进行支付认可；发卡行在确认持卡人的身份之后，给商家返回一个确认可以交易信息；商家向持卡人提供商品或服务，并在购签单上签字；商家向发卡行提交购签单；发卡行向商家付款。这样就完成了一次交易。随后，发卡行向持卡人发出付款通知，持卡人向发卡人归还贷款。

从信用卡的使用过程可以看出，相对普通现金而言使用信用卡交易有以下优点：

（1）携带方便，不易损坏　信用卡一般是用塑料制成的磁卡或 IC 卡，小巧轻薄，便于携带，而且不容易损坏；而普通现金主币一般由纸制成，容易污损，此外，如果所需数量较多时，普通现金携带也不方便。

（2）安全性好　信用卡有账户和口令，丢失后可以挂失，而且还有口令保护；而普通现金丢失后，就很难找回了。

（3）具备电子支付和信贷功能　使用信用卡可以通过电话或计算机网络进行电子支付，可进行一定信用额度的透支，普通现金没有这样的功能。

当然，使用信用卡也存在着一些问题，其中最主要的就是安全问题。信用卡的安全已成为持卡人最关心的问题，很多人都担心因口令的泄露而导致信用卡被盗用，不过安全电子交易协议就可以确实保证信用卡交易的安全性；使用信用卡可以透支消费，给用户带来了方便，但这同时也给银行带来了用户恶意透支的问题；使用信用卡的交易费用较高；信用卡具有一定的有效期，过期失效；由于信用卡有可能遗失而给持卡人带来风险和麻烦。

在我国，随着“金卡工程”的广泛深入开展以及银行卡网络的建成，银行卡的应用环境越来越好，应用范围也越来越广泛。目前，我国发行的信用卡主要有中国银行的长城卡、中国工商银行的牡丹卡、中国农业银行的金穗卡、中国建设银行的龙卡、交通银行的太平洋卡、深圳发展银行的发展卡、招商银行的“一卡通”等。电子货币的广泛普及和推广，将会让我国的银行金融市场和银行金融信息服务发生划时代的转变。

## 二、信用卡的网络支付模式

银行卡是电子支付中最常用的支付工具，信用卡支付是当今最流行的网上支付方式。传统的信用卡支付是在商家、持卡人以及各自的开户银行之间进行的，整个支付是在银行内部网络中完成的。利用信用卡在 Internet 上购物有许多方式，按信用卡信息在 Internet 上传递所采取的措施不同，信用卡的网上支付主要有 4 种模式：无安全措施的信用卡支付、通过第三方代理人的信用卡支付、简单加密支付和 SET 信用卡支付。

### 1. 无安全措施的信用卡支付

所谓无安全措施的支付模式是指持卡人利用信用卡进行支付结算时几乎没有采取技术上的安全措施而把信用卡号码与密码等直接传送给商家，然后由商家和银行各自的授权来检查信用卡的合法性。可以看出，持卡人主要依靠商家的诚信来保护自己的信用卡隐私信息，显然这种信用卡支付方式存在很大的安全隐患。

买方通过网上从卖方订货，而信用卡信息通过电话、传真等非网上传递，或者信用卡信息在互联网上传送，但无任何安全措施，卖方与银行之间使用各自现有的银行商家专用网络授权来检查信用卡的真伪。其支付模式示如图 3-1 所示。

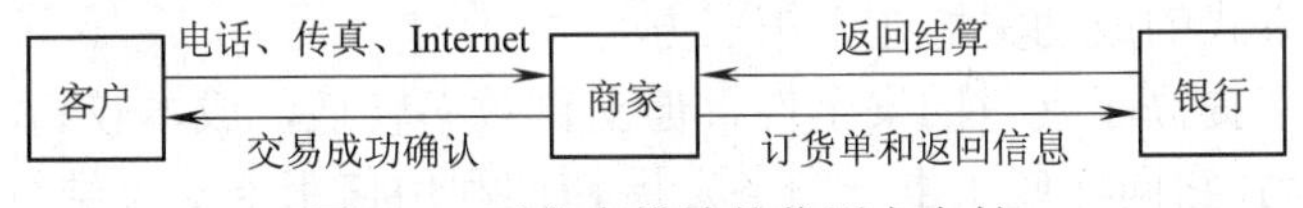


图 3-1　无安全措施的信用卡支付

无安全措施的支付模式主要是在 20 世纪 90 年代初期，在电子商务各方面发展还不太成熟，特别是银行对电子商务的支持还不完善的情况下出现的，可以说是一种临时过渡方式，其主要特点是风险由商家负责、安全性很差，持卡人的信用隐私信息完全被商家掌握，支付效率较低等。

### 2. 基于第三方经纪人的信用卡支付

在采取无安全措施的支付模式时，由于商家完全掌握了消费者的账户信息，存在信用卡信息在网上多次公开传输而导致信用卡信息被窃取的风险。为降低这一风险，便采取在买方和卖方之间启用一个具有诚信的第三方代理机构支付的方式，这样可在一定程度上降低支付风险。

支付流程为：客户（在线或离线）在第三方经纪人处开立一个应用账号，第三方经纪人就持有了客户的信用卡号和账号，客户用应用账号从网上商家处进行在线订货，并把应用账号传送给商家，商家将客户应用账号、交易资金、支付条款等信息提供给第三方经纪人核实，第三方经纪人验证应用账号信息和商家身份，给客户发送电子邮件，要求客户确认购买和支付，得到客户确认后，第三方经纪人再返回给商家一个确认信息，商家收到确认信息后，接受持卡客户的购物订单，并给持卡客户与第三方经纪人发出交易确认通知，第三方经纪人收到商家交易确认信息后，按支付条款要求与银行之间办理资金转拨手续，完成支付过程。

基于第三方经纪人的信用卡支付流程如图 3-2 所示。

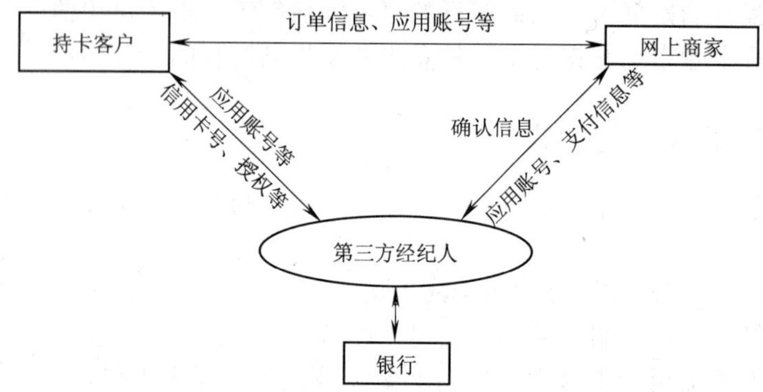


图 3-2 基于第三方经纪人的信用卡支付流程示意图

基于第三方经纪人的信用卡支付模式的特点是：

（1）支付是通过双方都信任的第三方（经纪人）完成的。买卖双方预先获得第三方的某种协议，即买方在第三方处开设账号，卖方成为第三方的特约商户。

（2）信用卡信息不在开放的网络上多次传送，用户账号的开设不通过网络，即买方有可能离线在第三方开设账号，这样买方没有信用卡信息被盗窃的风险。

（3）卖方信任第三方，因此卖方自由度大，风险小。

（4）由于交易双方都对第三方有较高的信任度，风险主要由它承担，保密等功能也由它实现，因此支付方式的成功关键在于第三方。

（5）该方式虽然提高了支付的安全性，但支付效率较低，成本较高，性能价格比在小额支付结算中并不高。它同样属于电子商务发展初期利用信用卡支付结算的一种过渡方式。

### 3. 简单加密信用卡支付模式

简单加密的支付是现在比较常用的一种支付模式，使用这种模式支付时，当信用卡信息被客户输入浏览器窗口或其他电子商务设备时，客户信用卡信息就被加密，作为加密信息通过网络安全地从买方向卖方传递。通常采用的加密协议有 SSL、SHTTP 等。

支付流程为：客户在发卡银行开设一个信用卡账户，并获取信用卡卡号，客户向商家订货后，把加密的信用卡信息和订单信息一起传送到商家服务器。商家服务器验证其接收到信息的有效性和完整性后，将客户加密的信用卡信息传送给业务服务器，这时商家服务器无法看到客户的信用卡信息，经业务服务器验证商家身份后，将客户加密的信用卡信息转移到安全的地方解密，然后将客户信用卡信息通过安全专用网传送到商家银行。商家银行与客户发卡银行联系，确认信用卡信息的有效性。得到证实后，将结果传送给业务服务器，业务服务器通知商家服务器交易完成或拒绝，商家再通知客户。

简单加密的信用卡支付流程如图 3-3 所示。

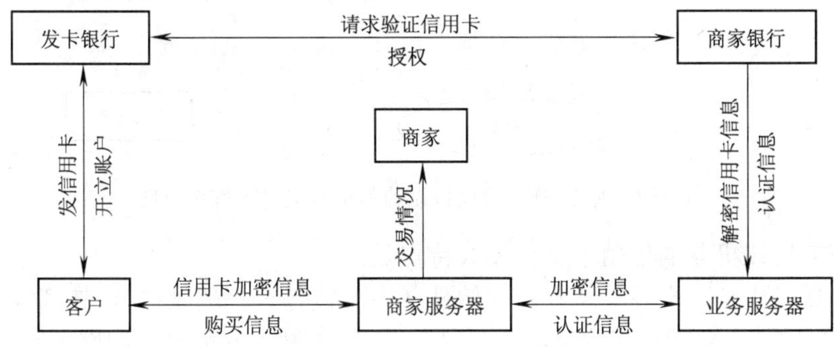


图 3-3　简单加密的信用卡支付流程示意图

简单加密支付的特点是：

（1）支付过程中，需要业务服务器和服务软件的支持，加密的信用卡信息只有业务提供商或第三方机构能够识别。

（2）交易过程中，交易各方都以电子签名来确认身份，数字签名是买卖双方在注册系统时产生的，且本身不能修改。

（3）交易中使用了对称的和非对称的加密技术。

（4）支付过程中，只需要一个信用卡卡号和密码，无需其他应建设设施，给支付客户带来了极大的方便，且对信用卡卡号等关键信息加密，使交易安全。

**4．基于 SET 协议机制的信用卡支付模式**

SET 是安全电子交易的简称，是一种非常安全、逻辑非常严密的网上信息交互机制，它主要针对信用卡的网络支付应用。SET 最初由 Visa Card 和 Master Card 两大信用卡组织合作开发完成的。所谓基于 SET 协议机制的信用卡支付模式，是在电子商务过程中利用信用卡进行网络支付时遵循 SET 协议的安全通信与控制机制，以实现信用卡的即时、安全可靠的在线支付。它提供了消费者、商家和银行之间的认证，确保了交易数据的安全性、完整可靠性和交易的不可否认性。

支付流程为：持卡客户选中商品后请求订货，并验证商家身份；商家返回空白订单，并传送商家证书；持卡客户发送给商家一个完整的订单及支付指令，订单和支付指令由持卡人进行数字签名，同时利用双重数字签名技术来保证商家看不到持卡人的账号信息；支付指令包含信用卡信息，说明持卡人已经作出支付承诺，这是 SET 协议的核心；商家接收订单后，利用其中的客户证书审核其身份，并将经双重签名的订单和支付指令通过支付网关送往专用金融网向发卡银行请求支付认可，批准交易，发卡行返回确认信息给商家；批准即意味着银行承诺为持卡客户垫付货款，货款并未真正到账；商家将支付批准信息返回持卡客户，确认其购买并组织送货，完成订购服务；商家可请求银行立即将支付款项转移到商家账号，也可以成批处理。

其支付流程如图 3-4 所示。

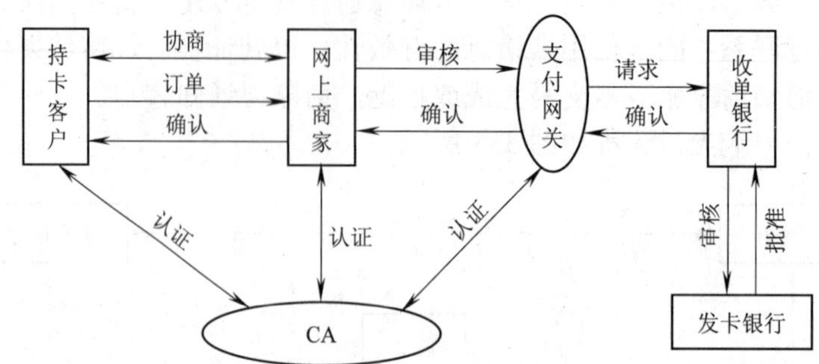


图 3-4 基于 SET 协议机制的信用卡支付流程示意图

基于 SET 协议机制的信用卡支付模式特点是：

（1）需要在持卡客户端安装客户端软件（电子钱包客户端软件），在商家服务端安装商家服务器端软件（电子钱包服务器端软件），在支付网关安装对应的网关转换软件等。

（2）需要各方申请安装数字证书并且验证真实身份。

（3）实现的是部分信息加密，以提高效率。

（4）使用对称密钥加密法、非对称密钥加密法、数字摘要技术、数字签名、数字信封、双重数字签名、数字认证等技术，十分安全，但涉及的技术多，成本较高。

（5）充分发挥 CA 作用，以保证在 Internet 上的电子商务各参与方所提供信息的真实性与保密性。

（6）由于加密、认证多，支付处理较复杂，速度稍慢。

IBM 公司宣布其电子商务产品 Net.Commerce 支持 SET 协议机制的应用，并且率先建立世界上第一个 Internet 环境下的 SET 支付结算系统，即丹麦 SET 付款系统，新加坡花旗银行付款系统也采用了 IBM 的 SET 付款系统。目前，应用最普及的 Microsoft 浏览器软件，即 IE4.0 以上版本已经加入兼容 SET 协议应用，包含有支持信用卡网络支付的 MS Wallet（微软电子钱包），Microsoft 还宣称要将其加入 Windows 核心中。此外，CyberCash 公司和 Oracle 公司也宣布其电子商务产品将支持 SET 网络支付模式。

在中国，中国银行发行的长城借记卡就是采用这种基于 SET 协议机制的网络支付模式，它也被称为中银电子钱包中借记卡支付模式。基于 SET 协议机制的网络支付模式逻辑上更严密、更安全，随着各种条件的逐步具备，它将是电子商务安全网络支付的发展方向。

## 三、信用卡的网上支付实例

银行卡网上支付分借记卡支付和信用卡支付，分别使用不同的服务条款。以信用卡网上支付为例，银行对支付次数和间隔时间没有硬性规定，但会提供网上支付累积额度上限，一旦用户使用绑定的信用卡，进行网络支付的总金额达到了银行提供的上限，就必须登录银行网站对累计支付金额进行清零操作，否则就不能继续使用网上支付功能了。

### 1. First Virtual

First Virtual 产生于 1994 年，是 Internet 上使用最早的信用卡支付系统之一。该产品无须使用特定用途的客户软件和硬件，其主要用途是在 Internet 上销售低价的信息项，它是一个没有使用加密技术的安全的在线付款系统。

First Virtual 公司提供第三方代理服务解决方案。在交易进行前，商家和客户都要用 First Virtual（FV）注册。客户在使用 FV 注册时，以 WWW 的形式填上其信用卡细目和 E-mail 地址，通过网络传递给 FV。FV 给收到的信息加上一个后缀，形成一个保密的个人账目识别符，称为 Virtual PIN，再发送给客户。然后客户通过电话向 FV 提供其信用卡号码，这样 FV 就建立了 Virtual PIN 和客户信用卡之间的联系，而无需再使用客户的信用卡号码。商家也需经过类似的注册程序，把它的开户银行细目给 FV，并从 FV 收到 Virtual PIN。发送银行细目的正常方法是发送由商家根据其在银行的账目而开出的支票，FV 从支票中取出所有的账目识别信息。商家完成注册后，可要求 FV 处理已注册的 FV 客户的业务，并要求 FV 在扣除每宗业务的收费后，使用传统的银行自动清算服务，给商家在银行的账号入账。

First Virtual 系统的安全性是通过向顾客要求一个确认电子邮件来得以保证的。如果顾客不能在给定的时间范围内用某种代码应答，则订单不会被执行。为了防止对信用卡信息的探测，被交换的不是信用卡信息，而是特殊的标识符。信用卡需要在 First Virtual 服务器上存储一次，并且给信用卡号码分配一个虚拟的个人识别号（Virtual PIN），它可用于交易处理。用户需要呼叫 First Virtual 并将信用卡号码告诉它们；该信息决不会经过 Internet 发送，First Virtual 用金融网启动该付款交易。系统不能完全防止销售中的欺诈行为，但由于其目的是销售低价信息项，欺诈不是一个重要问题。

客户使用 FV 购物的过程如下：

（1）客户首先浏览 FV Web 服务器或者 FV 商家正在售货的其他 Web 服务器。客户选择希望购买的货物后，输入 FV 账目识别符（Virtual PIN）。

（2）商家收到该识别符后，通过询问 FV 服务器检查识别符是否有效。询问方式可以进行人工询问，也可以运用与 FV 服务器的自动对话方式。如果客户的 Virtual PIN 没有不好的记录，商家则通过 E-mail 给客户发送信息。商家给 FV 服务器发送有关交易的信息，其中包括客户的 Virtual PIN。

（3）FV 服务器向客户发送 E-mail，以询问客户对其收到的信息是否满意。

（4）客户对询问的回复可以是：Yes，表示客户将进行支付；NO，表示客户没有收到货物或对货物不满意而拒绝支付；Fraud，表示客户没有订购这些货物，FV 服务器收到这个消息后，应对其视为欺诈而进行调查。

（5）若客户确认支付，FV 向信用卡处理机构验证信用卡授权和账户资金验证请求。

（6）信用卡处理机构向客户开户银行发出验证请求。

（7）客户开户银行验证客户账户后，进行转账，并将转账授权通过信息传递给信用卡处理机构。

（8）信用卡处理机构将转账授权通过信息回复给 FV。

（9）FV 将转账授权通过信息回复给商家。

（10）商家与客户进行购买信息反馈。

（11）客户开户银行及商家的开户银行为其客户办理资金划转。

FV 购物过程以 90 天为一个时间段。FV 为客户在这一时间段的购物下账，为商家的售物上账，并收取交易额的一定比例作为佣金，其具体流程如图 3-5 所示。

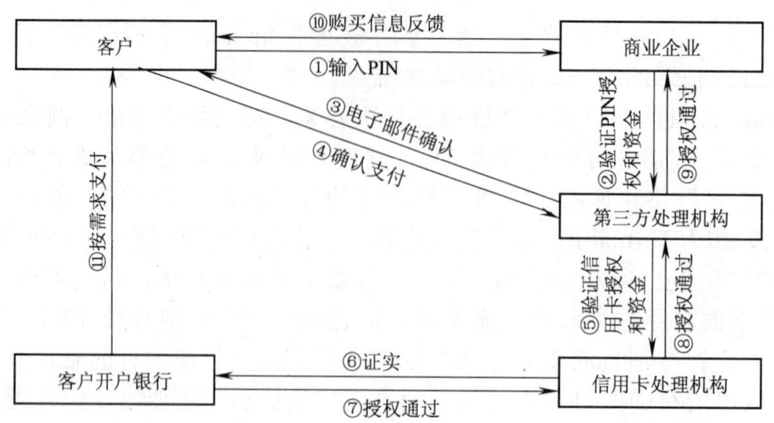

图 3-5 使用 First Virtual 系统处理信用在线支付业务流程

FV 系统的主要优点是简单，因为它不使用加密，所以不存在出口限制。系统运作当中简单的信息交换意味着在前端不需要特定的软件，且后端的软件也不复杂，对商家没有其他的要求限制，这就使得该系统对于只有有限营业额的商家极具吸引力。系统的主要缺点是：商家或客户在使用系统前，必须事先注册；而且商家必须有银行账号，客户必须有信用卡。

2. CyberCash

CyberCash 公司推出 CyberCash 的目的是在 Internet 上为商家和金融部门提供一个信用卡支付系统。CyberCash 支持多种信用卡，如维萨卡（VisaCard）、万事达卡（Master Card）、美国运通卡（American Express Card）等；已授权处理 CyberCash 的系统有全球支付系统（Global Payment System）、第一数据公司（First Data Corporation）和维萨网（Visa Net）等。

CyberCash 需要在客户和商家两端安装特殊的软件来提供网上支付。客户若想使用 CyberCash 服务，首先要从 CyberCash 的 Web 节点下载一个免费的“Wallet”软件，以建立与 CyberCash 服务器的联系。然后填写付费信息和个人识别信息来激活它，付费信息目前包括信用卡号码和银行账号。Wallet 用加密的形式把这些信息存在用户的个人计算机里。客户软件 Wallet 负责处理：建立客户身份，将信用卡信息和客户的个人信息联系起来，记录客户的业务，提供管理和配置服务，以定制和管理 CyberCash 软件及下载客户软件的新版本。

商家若想使用 CyberCash 服务，即要接受 CyberCash 付款，首先必须在支持 CyberCash 这种系统的银行开一个账号。这种账号类似于为提供信用卡订货的商家设置的检查账户，费用为：大约 100 美元的一次性开户费，15 美元的月使用费以及每次交割的购买价格的 2%～3%的费用，确切的费用由地方银行决定。目前，有数百家银行支持 CyberCash 账号，而且这个数目在稳定增长。

在设置好 CyberCash 账号后，销售商必须在他的 Web 服务器上安装被称为“电子现金计数器”的软件，以建立一个 CyberCash 的“PAY”按钮，供客户支付时点击。当用户在购物车里单击“PAY”按钮后，这个软件就被执行并控制传输，在传输记录里加上一项，销售商可以把它送到它的订单系统或运输系统中。现金计数器可以免费下载。

CyberCash 支付的具体处理过程是：

客户访问一家支持 CyberCash 支付的商家网站购物并挑选货物，商家服务器为客户回送一份有关商品价格、交易工具等的表单；当表单出现在客户的显示屏时，客户选购商品并按“PAY”按钮，这样客户的 Wallet 软件向商家发出订单信息及加密的支付信息；商家服务器向 CyberCash 服务器发送加密的付款信息；CyberCash 服务器为商家的开户银行或指定的信用卡处理机构建立一份标准的信用卡授权申请；商家的开户银行或指定的信用卡处理机构向发卡机构发送一份授权申请，发卡机构以“许可或拒绝”向 CyberCash 服务器作出答复；CyberCash 将以上答复发送给商家服务器；商家服务器再把以上答复通知客户，并告知客户交易已经完成。发卡机构及商家的开户银行为其客户办理资金划转。其流程如图 3-6 所示。

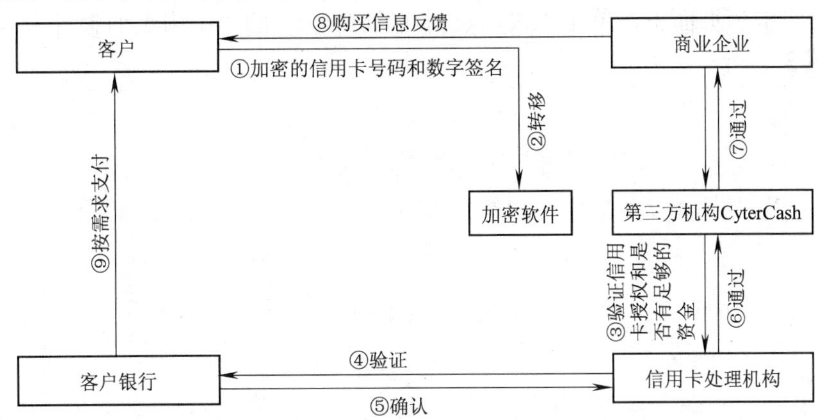


图 3-6　使用 CyberCash 处理在线信用卡支付业务流程

在支付过程中 Wallet 软件维持着每次传输的记录，允许用户迅速地查看他的购买情况与信用卡、银行卡结算情况进行核对。CyberCash 系统使用 1024 位 RSA 编码算法在客户、商家以及银行之间传送消息，以防止传送的信息被未授权的对方截获。而且，由于商家的服务器上不存储实际的信用卡账户号码，它就没有可能被侵入销售商计算机系统的个人偷取。因此，CyberCash 系统具有安全性强、业务处理迅速的特点。该系统访问容易，操作简单。

此外 CyberCash 的另一个优点就是它给客户提供和信用卡相同的消费保护。如果商家无法送交某样产品或货物不令人满意，客户可以向信用卡公司投诉。

但 CyberCash 的缺点是商家处理信用卡传输的收费使得 CyberCash 对小的买卖不现实，如“现付现玩”的联机游戏。不过，目前该问题已经被 CyberCash 后续推出的“CyberCoin”系统解决，CyberCoin 用于小额数字现金事务的服务，我们将会在后面的电子现金的学习任务中学到。

**3．信用卡快捷支付**

快捷支付是由支付宝率先在国内推出的一种全新信用卡支付理念，具有方便、快速的特点，是未来消费的发展趋势，其特点体现在“快”。

传统的支付方式存在诸多限制，例如必须开通网银、只能使用 IE 浏览器、操作步骤烦琐等。这导致了用户流失率高、支付成功率低（传统网银支付成功率大约为 65%）、容易被钓鱼等问题。现在的支付场景越来越多，例如手机支付、电话支付、电视支付等。系统也越来越复杂，例如各种操作系统、各种浏览器。传统的支付方式已无法适应这些变化。在此背景下支付宝推出信用卡快捷支付这一新一代支付产品。

快捷支付指用户购买商品时，不需开通网银，只需提供银行卡卡号、户名、手机号码等信息，银行验证手机号码正确性后，支付宝发送手机动态口令到用户手机号上，用户输入正确的手机动态口令，即可完成支付。如果用户选择保存卡信息，则用户下次支付时，只需输入支付宝支付密码或者是支付密码及手机动态口令即可完成支付。其流程如图 3-7 所示。

图 3-7　信用卡快捷支付业务流程

下面我们以工商银行为例演示信用卡快捷支付流程。

（1）登录支付宝账户，找到需要付款的交易（该笔交易需支持信用卡支付），单击“付款”，在“信用卡”页面下，单击“快捷支付（含卡通）”的“中国工商银行”，再单击“下一步”，如图 3-8 所示。

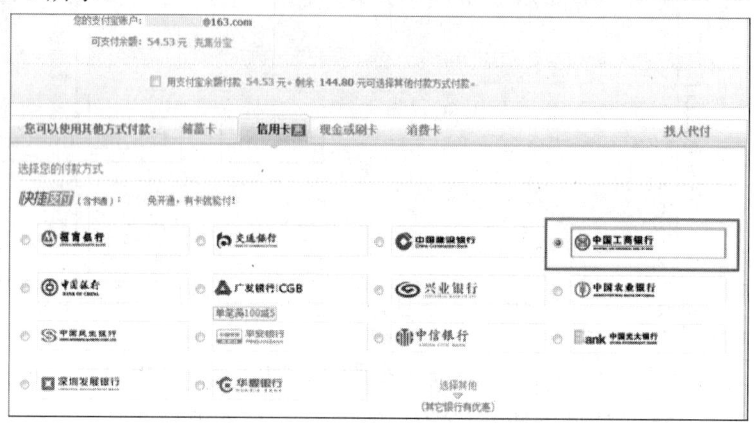


图 3-8　信用卡快捷支付业务选择页面

（2）填写页面上的信息，单击“同意协议并付款”，如图 3-9 所示。

图 3-9　工行信用卡快捷支付业务资料填写

（3）付款成功，同时工行信用卡快捷支付方式开通，下次付款时只需输入支付宝账户的支付密码以及手机动态口令即可完成支付，如图 3-10 所示。

快捷支付产品主要有以下特点：

（1）可跨终端、跨平台、跨浏览器支付。能够支持 PC、手机、电话、平板电脑、电视等终端，支持 IE、chrome、firefox、opera、safari 等浏览器。

（2）操作方便，只需要银行卡信息、身份信息以及手机就能支付，无需使用 U 盾等。

（3）没有大量的页面跳转，减少了被钓鱼的可能性。

（4）没有使用门槛，只要有银行卡，无需开通网银、无需安装网银控件、无需携带 U

盾/口令卡等。

（5）支付成功率达到93%以上。

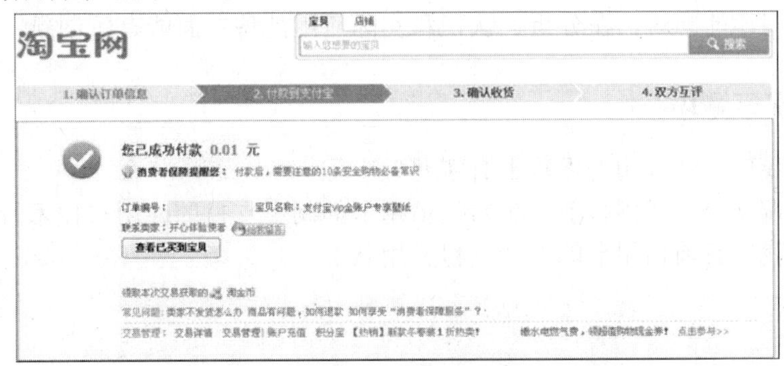


图 3-10　工行信用卡快捷支付业务完成页面

快捷支付产品不但使用门槛低、操作方便快捷，安全保障手段也非常完善。

（1）双重密码保护，支付时需要支付宝密码以及手机动态口令。

（2）支付过程由支付宝 CTU 系统实时监控，所有异常交易都被重点关注。

（3）开通快捷支付的商户经过严格筛选，保证商户资质。

（4）大额交易回呼，如果用户使用快捷支付进行了大额交易，会由支付宝客服通过电话与持卡人确认是否本人操作。

（5）如果用户由于支付宝账户或银行卡被盗，盗用者通过快捷支付造成了持卡人的资金损失，支付宝将为持卡人承担所有损失。

（6）支付宝已通过 PCI 认证，即 Payment Card Industry（简称 PCI）认证，是由 VISA、美国运通公司、JCB 和 MasterCard 等国际组织联合推出，是目前全球最严格、级别最高的金融机构安全认证标准。

中国互联网络信息中心（CNNIC）发布的《2012 年中国网络支付安全状况报告》显示，国内网上支付用户中快捷支付的渗透率已经接近半数，用户网上支付越来越倾向于这种快捷的新方式。据《第 33 次中国互联网络发展状况统计报告》显示，截至 2013 年 12 月，我国使用网上支付的用户规模达到 2.60 亿人。其中，第三方支付和网上银行支付并驾齐驱。而近两年来，快捷支付凭借着其优势取得迅猛发展，快捷支付和卡通支付的使用率已超过 40%，渗透了近半用户。2013 年淘宝的“11·11”购物狂欢节后，支付宝方面透露，快捷支付的用户数已经突破 1 亿，在双十一中，支付宝快捷支付支撑了当天 45.8%的交易笔数，快捷支付已经成为国内网上支付体系的重要补充。目前，与支付宝快捷支付的合作银行已经超过 160 家，覆盖了国内所有的主流银行。CNNIC认为，快捷支付功能具有里程碑的意义，其降低了网上支付的门槛，同时也提高了安全保障性。以支付宝为例，用户第一次签约认证时，需要做双向网络认证，一是通过互联网与银行实时信息的认证；另外针对金额较大的交易，支付宝还会通过人工回呼用户的方式，确认是否为其本人进行操作。如果确认非本人操作，可以及时截留资金并退回银行卡。此外，支付宝还建立了 72h 赔付机制，如果用户否认交易并通过支付宝客服以及风险管理体系确认，在用户提供了相关证明后，支付宝会在 72h 内全额赔付。

## 任务完成结论

银行卡是电子支付中最常用的支付工具，银行卡支付是当今最流行的网上支付方式。

本学习任务通过介绍信用卡的概念、分类来描述银行卡的基本特征，介绍了主流的信用卡网上交易模式，并且对信用卡在网络环境中的支付结算方式与流程进行详尽描述，希望读者在把握基本规律的同时，在分析、认识和实际应用处理方面能有所创新。

### 课堂训练与测评

（1）目前我国广泛使用的银行卡有哪些？

（2）上网调研分析我国目前几种常见信用卡的网上支付的应用与技术特点。

（3）简述我国目前信用卡的网上支付应用状况。

### 知识拓展

（1）银行卡业务管理办法（http://www.pbc.gov.cn/rhwg/19990204f.htm）。

（2）信用卡快捷支付指南（http://help.alipay.com/lab/help_detail.htm?help_id=253199）。

## 任务二　电子现金的使用

### 知识点、能力点

- 了解电子现金的概念。
- 了解电子现金的网上支付模式。
- 掌握电子现金的网上支付操作流程。

### 任务情境

电子现金是电子货币的一种，而且是近几年才研发出来的新型电子货币，是新生事物，目前其理论体系、应用规范与模式、普及应用等方面均在进一步发展中。电子现金也是一种非常重要的电子支付系统，它可以被看作是现实货币的电子或数字模拟，以数字信息形式存在，通过互联网流通，但比现实货币更加方便、经济。随着较为安全可行的电子现金解决方案的出台，电子现金一定会像商家和银行界预言的那样，成为未来网上贸易便捷的交易手段。

### 任务分析

本学习任务，我们将在对电子现金的基本知识了解的基础上，掌握电子现金在电子商务中的网上支付模式以及常用电子现金的操作流程与应用状况。

### 任务实施

#### 一、了解电子现金的基本知识

电子现金又称数字现金（E-Cash），是一种以电子数据形式流通的、能被客户和商家普遍接受的、通过 Internet 购买商品或服务使用的货币。电子现金使用时与纸质现金完全类似，多用于小额支付，是一种储值型的支付工具。它把现金数值转换成为一系列的加密序列数，通过这些序列数来表示现实中各种金额的币值，具有现金的属性。用户用这些加密的序列数就可以在 Internet 上允许接受电子现金的商店购物了。而且用户在开展电子现金业务的银行开设账户并在账户内存钱后，可以随时通过互联网从银行账号上下载电子现金，从而保证了电子现金使用的便捷性。同时，数字现金的传输过程通常经过公钥或私钥加密系统，以保证电子现金使用的安全性。

电子现金首次被戴维·乔姆发明并发行，到 1995 年底被设在美国密苏里州的马克·吐温银行接受，现在电子现金及其支付系统已发展有多种形式。按电子现金载体来分，电子现金主要包括 2 类：一类是币值存储在智能卡上；另一类就是以数据文件的形式存储在计算机的硬盘上。

## 二、了解电子现金的网上支付模式

所谓电子现金的网络支付模式，就是在电子商务过程中，客户利用银行发行的电子现金在网上直接传输交换，发挥类似纸币的等价物职能，以实现即时、安全可靠的在线支付形式。

这种电子现金的网络支付模式，从电子现金的产生以及传输过程中同样运用了一系列先进的安全技术与手段，如公开密钥加密法、数字摘要、数字签名以及隐蔽签名，所以其应用还是比较安全的。

电子现金网络支付模式的主要好处就是客户与商家在运用电子现金支付结算过程中，基本无需银行的直接中介参与。这不但方便了交易双方应用，提高了交易与支付效率，降低了成本，而且电子现金具有类似纸币匿名而不可追溯使用者的特征，可以直接转让给别人使用（就像纸币），并且保护了使用者的个人隐私。电子现金的这些特征与信用卡、电子钱包、网络银行、电子支票等网络支付方式不同，后者的支付过程一直有银行中介参与，而且是记名认证的。电子现金支付过程因为无需银行直接中介参与，存在伪造与重复使用的可能。在这一点上各电子现金发行银行也正采取一些管理与技术措施来完善它，例如发行银行建立大型数据库来存储发行的电子现金序列号、币值等信息，商家每次接受电子现金后均直接来银行兑换入账，银行记录已经使用的电子现金；在接受电子现金的商家与发行银行间进行约定，每次交易中由发行银行进行在线鉴定，验证电子现金是否为伪造或重复使用的等。这样做的结果肯定在一定程度上牺牲了电子现金像纸币一样充当一般等价物的自由流通性，但更加安全。随着电子现金相关的新技术的不断开发与应用，技术与应用规范的统一完善，电子现金也会更加自由地流通，真正发挥“网络货币”的职能。

## 三、了解电子现金的网上支付流程

电子商务中的各个交易方从不同的角度对电子现金系统提出了不同的要求。一般来讲，客户要求电子现金匿名、使用方便灵活；商家要求电子现金可靠，其所接受的电子货币必须能兑换成实体货币；银行要求电子现金不能重复使用，电子介质不能被非法使用和伪造。

应用电子现金进行网上支付，需要在客户端安装专门的电子现金客户端软件，在商家服务端安装电子现金服务器软件，在发行银行运行对应的电子现金管理软件等。为了保证电子现金的安全及可兑换性，发行银行还应从第三方CA申请数字证书以证实自己的身份，借此获取自己公开密钥/私人密钥对，且把公开密钥公开出去，利用私人密钥对电子现金进行签名。电子现金的网络支付业务处理流程涉及商家、客户与发行银行3个主体，涉及初始化协议、提款协议、支付协议以及存款协议4个安全协议过程，一般分为以下步骤：

（1）电子现金的使用客户、电子现金接收商家与电子现金发行银行分别安装电子现金应用软件，为了安全交易与支付，商家与发卡银行从CA申请数字证书。

（2）客户端在线认证发行银行的真实身份后，在电子现金发行银行开设电子现金账号，存入一定量的资金，利用客户端与银行端电子现金的应用软件，遵照严格的购买兑换步骤，兑换一定量的电子现金。

（3）客户使用客户端电子现金应用软件在线接收从发行银行兑换的电子现金，存放在客户机硬盘上（或电子钱包、IC卡上），以备随时使用（提款协议）。

（4）接收电子现金的商家与发行银行间应在电子现金的使用、审核、兑换等方面有协议与授权关系，商家也可以在发行银行开设接收与兑换电子现金的账号，也可另有收单银行。

（5）客户验证网上商家的真实身份，并确认能够接收本方电子现金后，挑选商品，选择己方持有的电子现金来支付。

（6）客户把订单与电子现金借助Internet平台一并发送给商家服务器。

（7）商家收到电子现金后，可以随时一次或批量到发行银行兑换电子现金，即把接收的电子现金发送给电子现金发行银行，与发行银行协商进行相关的电子现金审核与资金清算，电子现金发行银行认证后把同额资金转账给商家开户行账户。

（8）商家确认客户的电子现金真实性与有效性后，确认客户的订单与支付，并发货。

电子现金网络支付流程示意图如图3-11所示。

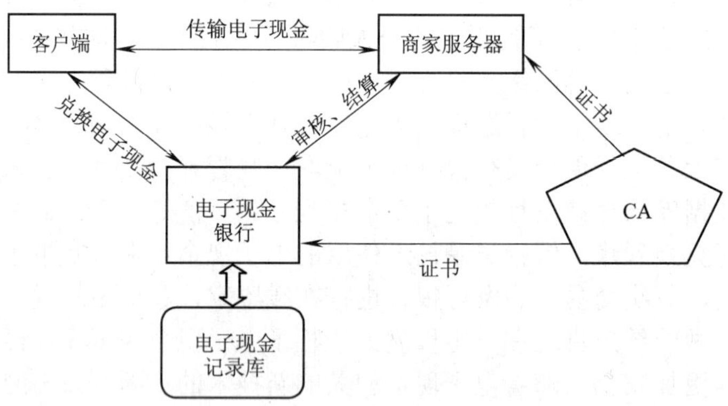


图3-11 电子现金支付流程示意图

## 四、了解电子现金的特点与存在的问题

客户在开展电子现金业务的电子银行设立账户并在账户内存钱，就可以用其进行购物。电子现金作为以电子形式存在的现金货币，同样具有传统货币的价值度量、流通手段、储蓄手段和支付手段4种基本功能，并且与其他网络支付方式相比，更能体现货币的特点与等价物的特征，因此电子现金兼有纸币和数字化现金的优势，具有安全性、匿名性、方便性、成本低、可分解性等特点。

### 1. 电子现金的特点

（1）安全性　电子现金是高科技发展的产物，它融合了现代密码技术，提供了加密、认证、授权等机制，不容易被复制和篡改，并且由于电子现金无需随身携带，因此减少了遗失和被偷窃的风险；普通现金有被抢劫的危险，必须存放在指定的安全地点，如保险箱、金库。保管普通现金越多，所承担的风险越大，在安全保卫方面的投资也就越大；而电子现金不存在这样的风险，高性能彩色复印技术和伪造技术的发展使伪造普通现金变得更容易了，但并不会影响到电子现金。

（2）匿名性与不可跟踪性　客户用电子现金向商家付款，除了商家以外，没有人知道客户的身份或交易细节。如果客户使用了一个很复杂的假名系统，甚至连商家也不会知道客户的身份。保护客户隐私是电子现金的主要优点，因此电子现金不能提供用于跟踪持有者的信息，即使在进行网络支付时也无法追踪。电子现金是以打包和加密的方法为基础，它的主要目标是保证交易的保密性与安全性，以维护交易双方的隐私权。除了双方的个人记录之外，没有任何关于交易已经发生的记录。因为没有正式的业务记录，连银行也无法分析和识别资金流向，正因为这一点，如果电子现金丢失了，就如同纸币现金一样无法追回。

（3）方便性　纸币交易受时间、地点的限制；而电子现金借助 Internet 传输，就有较高的效率，并且电子现金的数字化流转形态使得用户在支付过程中不受时间、地点的限制，使用更加方便。

（4）经济性　纸币的交易费用与交易的金额成正比，随着交易量的不断增加，纸币的发行成本、运输成本、交易成本越来越高；而电子现金在网络上完成支付，大大节省了资源，避免类似纸币的巨额保管、运输、维护费用。

（5）可分解性　可分解性是指电子现金支付单位的大小可自行定义。例如，在美国电子现金交易的各方可达成协议，决定电子现金的最小单位是 1 美元，狭义单位为 1.2 美元，以此类推。这些单位可由定义者自行决定，不受实际现金系统的限制，这是电子现金同传统货币的一个重要区别。

### 2. 电子现金存在的主要问题

电子现金的发行和使用给人们带来了巨大的好处，但电子现金在应用上仍然存在许多问题，主要表现为以下方面：

（1）电子现金发展到现在仍然没有一套国际兼容的统一技术与应用标准，接收电子现金的商家和提供电子现金开户服务的银行还是太少（我国基本还没有），因而不利于电子现金的流通。

（2）电子现金的灵活性和不可跟踪性带来了发行、管理和安全验证等一系列问题。从技术上说，各个银行、商家都可以发行与使用电子现金，如果不加控制与管理，电子商务将不能正常发展，甚至带来严重的经济和金融问题。

（3）应用电子现金需要在客户、银行和商家计算机上均安装对应的电子现金软件，且对三方都有较高的软硬件要求，目前的运作成本也较高。为加强认证、防伪，预防重复消费，需要银行建立大型数据库对存储用户完成的交易和 E-Cash 序列号进行记录，因而加大了投入，也限制了电子现金的自由流通性。

（4）电子现金的电子数据形式，满足不了人们欣赏纸质现金的直观与触摸感要求，在亲和力上差一些，不容易被大量的传统人士所接受。同时，如果某个用户的硬盘损坏，电子现金丢失，钱就无法恢复，这个风险许多消费者都不愿承担。

（5）存在货币兑换问题。由于电子现金仍以传统的货币体系为基础，因此从事跨国贸易就必须要使用特殊的兑换软件。

（6）对于无国家界限的电子商务应用来说，电子现金还存在税收、法律、外汇的不稳定性以及货币供应的干扰和遭受金融危机的潜在问题。

尽管存在种种问题，电子现金的使用仍呈现增长势头。

## 五、电子现金的应用实例

迄今为止，国际上各种科研机构和高科技公司陆续开发出了多种电子现金支付系统，这里介绍几种主要的电子现金支付系统。

### 1. DigiCash 的 E-Cash

DigiCash 是一家专门从事电子支付系统和电子现金开发的专业公司，其创始人 David Chaum 是该领域的先驱之一。DigiCash 利用公开密钥密码体制开发了几种能够提供安全性和私密性的支付方案，包括针对公开网络和私人网络的解决方案。

DigiCash 公司于 1990 年成立，位于阿姆斯特丹。DigiCash 公司于 1995 年 10 月就开始在美国圣路易 Mark Twain 银行试验一种名为 CyberBucks 的电子现金系统，当时大约有 50 家互联网厂商和 1 000 名客户使用这种电子现金。这个系统允许消费者利用电子现金进行联机交易。

要使用 DigiCash 公司的 CyberBucks，首先银行要拥有相应软件，消费者在拥有该软件的银行开设账户；然后消费者将账户中资金转化为电子现金（无息）；最后消费者在受理电子现金的商家进行联机交易。它的工作方式类似于普通的电话卡和地铁卡。在这种系统中，用户向支持 DigiCash 系统的银行购买“CyberBucks”，CyberBucks 可以远程利用信用卡在线传输购买。这些 CyberBucks，实际上是一些特殊编码的序列号，可以像真的现金一样使用，用来偿付购买的实体货物，交换非实物的信息，或者在个人之间交易。任何时候用户都可以将 CyberBucks 存入银行，换成“真实”的现金。

CyberBucks 具体工作过程如下：

（1）软件系统为消费者创立需要数量的 COIN。

（2）将 COIN 封装在虚拟信封里。

（3）将信封传输给消费者开户行，开户行根据请求从账户中提取相应资金，并在信封上贴上“邮票”证实 COIN 的价值。

（4）信封返回消费者。

（5）消费者使用信封中的 COIN 消费。

由于公司经营不善，1998 年 DigiCash 公司申请破产，于 1999 年 8 月被 Ecash Technologies 公司收购，DigiCash 公司的技术和资产卖给了 Ecash Technologies 公司。Ecash Technologies 公司主要提供 BtoC 和 BtoB 的电子结算系统的解决方案。Ecash Technologies 公司的主要业务都在欧洲，如德国的德意志银行、瑞士的 NetPay AG 银行、奥地利的奥地利银行以及澳大利亚的圣·乔奇银行均已开展 E-cash 业务。2002 年 2 月，Ecash Technologies 公司被在美国 NASDAQ 上市的 InfoSpace 公司并购。InfoSpace 公司经营无线和 Internet 软件及应用服务，它将 E-Cash 技术融合到了原有的电子交易和支付系统中。

E-Cash 是由 DigiCash 公司开发的一种基于软件的在线使用电子现金系统，电子现金采用的是硬盘数据文件的形式。E-Cash 是在 Internet 上应用完全匿名的安全电子现金，它具有纸质现金的私密性，并具有公开网络所要求的附加安全性。使用 DigiCash 公司发布 E-Cash 的银行有 10 多家，包括 Eunet Deutsche、Advance 等世界著名银行。

E-Cash 支付系统的参与方有客户、商家与银行。客户与商家要使用 E-Cash，都应在上述开展 E-Cash 业务的金融机构开设一个账户，便可以从那里获得相应的电子现金软件：客户电子钱包或商家电子钱包（也被称为 Purse 软件）。通过这些软件，客户可随时要求开户银行将自己账户中的现金转换成电子现金库里的电子现金。在使用时，可要求将一定数量的电子现金从银行的电子现金库里调入到客户计算机的硬盘。电子现金软件（E-Cash 电子钱包）主要用来管理并存储客户的电子现金，并使协议规定的存取款的步骤对客户尽量透明，而协议能够有效地防止银行知道 DigiCash 公司发行的电子现金序列号，起到保密的作用。

购物时，先在接受 E-Cash 的商场选定商品，如果决定购买，只需用鼠标单击“接收 E-Cash 支付”的按钮，商家钱包软件就会将一张付款请求发送到客户计算机，其中列出了商品名称、数量以及款额。如果同意付款，只需单击“同意”按钮就完成了全部支付的过程。

客户使用 E-Cash 现金在对商品或服务进行支付后，商家必须把客户支付的电子现金提交到发行电子现金钱包的银行，银行将确认这笔电子现金是否被使用过，即银行将收到的电子现金与其自身数据库中的已花费的电子现金的序列号相比较，验证其有效性。如果确认未被使用过，银行就将这笔款存入商家的账户中，商家在得到有效性的确认后就可向客户发送货物和提供电子收据。同样商家也可以用同样的程序向客户进行支付。

客户如果感觉余下的电子现金放在硬盘不安全，可以放回银行的电子现金库里。这种电子现金不仅可以用于网上购物，也可以像现金一样，在个人账户之间流通。与现实货币相比，它的优点是可以挂失，防盗性与防伪性较高。

E-Cash 现金的整个支付流程可概述如下：

（1）客户使用现金、存款与电子钱包软件申请兑换电子现金，采用盲签名的方式将其发送到 E-Cash 银行以得到授权。E-Cash 银行对其要使用的电子现金进行盲签名来实现电子现金的完全匿名，并将经过授权的电子现金发送到客户处，客户将其存入自己的计算机中。

（2）客户在商家的网站上浏览并选择所需要的商品，填写相关的订单信息，将其发送至商家服务器。

（3）商家收到订单后，向客户发送支付请求，请求信息中包括货款金额、商家银行、商家银行的 ID 等。

（4）客户在收到支付请求后，若同意付款，则用授权的 E-Cash 现金进行支付，将电子现金发送到商家服务器。

（5）电子现金便通过网络转移给商户，商家在收到电子现金后，将其发送到 E-Cash 银行验证真伪以及是否被复制、重复使用过。

（6）银行验证 E-Cash 现金是否有效后，将是否有效的指令传送到商家。

（7）商家在收到指令后，如有效，则组织发货，并将收到的 E-Cash 现金发送到银行请求兑付。E-Cash 银行将电子现金回收后，立即“销毁”，只保留其序列号，以备以后查询该电子现金是否被重复使用过，再将等额的货币转入商家的银行账户中。

在上述流程中，对于如何验证 E-Cash 现金是否有效，银行需事先建立一个已花费 E-Cash 现金序列号的数据库，银行可通过验证商家传送来的电子现金与数据库中的电子现金是否一致确认 E-Cash 的真伪以及是否被重复使用过。有效的 E-Cash 现金需满足下列条件：由银行某一面值的签名密钥签发的电子现金；具有电子现金终止使用期，且当前使用的日期在这一期限之前；序列号未出现在已花费的 E-Cash 现金数据库中。

此外，E-Cash 现金还可在个人账户间进行转移，但在这一过程中，收款方将 E-Cash 现金发送到银行验证其有效性时，银行在验证完该电子现金有效后将其立即“销毁”，同时银行将自己铸造的 E-Cash 现金发送给收款方。

该电子现金的最大优点在于完全实现了匿名性，当客户从银行提取该电子现金时采用了盲签名系统（Blind Signature System），也叫遮蔽式签名系统，这一系统允许客户从银行得到电子现金，而银行却不能将客户的身份与所领取的电子现金联系起来。银行在收到商家的电子现金后，根据自己签发时的签名进行兑现，但银行并不知道使用电子现金的客户是谁。同时，银行并不知道所提取的电子现金的序列号，因此，客户可以放心地使用 E-Cash 在商家处进行消费，并且即使商家与银行相互沟通也无法确定 E-Cash 现金的消费者是谁，从而实现了电子现金真正意义上的匿名性。因此，E-Cash 保证了电子现金在传送过程中的安全性与购物的匿名性。由于其使用过程几乎与支付现金过程一样简单，很受用户的欢迎。

目前，由于 E-Cash 现金应用不是非常普及，某一家银行的 E-Cash 现金未必会被另一家银行所接受，因此客户与商家都必须在同一家银行开设账户。但随着 E-Cash 现金的普及，银行之间可能会提供这种交换，或第三方也有可能会提供对不同银行的 E-Cash 现金进行交换的服务。

2．CyberCash 公司的 CyberCoin

CyberCash 公司可提供多种互联网结算方式，包括信用卡小额支付和支票结算等服务。自 1995 年以来，CyberCash 公司一直提供在互联网上进行安全的信用卡服务，它是通过将商家的网站连到能对信用卡采购进行及时验证的信用卡处理器上来实现这一功能的。

我们在信用卡网上支付方式的学习任务中学习了 CyberCash 信用卡网上支付模式，了解到 CyberCash 的缺点是销售商处理信用卡传输的收费使得 CyberCash 对小的买卖不现实，如“现付现玩”的联机游戏。不过，该问题已经被 CyberCash 公司后续推出的“CyberCoin”系统解决。

CyberCash 公司通过它的 CyberCoin 来提供小额数字现金事务的支付服务，资金传输特点与 Digicash 相似，它允许顾客预付一笔 CyberCash，资金被从银行账户传输到 CyberCoin 钱包，客户把自己的 CyberCoin 放在 CyberCoin 钱包里，CyberCoin 钱包是一个存在客户的计算机上的软件存储机制。商家可用 CyberCoin 来处理 25 美分到 10 美元之间的小额支付。提供有偿信息发布服务的商家可用这种小额支付服务来一次性收取这些低额费用；软件分销商可通过收取大量的 CyberCoin 来销售软件；另外，原来不得不按月订阅的商业网站现在就可以提供按天来提供订阅服务了。PayNow 是 CyberCash 公司提供的一种最新服务。客户可通过 PayNow 用其支票账户直接和 CyberCash 结算。个人和企业都可使用这种服务。

3．ECoin.net 的 eCoin

eCoin 是 ECoin.net 发行的电子货币，可用于在线支付商品。eCoin 提供在线小额支付，这种电子现金存储在客户计算机上的 eCoin 电子钱包里。同类似的小额支付系统一样，可以用它花几美分来下载一篇新闻报道，或浏览一个收费网站，或花几十美分下载一段音乐，当然价格由商家来决定。使用 eCoin 的前提是电子商务网站要支持 eCoin 电子现金，以便客户可以使用这种支付手段。客户在使用 eCoin 时，需要先下载一个电子钱包软件，把它作为插件安装在自己的浏览器上，而接受 eCoin 的商家不需要安装特殊的软件，可在其 Html 页面上生成一个特殊的发票标志，以支持客户的 eCoin 管理程序（安装在用户浏览器上的钱包）。

eCoin 系统是客户、商家、Coin 服务器组成的三方系统。eCoin 服务器相当于经纪人，它负责维护和更新用户与商家账号，接受客户软件的结算请求，并为商家网站核算发票。eCoin 服务器在 eCoin 自己的网站上运行，具备防止重复消费的功能。其结构可保证客户在商家面前是匿名的，但对 eCoin 服务器却不是匿名的。

电子现金虽已经比较完善，但仍在不断发展过程中，发展的方向是更加安全、简便、实用，更加高科技化。随着较为安全可行的电子现金解决方案的出台，电子现金一定会像商家和银行界预言的那样，成为未来网上贸易方便的交易手段。

### 任务完成结论

电子现金也是电子货币的一种，而且是近几年才研发出来的新型电子货币，是新生事物，目前在其理论体系、应用规范与模式、普及应用等方面均在进一步发展中。通过对本任务的学习，我们对电子现金的基本知识、电子现金在电子商务中的网上支付模式、电子现金的应用特点以及电子现金这个新兴网上支付方式的应用状况有了一个全面的认识。

### 课堂训练与测评

简述电子现金与生活中的纸质现金的异同。

### 知识拓展

（1）关于规范银行金融机构发行预付卡和电子现金通知（http://finance.sina.com.cn/china/20120120/184511250896.shtml）。

（2）金融 IC 卡电子现金跨行充值全国推广（http://epaper.jinghua.cn/html/2013-09/26/content_28647.htm）。

（3）电子现金账户方便市民消费（http://epaper.oeeee.com/M/html/2013-11/15/ content_1971828.htm）。

## 任务三　电子钱包的使用

### 知识点、能力点

- 了解电子钱包的种类。
- 了解电子钱包的功能。
- 了解电子钱包的网上支付模式及业务流程。
- 能够熟练使用电子钱包进行网上支付。

## 任务情境

电子钱包是客户在电子商务网站购物时进行小额支付结算的常用工具，通常与信用卡、电子现金等一起使用。目前，世界各国都在全力推动电子钱包项目的试验，有关其理论体系、应用规范与模式、普及应用等均在进一步发展中。电子钱包特别是IC卡的电子钱包将大大促进整个社会的信息化建设与应用水平。可以预期，在不远的将来，电子钱包在传统专用网络平台上与 Internet 公共网络平台上将会成为对金融机构、商家、普通客户都十分有利、有用的支付与结算工具。

## 任务分析

本学习任务中，我们将学习电子钱包的一些基本知识、功能、分类、工作原理以及目前常用的几种电子钱包的使用方法与操作流程，以便为日后电子钱包的相关业务功能的熟练操作打下坚实的基础。

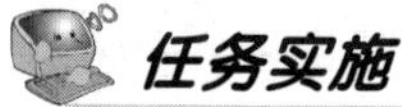

## 任务实施

### 一、了解电子钱包的基本知识

电子钱包（Electronic Wallet 或 E-Wallet）是顾客在电子商务购物活动中常用的一种支付工具，它是一个客户用来进行安全网络交易特别是安全网络支付并且储存交易记录的特殊计算机软件或硬件设备，就像生活中随身携带的钱包一样，能够存放客户的电子现金、信用卡号、电子零钱、个人信息等，经过授权后又可方便且有选择性地取出使用的新式网络支付工具，可以说是“虚拟钱包”。

电子钱包有 2 种概念：一是纯粹的软件，主要用于网上消费、账户管理，这类软件通常与银行账户或银行卡账户连接在一起；二是小额支付的智能储值卡，持卡人预先在卡中存入一定的金额，交易时直接从储值账户中扣除交易金额。

电子商务活动中的电子钱包的软件通常都是免费提供的，可以直接使用与自己银行账号相连接的电子商务系统服务器上的电子钱包软件，也可以从 Internet 上调用，采用各种保密方式利用 Internet 上的电子钱包软件。

### 二、了解电子钱包的功能

电子钱包具有以下功能：

（1）电子安全证书的管理　包括电子证书的申请、存储、删除等。

（2）交易记录的保存　保存每笔交易记录以备日后查询。

（3）保证电子交易的安全　进行 SET 交易时辨认商户的身份并发送交易信息。

（4）管理账户信息　查询已经发生的交易、账目、金额、账户余额、银行账号上收付往来的账目、清单和数据等。

（5）实现自动支付流程　例如当钱包中某信用卡上的账户余额不足以支付时，电子钱包可以重新取出其他的支付工具用于支付。

## 三、电子钱包的分类

电子钱包本身可能是个特殊的计算机软件，也可能是个特殊的硬件装置，所以可以分为 2 类：当其形式上是软件时，常常被称为电子钱包软件，主要用于网上消费、账户管理，这类软件通常与银行账户或银行卡账户是连接在一起的，如 Microsoft Wallet；当其形式上是硬件时，电子钱包常常表现为一张储值的卡，即智能卡，也称 IC 卡，用集成电路芯片来储存电子现金、信用卡等电子货币以及消费者信息，该卡可以用来购买产品、服务和存储信息等，已经十分广泛地应用于包括金融、交通、社保等很多领域。

## 四、电子钱包的工作原理

### 1. 电子钱包的网络支付模式

电子钱包并不只限于在 Internet 平台上应用，还能在专用网络平台上应用，例如利用 IC 卡等硬件电子钱包，也可以像普通信用卡一样在 POS 机上进行消费。这种公共网络平台与专用网络平台上都能应用，安全性又较强的特点，是卡式电子钱包在国外比较普及的重要原因。这里主要叙述基于 Internet 平台的软件电子钱包的支付与结算，关于 IC 卡电子钱包的使用将在以后的任务中学习。

所谓电子钱包的网络支付模式，是在电子商务过程中客户利用电子钱包作为载体，选择其存放的电子货币如信用卡、电子现金等，在 Internet 平台上实现即时、安全可靠的在线支付形式。

电子钱包的网络支付模式主要遵循 SET 安全协议机制。基于 SET 协议机制的网络支付流程中运用了一系列先进的安全技术与手段，如私有与公开密钥加密法、数字摘要、数字信封、数字签名、双重数字签名等技术手段以及数字证书认证工具，因此说它是非常安全的，这也保证了电子钱包的运用是安全的。利用电子钱包里的信用卡支付时完全遵循 SET 机制的，流程严谨而复杂；利用电子钱包里的电子现金支付时，除了验证双方的数字证书外，基本遵守电子现金的支付模式，电子钱包软件成了电子现金客户端软件，支付处理流程比较简单，无需银行的直接中介参与。所以两者在应用上还是有区别的。

电子钱包网络支付模式的主要好处除了具有极强的安全性外，还有许多应用上的优点，例如个人购物信息集中管理与方便应用、一包存放多张信用卡。对客户、商家与银行的要求也是严格的，特别是商务各方均须安装对应的电子钱包软件，各自申请一张数字证书。对客户来讲，需要先安装专门的电子钱包客户端软件，向电子钱包中添加电子货币（如信用卡），然后申请安装数字证书等。这个先期过程还是让用户感到挺麻烦，它没有基于 SSL 机制的信用卡支付那么简便。

### 2. 电子钱包的网络支付流程

在 Internet 这样的公共网络平台上应用电子钱包进行网络支付，需要参与各方（客户、商家以及银行）安装相应的电子钱包服务软件，中间涉及第三方 CA 的认证与数字证书颁发事务，以支持电子钱包整个流程上的安全操作。

目前，在 Internet 平台上应用电子钱包主要是取出钱包中的信用卡账号进行网络支付，所以这里以钱包中信用卡的网络支付为例，描述电子钱包的网络支付流程，它在技术机制上遵守 SET 安全协议机制。因此，电子钱包（其中的信用卡）的网络支付流程与基于 SET 协议机制的信用卡网络支付流程基本一致，严谨、安全而复杂，应用多种密码技术与数字证书认证机制，涉及客户、网上商家、支付网关、发卡银行、收单银行、CA 等多个参与方。

利用信用卡的电子钱包的网络支付业务处理流程一般概括为如下几步：

（1）客户到电子钱包支持银行申请一张相应的信用卡，且在银行网站通过网络下载得到对应的电子钱包软件；支持该行电子钱包的网上商家也须申请并且安装对应的电子钱包服务器端软件。

（2）客户在客户端成功安装下载得到的电子钱包软件，设置开包的用户名与开包密码，以保证电子钱包的授权使用。

（3）客户往自己的电子钱包添加对应的信用卡（也可以使用电子现金、电子支票等）申请并且安装信用卡的数字证书。

（4）客户使用计算机通过 Internet 连接商家网站，填写订单、提交订单，商家电子商务网站回送订单收到信息。

（5）顾客检查且确认自己的购物清单后，利用电子钱包进行网络支付（实际选择对应的信用卡，如长城借记卡）。电子钱包自动打开，客户输入自己的开包用户名与密码，确认自己的电子钱包且从电子钱包中取出对应的信用卡付款。具体的网络支付过程是由取出的电子货币形式决定的。如果使用信用卡支付，则后续的支付过程采用信用卡的 SET 网络支付模式进行支付结算；如果使用电子现金支付，则后续的支付过程采用电子现金模式进行支付结算。

（6）如果经发卡银行确认后拒绝且不予授权，说明客户从电子钱包中取出的这张信用卡上的钱不够用或者没有钱，客户可单击电子钱包的相应项打开电子钱包，取出另一张电子信用卡或者使用另外一种电子货币（电子现金），重复上述操作。

（7）发卡银行证明信用卡有效且经客户授权后，在后台专用金融网络平台上把相应资金从客户信用卡账号转移至商家收单银行的资金账号，完成支付结算，并且回复商家与客户。

（8）商家按照客户的订单要求发货，同时商家或银行服务器端记录整个交易过程中发生往来的财务与物品数据，供客户电子钱包管理软件查询。

到此，电子钱包购物的全过程就完成了，购物过程中虽经过多次的身份确认、银行授权、各种财务数据交换和账务往来等，但这些都是在极短的时间内完成的。上面只是借助电子钱包中信用卡进行安全网络支付的一般流程，也是目前 Internet 上电子钱包应用的大多数情况。随着技术的进步，新版电子钱包不仅支持信用卡的 SET 机制支付，也支持更为简便、更有效率、更为普及的信用卡 SSL 机制支付。除此之外，日益成熟的电子现金、电子零钱、电子支票等其他电子货币也纷纷加入到电子钱包应用的行列，为电子钱包的方便应用、集中管理提供支持。利用电子钱包的电子现金支付，除需认证客户与商家的身份外，还可直接从电子钱包中取出电子现金直接支付商家，无需银行的直接中介参与，效率更高。

### 3. 电子钱包网络支付的特点

电子钱包的应用特点与功能与日常生活中的钱包差不多，它可以存放各种电子货币与信用卡、个人信息卡等，进行集中管理；平时可以收起来，要用时又自动打开。普通的网上消费者使用电子钱包获得的好处是很多的，正如很多人喜欢在生活中用钱包一样。当然，电子钱包毕竟是高技术的产物，在安全性能上远比生活中的钱包要更好，应用方法、表现形式上也有一些不同点，其特点可归纳如下：

（1）个人资料管理与应用方便　客户成功申请电子钱包后，系统将在电子钱包服务器上为其开立一个属于个人的电子钱包信息档案，客户借助客户端软件可在此信息档案中增加、修改、删除个人资料。当需要应用时，只需在网页上单击“钱包图标”，就能把这些每次重复的个人商务信息都安全地发送到商家网站，不用每次填写购物时的重复性信息，如姓名、送货地址、E-mail、信用卡号等，让用户感到省心、方便而高效。

（2）客户可用多张信用卡　很多持卡人都持有不止一张的信用卡，并且可能持有不同品牌的信用卡，例如持卡人同时持有中国银行的长城卡、工商银行的牡丹卡、建设银行的龙卡等，也可能同时持有多张同一品牌的信用卡。许多人考虑将多张信用卡用于网络支付，在不同情况下或者购买不同商品时，考虑采用不同的信用卡进行支付。电子钱包软件可以满足持卡人的这一要求，不但可以使用多张信用卡，还可以使用电子现金，并且可以让持卡人任意选择。但客户使用多张信用卡的前提是客户必须为电子钱包申请数字证书，以证实自己的真实身份，否则万一有安全问题，会出现较大的损失。不过现在应用电子钱包除了设置电子钱包的用户名与开包密码外，取出信用卡使用时还需要卡应用密码，具有多重保护机制。

（3）使用多个电子钱包　软件供应商提供的电子钱包客户端软件一般都具有能使用多个钱包的功能，也就是一个电子钱包软件可以让多人各自授权使用，互不干涉。当启动电子钱包后，只要输入不同的用户名与开包密码，就能打开不同的钱包。每位用户只能打开自己的钱包取出自己的信用卡，而无法打开别人的钱包。

（4）购物记录的保存与查询　电子钱包软件每进行一次交易，无论成功或失败，都会将结果记录下来，供客户进行查询。电子钱包能够帮助客户记下所有网络交易情况，包括在哪家商店买了什么东西，花了多少钱，一目了然。客户借助电子钱包可对自己的网上消费情况掌握得清清楚楚，方便客户查询。

（5）具有较高的安全性　电子钱包用户的个人资料存储在服务器端，可以通过技术手段确保安全，而且不在个人计算机上存储任何人资料，避免资料泄漏的危险，同时网络支付传输采用 SET 协议安全机制，安全可靠。

（6）对参与各方要求较高　使用电子钱包进行网络支付，需要在一整套电子钱包服务系统中进行，并且客户端需配置电子钱包客户端软件才可使用，给客户带来一定的不便。

（7）快速而有效率　应用电子钱包节省了很多信息的重复填写，速度比较快，因而交易效率较高。

## 五、电子钱包的应用实例

电子钱包最初由以英国最大的 West Minster 银行和 MidLand 银行为主的银行联盟开发出来。经过几年的发展，电子钱包在世界各国得到了广泛应用。目前，世界上有 Visa Cash 和 Mondex 两大电子钱包服务系统，其他的电子钱包系统还有 MasterCard Cash、EuroPay 的 Clip 和比利时的 Proton 等，很多软件厂商都在自己开发的软件、系统中加入了电子钱包功能，如 IBM 的“Commerce Point Wallet”和微软的“Microsoft Wallet”。但这些解决方案多推出智能卡形式的电子钱包，而纯软件的电子钱包由于种种局限性，还处于进一步的发展中。以下为大家介绍几种目前比较完善的软件电子钱包。

### 1. Commerce Point Wallet 软件

Commerce Point Wallet 是 IBM 公司基于 SET 的 Commerce Point 完整电子商务解决方案所涉及支付的主要的子系统之一。Commerce Point Wallet 是为发行信用卡的银行开发的电子钱包管理软件。

Commerce Point Wallet 可以用 Internet 浏览器启动，并支持多种版本的浏览器。信用卡持卡人可以从发卡行的站点上下载并安装这个电子钱包管理软件，发卡行也可以将存储有电子钱包管理软件的软盘或光盘预先发给自己的各个信用卡用户或持卡人。在 Commerce Point Wallet 管理下，一个电子钱包内可以装入多个信用卡，装入电子钱包的信用卡也叫做电子信用卡。Commerce Point Wallet 电子钱包可以在多种、多台计算机上使用，一台计算机上也可以使用多个电子钱包，拥有口令的多个持卡人也可以共用一个电子钱包。使用电子钱包在网上购物十分方便，客户在购物时，通过 Internet 浏览器启动 Commerce Point Wallet 软件，输入口令，立即进入电子钱包界面，即可利用电子钱包进行安全的网上交易。Commerce Point Wallet 软件具有电子签名功能和对交易数据进行加密的功能，该软件和电子商务服务器相互进行信息传输和数据交换，在网络银行、信用卡公司、商家和客户之间进行信息传递、电子支付和清算，完成全部交易过程。

客户可以通过一个密码保护的签字窗口，进入 IBM 电子商务支付系统。IBM 电子商务中的“电子钱包”允许客户以 3 种方式查看账目：图形卡式展示方式、详细文字资料方式、图标形式。在电子钱包里，对选中的信用卡可以进行添加、编辑或删除，被编辑的信用卡名称在数据库中也将相应改变，其证书也附在上面，其交易不能够被再命名。信用卡可以删除，但不能取消与其相关的交易。通常权限证书是由银行为持卡人开具出来的，客户要求通过管理账目的面板对每一张信用卡提供权限证书。只要把信用卡和证书放入电子钱包里，客户就可以在 Internet 上安全地进行电子订货和网上购物。交易完毕时，商家都将开具一份可以打印出来的电子订货收据。

### 2. Vwallet 软件

HP/VeriFone 公司的电子钱包管理软件 Vwallet，是面向客户（消费者）的电子支付应用软件。Vwallet 是一种简便易用的电子钱包应用软件，它可以为 Internet 上的购物提供一种安全的支付手段。

Vwallet 电子钱包应用软件含有数字签名信息并对客户的数字证件（证件和密钥）实行透明管理，允许银行和其他金融机构为商家和企业提供各种特殊服务。此外，Vwallet 具有以下良好特性：具有十分易于使用的图形接口，只需简单的鼠标操作或按键即可完成各项功能服务；在一台个人计算机上可以同时支持多个电子钱包，每个用户都有一个自己的口令；支持各种电子货币，如扣账卡、电子支票、电子现金等 Internet 上的支付工具和支付方法；采用万事达、Visa 等公司的安全电子交易协议 SET，为商家和企业网络服务器提供安全的通信手段；通过发票管理程序对消费状况进行跟踪，并且可以将这些数据输入到常用的个人财务管理程序中去。在发生退货或争议时可以提供收据记录，并且节省个人财务程序数据的输入时间。有了 Vwallet 软件之后，Internet 上的支付问题变得更加简单了。

### 3. Microsoft Wallet

微软公司的 IE 浏览器中包含一个电子钱包软件（Microsoft Wallet），Microsoft Wallet

预装在 Internet Explorer 4.0 及以上版本里，其功能与大多数电子钱包一样，在需要时可自动填写订单。Microsoft Wallet 是微软公司为电子钱包的标准化而推出的，保存在 Microsoft Wallet 里的所有个人信息都经过加密并用口令进行保护。目前它支持运通卡（American Express）、Discover 卡、万事达卡（Master Card）和 Visa 卡等银行卡，如图 3-12 所示。

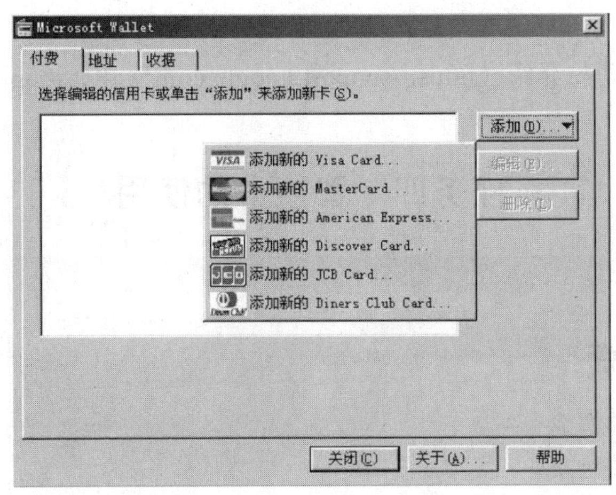


图 3-12　微软电子钱包

用 Microsoft Wallet 消费非常容易。首先在支持 Microsoft Wallet 的网站上选择欲采购的商品。当消费者来到电子结账台时，商家网站的软件会询问是直接输入自己的信息，还是让 Microsoft Wallet 代为输入，如果选择后者，就会显示出钱包中的信用卡清单，消费者可挑选一种信用卡并输入指令。如果有多个送货地址，就要告诉 Microsoft Wallet 究竟让商家把商品送往何处，剩下的工作由 Microsoft Wallet 和商家网站来完成。

我国目前电子钱包大致分 2 类：由行业卡演变而成的行业电子钱包（或准电子钱包）和银行发行的通用电子钱包。例如，中国电信推出的“互联星空”业务可使用电子钱包实现网上支付，即通过把客户的小灵通、宽带账号、固定电话号码与充值卡等支付账户进行绑定，将可见的货币转为电子货币——V 币，从而可以随时随地为中国电信宽带用户提供支付通道服务。客户可使用小灵通、宽带账号、固定电话号码与充值卡等方式，管理自己的电子钱包，进行安全的消费、转账和充值。除行业卡之外，各大商业银行也推出了通用电子钱包，例如我国最早应用电子钱包的中国银行将长城借记卡或国际信用卡与电子钱包相结合，推出了“中银电子钱包”网上支付结算业务，还能够实现管理账户信息、管理电子证书、处理交易记录以及更改口令等诸多功能。

总之，电子钱包的应用使得客户、商家以及金融机构三方都获利，随着电子钱包应用的逐渐普及、功能的逐渐完善，其业务范围将越来越广泛，它必将成为极为重要的网上支付结算工具之一。

## 任务完成结论

通过本任务的学习，大家对电子钱包的一些基本知识、功能、分类、工作原理以及常用的几种电子钱包的使用方法与操作流程有了一个全面的认识。

### 课堂训练与测评

分析电子钱包与智能卡的应用联系。

### 知识拓展

谷歌电子钱包帮助与介绍（https://support.google.com/wallet/#topic=3209987）。

## 任务四　智能卡的使用

### 知识点、能力点

- 了解智能卡的概念。
- 了解智能卡的种类。
- 了解智能卡的特点。
- 掌握智能卡网上支付的模式及业务流程。
- 能够熟练使用智能卡进行网上支付。

### 任务情境

智能卡是在法国问世的。20 世纪 70 年代中期，法国 Roland Moreno 公司采取在一张信用卡大小的塑料卡片上安装嵌入式存储器芯片的方法，率先成功开发了 IC 存储卡。经过 20 多年的发展，真正意义上的智能卡，即在塑料卡上安装嵌入式微型控制器芯片的 IC 卡，已由摩托罗拉和 Bull HN 公司于 1997 年研制成功。智能卡目前在欧洲非常流行。在美国，因为智能卡存储信息量较大，存储信息的范围较广，安全性较好，因而逐渐引起了人们的重视。

在我国，IC 卡还未广泛应用于电子商务活动，但前景和优势却十分明显。公交行业是行业智能卡最发达的领域，也是行业硬件电子钱包的摇篮。据不完全统计，上海 2008 年发行的公交“一卡通”共计 2 000 多万张，能够用于支付交通管理费、水电费、电话费等。IC 卡以其芯片的记忆与处理能力将使 IC 卡形式的电子钱包性能越来越完善。

### 任务分析

智能卡是结合信用卡的便利，集信息存储与计算机编程等多个功能的综合体，用在网络支付上也表现出多种特征。智能卡本质上是硬件式的电子钱包，它既可支持电子现金的应用，也可与信用卡一样使用；既可应用在专用网络平台上，也可用在基于 Internet 公共网络平台的电子商务网络支付中。本任务中，我们将了解智能卡的基本知识、智能卡的网络支付运行模式及应用特点与应用状况。

## 任务实施

### 一、了解智能卡的概念

**1. 智能卡的概念**

智能卡（Smart Card）是一种将具有微处理器及大容量存储器的集成电路芯片安装于塑料基片上而制成的卡片，也称集成电路卡（Integrated Circuit Card，IC卡）。金融智能卡是在智能芯片上存储用户信息的电子支付工具，它类似信用卡，但卡上是芯片和小的存储器而非磁条。

由于智能卡内带有微处理器和存储器，因而能储存并处理数据，可进行复杂的加密运算和密钥密码管理，卡上有个人识别码（PIN）保护，安全性和可靠性高。智能卡应用范围广，可一卡多用。

目前，金融IC卡大多是智能卡（或CPU卡），密钥、密码、用户的基本信息、金融信息和交易记录等数据都存放在EEPROM（电可擦可编程只读存储器）中。卡操作系统（Card Operating System，COS）担负着芯片的安全、通信、文件数据管理、执行交易命令流程和异常状态下的自我保护任务，例如在卡中如何加钱、减钱以及这些钱的读写需不需要受密码密钥的保护等，这些事情都是由COS管理的，COS是智能卡的关键技术。

**2. 智能卡的构成**

智能卡包括3部分：塑料基片、接触面以及集成电路。

制作过程：半导体厂家将大的硅片切成小块，一个直径为6英寸的硅片可以造出上千个芯片；然后对小硅片进行光刻以生产必要的电路，并将它封装在黑色的集成电路模块中；接着将集成电路的输入输出端联结到大的接触面上，便于今后读写器的操作；最后把制造的模块嵌入到卡上，就形成了智能卡，如图3-13所示。

图3-13　智能卡形式

### 二、了解智能卡的种类

常用的智能卡大致可以分为4种：储存卡、加密存储卡、CPU卡和射频卡。

**1. 存储卡**

存储卡不能处理信息，只是简单的存储设备，从这个角度讲，它们很像磁卡，唯一的区别是存储量更大。但它们也存在和磁卡一样的安全缺陷，没有任何安全保障。

**2. 加密存储卡**

加密存储卡是在存储卡的基础上增加加密逻辑，保持存储卡的价格优势。一次性的加密卡（又称预付卡）用得较为广泛，如电话储值卡。

**3. CPU卡**

CPU卡有处理器和内存，因此不仅能储存信息还能对数据进行复杂的运算。由于其可以实现对数据的加密，安全性有了显著提高，可以有效地防止伪造，用于储蓄/信息卡和其他对安全性要求较高的应用场合。

**4．射频卡**

射频卡是在 CPU 卡的基础上增加了射频收发电路，非接触式读写，可以大量地用于交通行业。

## 三、了解智能卡的特点

智能卡比磁条信用卡更为安全，无需联网，可以脱机工作，持卡人可以直接与有关公司、商家、机构进行及时结算，也可以作为网络电子转账支付的工具。其具体有以下优点：

（1）体积小，可靠性强，交易简便易行　IC 卡具有防磁、防静电、防机械损坏和防化学破坏等功能，信息保存期在 100 年以上，读写次数在 10 万次以上，至少可用 10 年。对用户来说，智能卡提供了一种便利的方法，它能够为用户记忆某些信息，使得智能卡应用系统本身能够配置成适合用户的需要，而不需要用户去学习和适应这种应用。

（2）安全性高　IC 卡从设计到生产，设置了多级密码，并具有独特的不可复制且防外部侵入的存储区。同时，智能卡采用国际标准和技术协会的 DES 加密标准与加密算法进行加密，因此显著提高了信用卡的安全性，伪造假卡或者使用非法窃取的卡都是非常困难的，智能卡本身经过严格的防伪技术处理，也不可能被复制和伪造，安全性很高。

（3）存储容量大　智能卡可存储签名、身份证号码、个人身份证认证资料、收支平衡表、重要的信息摘要、重要的几笔交易或最后的几笔交易等；不仅可以用于储蓄、消费，还可用于支付税金和各种公共费用，甚至可作为电子病历等非金融交易卡使用。

（4）智能卡既可在线使用，也可脱机处理　由于智能卡本身就是一个微机，能够记录全部授权额度和交易日志等信息核实数据，只要不超额消费或非法透支，在脱机的情况下仍然能够正常使用，不需要通过网络和中心计算机通信就可以直接进行处理，因此节省了联通网络所需的费用和时间。使用磁卡消费必须访问银行主机账户，因此消费只能在联机时间内进行，其速度的快慢和稳定取决于通信线路的质量，在网络不能到达的场所无法使用。

（5）适用范围广　智能卡的用途已经超出了通常的金融业务和商业业务，扩大到各行各业和日常生活之中。

由于智能卡与磁卡相比具有存储信息容量大、安全性能高、使用快捷方便等优点，因此国际信用卡组织和各国银行都在大力推广 IC 卡的应用，我国在“金卡工程”的总体规划中也提出了金融交易卡要“以 IC 卡为主导，以磁卡为过渡”的方针。

IC 卡的缺点是制造过程复杂，成本也比磁卡高，但随着微电子技术的进步和数量的增加，这些缺点将逐渐被克服。

## 四、了解智能卡的支付流程

在电子商务交易中，客户先向智能卡发行银行申请智能卡，申请时需要在银行开设账号，提供输入智能卡的个人信息。申请到智能卡后，客户就可以使用智能卡进行支付了。客户通过 Internet 浏览器登录到发行智能卡银行的 Web 站点，按照提示将智能卡插入智能卡读写设备，智能卡会自动告知银行有关客户的账号、密码及其他加密信息。客户通过个人账户购买电子现金，下载电子现金存入智能卡中；客户选中商家的商品后，选择采用智能卡支付，键入智能卡的号码登录到发卡银行，卡插入读写器，读写器向卡供电，从而启动卡中的 COS 并运行；卡片向读写器自动发出复位应答信号 ATR；读写器根据卡交易序号确定卡是否在黑名单中，并利用内外部鉴别命令，使读写器和卡相互鉴别真伪；若需要，持卡人通过读写器输入个人识别码（PIN），读写器将这一密码传给卡片进行校验；通过计算机输入密码和商家的账号、支付金额，读写器发出交易命令，就能够从智能卡中下载现金到商家的账户上。交易（消费等）是在卡中进行的，卡返回给读写器本次交易是否成功的应答，结束交易，拔卡，从而完成支付过程。

智能卡内安装了嵌入式微型控制器芯片，可储存并处理数据。卡上的价值受用户的个人识别码（PIN 个人身份号码）保护，因此只有用户能访问它。多功能的智能卡内嵌入高性能的 CPU，并配备有独立的操作系统（COS），能够如同个人计算机那样自由地增加和改变功能。这种智能卡还设有“自爆”装置，如果犯罪分子想打开 IC 卡非法获取信息，卡内软件上的内容将立即自动消失。

## 五、智能卡应用实例

### 1. Visa Cash

Visa Cash 是一种硬件电子钱包，是具有存取款和转账消费功能的智能卡。到目前为止，已有几个国家在进行实验。Visa Cash 有 2 种不同的卡：①一次性卡，它的工作方式类似于电话卡；②可以重新装入的卡，它的工作方式类似于 Mondex 卡。在亚特兰大举行奥运会期间，Visa Cash 卡被用做首选的支付方式。

持卡人需事先在卡中存入一定金额，用款时逐笔扣减，并可以随时往卡中增加资金。电子钱包卡一般用于小额款项的无现金支付，它无需授权，通过 POS 机终端查询余额就能消费。在芯片的支持下，智能卡的安全性十分可靠，它无须第三方提供支持，就可以实现在消费者和商店间安全的资金直接转换。智能卡具有匿名性和消费者使用智能卡无需在银行留有账户的优点；但其最大缺点在于，无论是消费者还是商店，都需要安装特殊的硬件设备。

电子钱包卡的持卡人可以通过 ATM 机或经改装后的家用电话向卡中存入金额，银行或其他发卡机构通过电子化处理，将该笔金额以二进制数据形式存入，并通过类似于信用卡的中央处理设备控制电子钱包卡的使用限额。电子钱包卡可以用来满足在有终端的商场购物，缴纳自动加油站的汽油费、缴纳公用电话费、停车费等多种用途。消费时一般是通过卡中的个人识别码（PIN）进行识别和身份验证，不需要核查持卡人的信誉及签字。交易资金直接通过商家的 POS 机或其他终端设备转移到商家的终端上。商家可以在营业日终了后或一段时间后将交易所得资金的累计金额转到他们在银行的账户上。当储存在卡中的金额用完后，持卡人可以再次向卡中充入资金。

上述类似于信用卡的电子钱包，需由发卡人的中央处理机来进行管理，增加了交易的成本费用，对一些小额的交易来说显然是不经济的。就发卡机构而言，其中央处理机还面临着数据大量积累后的存储问题。而 Mondex 就是一种不需要中央监管设备而非常类似于现金的电子钱包。

### 2. Mondex 卡

Mondex 卡是由英国西敏银行（National West Minster Bank）和英国的米德兰银行（Mid

Land）合作开发出来的一种智能卡型电子现金系统。

1995 年 7 月，两家银行在伦敦以西的斯温登小城开始了此项试验。凡参加试验的人一律不用货币，不论到饭店用餐，还是购物、乘车，均使用被称为“Mondex 卡”（如图 3-14 所示）的一种内置有微处理器的类似于信用卡的卡片，人们称它为 Mondex 电子货币，简称 E-Money。

Mondex 卡不同于普通信用卡，用它付账时，既不用在收据单上签字，也不用等待计算机或电话来核准支付的金额，人们可以很方便地把存放在卡里的电子货币从一张卡转到另一张卡。持卡人可以使用 5 种不同的货币，但使用 Mondex 卡需要一套电子设备，包括一台可随身携带的微型显示器（如图 3-15 所示）和一部 Mondex 兼容电话（如图 3-16 所示），微型显示器用来显示 Mondex 卡内“电子货币”的存储数额和进行 Mondex 卡之间的现金转移，Mondex 兼容电话有一个专门插入卡片的接口，使用该电话可对 Mondex 卡进行充值。人们还可以用 Mondex 卡作为一种“家庭银行”使用，用它来进行各种形式的交易。为了便于顾客使用该卡支付，斯温登各个商店和服务性公司都专门安装了电子收款机（如图 3-17 所示）。

图 3-14　Mondex 卡

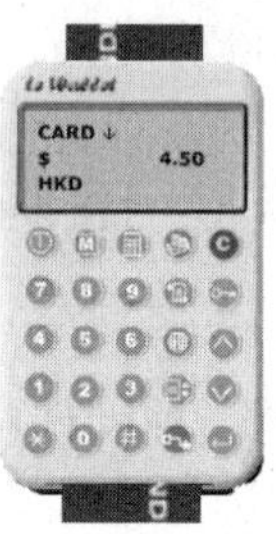


图 3-15　使用 Mondex 卡所需的微型显示器

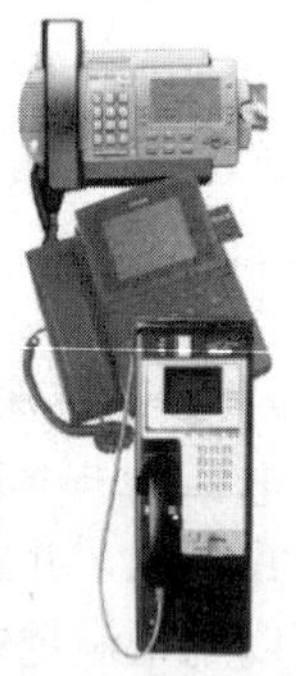

图 3-16　Mondex 兼容电话

图 3-17　专门的电子收款机

1997 年初，MasterCard 公司购买了 Mondex 51%的股权。Mondex 的合作伙伴还包括 AT&T 及其子公司 VeriFone 以及世界各地许多大银行，其发展势头较猛。Mondex 智能卡在英国、法国、挪威、澳大利亚、新西兰、哥斯达黎加、菲律宾、以色列、加拿大、美国、中国香港等国家或地区都得到了广泛的应用，是全球唯一国际性的电子现金系统，也是目前较先进较完整的智能卡系统之一。

Mondex 是一种与信用卡近似的智能卡，有自己的微处理器和稳定的存储器，它通过在卡中事先存入一定金额的电子现金来实现消费或在个人账户间进行资金的转移，属于预支付类电子现金系统。除可到传统银行通过计算机下载金额到卡中外，还可以通过 ATM、电话、Internet 等直接从银行（包括网上银行）下载金额到卡中，并通过便携式读取终端机将金额在两卡之间转移。

Mondex 智能卡的使用流程如下：

（1）客户到银行申请 Mondex 电子现金，发卡行向客户发放 Mondex 智能卡，并将客户的银行存款转换成相应的 Mondex 电子现金，存放到 Mondex 智能卡中。该过程中，银行存款与 Mondex 智能卡中电子现金金额是此消彼长的关系。

（2）客户浏览商家网站并选择所需要的商品，填写相应的订单，选择智能卡支付。

（3）商家的“币值转移终端”设备与客户的 Mondex 智能卡建立起通信。客户输入智能卡 PIN，“币值转移终端”设备将客户输入的 PIN 与 Mondex 智能卡中的 PIN 相比较，如一致，则受理支付请求。

（4）客户将 Mondex 智能卡中的电子现金发送到商家处。这一过程中智能卡的读写设备无需与发卡银行网络进行实时连接，即 Mondex 智能卡可实现离线支付。

（5）商家收到 Mondex 电子现金后，立即组织发货，并可持 Mondex 电子现金到发卡行请求兑付，发卡行将等额的货币转入商家的银行账户中。

在上述支付流程中，客户与商家在使用 Mondex 电子现金进行交易与支付时，客户不需要出示自己的身份，并且依据客户发送的 Mondex 电子现金，商家与银行也无从发现客户的身份，因此 Mondex 智能卡的应用能够避免商家与银行获悉客户的身份，在一定程度上保护了客户的隐私。

Mondex 卡采用了先进的加密技术，可以有效地保存币值及交易信息并防止伪造，可确保买卖双方和银行的安全。该加密技术还可以通过下载新的加密算法而进行周期性的升级。用这种卡接收付款的卖方不一定知道买方的身份，像真实现金一样保证匿名。此外，Mondex 卡受到个人密码（PIN）的保护，只有卡的主人可以访问卡上的数据。

持卡人能够通过电话向智能卡上转存现金，甚至可以存储不同国家的货币。Mondex 卡除可以利用其进行转存、消费外，也可用于个人之间卡内电子现金的转移，即可以通过读写器将一张 Mondex 卡中的钱转移至另一张 Mondex 卡中。付款方将 Mondex 智能卡插入读写设备中，将相应的金额存入读写设备的存储器芯片中，然后由收款人将 Mondex 智能卡插入读写设备中，读写设备将存储的电子现金转入收款人的 Mondex 智能卡中。

Mondex 卡可在在线环境下使用，也可在普通商店里使用，不受信用卡失窃的威胁。Mondex 卡的出现使得智能卡的运作更像真正的现金，避免了携带大量现金或是准备零钱的麻烦和不安全性。

## 任务完成结论

通过对本任务的学习，大家在对智能卡基本知识了解的基础上，掌握了智能卡的网络支付运行模式及目前常用的智能卡网上支付的操作方法及应用状况。

## 课堂训练与测评

调研总结智能卡被应用于生活中的哪些方面，并展望其应用前景。

## 知识拓展

中国智能卡论坛（http:/www.scfc.org.cn）。

# 任务五 电子支票的使用

## 知识点、能力点

- 了解电子支票的概念。
- 了解电子支票的载体。
- 了解电子支票的网上支付模式。
- 了解电子支票网上支付的特点。
- 了解电子支票网上支付中存在的问题。
- 掌握目前常用电子支票的网上支付的操作流程与使用方法。

## 任务情境

支票作为仅次于现金的支付工具之一，在支付活动中起着非常重要的作用。在美国，支票是最常用的付款方式之一，一般家庭缴付每月的水电费、煤气费、房租，都是以支票为主。支票是他们最熟悉的支付方式之一。随着电子商务的产生与发展，支付交易对支票提出了更高的要求，电子支票便在这样的环境下应运而生，PayPal 与亚马逊也都提供电子支票支付。电子支票借鉴纸质支票转移支付的特点，利用数字传递将钱从一个账户转移到另一个账户。用电子支票支付，事务处理费用较低，而且不涉及透支额度或者预支付，是现实的支付形式，所以一般成功率为百分之百，消费者付款后也很难拒付，因此在 BtoB 大额交易以及国际事务中是非常有效的支付方式。使用电子支票支付，消费者提交支票账户信息，支票处理系统将电子支付通知发到银行，银行随即把款项转入商家银行账户，这一支付过程在数秒内即可实现。

## 任务分析

在本任务中，我们将了解电子支票的一些基本知识，例如电子支票的应用特点、电子支票的网络支付运行模式，即同行电子支票网络支付模式和异行电子支票网络支付模式，以及电子支票操作流程和应用情况，为我们以后熟练使用电子支票进行网上支付打下坚实的基础。

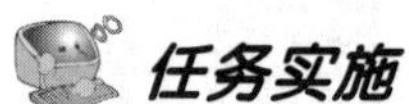

## 任务实施

### 一、了解电子支票的基本知识

#### 1. 传统支票

传统支票就是传统的纸质支票，由付款人直接签发给收款人，支付的目的和时限都很清晰。支票的付款人和收款人可以是个人，也可以是企事业单位或组织机构。生效的支票除了格式信息，还必须有付款人的签名和收款人的背书。背书指在票据的背面或粘单上记载有关事项并签章的票据行为。

传统纸质支票支付流程如图 3-18 所示：

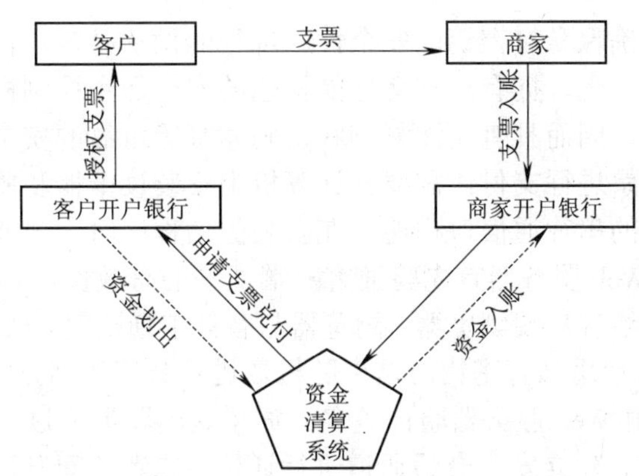


图 3-18　传统纸质支票的支付流程示意图

（1）客户在客户开户行申请支票账户，申领授权支票本。

（2）客户填写支票上相关信息，签章后交给商家。

（3）商家收到支票后，先验证再背书，然后交给商家开户行要求入账。

（4）商家开户行确认支票后，和客户开户行之间通过票据清算系统进行资金划拨。

传统支票在给人们带来方便的同时，也带来了一系列的问题：首先，支票的处理成本过高，新加坡每年要处理 8 000 万张支票，每张支票的处理成本为 1.5 新加坡元，总处理成本相当于新加坡国民生产总值的 1%；其次，支票的处理速度较慢，这主要是收款人在收到支票前的等待时间与将支票兑现所耗费的时间较长，一般一张支票的处理时间为 2～3 天，大量的在途资金给收款人带来了不少的损失；最后，传统支票易于伪造，据统计，美国每年因伪造支票而给银行和客户带来的损失高达 6 000 亿美元。

**2．电子支票**

电子支票（Electronic Check，E-Check）也称数字支票，是将传统支票的全部内容电子化和数字化，形成标准格式的电子版，借助计算机网络（Internet 与金融网）完成其在客户之间、银行和客户之间以及银行与银行之间的传递与处理，从而实现银行客户间的资金支付结算。简单地说，电子支票就是传统支票的电子版，它包含和纸制支票一样的信息，如支票号、收款人姓名、签发人账号、支票金额、签发日期、开户银行名称等，具有与纸质支票一样的支付结算功能。

电子支票借鉴了纸质支票转移支付的优点，是利用数字传递将钱款从一个账户转移到另一个账户的电子付款形式，这种电子支票的支付是在与商户及银行相连的网络上以密码方式传递的，多数是用数字加密签名或个人身份证号码（PIN）代替手写签名。电子支票系统传输的是电子资金，最大限度地利用当前银行系统的电子化与网络化设施的自动化潜力，事务处理费用较低，而且银行也能为参与电子商务的商户提供标准化的资金信息。电子支票的最大特点在于极大地降低了交易过程中的支付成本，缩短了支票的运转周期，节省了大量在途资金。

电子支票是用电子方式实现纸质支票功能的新型电子支付工具。电子支票与纸质支票相似，采用电子方式呈现，使用数字签名为背书，使用数字证书来验证付款者、付款银行和银行账号，其安全认证是由公开密钥密码法的电子签名来完成的。

**3．电子支票的载体**

在电子支票体系结构下，要保证交易的真实性、保密性、完整性和不可否认性，其中最重要的一个环节就是确保私有密钥的安全性。现行的做法是客户使用智能卡来实现对私有密钥的保护。在智能卡上，拥有一整套性能极强的安全保密控制机制，安全控制程序被固化在只读存储器之中，因而具有无法复制和密码读写等可靠的安全保证。

客户要通过电子支票进行支付，需要在计算机上安装读卡器和驱动程序。读卡器通过一根串行电缆与计算机的串行通信口相连，在安装驱动程序时，智能卡设备的加密驱动程序将被安装在机器上。Web 服务器首先验证客户端证书的有效性，在确认证书有效后，Web 服务器发送一串随机数给客户端浏览器（浏览器与智能卡通信时，要求输入智能卡的 PIN，增加了安全性），智能卡使用私有密钥对这串随机数进行数字签名，签名后的随机数串被回送给 Web 服务器，并由 Web 服务器验证签名。如果签名验证通过，Web 服务器和浏览器之间使用 SSL 协议规程，建立安全会话通道进行通信，二者之间发送和接收的信息已经过加密，客户可以进行相关的操作。

## 二、电子支票的网上支付模式

电子支票支付借鉴了纸质支票的特点，其支付过程与传统支票十分相似，不同之处主要在于支付方式采用了电子化手段。电子支票的网上支付模式按照参与银行的情况，可分为同行电子支票网上支付模式和异行电子支票网上支付模式 2 种。

### 1. 同行电子支票网上支付模式

像传统纸质支票一样，同行电子支票的应用由于只涉及一个银行的资金结算问题，比较简单、方便与可靠。因此，同行电子支票的支付流程图比较简单，如图 3-19 所示。

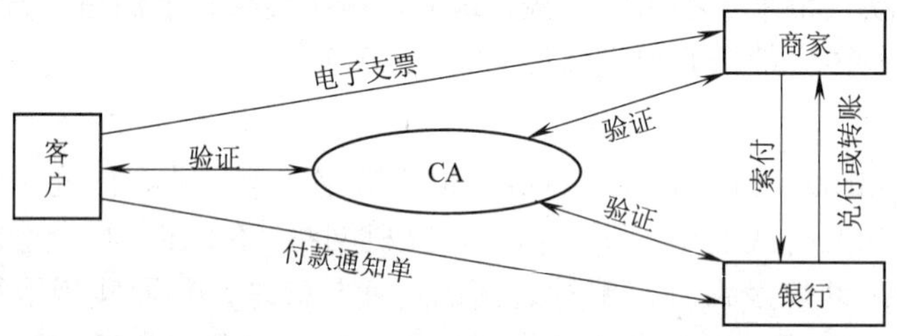


图 3-19 同行电子支票网上支付流程图

同行电子支票网上支付过程如下：

（1）客户与开户银行、商家与开户银行之间密切协作，通过严格的认证阶段，如相关资料的认定、数字证书的申请与电子支票相关软件——“电子支票簿”的安装应用、电子支票应用的授权等，以准备利用电子支票进行网上支付。

（2）客户与商家达成网上购销协议，并选择用电子支票支付。

（3）客户将电子支票上的有关内容填写完整，电子支票上包含支付人姓名、支付人账户名、接收人姓名、支票金额等项目，用户用自己的私钥在电子支票上进行数字签名，用卖方的公钥加密电子支票，形成电子支票文档。

（4）客户通过网络向商家发出电子支票，同时向银行发出付款通知单。

（5）商家收到电子支票后，通过 CA 对客户提供的电子支票进行初步验证，并背书电子支票，验证无误后将电子支票送交开户银行索付。

（6）开户银行在商家索付时通过 CA 对客户提供的电子支票进行最后验证，如果有效即向商家兑付或转账，即从客户资金账号中转拨出相应资金到商家资金账号；如果支票无效，如余额不足、客户非法等，即把电子支票退回商家，告知索付无效信息。

（7）开户银行代理转账成功后，在网上向客户发出付款成功通知信息，方便客户查询。

**2．异行电子支票网上支付模式**

异行电子支票由于涉及两个或多个银行以及中间的用于银行间资金清算的票据交易所（资金清算系统），所以流程较为复杂一些，但实施技术的难度与同行的电子支票应用并无大的区别，需要银行间、银行与票据交易所间在电子支票上达成协议就可以了，其网上支付流程如图 3-20 所示。

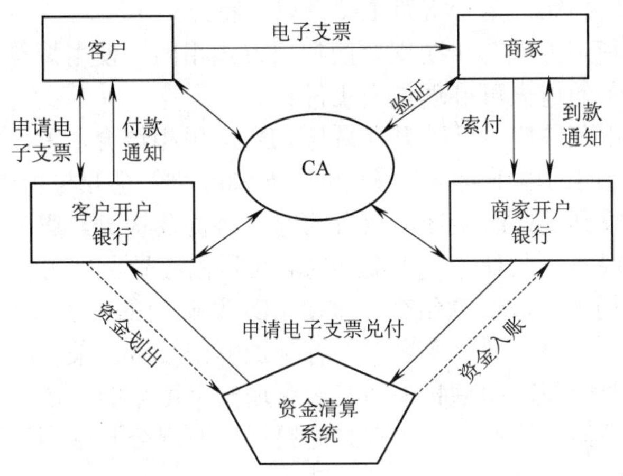


图 3-20　异行电子支票网上支付流程图

异行电子支票网上支付过程如下：

第（1）～（3）步均与同行支付相同。

（4）客户通过网络向商家发出电子支票，商家收到电子支票后，通过 CA 及其开户银行对支票进行认证，验证客户电子支票的有效性。若收到的电子支票是有效的，便会接受客户的该项业务，发出确认信息。

（5）商家的开户行把电子支票发送给票据交易所的资金清算系统，请求兑付。

（6）资金清算系统向客户的开户行申请兑换支票，并且把兑换的相应资金发送到商家的开户银行。

（7）商家开户银行向商家发出到款通知，即资金入账，而客户的开户银行则向客户发出付款通知，即为客户下账。

实际业务处理中，由于电子支票正在发展中，特别是在 Internet 平台上的应用还不太成熟，因此不同的银行业务流程处理、电子支票形式与发送方式以及技术应用可能有所区别，需要在管理与技术上进一步规范。

## 三、电子支票网上支付的特点

银行专网上的电子资金传输从 20 世纪 60 年代就开始使用。现代的电子支票系统或电子资金传输主要是将操作移到了 Internet 等公用网上，它通过剔除纸质支票，最大限度地利用了当前银行系统的自动化潜力。

电子支票同通过信用卡进行的网上交易一样，客户首先通过 Internet 和商家进行信息交流，或者是在商家的网站上挑选到自己满意的商品，或者是通过电子邮件和商家谈妥了买卖的各种条件，在决定如何付款的时候，客户就可以选择电子支票支付方式。电子支票既适合个人付款，也适合企业之间的大额付款。网上银行和大多数银行金融机构通过建立电子支票支付系统，在各个银行之间发出和接收电子支票，就可以向广大客户、向全社会提供以电子支票为主要支付工具的电子支付服务。采用电子支票付款可以脱离现金和纸张进行，使用这种方式可以节省时间，减少纸张传递费用，没有退票，灵活性强，可以减少传输和票据的清分等事务处理的费用，而且处理速度会大大加快。

与传统的纸质支票相比，电子支票主要有以下特点：

（1）电子支票的使用方式与传统支票的使用方式相同，使用简单，易于被人们理解和接受。另外，电子支票的遗失可办理挂失止付。

（2）电子支票适用范围广，可以很容易与 EDI 应用相结合，可以较好地支持企业与企业间、企业与政府部门间的电子商务市场。电子支票可切入企业与企业间的电子商务市场。在线的电子支票可在收到支票时验证出票者的签名、资金状况，避免收到传统支票时发生的无效或空头支票的现象。此外，由于支票内容可以附在贸易双方的汇票资料上，所以电子支票容易和 EDI 应用的应收账款结合，推动 EDI 基础上的电子订货和支付。

（3）通过应用数字证书、数字签名以及各种加解密技术，采用唯一电子支票号码验证技术，提供比纸质支票中使用印章和手写签名更加安全可靠的防欺诈手段。同时，加密的电子支票比数字现金更易于流通，买卖双方的银行只要用公开密钥认证确认支票即可，数字签名也可以被自动验证。

（4）电子支票能给第三方金融机构带来效益。第三方金融服务者能借助收取买卖双方的交易手续费而获取利润，或如同银行一样提供存款账务查询服务，在提高客户满意度的同时获取利润。

（5）电子支票技术将公共网络连入金融支付和银行票据交换网络，以达到通过公众网络连接现有付款体系，最大限度地利用当前银行系统自动化潜力，充分发挥现有的金融结算基础设施和公共网络的作用。例如：通过银行 ATM 网络系统进行一定范围内普通费用的支付；通过跨省市的电子汇兑、清算，实现全国范围的资金传输以及在世界各地银行之间的大额资金（从几千到几百万元）传输。

（6）电子支票打破地域的限制，最大限度地提高了支票运转周期，减少了在途资金。

（7）电子支票业务流程的自动化和网络化，节省了大量的人力物力，极大地降低了处理成本。

建立电子支票支付系统的关键技术有 2 项。①与传统支票兼容的技术，包括图像处理技术和条码技术。支票的图像处理技术首先是将物理支票或其他纸质支票进行图像化处理和数字化处理，再将支票的图像信息及其存储的数据信息一起传送到电子支票系统中的电子支付机构；条码技术可以保证电子支付系统中的电子支付机构安全可靠地自动阅读支票。实际上，条码阅读器除硬件外，还包括阅读条码的阅读程序，该程序能够对拒付的支票自动进行背书，并且可以立即识别背书，加快了支付处理、退票处理和拒付处理的速度。②支票的安全传递技术，包括加密签名技术和数据压缩技术等。

电子支票传输系统目前一般是专用网络系统，国际金融机构通过自己的专用网络、设备、软件及一套完整的用户识别、标准报文、数据验证等规范化协议完成数据传输，从而保证安全性。这种方式已经较为完善。电子支票的整个事务处理过程要经过银行系统，而银行系统又有义务出文证明每一笔经它处理的业务细节，因此使用电子支票的一个最大问题就是隐私问题。电子支票支付当前发展的大致方向是今后将逐步过渡到公共 Internet 平台上进行传输。目前的电子资金转账（Electronic Fund Transfer，EFT）或网上银行服务（Internet Banking）方式，是将传统的银行转账应用到公共 Internet 平台上进行的资金转账。一般在专用网络上应用具有成熟的模式（如 Swift 系统），而用于公共 Internet 平台上的电子资金转账仍在实验之中，这种支付方式主要用于 BtoB 交易模式的支付需要。

## 四、电子支票发展中存在的问题及对策

### 1．法律问题

电子支票使用数字签名技术，把支票的纸质完全抛弃，从而可以在网络上直接传输。我国现在电子支票的应用还很少，主要原因是电子支票的法律地位难以得到确认，由于受到 1996 年实行的《中华人民共和国票据法》的制约，使银行望而却步。电子支票虽然被称为支票，但它同票据毕竟有很大区别。从其功能和运作上来讲，电子支票更接近于 ATM 卡类的支付工具。在我国，最为有效和可行的方法是制定专门的“电子票据法”，对电子票据，尤其是电子支票的相关问题进行规范和调整。

### 2．技术问题

一项针对网上支付的调查表明，客户对网上支付最为关心的是其安全性问题。由于电子交易涉及的金额一般较大，交易的安全性问题尤为突出。数字签名系统和加密体系的建设是实现网上支付的安全保证。中国金融认证中心的建立在很大程度上解决了数字签名、数字证书的问题，而加密体系还需要在今后不断地加强和完善。

### 3．投入与产出问题

当人们从电子商务的狂热中清醒过来的时候，如何从电子商务中获利的问题摆在了面前。抢占网上支付服务的制高点无疑是每个参与建设网上支付体系的机构所追求的目标，但各机构应根据自身的特点分别制定进入的时间和具体的服务范围，做到量力而行。

### 4．统一性的问题

我国已有几家银行和地区金卡中心推出了 BtoB、BtoC 网上支付系统，其他一些银行也正跃跃欲试。如何统一技术标准已是一个很紧迫的问题。中央银行应按“统一规划、统一标准”的原则来指导网上支付体系的建设。

### 5．电子支票的监管问题

电子支票由于其交易的虚拟性，因而很容易被当做洗钱的工具。中央银行应加强对电子支票的研究，加大对网上支付欺诈现象的打击力度。随着科学技术的进步，一些中介性的技术服务机构正起着支付结算和资金清算的职能，而我国的现有法律规定只有银行和特许机构才能从事支付结算和资金清算。如何规范网上交易，也是中央银行所面临的一大课题。

目前，中国人民银行和各商业银行已建立起全国范围内的支付结算、资金清算体系。如何有效利用现有网络资源来实现电子支票的各项功能，减少硬件设备投入、软件开发等一系列费用，已成为我国金融科技界面临的一大难题。

## 五、电子支票支付应用实例

目前，在美国还普遍使用纸质支票，而在欧洲，纸质支票的使用正在逐渐减少，究其原因在于纸质支票的处理成本比较高，此外借记卡的使用包含了以电子方式确认交易资金的可行性，这为纸质支票的电子化带来了启示，这里我们将学习其中的几种电子支票的有关知识。

### 1. NetCheque 系统

NetCheque 是由美国南加州大学信息科学协会开发的一种基于 Kerberos 应用的在线电子支票支付系统。它将现在使用的普通支票处理方法，在 Internet 上实现。

NetCheque 系统中除客户、商家与银行之外，还包括 Kerberos 服务器。NetCheque 系统使用 Kerberos 服务器来产生数字签名和支票背书，提供客户签发支票的信用担保服务，允许被授权的持票者从 NetCheque 账户上提取现金，同时防止非法持有者存储不是发行给他的支票，并与银行合作完成整个支付过程。NetCheque 支票信息主要包括支票数额、货币单位、日期、账户号码、收款人、客户签名以及商家和银行背书。其中，前 5 项是明文，是支票持有人可读的，后 2 项是加密的，是收票行可验证的。

NetCheque 支付系统的运作流程如下：

（1）NetCheque 在签发支票时，客户首先生成支票明文部分，包括支票金额、货币单位、日期、账户号码、收款人等信息。然后用户从 Kerberos 服务器上获得一个标签 TC，用来向银行证实自己的身份（首先客户应通过 Kerberos 的信息验证），同时用以证明 Kerberos 服务器对这张支票的信用授权。客户再用 TC 向开户行证明身份，并获得加密证明文件 AC，客户根据支票内容生成一份证明文件，并使用一个与银行共享的密钥 K 对证明文件进行加密，即得到加密过的证明文件 AC，这是开户行对其所签支票的授信。支票明文部分＋TC＋开户行的证明文件 AC 就构成了一张完整的电子支票。

（2）客户通过电子邮件或一条客户与商家建立起来的加密线路，向商家发送电子支票，商家收到支票后，首先读出支票的明文部分内容，通过验证 TC 和 AC 来确定客户身份、信用及电子支票的有效性后，取出明文部分，加上商家名称、背书时间等内容，形成背书后的支票。

（3）背书后支票通过安全线路，被传送给商家的开户行，开户行通过验证确认是否接受支票，并通知商家。如果客户与商家是同一个开户行，则直接将客户银行账户上的资金划拨到商家账户上；如果非同一家开户行，则支票需要在各银行间进行清算，最终将客户银行账户上的资金划拨到商家账户上。若支票支付必须在多个银行之间进行清算，每个相关银行都必须把其背书附加到支票上，当客户银行清算时，所附加的背书可以用来跟踪原来的路径到商家账户。

（4）银行完成支付清算后，向商家发送到款指示。NetCheque 系统在许多方面是模仿传统支票的处理方法，使该系统在 Internet 上得以实现。在整个支付流程中，NetCheque 支付系统是基于 Kerberos 应用的电子支票系统，而 Kerberos 中使用的是对称加密算法，在运算速度方面比使用非对称加密算法的方案效率更高一些，并且 NetCheque 支付系统使用 Kerberos 提供对客户签发支票的信用担保，加强了身份认证的力度，提高了系统的安全性。

### 2. FSTC 电子支票系统

FSTC（Financial Service Technology Consortium，金融服务技术联合会）成立于 1993 年，

是为提高全美金融服务业的竞争力而成立的，由美国的银行、大学、研究机构以及政府机构等联合成立的非营利性团体。目前，已有 60 多个成员加入该集团，其中包括美洲银行、大通化学银行、花旗银行、IBM、微软等。FSTC 集团的主要任务是要确定一个新的框架来支持所有形式的电子商务，也包括电子支票。FSTC 的目的是既要以新的支付和商务形式来适应当今的变化，又要尽可能地运用已存在的基础设施，以减少投资，减少混乱。

1995 年 9 月，FSTC 给出了一个示范性的电子支票概念。和纸质支票一样，电子支票包含了给付款人银行的一条指令，用来向被确认的收款人支付一笔指定数额的款项。由于这种支票是电子形式的，并且通过计算机网络来传送，从而给支票处理带来了更大的灵活性。同时也提供了一些新的服务，例如：可以立即验证资金的可用性；数字签名的确认增强了安全性；支票支付能够很容易与电子订单和票据进行一体化处理等。

FSTC 电子支票系统采用的技术主要有：金融服务标记语言（Financial Services Markup Language，FSML）、强大的数字签名技术、安全的硬件身份标记（如智能卡）、数字证书等。电子支票系统具有消息完整性、真实性、不可否认性。电子支票的传输方式可以采用交互式 Web 或 E-mail。因为电子支票不依赖于实时交互或第三方认证，其适应性更广泛。

FSTC 电子支票基本流程为：

（1）付款人在签发支票时，需要提供的信息与使用纸质支票时所提供的信息一样多。在 FSTC 系统中，“支票簿”设备是电信设备（Telequip）公司生产的，被称做“智能辅币机”的安全硬件设备，它是用于签发电子支票的个人拥有的安全硬件电子支票簿设备。该设备的功能就是安全地存储密码和证书信息，并保持最近签发或背书过的支票的记录。支票在某种安全信封中被传送给收款人。这种信封将以安全电子邮件方式或双方之间已加密过的交互对话方式进行传送。

（2）收款人收到支票后，也将使用某种安全硬件设备对支票进行背书，并把支票发送到收款人开户行。

（3）收款人开户行收到支票后，将利用自动清算所（ACH）或电子支票呈送（ECP）方式来清分支票，这一步处理与当前纸质支票所经历的过程是完全相同的。

（4）电子支票通过传统的 ACH 网络进行传送，相应地，资金从付款人银行账户转账到收款人银行账户。

### 3. NetBill

NetBill 是由美国匹兹堡的卡内基·梅隆（Carnegie Mellon）大学开发的用于销售信息产品的一个电子支票系统。该系统尽可能地改善了低价值信息产品的买卖。该协议已获得 CyberCash 的商业用途许可，CyberCash 的 CyberCoin 协议也使用 NetBill 的系统。

系统参与者包括客户、商家以及为他们保存账户的 NetBill 服务器。NetBill 服务器保存客户和商家的账户，这些账户是信用卡预存资金账户，可与金融机构中的银行账户相连。客户可将银行账户上的资金划拨到 NetBill 账户，商家则可以将 NetBill 账户中的资金存入其银行账户。

在启动 NetBill 协议之前，只需选择自己所需要的商品，即客户从商家的服务器（Web 服务器）上找到所需的信息，余下的处理过程将由 NetBill 自行完成。整个交易包括价格协商、商品传送以及支付 3 个阶段。

NetBill 通过向客户与商家提供一种工具（在客户处称为“支票簿”，商家处称为“收款机”）来支持交易的实现。

“支票簿”在客户端是一个使 NetBill 和客户的浏览器之间实现通信的程序，它能保存客户的 NetBill 账户资料，解密商家发来的信息，并显示客户的交易记录、期内平衡信息和账户平衡信息等，安全地处理交易、修改密码、检查交易状态。

“收款机”在商家服务器端是一个使 NetBill 和商家的服务器之间实现通信的软件，它对相关信息进行加密处理，保存客户的交易记录。

因此，我们把客户使用的软件简称为支票簿，把中心服务器使用的软件简称为“钱柜”。支票簿和钱柜分别依次与客户应用和商家进行通信。两者之间所有的网络通信均经过加密，以防止入侵者的进入。

NetBill 协议的交易步骤如下：

（1）客户向商家请求正式的报价单，NetBill 交易开始。由支票簿向钱柜发出报价要求，向商家查询某商品价格，钱柜将要求发送给商家（商家对不同的客户可能提供不同的价钱）。

（2）商家向该客户报价，对报价数字签字，并将报价单返回给钱柜。

（3）若客户决定购买，则通过支票簿告知钱柜他接受该报价，并对其购买请求数字签字。

（4）钱柜得到客户购买请求后向商家转达该要求，商家用一随机私钥对以上要求加密，并把加密的结果发送给钱柜，钱柜对加密结果计算一个安全的校验和，并把加密结果发送给客户的支票簿。

（5）客户收到加密结果后，支票簿对加密结果计算一个校验和，从而能够确认它是否已经收到了完整的所需产品。把校验和、时间戳、购买描述以及最终所接受的价格打包在一起，形成电子购买订单（Electronic Purchase Order，EPO）的数字签名值，再把电子购买订单发送给钱柜，签名 EPO 的发送意味着客户“不能后悔”。在发送 EPO 之前的任何时间，客户都可以取消该笔交易。

（6）钱柜收到 EPO 后，检验其数据的完整性，然后就可安全地转账，钱柜对账目进行核对，并通知商家。

（7）商家向钱柜发出一张发票，发票经商家数字化签字，其中含有价格及用于解密的私钥；NetBill 服务器验证 EPO 签名和回签，然后检查客户的账号，保证有足够的资金以便批准该交易，同时检查 EPO 上的超时值是否过期，确认没有问题时，NetBill 服务器即从客户的账号上将相当于商品价格的资金划往商家的账号上，并存贮密钥 K 和加密商品的密码单据，然后准备一份包含密钥值 K 的签好的收据，将该收据发给商家。

（8）钱柜把发票传递给客户，客户对商家的加密结果解密。NetBill 协议就这样传送信息商品的加密拷贝，并在 NetBill 服务器的契据中记下解密密钥。协议中，客户和商家使用加密可保护他们自己，防止个别客户的恶意欺诈。不法客户在收到所购货物后往往不予承认，协议中，客户首先对商家的加密结果求出校验和，然后才能获得解密私钥。与 First Virtual 相比，NetBill 在客户支付以前能够托管信息，而 First Virtual 在向客户发送数据及货物时，则希望客户是诚实的。

由上述流程可以看出，NetBill 传送的货物非一般意义上的商品，而是能够在网络上进行传输的信息产品，因此交易商品的种类受到了极大的限制，并且在整个交易中还必须涉及 NetBill 服务器。尽管在 NetBill 支付系统中，参与各方的通信量已是很低，但众所周知，信息产品的价值一直都比较低，相比而言，NetBill 通信成本还是比较高，同时系统的可扩展性也不强。

#### 4. Altercards Echeck

Altercards 致力于国际互联网第三方支付业务，一直为众多海内外从事互联网贸易的商家提供安全、便捷的支付平台网关服务，在处理国际信用卡交易结算领域有着丰富的经验。现在，Altercards 面向国内的外贸商家，特别推出了全新的支付产品 Echeck（电子支票）。Altercards 是亚洲区第一个提供 Echeck（电子支票）的独立第三方支付网关。Altercards 为国内从事外贸的商家提供安全、便利、高品质的支付服务，打破了信用卡支付的局限和弊端，开创了外贸支付的新局面。

只要有银行账号就可以使用 Altercards Echeck，采用 Altercards Echeck 付款，收款人会立即收到付款。Altercards Echeck 的中文网页如图 3-21 所示。

图 3-21　Altercards Echeck 网站首页

Altercards Echeck 支付特点：

（1）发起付款后数秒钟内即可完成支付　顾客可以通过计算机互联网将电子支票发向商家的电子信箱，同时把电子付款通知发到银行，银行随即把款项转入商家的银行账户。这一过程在数秒钟内即可实现。

（2）安全性极高　电子支票在用于支付时，不必担心丢失或者被盗用。商家会收到付款，但绝不会看到顾客的银行账户或其他财务信息，甚至不会知道顾客的开户银行。因此，不会出现黑客或者其他偷盗银行卡信息的情况。商户几乎百分之百可以确定下单人就是真正的买家。

（3）大大减少商家可能面临的损失　电子支票的设计方式使得商家在接收前，先得到客户开户行的认证，类似于银行本票，杜绝了订单被无理退回情况的发生。

（4）大大减少拒付　交易中间没有其他额外的第三方机构，意味着退款等进程更快。退款在一个礼拜之内就可以完成，顾客更快地收到退款，减少了不必要的拒付。同时，商户也可以更快地收款。

（5）稳定的支付通道　不再担心 Visa、MasterCard 或其他信用卡机构的政策变动导致支付通道暂停服务，稳定的支付通道有助于稳定并提升交易量、客源。Altercards Echeck 采用的是专用的网络系统，使国际金融机构通过自己的专用网络、设备和软件，以及完整的一套用户标识、标准报文、数据验证等规范化协议完成数据传输，并控制数据安全。

目前，电子支票支付发展的主要问题是今后将逐步从专用网络过渡到公共互联网上进行传输。基于 Internet 的电子支票系统在国际上仍然在不断研究与开发。我国在电子支票研究与应用上较落后于发达国家，这有待进一步加快我国金融信息化进程。目前，中国人民银行和各商业银行已建立起全国范围内的支付结算、资金清算体系。如何有效利用现有网络资源来实现电子支票的各项功能，减少硬件设备投入，软件开发等一系列费用，已成为我国金融科技界面临的一大难题。随着数字签名、数字证书和加解密技术的日趋完善，实际的中大额网上支付应用需求已经出现，而且在电子商务飞速发展的形势下，BtoB 电子商务已成为网上交易的主流，考虑其研发的前瞻性，我国开展电子支票研发的时机已经成熟。特别是对于银行来说，我国已加入 WTO，金融机构必将与国外的金融机构在提供现代化的金融服务方面展开激烈的竞争，因此研发我国自己的电子支票系统也就显得特别紧迫与必要。

## 任务完成结论

通过本任务的学习，我们对电子支票的一些基本知识，如电子支票的应用特点、电子支票的网上支付运行模式以及电子支票的网上支付操作流程和应用情况有了一个全面的认识。

## 课堂训练与测评

思考为什么电子支票在我国还没有大规模地在 Internet 平台上应用？

## 知识拓展

Altercards 电子支票（http://www.altercards.com/a/gongsiarticle/2011/0914/109.html）。

# 项目四　网 上 银 行

随着 Internet 技术、电子商务技术在全球范围内的不断发展，网上银行作为一种新型的客户服务方式迅速成为世界各国银行界关注的焦点。世界各国银行纷纷制定出网上银行的发展战略，陆续推出了各项网上银行服务，为电子商务的开展提供了必要条件，极大地丰富了电子金融服务。同时，我国各家银行也纷纷推出了网上银行服务，网上银行正蓬勃兴起。

本项目结合我国实际发展情况，分别介绍了网上银行的概念、分类，网上银行与传统银行的比较，网上银行的系统建设与系统结构，网上银行的金融业务与网络支付模式，网上银行安全风险分析以及国内外网上银行的发展状况。

❑ **应知目标**

- 了解网上银行的概念、分类、特点及系统结构。
- 了解网上银行的金融业务与网络支付模式。
- 了解国内外网上银行的发展现状。

❑ **应会目标**

- 能够完成网上银行的申请及相关业务功能的操作。
- 能够安全使用网上银行完成网上支付。

## 任务一　了解网上银行的相关知识

### 知识点、能力点

- 了解网上银行产生的原因。
- 理解网上银行的概念、分类及特点。
- 了解网上银行的优势。
- 了解网上银行对传统银行的影响。
- 了解网上银行的系统组成。

### 任务情境

1995 年 10 月 18 日，全球首家以网上银行冠名的金融组织——美国安全第一网络银行（Security First Network Bank，SFNB）诞生，从此打开了金融领域“虚拟世界大门”。一种新的银行模式诞生，对 300 多年来的传统金融模式产生了前所未有的冲击，这种冲击影响力的深远意义至今仍在发展和继续。那究竟什么是网络银行？网络银行与传统银行相比有哪些不同呢？本任务将对网上银行的一些基本知识进行概述。

### 任务分析

通过对网上银行的一些基本知识的了解与认识，为网上银行的相关业务功能的熟练操作打下坚实的基础。

## 任务实施

### 一、了解网上银行的概念

网上银行 E-Bank（Electronic Bank），又称网络银行、在线银行。它是指银行利用 Internet 技术，通过 Internet 向客户提供开户、销户、支付、转账、查询、汇款、信贷、网上证券交易、投资理财等服务项目，使客户足不出户就可以享受到综合、统一、安全和实时的银行服务。可以说，网上银行是在 Internet 上的虚拟银行柜台。网上银行既是一种新型的银行机构，也是崭新的网上金融服务系统。它借助 Internet 遍布全球并不间断运行，信息传递快捷且具有多媒体化的优势，突破传统银行空间与时间的局限性，拉近客户与银行的距离，为客户提供全方位、全天候、便捷、实时的快捷金融服务。网上银行的应用目标是在任何时候（Anytime）、任何地方（Anywhere）、以任何方式（Anyhow）为客户提供金融服务，所以网上银行也称 AAA 银行。

一般意义上的网上银行包括 3 个要素：一是需要具备 Internet 或其他电子通信网络，如计算机网络、传真机、电话机或其他电子通信手段；二是基于电子通信的金融服务提供者，如提供电子金融服务的银行或证券服务机构；三是基于电子通信的金融服务消费者，如以电子通信形式消费的各类终端用户，或者基于虚拟网络的各种金融服务代理商等。

与网上银行相似的另一个概念是电子银行，电子银行是商业银行利用计算机技术和网络通信技术，通过自动化设备，以人工辅助或自动形式，向客户提供方便快捷的金融服务，如自动柜员机 ATM、POS、呼叫中心（Call Center）、无人银行等。相比较而言，电子银行的概念是广义的，而网上银行的概念是狭义的，网上银行仅包括 Internet 上的电子银行服务，也可以说，网上银行是电子银行发展的高级阶段，是 Internet 时代的电子银行。

### 二、了解网上银行的分类

网上银行的理论、应用体系、形式其实都在发展中，因此世界上出现了一些网上银行的不同称呼，涉及了网上银行的分类问题，目前网上银行主要有 2 种分类方式。

#### 1. 按网上银行的主要服务对象分类

网上银行按照服务对象分类，可以分成个人网上银行和企业网上银行 2 种。

（1）个人网上银行　个人网上银行主要面向个人及家庭，它体现了网络时代的特点，满足了顾客个性化的需求。客户可以通过个人网上银行服务，完成实时查询、转账、汇款、缴费、自助贷款、网络支付、证券服务、个人理财等功能。借助个人网上银行可以使客户随时掌握自己的财务状况，轻松处理大量的生活费用支付、消费、转账等业务。

（2）企业网上银行　企业网上银行主要适用于企业和政府部门等企事业组织客户。企事业组织可以通过企业网上银行服务实时了解企业财务运作情况，及时在组织内部调配资金，轻松处理大批量的网络支付和工资发放业务，并可以处理信用证相关业务。对电子商务的支付来讲，一般涉及的是金额较大的支付结算业务，因此对安全性的要求很高。

#### 2. 按网上银行的组成构架分类

网上银行按照组成架构分类，可以分成纯网络银行和以传统银行拓展网络业务为基础的网络银行 2 种形式。

（1）纯网络银行　纯网络银行是一种完全依赖于 Internet 发展起来的全新网上银行，这类银行开展网上银行服务的机构除后台处理中心外，没有其他任何物理上的营业机构，雇员很少，银行所有的业务几乎都在 Internet 上进行，例如 1995 年 10 月 18 日诞生的世界第一家网上银行——美国安全第一网络银行，其主要业务都在网上进行，通过互联网提供全球范围的金融服务。但在中国，网上银行受中国人民银行颁发的《网上银行业务管理暂行办法》的限定，因此在中国，这种纯网络银行没有生存的法律环境；另外从实际情况看，由于中国人的消费习惯，纯粹的网络银行在中国也缺乏生存的商业空间。

（2）以传统银行拓展网络业务为基础的网络银行　以传统银行拓展网络业务为基础的网络银行指现在传统银行运用 Internet 开展传统银行业务及开发出新的网上金融服务，把传统银行业务延伸到网上，在原有银行的基础上再发展网络银行业务，是实体与虚拟结合的银行。这种形式与前一种形式的不同之处在于，它是利用 Internet 辅助银行开展业务，而不是完全地电子化与网络化。目前，中国开办的网上银行业务都属于这一种形式，如中国工商银行网上银行、中国银行网上银行、中国农业银行网上银行及招商银行网上银行等。

## 三、网上银行的产生与发展

### 1. 网上银行的发展阶段

追溯历史，网上银行业不完全是新生事物，其运行模式早在 20 世纪 50 年代就有类似雏形，只是那时并没有 Internet，而是在专用网络上进行，它的发展是伴随着银行的电子化与信息化的发展进程而发展的，网上银行的发展可以分成如下 3 个阶段。

（1）计算机辅助银行管理阶段（20 世纪 50 年代～80 年代中后期）　自从 20 世纪 50 年代以来，计算机逐渐在美国和日本等国的银行业务中得到应用，但早期的金融电子化技术是简单的脱机处理，银行应用计算机主要用于分支机构及各营业网点记账和结算，以解决手工记账速度慢的问题，提高财务管理效率、减少错误率。后来金融电子化开始从脱机处理发展为联机处理系统，使各银行之间的存、贷、汇等业务实现电子化联机管理，并且建立起较为快速的通信系统，以满足银行之间汇兑业务发展的需要。20 世纪 60 年代末兴起的电子资金转账技术及应用，为网上银行发展奠定了技术基础。

（2）银行电子化或金融信息化阶段（20 世纪 80 年代中期～90 年代中期）　20 世纪 80 年代以后，随着计算机普及率的提高，商业银行逐渐将发展重点从电话银行调整为 PC 机银行，即以个人计算机为基础的电子银行业务。20 世纪 80 年代中后期，在国内不同银行之间的网络化金融服务系统的基础上，形成了不同国家之间不同银行之间的电子银行，进而形成了全球金融通信网络。在此基础上，出现了各种新型的电子网络服务，如以自助方式为主的在线银行服务（PC 银行）、自助柜员机系统（ATM）、销售终端系统（POS）、家庭银行系统（HB）和企业银行系统（FB）等。随着信息技术的进步，银行的电子化水平也在逐步提高。ATM 技术从最初只能提供少数几种交易发展到可以处理 100 多种交易。

（3）网上银行阶段（20 世纪 90 年代至今）　20 世纪 90 年代以来，伴随 Internet 在各行各业中的广泛应用，银行为满足电子商务发展和金融行业竞争的需要，纷纷借助 Internet 及其他网络开展各种金融业务。尽管网上银行与计算机辅助银行管理和银行电子化都是在计算机及其通信系统上进行的操作，但是网上银行提供的各种服务不受时空、设备及软件的限制，具有更加积极的开放性和灵活性。网上银行的出现使银行服务完成了从传统银行到现代银行的一次变革。

### 2．网上银行的发展动因

近年来，网上银行迅猛发展。究其原因，网上银行的迅速发展主要缘于技术、社会和银行内部 3 个方面。

（1）技术原因　计算机技术、网络技术和通信技术的飞速发展为网上银行的出现及其发展提供了技术基础和市场需求条件，同时也给金融服务业带来了更加激烈的竞争。

（2）社会原因　网上银行是电子商务发展的要求。银行作为电子化支付和结算的最终执行者，起着连接买卖双方的纽带作用。电子商务突破了传统商务在时间和空间上的限制，以每周 7 天 24 小时的交易方式对传统的银行服务提出了挑战。作为电子商务活动的主要参与者，银行为适应电子商务发展的需要，提供了便捷迅速的网上银行的资金支付与清算全日制服务。因此，电子商务带来的网上资金流是网上银行发展的原动力，电子商务发展的需要催生了网上银行，使网上银行成为电子商务正常开展的必要条件。同时，电子商务的蓬勃发展也构成了网上银行发展的牢固的商业基础；互联网的普及、网络用户的增加则构成了网上银行的客户基础。

（3）内部原因　网上银行发展的最根本原因是出于对服务成本的考虑和对行业竞争优势的追求。目前，传统的银行业务面临许多压力，例如银行员工工资成本越来越高，支出较大，而银行业之间的竞争在不断加剧，造成银行收益相对减少。面对严峻的现实，银行只有扩大服务范围，提高服务质量，才能在激烈的竞争中立于不败之地。网上银行不需要固定场所，它在任何一台计算机上都能进行金融服务的交易，已经表现出了传统银行所无法比拟的全天候、个性化、效率高而费用低廉的竞争优势。因此，从银行自身生存和发展来说，也许要尽可能快地拓展网上银行业务，谁占了先机，谁就能赢得主动，赢得客户和利润。

因此，网上银行的产生是时代的必然产物，网上银行已成为银行业今后发展的重要方向之一，而其虚拟金融服务，也必将在实践中克服种种弊端而走向成熟和完善。

## 四、了解网上银行的优势

网上银行是银行为适应网络时代的发展需要而推出的新型金融服务方式。网上银行与传统银行相比，新兴的网上银行作为高科技的产物具有相当明显的优势，同时随着信息网络技术的进步，包括有线网络与无线网络的广泛应用，网上银行正引起和影响着传统银行的变革和发展。

网上银行这一新生力量给银行业注入了新的活力，代表了未来银行的发展方向，但同时也给银行也带来了巨大的挑战。新兴的网上银行较之传统银行具有以下优势：

### 1．具有低廉的成本优势

传统银行拓展业务依靠增设营业网点，需要大量的土地、设备、资金、人力等资源的投入，而网上银行通过使用信息技术、计算机技术与客户接触、沟通与交易，把银行的业务直接从银行柜台转移到了 Internet 上，无须依赖密集的分行网点，可节省大量资金、设备、人力，具有运作费用低、无纸化操作的特点，符合成本效益原则，产品价格竞争力强，并体现绿色银行的理念。网上银行与其他传统商业银行相比，容易进行成本控制，其成本比一般的传统商业银行要低 1/4，而其交易成本是电话银行的 1/4，是普通银行的 1/10。

### 2．更容易实现业务创新

网上银行打破了传统的银行业务界限，业务综合经营水平大为提高，可充分利用

Internet 丰富的信息资源，可以为企业提供信息评估、财务分析、集团理财、客户关系管理；为个人提供投资理财等高附加值的个性化服务，使客户通过公共浏览器可以享受到有声有色、图文并茂的优质金融服务。

**3．“3A”式服务，突破时空限制**

网上银行突破了时间、空间的限制，它利用网络技术将自己和客户连接起来。在各种安全机制的保护下，客户可以随时随地在不同的计算机终端登录互联网办理各项银行业务。特别对于在海外没有分行网络的银行来说，网上银行可打破地域界限的限制，非常具实效性，有利于银行在海外取得突破性的发展。

**4．网上银行能够辅助企业强化金融管理，科学决策，降低经营风险**

银行业务的电子化、网络化运作使客户的信息容易收集，也便于银行与客户间的互动，使双方更加了解。对银行的各种信息进行统计、分析、挖掘的结果，有助于强化银行的金融管理，提高管理的深度、广度和科学度。

综上所述，网上银行提供了一种先进的网络支付结算方式，已经表现出了传统银行所无法比拟的全天候、个性化、效率高、费用低廉等竞争优势，所以它必将成为将来商业支付结算的趋势与方向，并且这种趋势随着 Internet 应用的普及与信息技术的进步会变得更加明显。

## 五、了解网上银行对传统银行的影响

网络技术的发展对传统银行的经营模式和理念形成巨大的冲击，网上银行对传统银行的影响主要体现在以下 7 个方面：

**1．网上银行改变了传统银行的经营理念**

网上银行的出现改变了人们对银行经营方式的理解以及对国际金融中心的认识，一系列传统的银行经营理念将随之发生重大转变。例如，一直被当做银行标志的富丽堂皇的高楼大厦将不再是银行信誉的象征和实力的保障，那种在世界各地铺摊设点发展国际金融业务和开拓国际市场的观念将被淘汰，发展金融中心必须拥有的众多国际金融机构的观念及标准将发生重大调整。这样，就削弱了传统银行分支机构网点的重要性，取而代之的将是支持银行业务发展的信息设备。

**2．网上银行改变了传统银行的营销方式和经营战略**

网上银行能够充分利用网络与客户进行沟通，使传统银行的营销以产品为导向转变为以客户为导向，通过提供更迅捷和高效的服务，以速度赢得客户，变被动为主动。网上银行将业务重点转为向客户提供个性化服务，通过积极与客户联系，获取客户的信息，了解不同客户的不同特点，能根据每个客户不同的金融和财务需求“量身定做”个人的金融产品并提供银行业服务，最大限度地满足客户日益多样化的金融需求。同时，也能处理与客户的关系，将服务转向人性化管理，如咨询和个人理财业务，向客户提供更加具体全面的服务。网上银行突破了时空局限，改变了银行与客户的联系方式，从而削弱了传统银行分支机构网点的重要性，取而代之的将是能够进行银行业务的计算机和 ATM 机。

**3．网上银行改变了传统银行经营目标的实现方式**

银行经营目标实现方式的改变主要体现在安全性、流动性上，从库存现金向电子现金的转变使安全概念也发生了转变。因为电子货币的使用使银行资金的安全已经不再是传统的保险箱或者保安人员所能保障的，对银行资金最大的威胁是“黑客”的偷盗。因此，银行必须转变安全概念，从新的角度特别是保护信息资源的角度确保资金安全。电子货币的独特存取方式也将带来流动性需求的改变，电子货币流动性强的特点取消了传统货币层次的划分，更不可避免地导致银行的流动性需求发生改变。

### 4．网上银行的开展促使银行更加重视信息的作用

在信息社会里，银行信用评估的标准正在发生改变，表现为银行获取信息的速度和对信息的优化配置将代表信用。在如今的电子商务时代，银行获取信息的能力将在很大程度上体现其信用，而电子商务也要求传统银行在信息配置方面起主导作用。

### 5．网上银行加快金融产品的创新

网上金融产品易诞生也易消亡的特点对银行的金融产品创新提出了更高的要求。在网络时代，新的金融衍生工具创造将翻倍加速，但也可能被淘汰、消失得更快。这一方面为银行突破传统的历史阶段性发展模式而利用技术创新进行跳跃式发展提供了可能，另一方面则对银行自身的创新能力提出了更高的要求。如果银行自身没有具备创新的实力，就有可能长期处于“跟随者”的不利地位，时刻有被淘汰的危险。

### 6．网上银行将会使传统银行的竞争格局发生改变

基于 Internet 平台的网上银行提供的全球化服务，金融业全面自由和金融市场全球开放，银行业的竞争也不再是传统的同业竞争、国内竞争、服务质量和价格竞争，21 世纪的银行业竞争将是金融业与非金融业、国内与国外、网上银行与传统银行等的多元竞争格局。

此外，由于网上银行进入的壁垒相对较低，这就会使一些非银行金融机构利用其在技术和资金上的优势从事银行业务，甚至一些大的航空公司和零售公司也在计划进军网上银行。网上银行可能通过网络将触角伸向全世界，把眼光瞄准全球，把地球上每个公民都作为自己的潜在客户去争取未来市场的份额，这就使银行竞争突破了国界演变为全球性竞争。在传统银行规模效应继续发挥作用的同时，网络化已经带来了“新规模效应”。银行营业网点的扩张不再是规模效益的代名词，网上银行第一次为中小银行提供了可与大银行在相对平等条件下的竞争机会。因为借助 Internet 提供的银行服务，只要提供足够的技术处理能力，不论银行大小，都是处在同一起跑线上。同时，网上银行将以高质量低价格和方便快捷的服务方式吸引大批高层次客户。可见，网上银行会使 21 世纪的银行竞争由表层走向深层，由一元化（同业内）走向多元化（同业内外、国内外、网内外）。

### 7．网上银行将给传统的金融监管带来挑战

由于网络的广泛开放性，网上银行能够突破时空限制，在全球范围内经营，金融风险一旦发生，将波及世界任何角落，产生一系列连锁反应，因此传统的监管方式不再能满足网上银行的发展需要，这将给金融监管带来新的课题。目前，巴塞尔委员会及各国银行监管当局正密切关注网上银行的发展并进行研究，同时网上银行的监管更加需要国际合作，做到信息共享。

总之，网上银行的出现也为传统银行带来了巨大的影响，网上银行正引起和影响着传统银行的变革与发展，传统银行也必须接受这些变革的挑战。

## 六、了解网上银行的系统组成

总结目前世界上众多网上银行的组成框架，概括来说，网上银行的系统构架主要由网上银行技术架构、管理架构、业务功能架构 3 部分组成，其与电子银行的机构相似，只是

增加了 Web 技术与相应工具的应用。当然，随着移动商务技术的发展，目前网上银行业务进一步拓展，相应的系统结构也进行了调整与拓展，例如无线网络技术的应用将支持无线或移动金融业务（如移动支付、移动办公）的开展，相应的网上银行系统框架将加入无线应用支持模块。

**1．网上银行的技术架构**

网上银行技术架构是根据银行的业务需求及其现有 IT 系统，基于 CA 证书安全体系的网上银行的建设架构。它采取“客户/网上银行中心/后台业务系统”，即客户交互层、信息处理层与交易处理层 3 层体系结构，提供信息服务、客户服务、账务查询和网络支付转账等功能。一个典型的网上银行技术结构如图 4-1 所示。

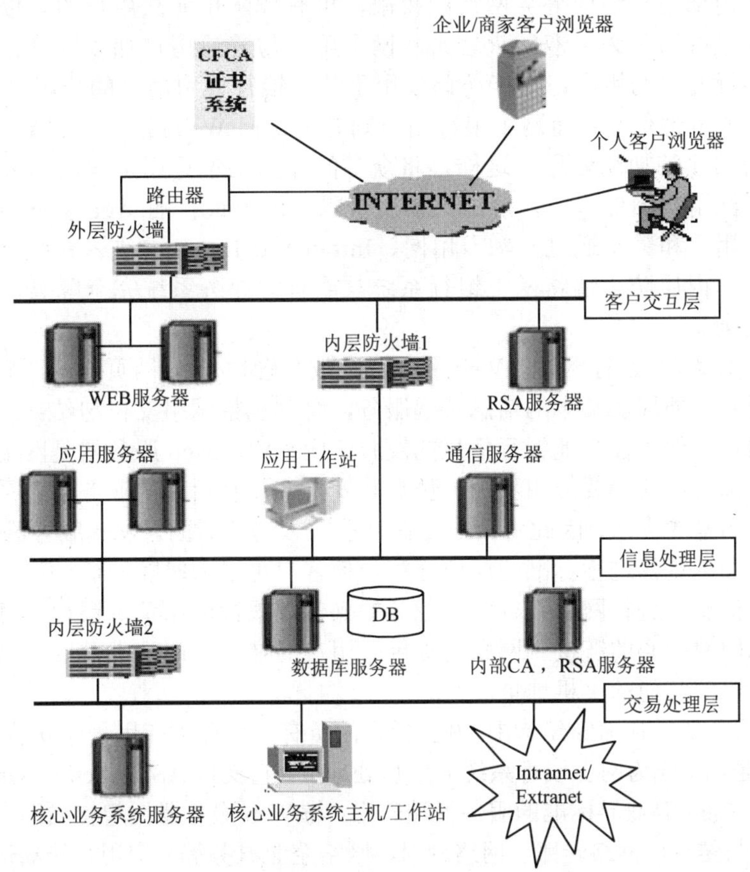


图 4-1　典型的网上银行技术结构

（1）客户　网上银行系统的客户端包括外部和内部 2 种客户。外部客户是寻求银行提供存款、取款、支付转账、贷款等金融业务的用户，而内部客户是银行内部的员工与管理人员等。网上银行的外部客户体现为 Internet 用户，通过计算机的浏览器访问网上银行的网站，需要通过外层防火墙的认证，才可以登录到网上银行系统。网上银行的内部客户体现为 Intranet 用户或 Extranet 用户，访问系统也要通过内层防火墙认证。防火墙将 Intranet 用户与系统外界隔离开，以保护其安全性。特别是为了保证安全，在后台的应用服务器与外部客户之间设置两重或多层防火墙。

网上银行系统可有多种接入方式，客户端可从 DDN 接入、Modem 拨号接入、局域网 LAN 接入、ADSL 接入或手机无线网络等接入，应用方式采用专用客户端软件的 C/S 模式或基于 Web 应用的 B/S 模式。

（2）CA　CA 负责银行和用户的证书颁发、验证、废除和维护等工作。为了防止监听、中途截取等非安全情况发生，银行还与国内外权威安全认证中心达成安全数据传送协议以及数字签名等手段。只有认证的用户才可以进入网上银行系统，传送数据时必须以密文传送，如中国金融认证中心 CFCA；同时对于银行内部用户的身份认证，还应设立银行内部 CA。

（3）路由器与防火墙　路由器与防火墙对流入网上银行系统的数据进行过滤，并且隔离银行内部网络与非安全的 Internet。防火墙作为一道防线，限制外界用户对内部网络的访问及管理内部用户访问外界网络的权限，可有效防止非法用户的入侵。一般来说，目前网上银行系统通常采用双防火墙来将网上用户与普通用户加以区分。普通用户即没有办理网上银行开户的用户，只能访问仅用于公布银行公用信息的公用 Web 服务器，从而获得银行的服务性信息；而网上银行用户则有权访问 Web 应用服务器，并通过 Web 服务器进行所需的业务功能处理。这样，将众多的非网上银行用户隔离于外层防火墙外，避免了部分非法用户的侵入。内层防火墙用于隔离网上银行的 Web 服务器与应用服务器以及防止非法用户和数据通过金融专用网、Intranet 或 Extranet 进入系统，主要是行业内部用户。同时，内层防火墙将网上银行系统与原有的业务系统完全隔离，也保证了银行内部网络的安全。

（4）Web 服务器+银行网站　Web 服务器存放和管理 Web 网页内容，向前台提供客户交易界面，同时对外提供基本的信息传递服务，管理包括网络支付与结算等业务信息系统在内的相应网页文件以及其他银行信息的发布。应该说，Web 服务器是网上银行内外的接口，是银行外部客户的主要应用界面。虽然其安全性没有后台的业务信息系统的要求高，但有更大的访问量的需求，因此将其设置在外层防火墙的后面。Web 服务器借助 WWW 应用与客户的桌面浏览器进行标准的通信连接，使客户可以随时随地通过计算机登录银行网站，浏览银行信息、进行网上银行各项业务的操作。银行网站负责银行信息公布和对外宣传，并提供到网银中心的链接。网站是提供给用户的唯一访问站点，用户只须记住网站，无须了解银行内部其他的主机地址。

（5）应用服务器　在 B/S 结构中，网上银行的所有具体业务应用程序安装在此服务器上，应用服务器（群组）成为网上银行系统的信息处理层。它支持 ASP（Active Server Page）、JSP（Jave Server Page）等业界标准的服务器端应用，与 Web 服务器一起构成网上银行金融业务（如网络支付与结算、网络转账、网络理财、网络企业财务等）应用系统的运行环境，实现网上交易业务的逻辑控制和流程处理，完成与 Web 服务器之间和与数据库服务器之间的信息交换。可以说，网上银行的业务处理核心就是这个应用服务器。为了保证整个系统的高可用性与良好的灾难恢复、系统备份，可以根据业务量的大小决定采用多台 Web 服务器和应用服务器，像 IBM 公司的 Net Bank 系统软件就充分利用其 WebSphere 集群技术，可以根据业务量的变化非常灵活地动态配置群组服务器的数量，所有的服务器都是服务器群组的一个单独的具有独立业务功能的单元。当一台应用服务器不能负载过大时，可以动态地请求送到不同的应用服务器，这就是均衡负载。对于客户来说完全感觉不到其中的差别。负载均衡器能够智能地平衡用户流量负载，实时跟踪网络任务和服务器的负荷，将每个任务分派到最适当的服务器。这种结构增强了应用服务器的健壮性，也扩充了它的容量。

（6）数据库服务器　银行业务数据库（DB）用于存放各种应用数据，存放用户信息（个人资料、账务信息、服务信息、交易信息）以及用户定制信息等，是宝贵的信息资源，是系统安全与商务安全的焦点。为便于发展综合业务服务，建议将数据库进行集中的存放与管理。对于大的商业银行，由于数据量大，应当设立独立的数据库服务器；若是中小商业银行，也可以将数据库服务器与应用服务器软件结合在一起，通过双机互为备份方式保证数据的高可靠性，一旦其中一台意外停机，另一台立即接管全部工作，从而实现系统的高可用性与维护性。

数据库服务器的主要作用是保存、共享各种即时业务数据（如客户支付金额）和静态数据（如利率表），支持业务信息系统的顺利运作；客户登录时进行客户的合法性检查，并对数据库中的关键数据进行加密，以保证客户数据的安全。

（7）RSA 服务器　当用户试图访问受保护的系统时，可以通过设置安全认证服务器，如 RSA 认证服务器，应用相关 RSA 代理软件等启动一个认证会话，设置并且实施安全策略，保护对专用网络系统、文件及应用的访问。其中包括可以根据每天的时间、周期或根据小组或用户定义的权限，确定内部资源的访问权限，定义和报告报警情况（如某个网络端口访问失败重试次数），创建用户访问日志等。借助如 RSA 认证服务器所提供的功能，银行可用 RSA 代理软件保护网上银行的各种访问端口、数据文件、应用及其他资源。它还针对外部攻击和员工的恶意破坏，提供重要保护能力。

（8）通信服务器　为了使网上银行系统有更好的扩展性，在网上银行系统还应放置一台加密和通信服务器，负责与各计算机中心连接，通信协议可采用 TCP/IP。客户的交易请求都通过此服务器分发到各计算机中心的通信服务器上，所以此服务器的设计必须满足一对多的要求，同时还要完成均衡负载、加解密、扩展服务端口的任务。

（9）内部管理和业务操作工作站　网上银行系统中的内部管理和业务操作工作站主要是供银行内部系统管理员和业务操作员使用的 PC。系统管理员负责对网上银行系统的管理、维护、监控等，银行业务操作人员对相关业务进行处理，如各种申请表单的审核、处理等。

根据上述网上银行的技术架构，可以大致规划网上银行的一般业务处理流程（主要是 B/S 应用模式，当然也支持 C/S 应用模式）如下：

1）客户端通过浏览器登录网上银行的 Web 服务器，借助 Web 页面发出相关的网络金融服务请求（如网络支付结算请求）。

2）请求经过防火墙的安全检查到达 Web 服务器，当 Web 服务器接收到客户的交易或服务请求后，再进行一系列的安全检查，包括密码核验、Session 检查等，只有通过安全检查后的交易请求才被转发至应用服务器。Web 服务器对请求进行区分，对存储于本地的静态信息，直接返回相应信息（静态页面或图形），对于交易请求则转发给应用服务器（群组）。

3）应用服务器（群组）在进行负载均衡后，处理交易信息，在必要时以特定协议和银行大型主机系统（交易处理层）通信，即将交易请求送交后台业务处理模块，完成相应账户的借贷、转账、信息更新操作及其他有关处理。

4）数据库服务器将更新相应的数据库表。

5）应用服务器的业务处理系统（如网络支付结算系统）对处理结果进行优化，生成页面信息返回给 Web 服务器，最后由 Web 服务器将页面信息（交易结果）返回给客户端浏览器，完成这一交互的操作。

### 2. 网上银行的管理架构

当前网上银行业务部门的形成主要有3种形式：一是从银行原有的信息技术部演变而来；二是创立新的网上银行部门；三是对原有的信息技术部或科技发展部、银行卡/信用卡部和服务咨询部等若干个部门的相关业务人员进行整合而形成的。

网上银行业务部门的目标是为银行的各种业务活动提供硬件和软件服务，使银行内部与外部的业务活动信息安全、快捷、准确地传递与共享，从而保证银行业务的顺利进行。

网上银行的管理结构主要体现为人员与部门的组成架构，一般按照系统结构、应用结构、数据结构和网络结构为原则设置管理部门，使软件运行与硬件维护获得良好的支持。参照目前一些商业银行的网上银行业务部门的管理架构设置，一个典型的网上银行管理架构包括以下部分：

（1）市场拓展部　专注于从事网络金融品种及网上金融服务市场的开拓和发展，不断对网络金融品种及服务进行创新，形成适合于网络经济与电子商务发展的各种金融服务营销方式和理念。

（2）客户服务部　主要负责对网上银行的网络客户提供包括各类网络金融业务在内的技术支持和服务咨询，密切联系客户，把握客户对网络金融服务需求的变化趋势。

（3）技术支持部　不仅需要负责对网上银行的软硬件系统设备进行安全管理与维护，还负责相关金融服务产品的开发。

（4）财务服务部　主要负责对网上银行软件与硬件的投资、服务资金、成本和收益等财务指标进行分析与控制。

（5）后勤服务部　负责对网上银行服务活动过程中的各种后勤需求提供支持，如打印、消耗品的购买。

### 3. 网上银行的业务架构

网上银行根据主要客户的需求变化，设置网上金融服务品种和业务流程；根据服务品种和业务流程，构筑网上银行的具体业务内容。当然，网上银行的业务领域也会随着网上银行的发展和不断完善而更加丰富多彩。在下一任务中我们将详细论述。

## 任务完成结论

通过对本任务的学习，大家对网上银行的基本概念、发展模式、特点、分类、对传统银行的影响、优势以及网上银行的系统组成等有了一个全面的认识。

## 课堂训练与测评

（1）搜寻更多的有关网络银行的不同定义，对你认为比较科学、完整的定义进行分析。

（2）网上银行的产生对传统银行有什么影响？网上银行能否完全替代传统银行？

（3）调研并描述中国工商银行网上银行的系统结构，进行小组讨论，指出你认为应该加以改进的地方。

（4）举一个你最了解的网上银行实例，分析其特点。

## 知识拓展

艾瑞网——电子商务（http://ec.iresearch.cn）。

# 任务二 了解网上银行的金融业务

## 知识点、能力点

- 了解个人网上银行的业务功能。
- 了解企业网上银行的业务功能。

## 任务情境

“银行柜台前的长队，一米线外的等候以及繁杂的各种手续，即便是 24h 服务的自助银行，也总得出门坐车。在家里一点鼠标，什么全有了。”在某科研单位工作的小刘，使用网银已有 3 年时间了，他认为使用网银有无可比拟的优势。

“网上银行其实是在互联网上开通的虚拟银行柜台，能提供行内及跨行转账、网上证券、投资理财、代理缴费等传统服务项目，基本上可办理除现金业务以外的所有银行业务。”中国工商银行河北省分行电子银行部的一位工作人员说，对于许多时尚的年轻人来说，使用网上银行支付已是不二的选择。网上银行到底能为我们提供哪些业务呢？本任务将对网上银行的业务功能进行一个全面的介绍。

## 任务分析

只有对网上银行业务功能有了一个全面的认识，才能进一步体会到网上银行的便捷性，才能更好地使用网上银行所提供的各项业务功能。

## 任务实施

从目前国内外一些银行的网上银行的功能分析中可以看出，无论是国外已经发展成熟的网上银行还是国内初生的网上银行，它们提供的金融业务服务大体可分为 4 类：

（1）信息服务类　银行可以通过互联网发布公共信息。其中，静态信息包括银行的历史背景、概况、机构设置、经营状况、业务品种介绍以及操作方法和注意事项等；动态信息包括国内外经济金融信息、外汇牌价和利率、新闻、行情等广大客户比较关心而又需要不断更新的信息。网上银行还能提供交互式信息查询功能，客户可以通过 E-mail 进行相关信息查询。通过发布公共信息，为客户提供有价值的信息，让客户更深入地了解银行，了解银行的业务品种和经营状况，了解各种规章制度，为客户办理业务提供方便。

（2）查询类　客户可以通过互联网在线查询自己账户的即时余额和交易记录，内容包括个人账户余额查询、个人账户交易历史查询、企业综合账户余额查询、企业综合账户交易历史查询、支票情况查询、企业授信额度查询、企业往来信用证查询、客户贷款账户资料查询等。

（3）在线交易类　这是指银行通过互联网向客户提供存贷款业务、支付、转账等在线交易，其中在线支付将成为网上银行金融服务最重要的一部分。

（4）扩展业务类　包括中间业务如证券交易、网上购物和网上支付、移动电子交易等以及与 Call Center 和 CRM 结合提供个性化金融服务。

网上银行根据服务对象的不同可以分为企业网上银行和个人网上银行，因此网上银行业务分为个人网上银行业务和企业网上银行业务 2 类。由于商务性质不同，企业网上银行和个人网上银行虽然在应用模式上基本类似，但在应用条件、业务功能上还存在很多不同的地方。下面以中国工商银行网上银行为例分别介绍这 2 类网上银行的金融业务。

## 一、了解个人网上银行的金融业务

个人网上银行主要面向个人及家庭，它体现了网络时代的特点和满足了顾客个性化的需求。个人网上银行将传统银行面向个人的金融服务和现代信息结合起来，真正把银行柜台直接送到客户家里，使客户通过互联网轻松处理大量生活费用网上支付、消费、账户管理、理财等业务。随着业务的发展需要，个人网上银行金融业务也会不断拓展新的业务领域，更好地满足客户个性化需求。不同的个人网上银行根据业务重点的不同在金融业务开展内容或名称上均有所选择和不同。

中国工商银行“金融@家”个人网上银行为客户提供集银行、投资、理财于一体的网上金融业务服务。这里以中国工商银行“金融@家”个人网上银行为例，介绍个人网上银行具体的业务功能。

（1）我的账户　我的账户是管理各类网上银行注册卡及其下挂账户、查询账户信息、办理转账汇款等业务的一组功能。其中 e 卡服务是指在线申请人民币 e 卡或国际 e 卡，可对卡片进行管理和查询，并可以用于境内外网上交易支付。e 卡是为客户提供的用于网上支付的虚拟支付卡，可以办理网上银行注册卡与 e 卡账户之间的资金互转，客户还可以在线查询 e 卡余额、购物明细，并通过设置 e 卡支付最高限额，全面防范网上支付风险。

（2）定期存款　定期存款是在注册卡之间或注册卡内的账户之间，办理本外币定期存款的功能，用户可以办理本外币整存整取、存本取息、零存整取、教育储蓄等。

（3）通知存款　通知存款是指存款人在存入款项时不约定存期，支取时需提前通知银行，约定支取存款日期和金额方能支取的定期存款。

（4）转账汇款　转账汇款是指工行通过网上银行渠道为客户提供汇款业务的相关服务。客户可实现注册账户转账、工行转账汇款、跨行汇款、跨境汇款、批量转账汇款、手机号汇款、E-mail 汇款、跨行快汇、西联汇款等。

（5）网上贷款　网上贷款是指工行通过网上银行渠道为客户提供贷款业务的相关服务。客户可以在线填写申请信息，申请办理贷款业务，查询贷款明细。

（6）银医服务　银医服务是指客户可以在线办理协议医院挂号、查询银医明细、查询诊疗进度和管理银医三方协议。

（7）养老金　养老金是指经过客户所在单位的授权，客户可以通过养老金栏目查询养老金明细、对账单、基本信息、通告信息等养老金相关信息，修改基本信息中部分内容或设置投资比例。客户可以查询对应养老金账户的权益信息、资产信息和领取信息等。

（8）在线财务管理　在线财务管理是指为客户提供收支记账、资产负债、财务分析统计、财务规划报告、财务计划等服务。

（9）工行理财 工行理财是指客户可以查询本外币理财产品信息、进行理财产品交易及理财服务管理、进行交易查询等个人理财业务的综合频道。

（10）网上基金 网上基金是指客户可以在线办理基金买卖交易、管理基金账户、查询基金交易明细和最新发布的基金产品信息等服务。

（11）网上贵金属 通过网上贵金属栏目对账户贵金属、实物贵金属、贵金属递延和贵金属积存进行交易。用户还可以在此查询账户贵金属的实时行情和走势图，并可以进行即时交易、获利委托交易、止损委托交易或双向委托交易。

（12）网上国债 网上国债是在网上进行记账式国债、储蓄国债（凭证式）交易、储蓄国债（电子式）交易、行情及信息查询的一组功能。

（13）结售汇 个人客户通过网上银行办理小额结售汇交易，其中结汇是指客户通过网上银行提交指定用途的用汇申请并在规定限额内向银行购买外汇的业务。结汇是指客户通过网上银行向银行提交结汇的申请并在规定限额将外币换位人民币的业务。客户还可以在线查询小额结售汇交易明细信息。

（14）银证业务 银证业务是指客户可以在线办理证券委托交易、管理资金账户、查询最新证券信息和股票行情。

（15）网上期货 网上期货是工行通过电子银行，为个人期货投资者提供期货交易结算资金查询、转账等服务的业务。客户可通过电子银行进行银行与期货公司之间的转账交易，以及客户相关交易明细的查询。

（16）网上保险 网上保险是指工商银行与保险公司合作，为客户提供在线投保、追加、转换、部分领取/赎回、投保记录查询、续期缴费等服务的一项银保合作金融业务。

（17）银商银权转账 银商银权转账是指工行在网上银行为商品交易市场会员提供注册银商转账服务、办理出入金、查询明细等服务。客户可查询工行已能在网上提供银商转账服务的商品交易市场，并可在此注册此项服务。

（18）网上预约 网上预约是指客户可以在线签订预约服务，并查询、修改及终止已签订的预约服务。

（19）缴费站 缴费站是指客户可以缴纳本地的各类日常生活费用；购买商品、服务或缴纳学杂费；签订、撤销或查询委托代理扣费协议。其中，在线缴费指客户可以在线为本人或他人缴纳手机费、电话费、水费、电费、燃气费等各种日常生活费用，或购买工行代理企业的商品或服务。代缴学费指客户可在线缴纳本人或他人的本、异地大、中、小学的学杂费。客户还可通过网上银行签订委托工商银行代理扣缴该费用的协议，实现费用的自助扣缴，并可在网上随时查询、撤销相关扣款协议。

（20）信用卡服务 信用卡服务是一组集办卡、换卡申请、卡片启用、客户卡片资料查询/修改，分期付款等业务于一体的综合性自助服务功能。

（21）网上汇市 网上汇市为客户提供了个人网上银行外汇市场交易以及各类委托交易，查询外汇买卖交易明细、汇率等服务，客户还可以查看全球外汇市场即时信息与评论，以作投资参考。

（22）工行 e 支付 工行 e 支付是工行为满足个人客户便捷的小额支付需求而推出的一种新型电子支付方式。工行在接受客户通过网络渠道自助发出的支付指令，通过验证向客户预留手机发送的验证码确认客户身份后，依据其支付指令完成资金支付的服务。

（23）工行信使　工行信使是工行以手机短信、电子邮件等方式向客户指定的手机号码或电子邮箱发送电子信息的业务。客户可通过信使服务订制所需要的财经信息、基金信息、股票信息、理财产品信息、账务信息、余额变动、重要提示、对账单、业务处理、汇款通知、登录短信、信用卡 E-Mail 还款提醒以及赠送信息等。客户还可通过该功能进行信使服务查询、修改、终止、展期和手机、邮箱、地址、缴费账号等信息的修改。

（24）电子银行注册　电子银行注册是指客户可以通过网上银行渠道开通手机银行、电话银行、短信银行等电子银行，并对其交易明细进行查询。

（25）银行卡服务　银行卡服务是指集理财金卡服务、灵通卡服务、信用卡服务等于一体的综合性自助服务。其中，卡片个性化设置是为保障客户的用卡安全，对客户持有的牡丹灵通卡、理财金卡在自助设备、POS 机等交易渠道转账、取现、消费的开关及限额进行的设置。

（26）安全中心　安全中心是为了保证网上银行的安全使用而设置的，客户在这里进行修改密码、修改预留验证信息、网银交易权限管理、U 盾管理、口令卡管理、手机短信认证设置、网上挂失、计算机绑定等相关操作与设置。

（27）客户服务　客户服务可以提供管理客户信息、红利账户、站内信、积分服务、个人支票、注销网上银行、账户销户、风险能力评测等服务。

## 二、了解企业网上银行的金融业务

企业网上银行将传统银行服务和现代新型银行服务结合起来，利用成熟先进的诸多信息网络技术，以保证企事业单位客户使用的安全性和便利性。无论是中小型企业还是大型集团公司，企业网上银行都可以使企业随时掌握自己的财务状况，轻松处理大量的支付、工资发放、大额转账、BtoB 电子商务等业务。当然，企业网上银行的金融业务会随着业务的发展需求，也会不断地拓展新的业务领域。不同的企业网上银行根据各自的业务倾向，在金融业务开展内容上或名称上均有所选择和不同。

现以中国工商银行为例，介绍企业网上银行的业务功能。

客户在中国工商银行网点办理好企业网上银行注册手续，客户凭普通卡证书、卡号和密码即可登录企业网上银行，获得基本的网上银行服务。中国工商银行企业网上银行是指中国工商银行以互联网为媒介，为企业或同业机构提供的自助金融服务。目前，中国工商银行企业网上银行能为中小企业、集团企业、金融机构、社会团体和行政事业单位提供以下服务：

（1）账户管理　账户管理是指客户通过网上银行进行账户信息查询、下载、维护等一系列账户信息服务，协助集团客户集中管理和实时监控本部及遍布全国的分支机构账户。

（2）收款业务　收款业务是为收款企业提供的向企业或个人客户收取各类应缴费用的功能。适用于对外提供公用事业服务或需经常向多家企业客户收取服务费用的企业客户，如煤气公司、自来水厂、社保中心、电力公司等；还适用于有代收需求的企业如保险公司，可以取代传统的批量扣划业务；同时有跨地区集中收取费用需求的企业等都可以使用网上银行的收款业务。它的申办手续简便，收费方式灵活，可进行异地收款，为收费客户提供了一条及时、快捷、高效的收费“通道”，解决了一直困扰收费客户的“收费难”问题，帮助企业快速回笼应收账款。

（3）付款业务　付款业务是为企业提供的一组向本地或异地企业或个人划转资金的功能。付款业务包括网上汇款、向证券登记公司汇款、电子商务 BtoB 网上支付、外汇汇款、企业财务付款、在线缴费业务，是传统商务模式与现代电子商务模式相结合的产物，是中国工商银行为满足各类企业客户的付款需求而精心设计的全套付款解决方案。

（4）集团理财　集团理财是为集团企业客户提供的调拨集团内各账户资金以及对集团内的票据进行统一管理的一组功能。集团总公司可随时查看各分公司账户的详细信息，还可主动向分公司下拨或上收资金，实现资金的双向调拨，达到监控各分公司资金运作情况、整合集团资金统一调度管理的目的。

（5）国际业务　国际业务是指工行通过网上银行向企业客户提供的网上结汇及信用证业务，实现了结汇、进口信用证、出口信用证、进口代收、出口托收等相关功能，同时客户在网银提交了开证申请和开证资料后，可以上传纸质资料的影像文件，实现国际结算业务的完全电子化处理。

（6）信用证业务　信用证是指银行有条件的付款承诺，即开证银行依照开证申请人的要求和指示，承诺在符合信用证条款的情况下，凭规定的单据向第三者（受益人）或其指定人进行付款或承兑；或授权另一银行进行该项付款或承兑；或授权另一银行议付。网上银行信用证业务为企业网上银行客户提供了快速办理信用证业务的渠道，实现了通过网络向银行提交进出口信用证开证申请和修改申请、网上自助打印“不可撤销跟单信用证开证申请书”和“信用证修改申请”、网上查询进出口信用证的功能。网上信用证业务将大大节省客户往来银行的时间与费用，提高了工作效率，同时也为集团总部查询分支机构的信用证业务情况带来了便利，满足了客户财务管理的需求。

（7）网络融资　网络融资是营业网点贷款业务受理方式的扩充，是为企业提供的一组贷款查询、发放、管理等功能。企业可向银行提交各种融资产品的融资申请。

（8）投资理财　投资理财是中国工商银行为满足企业追求资金效益最大化和进行科学的财务管理需求而设计和开发的，是为企业提供的集基金交易、国债交易、通知存款、协定存款等多种投资途径为一身的网上投资理财服务功能。

（9）贵宾室 贵宾室是专为中国工商银行贵宾客户提供的，为满足贵宾客户特殊财务需求而提供的自动收款、预约服务、余额提醒、企业财务室等一组特色服务功能。给予贵宾企业优质、高效、省心的银行服务，从而减轻客户财务工作量，降低资金运营成本，提高资金的使用效率，优化业务操作流程，协助客户形成良好的资金运作模式。贵宾室服务对象包括在企业客户中有一定经营规模、经营效益良好、合作关系密切的所有在网上银行注册的企业客户。一般客户如果没有申请贵宾室服务，不能使用此功能。

（10）代理行业务　根据中国工商银行网点众多、资金汇划迅速、服务手段强大等优势，目前企业网上银行代理行业务为客户提供代签汇票与代理汇兑 2 种代理结算合作方式。其中，代签汇票是指商业银行使用中国工商银行网上银行系统为其开户单位或个人代理签发中国工商银行银行汇票的一组功能；代理汇兑是指代理行客户通过中国工商银行网上银行系统为中国工商银行客户办理向其他银行汇兑业务的一组功能。

（11）银财通　银财通是为财政预算单位提供的一组对零余额账户查询、支付、公务用卡指令编辑的功能。

（12）企业年金　企业年金是指企业及其职工在依法参加基本养老保险的基础上，自愿建立的补充养老保险制度。本功能是受年金计划受托管理人的委托，向企业提供各类年金信息查询的一组功能，可查询员工基本信息、查询员工个人年金账户明细、查询企业年金账户明细、查询企业年金计划信息表等。

（13）商务卡管理　商务卡管理是指单位客户通过网上银行对其下属的商务卡与公司卡的集中管理。该功能为单位客户提供三项子功能：商务卡业务、运通公司卡业务、自动转账业务。

（14）资金托管　资金托管是指资金托管的委托人双方通过与工商银行签订三方托管协议，委托人一方（缴款人）在工商银行开立资金托管专户，由工商银行负责对专户内资金进行托管，并按照托管协议中约定的条件，将托管资金向委托人另一方或约定的第三方进行划转的业务。

（15）监管审批　监管审批是指工商银行提供资金监管功能，实现监管方对被监管方的用款申请进行审批，同时提供查询余额和明细等服务。

（16）票据业务　票据业务是指通过工商银行网上银行和银企互联系统，实现纸质票据和电子票据的统一管理，可以在企业端的管理软件上进行票据的查询，发起相应的额度调整、托收、质押、业务申请等功能，并实现集团自主管理，盘活集团内全部票据资产。

（17）智富通卡管理　智富通卡管理是指客户通过企业网上银行完成卡片额度维护、卡片信息维护、卡渠道功能维护、卡内账户权限维护、卡内账户额度维护、卡默认账户维护处理等功能。

（18）供应链金融　供应链金融是工商银行为核心企业及其上下游企业提供的集供应链管理、供应链信息管理服务、融资服务、结算服务等一整套的综合性金融服务。

（19）客户服务　客户服务是进行企业资料维护、数字证书管理、电子工资单上传，工行信使定制等交易的一组功能。其具体主要功能介绍如下：

1）首页定制　它是定制企业客户进入企业网上银行后最先显示出来的页面。

2）相关下载　客户可以用此功能下载企业网上银行工具软件和账户信息。

3）客户资料　可提供对企业信息的查询或修改功能，如电子邮件、联系电话、传真等。

4）工行信使　工行信使（余额变动提醒）服务是为企业客户提供的一种有偿信息增值服务。企业定制工行信使服务后，其对公结算账户无论是通过联机交易、自助设备（ATM、POS、自助终端）还是通过网银和电话银行所发生的余额变动，都会通过短信方式进行实时通知。

5）证书管理　客户证书到期前1个月内，系统会自动提示客户证书快要到期，单击此功能可自动缴纳证书服务费，缴费成功后提示客户已经缴费完毕，即可单击“确定”按钮更新证书。

6）电子工资单上传　通过批量上传企业工资单，使得企业员工可以登录个人网上银行查询各自的工资单。

## 任务完成结论

通过对本任务的学习，大家对个人网上银行的查询、转账、支付结算等业务以及企业网上银行的账户查询、转账、收款、付款、企业理财等业务有了一个全面的认识。

## 课堂训练与测评

登录中国农业银行网上银行、建设银行网上银行、招商银行网上银行演示版，对比其个人网上银行与企业网上银行提供的业务服务功能的区别。

## 知识拓展

（1）中国工商银行网上银行业务功能演示（http://www.icbc.com.cn/icbc/html/ dongtaiyanshi/ Democenter/personal/index.html）。

（2）中国建设银行网上银行业务功能演示（http://ebank.ccb.com/cn/ebank/personal/dem oCenter/index.html）。

# 任务三　网上银行的业务申请

## 知识点、能力点

- 掌握个人网上银行的业务申请流程。
- 掌握企业网上银行的业务申请流程。

## 任务情境

随着金融电子技术的飞速发展，网上银行现代电子金融服务平台一经面市，便受到了消费者，特别是那些金融“尝鲜族”们的热烈追捧。像网上银行这种依托现代网络技术建立起来的虚拟银行服务方式，就很受一些习惯网络生活的年轻人喜爱。那么如何才能成为“网银一族”呢？同时，网上银行经过短短几年的发展，提供的业务服务领域日益丰富，应用也日渐普及，那么政府部门、企业如何享受网上银行的网上服务呢？其中还有不少门道需要了解一下。

## 任务分析

目前，世界上的主要发达国家均有网上银行服务。由于每个国家的管理制度和国情等不一样，不同国家网上银行的业务申请程序各有不同，没有完全一样的严格格式，甚至一个国家的不同银行的网上银行也有差别。有的银行需要用户本人持有效身份证件到该银行的营业网点办理网上银行申请手续；有的银行则提供柜台、网站或电话等多种申请和开通渠道。每个用户根据自己所持有的不同的银行卡，对应不同的网上银行使用规定。同时，对于同一个网上银行，其推出的多种网上银行产品服务，由于安全要求、金额、业务用途等的不同，其业务申请程序也可能有所不同，但基本的业务程序设置还是比较相似的。下面仍以中国工商银行网上银行为例，分别介绍个人网上银行与企业网上银行的业务申请程序，使大家对个人网上银行与企业网上银行的业务申请有一个深入的了解。

## 任务实施

一般个人客户只要拥有银行的资金账户（包括储蓄账户、定期账户或银行卡账户），就可以在网上或营业柜台填写开户申请表单，成为网上银行的客户。有些银行个人网上银行依据客户类别的不同，应用权限也不一样，申请流程上也有一些差别。

中国工商银行客户申请个人网上银行有 2 种方式：①客户携带本人身份证件及注册卡直接到营业网点柜面办理注册手续；②通过登录“www.95588.com”网站进行自助注册，但网上自助注册只能查询账户而不能进行网上支付、对外转账、个人汇款、代缴学费等功能，自助注册客户若要开通对外转账、个人汇款、代缴学费功能，可携带本人身份证件及注册卡到工行任何一个网点办理开通手续，当日即可开通使用工行个人网上银行系统。

企业网上银行的申请一般都必须到营业网点柜台办理注册手续。

## 一、个人网上银行业务的申请

中国工商银行“金融@家”个人网上银行具体申请步骤如下：

### 1. 申请银行卡

要申请开通个人网上银行，首先要申请工商银行任意一张牡丹卡如工行牡丹信用卡、牡丹灵通卡或贷记卡等，图 4-2 所示为工行灵通卡与牡丹信用卡。如果没有，可以带着本人身份证，到任何一家工商银行柜台申请，要做的就是填一张表格而已，当然如果在申请银行卡的同时就直接让柜台工作人员帮您开通网上银行的话，那么下面的第二步就可以跳过了。

图 4-2 中国工商银行灵通卡与牡丹信用卡

### 2. 注册并开通网上银行

（1）进入中国工商银行主页“http://www.icbc.com.cn”，如图 4-3 所示，单击“自助注册”进入网上自助注册须知页面。

图 4-3 中国工商银行主页

（2）阅读《网上自助注册须知》，如图 4-4 所示，单击“注册个人网上银行”。

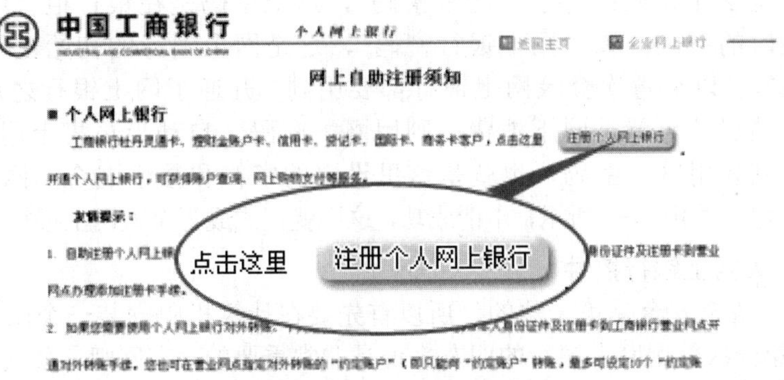


图 4-4　网上自助注册须知

接下来，会弹出一个“中国工商银行电子银行个人客户服务协议”，如图 4-5 所示，阅读协议后，单击“接受此协议”，表示同意。

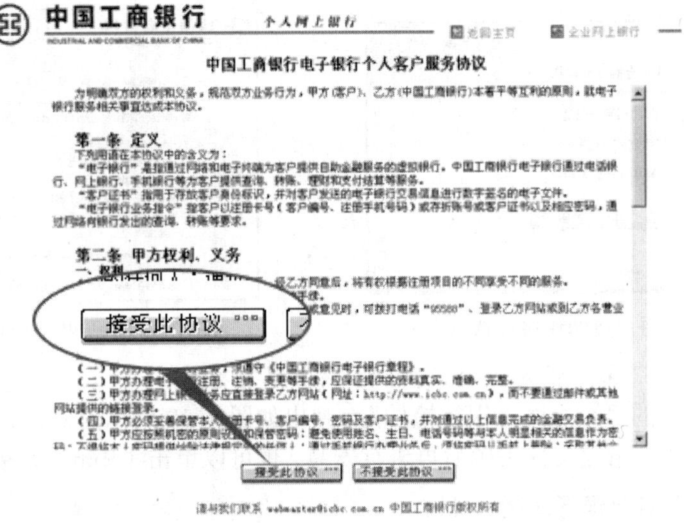


图 4-5　中国工商行电子银行个人客户服务协议

（3）进入用户注册页面，如图 4-6 所示，正确输入注册卡卡号，并提交。

（4）进入用户信息详细填写页面，如图 4-7 所示，请认真如实填写申请开通资料，并单击“提交”。

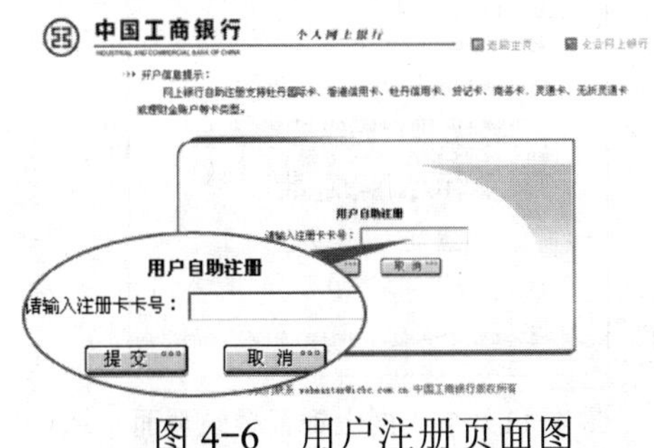


图 4-6　用户注册页面图

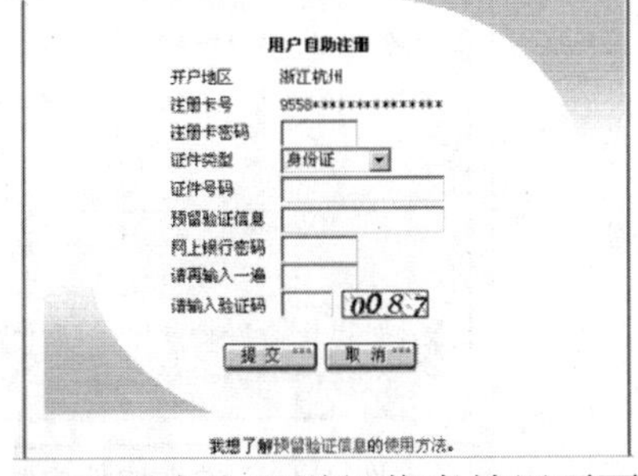


4-7　用户注册详细信息填写页面

这张表格上的“开户地区”就是您所在的省份和城市，注册卡号即银行卡号。这里特别要提醒的是 2 个密码：①“注册卡密码”，这个密码是在银行柜台取款或者在自动柜员机上取款时的密码；②“网上银行密码”，这是网上银行的初始密码，尽量用字符和数字混合填写，以后每次登录网上银行都要用到。开通了网上银行之后，如果在日常生活中要刷卡消费，也就是网下消费，则用网下密码（自动柜员机上用的密码）；而登录网上银行，则要用网上密码，也就是这里设定的字符和数字混合的网上银行密码。

（5）确认信息，如图 4-8 所示，申请成功，这样就正式成为个人网上银行的非证书客户了。

### 3．安装个人网上银行控件

网上购物，资金安全是第一位的，所以首先要在计算机中安装一个比较安全的“防盗门”，这对于第一次使用网上银行的朋友来说是非常重要的，在网吧、公共场合的计算机上以及多人共用的计算机上，尽量不要使用网上银行的收付款功能，以防账号信息被窃取。

（1）进入中国工商银行网站的注册页面“http://www.icbc.com.cn/index.jsp”。现在如果已经开通了网上银行，可以直接单击“个人网上银行登录”，出现的就是下面的登录提示页面，如图 4-9 所示。

图 4-8　用户自助注册确认页面

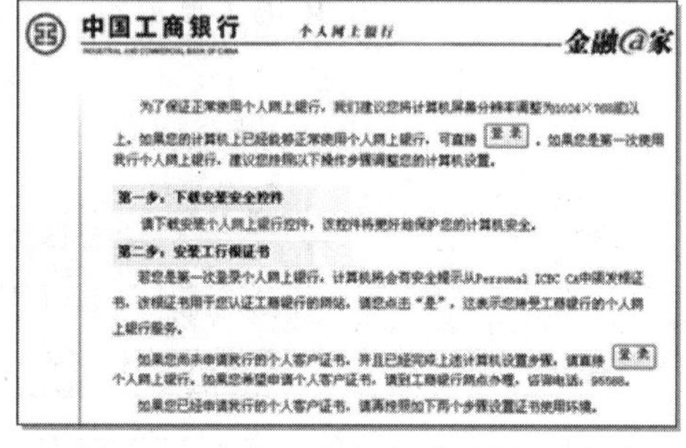


图 4-9　个人网上银行登录提示页面

注意：请先按照第一步的提示下载个人网上银行控件。

（2）单击蓝色的“个人网上银行控件”，弹出如图 4-10 所示的窗口。可以单击“Save”按钮，将程序保存到指定文件夹中后再进行安装，也可以单击“Run”直接运行并安装控件。

### 4．登录个人网上银行（图 4-11）

注册卡号/登录 ID：开通网上银行的银行卡号。

登录密码：网上银行初始密码，不是网下交易的密码。

验证码：输入图 4-11 中右侧显示的数字。

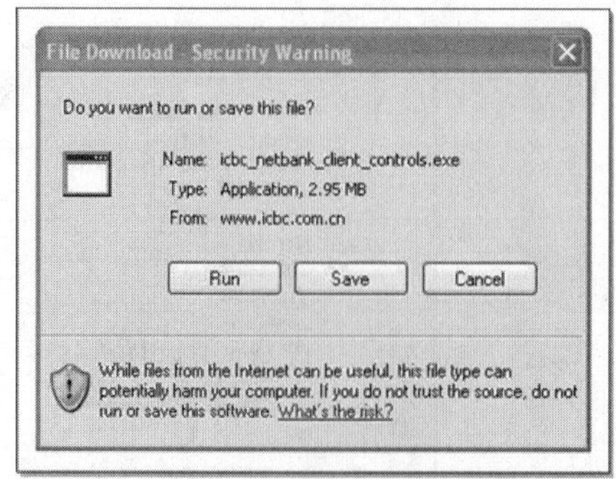


图 4-10　安全控件安装页面

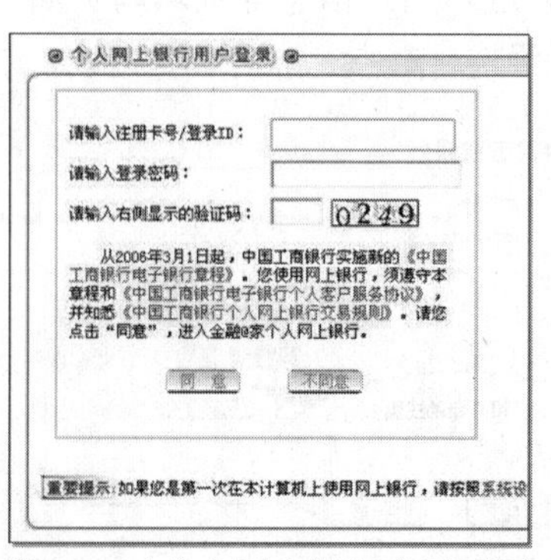


图 4-11　个人网上银行登录页面

单击“同意”，就进入了网上银行页面，银行在验证用户登录信息后即刻显示网上银行账户页面，用户可以在该页面使用账户查询等功能。

这时，用户个人网上银行自助注册成功，但网上注册只能查询账户而不能进行网上支付、对外转账、个人汇款和代缴学费功能的操作，自助注册客户若要开通对外转账、个人汇款、代缴学费功能，可到营业网点办理开通手续。为了保证安全，建议首次进行网上支付前，先登录中国工商银行个人网上银行修改网上银行登录密码与支付密码，尽量使用数字和字母的组合。网上自助注册或在营业网点注册的客户均可以在网上自助注销网上银行。

## 二、企业网上银行业务的申请

在工商银行开立账户且信誉良好的企业客户，包括企业、行政事业单位、社会团体等，均可开通企业网上银行。企业客户按规模分为集团客户和一般客户两大类。集团客户是指总部及其分支机构在工商银行对公营业网点开立存款账户，且总部需要通过企业网上银行系统查询分支机构账户或同时需要通过企业网上银行系统从分支机构账户转出资金的企业。一般客户是指没有开设任何分支机构的企业或总部不需要通过企业网上银行系统查询分支机构账户、也不需要通过企业网上银行系统从分支机构账户转出资金的集团性企业等。

工商银行企业网上银行根据功能、介质和服务对象的不同可分为普及版和证书版。企业网上银行普及版适用于需要实时掌握账户及财务信息、不涉及资金转入和转出的广大中小企业客户。客户在工商银行网点开通企业电话银行或办理企业普通卡证书后，就可在柜台或在线自助注册企业网上银行普及版了。客户凭普通卡证书卡号和密码即可登录企业网上银行普及版，获得基本的网上银行服务。企业网上银行普及版为客户提供了账户查询、修改密码、首页定制等功能，客户还可以使用网上挂失功能在线自助办理普通卡证书挂失。如果您不满足于获得最基本的账务查询等服务，还需使用更丰富、更强大的网上银行功能，可以使用企业网上银行证书版。

工商银行企业网上银行具体申办流程如下：

（1）仔细阅读有关资料　仔细阅读《中国工商银行电子银行章程》《中国工商银行电子银行企业客户服务协议》及有关介绍材料。

（2）准备申请材料　客户应准备有关部门核发的法人代码证，填写一份网上银行企业客户注册申请表以及企业开户行需要的其他材料。《网上银行企业客户注册申请表》以及《企业或集团外常用账户信息表》《企业贷款账户信息表》《客户证书信息表》和《分支机构信息表》等表格可向开户行索取。取得申请表后，客户应如实填写表中各项内容，加盖单位公章，并保证内容的真实性。特别应注意的是，应准确填写联系地址，否则可能耽误申请事宜。

（3）提交申请材料　客户将企业全部申请材料交给开户行，由开户行对申请材料进行审批。

（4）等待审批结果　银行在收到申请表的 2 周之内，会通过电话、电子邮件或信函给予客户答复；对于未通过开户行审批的，申请材料原件将被退回客户。

（5）领取客户证书（或 Usbkey）和密码信封　开户行将在审批同意之日起的 2 周内通知客户到开户行领取客户证书和密码信封，领取后的次日客户就可使用银行的网上银行了。同时，银行会将客户端安全代理软件发送给客户，客户可按银行所提供的安装说明下载并安装软件，银行也可为客户提供上门安装服务。安装好后，使用客户代理软件输入用户密码，就可以登录网上银行，进入网上账户进行账号管理及享受其他金融服务了（注意：集团客户此时只能操作总部的账户，必须得到分支机构的授权后，才能对分支机构的账户进行操作）。

（6）集团客户办理各分支机构账户查询、转账授权书的核实　对于工商银行审批同意的集团客户，客户需组织下属的分支机构协助工商银行办理“电子银行客户授权书”的核实事宜。

（7）特殊功能的申请　申请开通收款业务、定向汇款、信用证、贵宾室和账户高级管理等特殊功能的客户，还需向开户网点申请并填写相关表格，具体操作流程可咨询开户网点。

## 任务完成结论

通过以中国工商银行网上银行为例介绍其具体申请步骤，能够使读者了解并掌握个人网上银行与企业网上银行业务申请的基本步骤。

## 课堂训练与测评

请根据自己所持有的银行卡，注册个人网上银行，写出申请流程。

## 知识拓展

### 1．中国工商银行

银行客服电话：95588

支付产品种类：注册静态密码/电子银行口令卡/U 盾/E 卡

支付办理说明：电子银行口令卡，可以携带有效证件和注册过网上银行的银行卡到工行营业网点免费领取，请在领取时向工作人员说明开通“电子商务”功能；U 盾，需要到柜台去开通。

支付限额：电子银行口令卡(无需开通短信认证)单笔限额 500 元，日限额 1 000 元，如果用户在银行设置的网上支付额度低于限额，以用户的设置为准。电子银行口令卡开通短信认证单笔限额 2 000 元，日限额 5 000 元；U 盾单笔/每日限额 100 万元。工行企业版的支付限额以在银行设置的限额为准。

支付卡种：信用卡/储蓄卡

中国工商银行注册网址：http://www.icbc.com.cn

### 2．中国建设银行

银行客服电话：95533

支付产品种类：网银盾用户/动态口令卡用户

支付办理说明：需要携带身份证和龙卡去建行柜台签约开通。

支付限额：储蓄卡用户（账号支付，无需办理网银，需要预留的手机号接收验证码；无网银盾的网银用户，如办理短信动态口令的用户）单笔/每日限额 5 000 元；储蓄卡一代网银盾用户单笔限额 5 万元，日累计 10 万元；储蓄卡二代网银盾用户单笔/每日限额 50 万元。信用卡网银用户（账号直接支付，需要预留的手机号接收验证码）单笔/每日限额 5 000 元。准贷记卡用户，如果办理动态口令则单笔/每日限额 5 万元；如果办理网银盾则单笔/每日限额 50 万元。建行企业版的支付限额以在银行设置的限额为准。

支付卡种：准贷记卡/储蓄卡/信用卡

中国建设银行注册网址：http://www.ccb.com

### 3．中国农业银行

银行客服电话：95599

支付产品种类：动态口令卡/K 宝

支付办理说明：需持证件和银行卡去柜台办理

支付限额：动态口令卡的单笔限额 1 000 元，日累计 3 000 元；办理农行 K 宝则无限额。农行企业版的支付限额以在银行设置的限额为准。

支付卡种：储蓄卡/准贷记卡

中国农业银行注册网址：http://www.abchina.com

### 4．招商银行

银行客服电话：95555

支付产品种类：专业版/大众版

支付办理说明：大众版可通过柜台、电话银行和网上注册任意一种方式开通；专业版需持身份证及银行卡去招行柜台开通。

支付限额：开通大众版网上支付功能的储蓄卡单笔/每日限额 500 元；开通专业版网上支付功能的储蓄卡则无限额。开通网上支付功能的信用卡网上支付限额为信用卡本身透支额度，其中小额信用卡网银行支付单笔限额 2 000 元。招行企业版网上银行支付无限额。

支付卡种：信用卡/储蓄卡

招商银行注册网址：http://www.cmbchina.com

### 5．交通银行

银行客服电话：95559

支付产品种类：手机注册版（大众版）/证书认证版（专业版）

支付办理说明：需要持身份证及银行卡去交行柜台开通网上支付功能，成为交通银行手机注册版用户或者证书认证版用户，开通后需要进行激活。交行信用卡开通网上银行只需要带身份证和银行卡去银行办理网银业务后自行在网银中开通支付功能即可，不需要挂靠在储蓄卡或者准贷记卡下。

支付限额：储蓄卡（开通短信密码）单笔/每日限额 5 万元，每月无限额。准贷记卡（开通 U 盾）单笔/每日限额 100 万元，月限额 100 万元。信用卡单笔/每日限额 5 万元，每月无限额。

支付卡种：储蓄卡/准贷记卡/信用卡

交通银行注册网址：http://www.bankcomm.com

### 6．广发银行

银行客服电话：95508

支付产品种类：通用版/证书版

支付办理说明：通用版可在银行网站在线签约，证书版需在各网点办理，增加数字证书和 Key 盾。

支付限额：储蓄卡（手机动态验证码）单笔/每日限额 3 000 元；储蓄卡（Key 盾）单笔/每日限额 30 万元。小额信用卡网银支付单笔/每日限额 2 000 元；大额信用卡网银支付，开通手机动态验证码的单笔/每日限额 1 万元，开通 Key 盾的单笔/每日限额 50 万元。

支付卡种：信用卡/储蓄卡

广发银行注册网址：http://www.cgbchina.com.cn

**7．平安银行**

银行客服电话：95511

支付产品种类：USBKey 数字证书/手机动态密码

支付办理说明：USBKey 数字证书、手机动态密码都需要用身份证和银行卡到银行柜台申请开通。

支付限额：储蓄卡单笔/每日限额 5 万元，每月无限额。小额信用卡网银支付单笔/每日限额 2 500 元，每日限 10 笔；大额信用卡网银支付单笔/每日限额 2 万元，每日限 10 笔。

支付卡种：信用卡/储蓄卡

平安银行注册网址：http://bank.pingan.com

**8．中国光大银行**

银行客服电话：95595

支付产品种类：银行卡直接支付/网银专业版支付（分为动态密码、阳光网盾、动态口令牌三种安全验证方式）

支付办理说明：对于个人网上银行专业版客户，可以通过网银专业版开通银行卡直接支付和网银专业版支付；对于其他客户，可以通过柜台开通银行卡直接支付方式，或者在开通个人网上银行专业版之后在网银进行签约。

支付限额：储蓄卡客户，如开通大众版或手机动态密码网上银行则单笔/每日限额 5 000 元；如办理阳光网盾则单笔限额 20 万元，日累计 50 万元；如办理动态口令牌则单笔/每日限额 50 万元。小额信用卡网银支付单笔/每日限额 2 000 元；大额信用卡网银支付，办理手机动态密码的单笔/每日限额 5 000 元，办理阳光网盾的单笔/每日限额 50 万元。

支付卡种：信用卡/储蓄卡/活期一本通

中国光大银行注册网址：http://www.cebbank.com

**9．中信银行**

银行客服电话：95558

支付产品种类：文件证书/移动证书

支付办理说明：如欲到中信网点申请成为网银证书用户，请携带有效证件及中信银行卡办理，并可以选择同时开通该卡的网上支付功能。中信网银证书用户，可以登录中信个人网上银行进行网上支付设置，即开通和进行限额设置。

支付限额：储蓄卡文件证书客户单笔限额 1 000 元，日限额 5 000 元；储蓄卡移动证书客户单笔/每日限额 100 万元。小额信用卡网银支付单笔限额 1 000 元，日限额 1 万元。大额信用卡网银支付限额为信用卡本身透支额度。

支付卡种：信用卡/储蓄卡

银行注册网址：http://bank.ecitic.com

**10．中国民生银行**

银行客服电话：95568

支付产品种类：贵宾版(签约客户)/大众版(非签约客户)

支付办理说明：大众版可以直接网站开通；贵宾版需持身份证和和银行卡去银行柜台办理。

支付限额：办理大众版的客户单笔/每日限额 5 000 元。办理贵宾版的客户单笔/每日限额 50 万元。

支付卡种：储蓄卡

中国民生银行注册网址：http://www.cmbc.com.cn

**11．上海浦东发展银行**

银行客服电话：95528

支付产品种类：数字证书版/动态密码版

支付办理说明：持身份证及银行卡或存折去银行柜台开通

支付限额：开通动态密码版网上支付功能的储蓄卡客户单笔/每日限额 20 万元；开通数字证书版网上支付功能的储蓄卡客户可自行设置单笔/每日限额。开通动态密码版网上支付功能的小额支付准贷记卡客户单笔/每日限额 5 万元；开通数字证书版网上支付功能的小额支付准贷记卡客户可自行设置单笔/每日限额。开通网上支付功能的小额支付信用卡网银客户可自行设置单笔/每日限额。办理动态密码或数字证书的大额信用卡网银支付客户单笔/每日限额 1 万元。

支付卡种：信用卡/储蓄卡

上海浦东发展银行注册网址：http://www.spdb.com.cn

## 任务四　使用网上银行进行网上支付

### 知识点、能力点

- 掌握个人网上银行的网上支付操作流程。
- 掌握企业网上银行的网上支付操作流程。

### 任务情境

今年 32 岁的小徐是个体老板，经常需要去外地进货，而从异地银行取款不仅需要收取手续费，而且一个人在外地进货携带大量现金，既不方便也不安全。后来，小徐听朋友说只要去银行申请开通网上银行，就可以在本地直接把钱打到对方指定的银行账户上，既免去了现金付款的麻烦，也省了异地取款手续费，还大大提高了安全系数，一举多得。从此，小徐加入了网银一族。

网上购物也是网银的基本功能之一，例如可在国内知名的购物网站购买一些家居用品，淘一些自己喜爱的衣服、首饰，或者购买一些心爱的书籍。网银缩短了地区与地区间的距离，也为我们平淡的日常生活带来了惊喜与活力，网银带来的多彩生活触手可及。那如何使用网上银行进行转账与网络购物呢？本任务就邀大家来体验一下吧！

## 任务分析

网上支付是电子商务的一个重要组成部分，网上银行的网上支付功能也是网上银行的一个重要功能，如何使用网上银行进行网上支付与转账也是本任务将要重点介绍的内容。

## 任务实施

根据前面所述的网上银行的技术与应用上的特点，网上银行的支付模式应该分为个人网上银行的网上支付模式与企业网上银行的网上支付模式。两者由于支付的客户性质和应用的工具不同，故支付模式也存在差别，并且不同的网上银行版本，根据版本功能级别不同，其支付模式也有一些细微差别。不过，各类网上银行在技术应用上基本相同，因此用于网上支付结算时还是具有类似的流程与特点的。下面主要以中国工商银行为例，叙述网上银行的网上支付模式。

### 一、个人网上银行的网上支付流程

个人网上银行的资金账号与客户的银行卡资金账号在技术与应用的本质上是一样的，都代表了一个用户 ID。为了节省运作成本，方便银行管理与客户应用，充分利用银行已有资源，目前国际上个人网上银行的网络支付常常结合客户的银行卡账号进行，即把个人网上银行的账号与客户银行卡的账号绑定集成在一起。我国目前个人网上银行用于网络支付结算时基本都是这样。

中国工商银行的个人网上银行的支付模式就是结合工商银行卡账户的网络支付模式，为了银行卡账户的安全，在线支付可由个人网上银行的 e 卡来完成（类似招商银行的在线支付卡），其简要流程如下：

#### 1. 开通工商银行的 e 卡

首先登录中国工商银行个人网上银行，单击导航栏上的“e 卡”，如图 4-12 所示。

这里可以看到开通协议。您可以在此设置您的卡内最高限额，完成后单击“接受协议”，如图 4-13 所示。

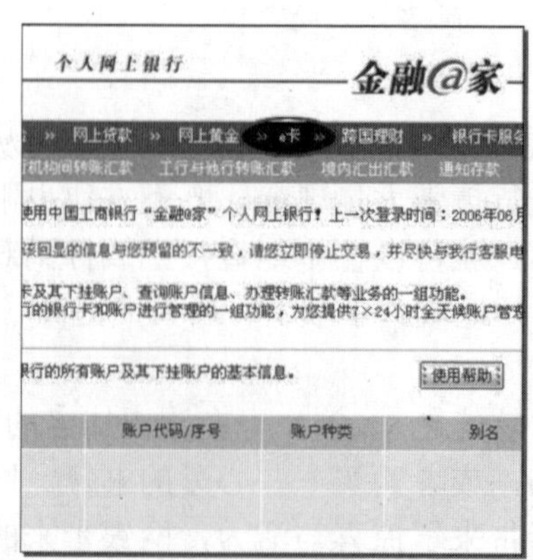


图 4-12 开通中国工商银行 e 卡页面

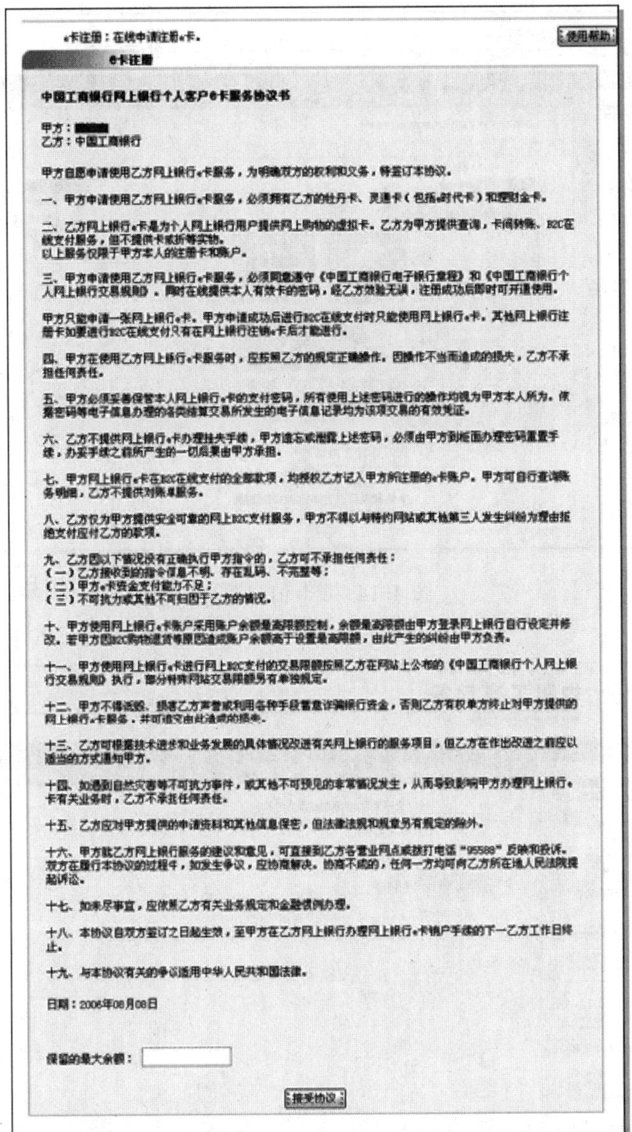


图 4-13　e 卡服务协议页面

现在您可以获得 e 卡号码了，记录下这个号码，并妥善保管，这个号码就是用来进行网上支付的卡号，并可以选择 e 卡的样式，如图 4-14 所示。

选择确定后便能完成自助注册流程了，e 卡注册成功页面如图 4-15 所示。

e 卡开通后，默认情况下 e 卡中没有可供支付的余额，所以应先单击页面顶部的“e 卡”链接，再单击“e 卡转账”，在打开的页面中勾选“注册卡向 e 卡转账”并输入转账金额（建议每次转账金额不要过大），最后确认，这样就可以使用它在各大购物站点购买自己喜欢的商品了。支付时，您只需要根据提示填写好自己的 e 卡卡号和密码即可。为了安全起见，您可以单击进入“最大限额设置”页面设置一个最大的消费限额，如果不想再使用 e 卡来进行在线支付，只需单击“注册/注销”链接即可将该 e 卡注销。

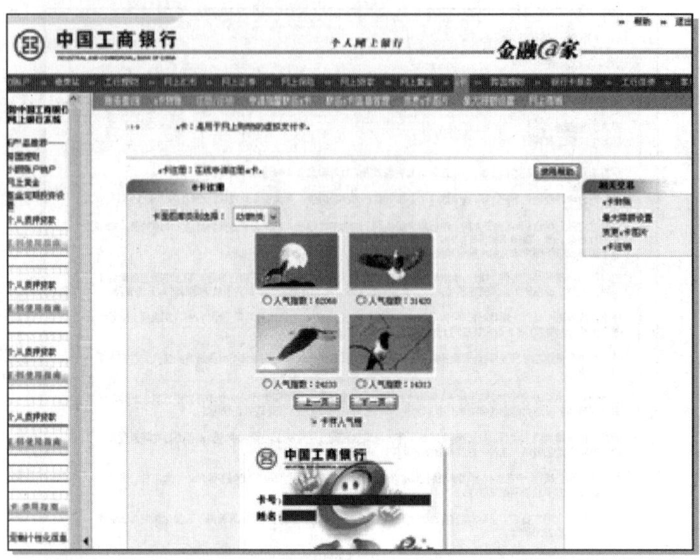


图 4-14　e 卡信息页面

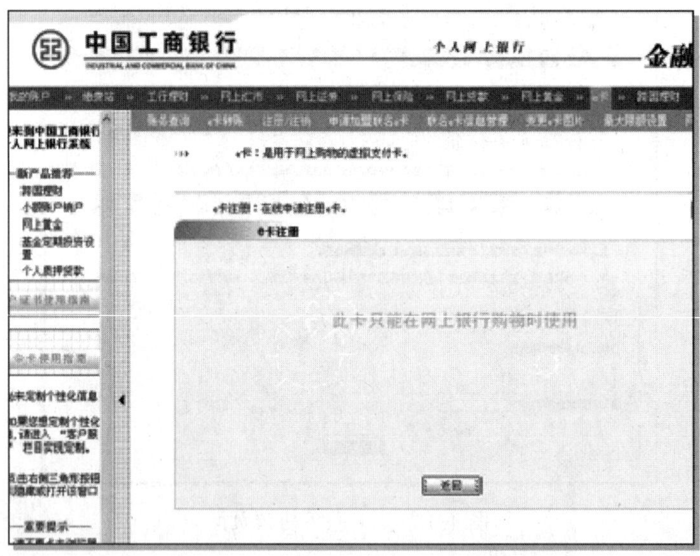


图 4-15　e 卡注册成功页面

### 2．选购

可以在任何提供工商银行网上支付服务的网上商户处选购商品和服务。当选择好商品单击确认订单后，进入选择支付方式页面，使用鼠标单击“工商银行网上银行”，就会被自动引导到工商银行网站并进入支付程序。

### 3．支付

进入工商银行支付页面，输入“支付卡号”“支付密码”并提交，如图 4-16、图 4-17 所示。

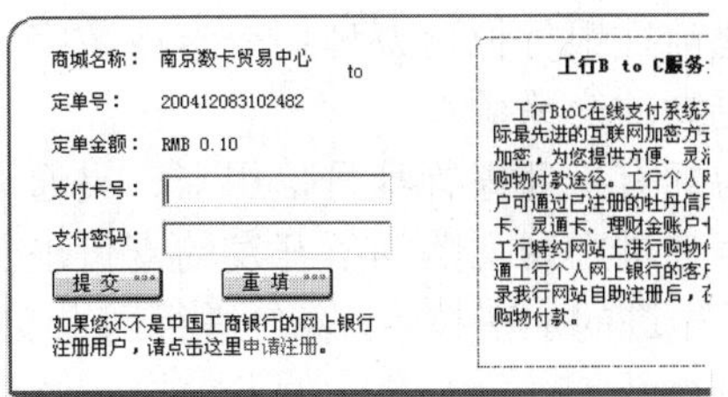


图 4-16　个人网上银行支付页面

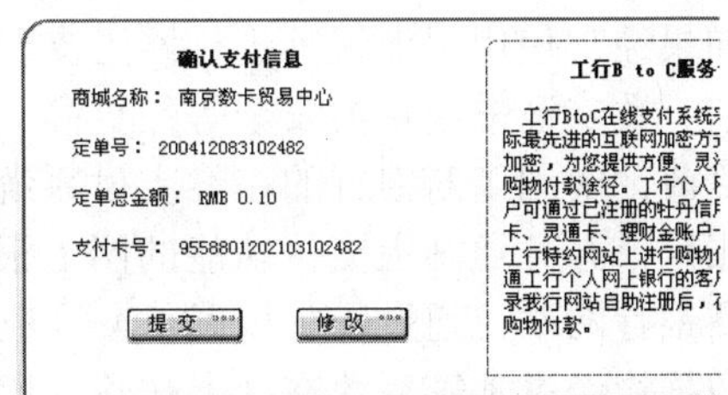


图 4-17　确认支付页面

## 4．确认支付信息

如果网上支付成功，将显示订单号和交易流水号，如图 4-18 所示，至此便完成了整个支付过程。

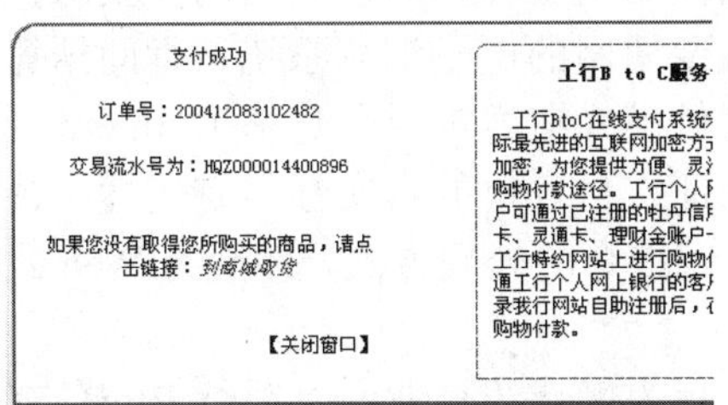


图 4-18　支付成功页面

## 5．购物明细查询

客户可随时登录到工商银行个人网上银行进行“网上购物明细查询”，如图 4-19 所示。

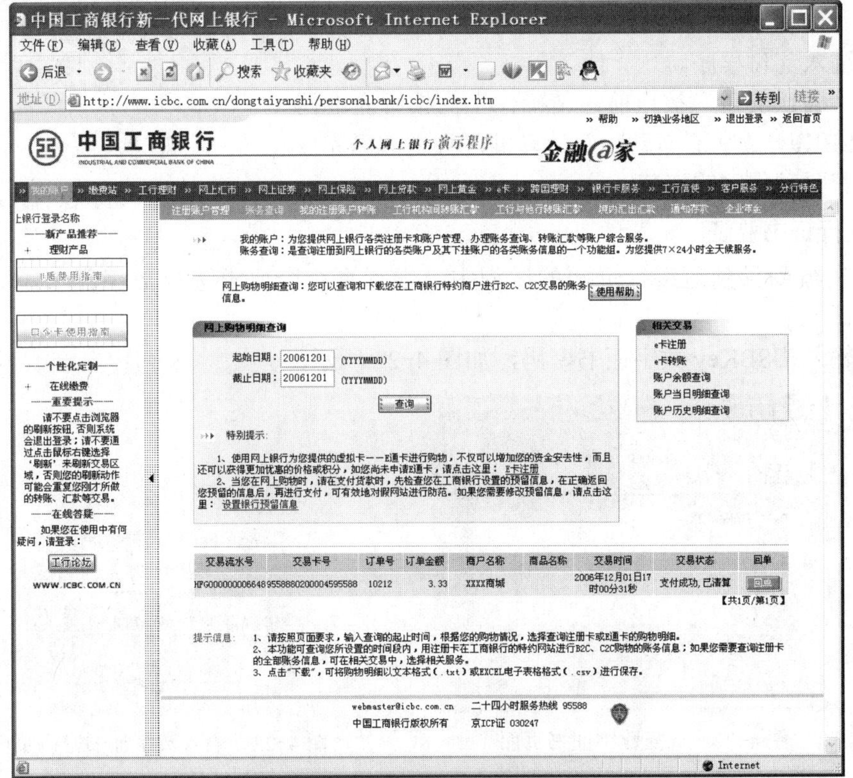


图 4-19　购物明细查询页面

如果经常使用网上银行进行网上支付，建议您前往银行柜台办理口令卡或数字证书。口令卡、数字证书用户的安全等级更高，并且有更高的交易额度。

目前，中国工商银行的在线支付系统是专门为拥有工商银行牡丹信用卡、灵通卡、贷记卡账户，并开通网上支付功能的网上银行个人客户进行网上购物所开发的支付平台。中国工商银行网站已通过国际权威CA认证且采用了先进的加密技术，客户进行网上支付时，所有数据均经过加密后才在网上传输，因此安全可靠。

## 二、企业网上银行的网上支付模式

企业网上银行的网上支付模式与个人网上银行账号进行支付结算的过程相似，只是企业的网上支付通常涉及中大额的资金转移等，采用的安全防护手段更多，更加安全，而且涉及与银行后台的基于金融专用网的电子汇兑系统、行间结算系统的配合使用。

企业网上银行的网上支付模式在客户前台是基于Internet平台，采用数字签名、数字证书等相关安全技术，以保证支付表单的真实性与有效性；该模式在银行后台则是基于金融专用网络传递的，也是支付指令的处理方式，体现为Web式支付表单以及相关的付款通知表单。

下面我们以中国工商银行为例介绍企业网上银行BtoB在线支付流程。

### 1. 选择工商银行BtoB在线支付

当选择好商品确认订单后，进入选择支付方式页面，如图4-20所示。请选择工商银行企业用户，然后单击页面下端的“确认支付”按钮，就会被自动引导到工商银行网站并进入支付程序。

单击“确认支付”按钮前，请确保工商银行企业网上银行USBKey数字证书已插入计算机，且之前已完成相关插件和驱动程序的安装。

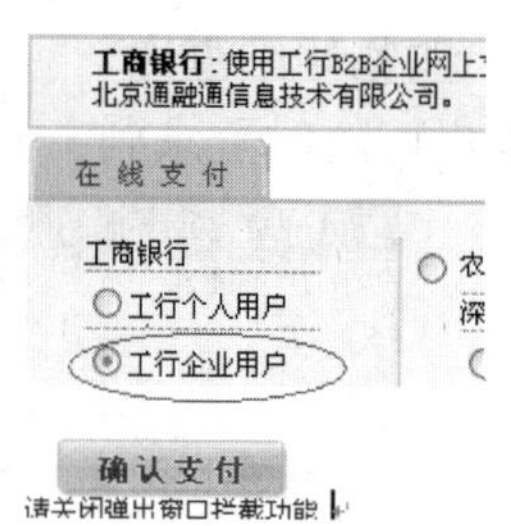


图4-20 选择支付方式页面

### 2. 银行证书验证

（1）在被引导到达银行页面的过程中，银行系统会要求选择数字证书，如图4-21所示。

（2）输入USBKey数字证书密码，如图4-22所示。

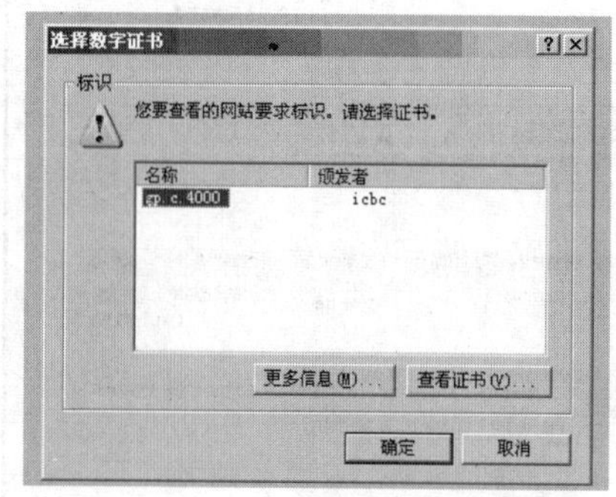


图4-21 选择数字证书页面

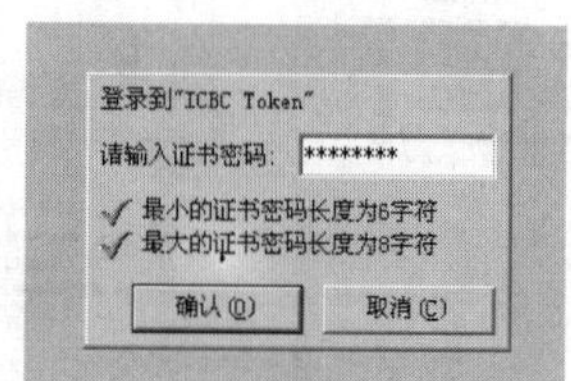


图4-22 输入数字证书密码页面

（3）“安全警报”，单击“是”，如图4-23所示。

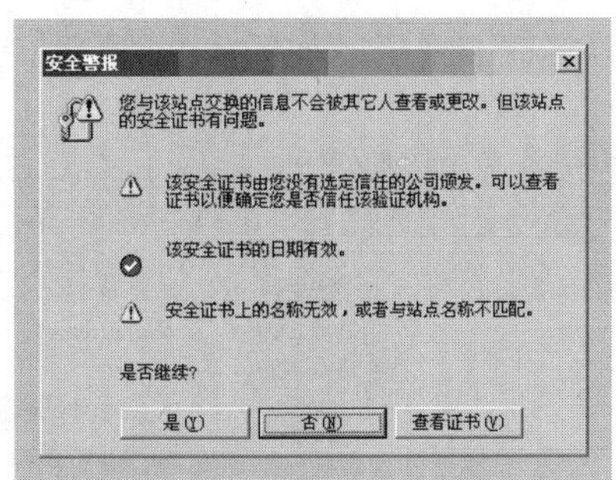


图 4-23　安全警报页面

**3．填写银行要求的付款信息并确认，如图 4-24 所示。**

（1）收款人名称：×××公司。

（2）收款银行名称：工行。

（3）在“请选择您的支付单位”和“请选择您的支付账号”两个下拉栏里选择支付单位和账号。

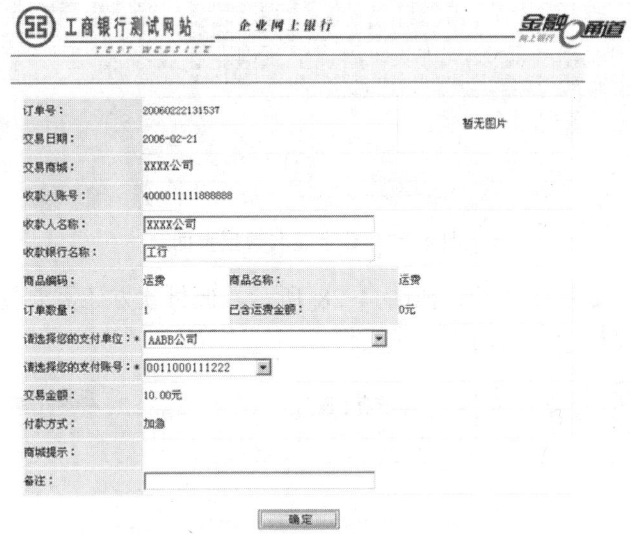


图 4-24　填写付款信息页面

进入确认支付信息页面，单击“确认”，如图 4-25 所示。

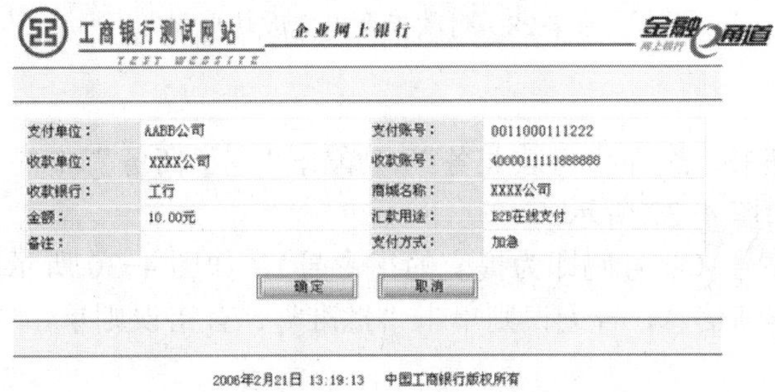


图 4-25　确认支付信息页面

（4）再次输入 USBKey 数字证书密码，如图 4-26 所示。

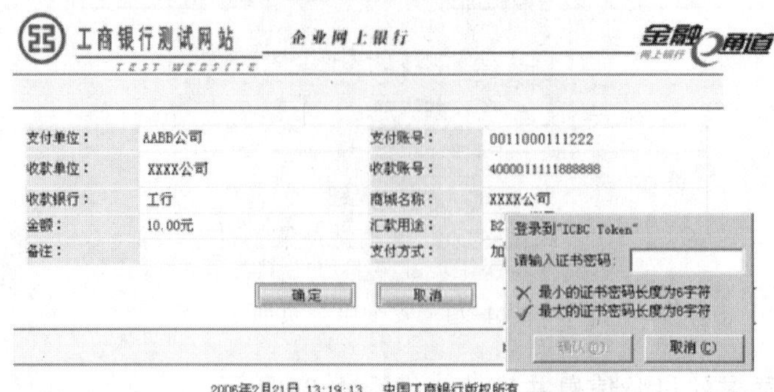


图 4-26 再次输入数字证书页面

（5）确认支付信息及签名数据页面，如图 4-27 所示。

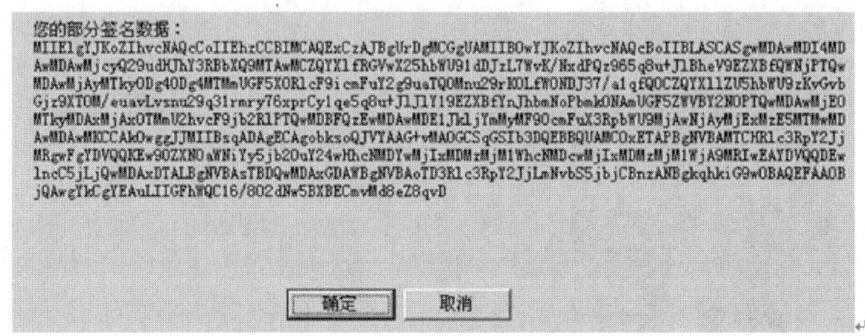


图 4-27 数字签名数据页面

（6）这时付款指令提交成功，如图 4-28 所示。但付款方还需要登录工商银行企业网上银行完成必要的授权，才能真正完成支付。

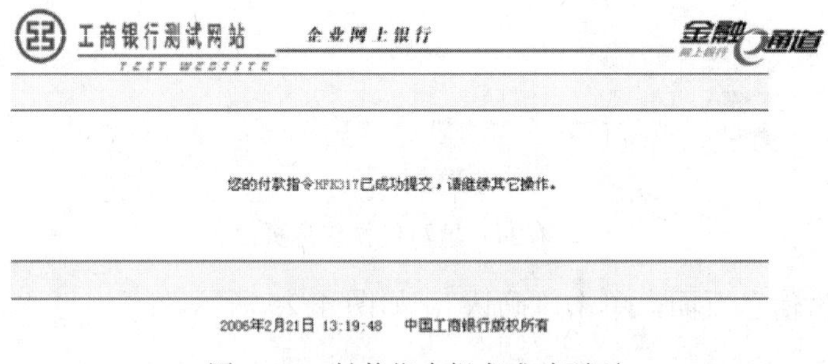


图 4-28 付款指令提交成功页面

**4. 进行授权**

（1）插入授权证书，选择“付款业务”，单击“电子商务”中的“批准指令”，然后提交时间并确认，如图 4-29 所示。

（2）单击交易序号（此号码即为提交的指令号），如图 4-30 所示。

（3）核对指令详细信息，若无误则单击“批准”；有错误则单击“拒绝”，重新提交，如图 4-31 所示。

（4）批准后指令处理成功，如图 4-32 所示。

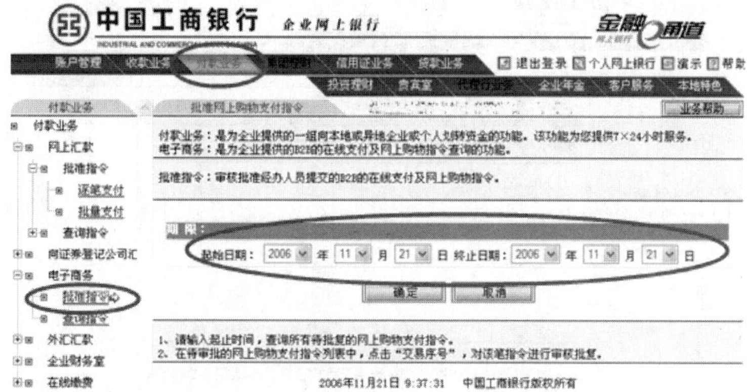


图 4-29 批准付款指令页面

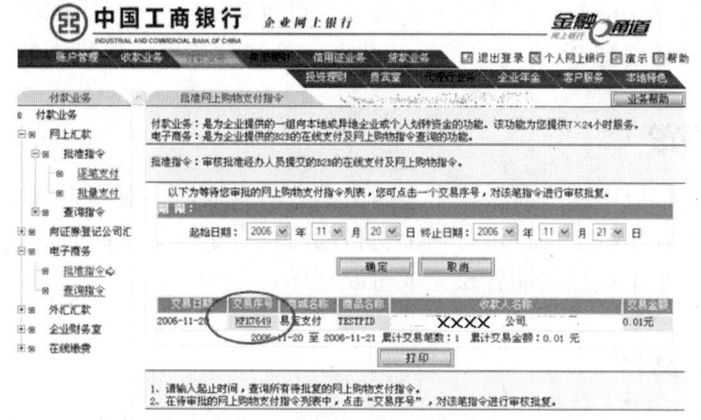


图 4-30 选择交易序号页面

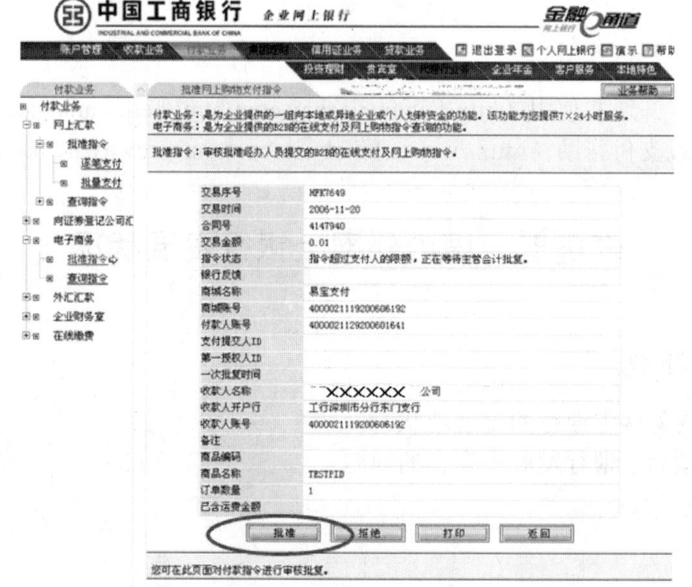


图 4-31 核对支付指令页面

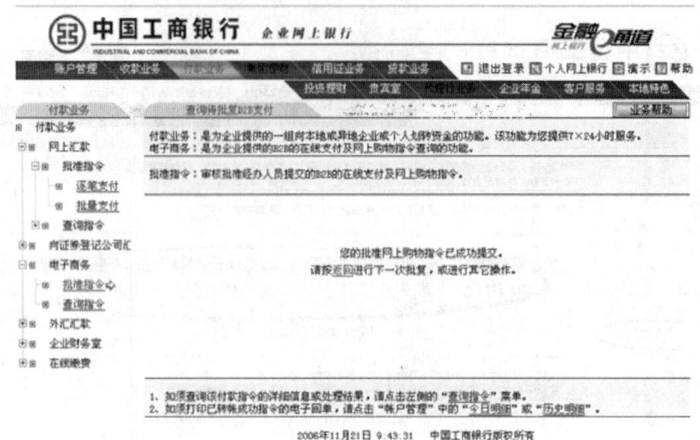

图 4-32 支付指令处理成功页面

此时，企业银行 BtoB 支付流程就完成了。可以看出，企业网上银行的出现给信息网络时代的商务贸易特别是 BtoB 电子商务提供了一个方便快捷、低成本的支付手段。

### 任务完成结论

本任务中，我们以中国工商银行个人网上银行与企业网上银行为例，学习了网上支付与转账，使大家对使用网上银行进行网上支付的流程有了一个全面的认识，也使大家体会到了通过网上银行单击鼠标就能轻松完成付款程序。

### 课堂训练与测评

请根据自己所持有的银行卡注册个人网上银行，体验个人网上银行的功能操作过程，即进行一次实际的网上支付或网上转账，并写出操作过程。

### 知识拓展

（1）网上银行开通和使用（http://www.yeepay.com/html/help/bank.shtml）。
（2）网银在线支付帮助（http://www.chinabank.com.cn/gateway/help/index.shtml）。

## 任务五 国内外网上银行发展状况

### 知识点、能力点

- 了解国内外网上银行的发展现状。
- 了解我国网上银行发展中存在的问题。

### 任务情境

在以计算机技术为基础的市场经济条件下，信息已成为起决定作用的资源，以微电子技术为基础的信息技术革命以及国际互联网的形成，正在把整个世界经济融合成全球一体的“网络经济”。网上银行将成为21世纪银行业经营的主体。美国微软公司前总裁比尔•盖茨预言：“如果传统商业银行不对电子化作出迅速反应，它将成为21世纪即将灭绝的恐龙。银行业是必需的，但网络科技使银行本身变得不那么必要了。”当然，网络技术的发展是传统银行向网上银行演化的不可缺少的基础，但更多的是网上银行本身存在的种种优势，为银行业和金融业所看好。

发展网上银行，努力提高自己的竞争力，由被动的战略防御转变为主动积极的战略进攻，是我国银行业缩小与国际银行业发展差距的难得捷径和机会。我国银行业应把握住这个机会，大力发展、不断完善网上银行业务，提供个性化的产品和服务，努力扩大市场份额，为自己争取到一个有利的局面，才会不至于沦为比尔•盖茨所说的“如果传统商业银行不对电子化作出迅速反应，它将成为21世纪灭绝的恐龙”。

## 任务分析

通过了解国内外网上银行发展状况，探索我国商业银行应该以什么样的速度，付出何等代价，采用何种形式去完成金融服务的电子商务化，以加强自身的竞争力，迎接全球信息化的挑战，是本任务中我们关注和探讨的重点。

## 任务实施

### 一、国外网上银行的发展状况

#### 1. 欧美网上银行发展概况

1995年10月18日在美国诞生了第一家网上银行——安全第一网络银行(Security First Network Bank)，这是世界上第一家将其所有银行业务都通过Internet交易处理的开放性银行。受其影响，其他商业银行纷纷作出了积极反应，发展势头十分迅猛，绝大部分有影响的商业银行都陆续建立了自己的网上银行，且都成功步入网上银行发展的轨道，其中最具代表的就是富国银行(Wells Fargo)。目前，富国银行已拥有全美第一的网上银行服务体系，是网上银行的领导品牌。

在美洲，经济算不上发达的巴西已有半数以上的银行在Internet上开办了业务，这一比例直逼网上银行最为发达的美国。

欧洲的网上银行业务虽然起步较晚，但眼下已有不少网上银行开始崭露头角，令传统大型银行倍感威胁。在欧洲，包括德意志银行、巴克莱银行、国民威斯敏斯特银行等巨头在内的各知名银行也纷纷推出网上银行服务。根据2013年的研究显示，网络银行使用率处于欧洲第一位的是挪威和冰岛(86%)，第二位是芬兰(82%)，第三位是荷兰(80%)，法国排在第四位(54%)，排在末尾的是罗马尼亚(3%)。28个欧盟成员国的网络使用率平均水平为38%。

不过，有研究显示，在斯诺登泄密事件爆发后，使用网络银行进行支付和收款的人开始有所减少。约30%的德国消费者出于安全原因，不愿使用网络银行。

#### 2. 亚洲网上银行发展概况

在亚洲，韩国的网上银行相当发达，这也得益于韩国是世界上宽带普及率最高的国家。

韩国互联网用户中有90%的人利用网上银行，利用率在亚太地区居首位；网上银行用户占人口的比率仅列瑞典、挪威之后，位居世界第三位。在韩国利用网络进行金融服务的银行数量迅猛增长，网上银行已经超过传统的柜台服务，成为了最重要的金融服务渠道。到2013年底，韩国的网络银行利用者中，移动银行的使用比重从2012年的29.2%增至2013年的65.4%，网络购物利用者中，利用移动终端购物的比重从23.8%增至43.2%。

日本、新加坡也都先后推出了网上银行服务。新加坡银行下设的金融机构 FinatiQ 是亚洲第一个网上银行，它于2000年4月对外营业。而在日本，住友银行最早开始提供网上银行服务。

目前，发达国家的商业银行已纷纷为自己的网上银行展开了广告攻势和宣传攻势，以争夺网上交易份额，争抢新的客户源。在业务范围上，发达国家的网上银行服务面更为广泛，业务品种更为齐全；在业务处理上，交易信息采用网上传输，银行计算机系统的实时自动处理方式方便、迅捷、安全，已深受企业和个人用户的欢迎。网上银行正在以不可阻挡的态势，以超常规的发展速度整合着世界金融。

## 二、国内网上银行的发展状况

相对于发达国家的网上银行发展状况，由于我国金融电子化与信息化水平还比较低，目前内地的商务支付手段主要还是现金和纸质支票，并结合一些电子汇兑手段，一些基本的网上银行服务如信用卡的网络支付与结算正在不断普及。应该说，网上银行在我国的发展才刚刚起步，还有待于客户量的大量增加、银行业自身的技术应用与金融服务水平的提高，也有待于整个社会的观念革新。

随着我国经济的快速发展，我国 Internet 的发展与电子商务的发展极大地促进了网上银行的发展，我国银行业也在积极利用先进的信息网络技术工具并在一定的经营理念下与国际接轨，这为网上银行在我国的快速发展奠定了基础。目前，我国网上银行在发展环境、水平等方面均有了显著的提高，在面临挑战的同时也拥有良好的机遇。

### 1. 中国银行网上银行

1996年2月，中国银行在国际互联网上建立了主页，首先在互联网上发布信息。1998年3月6日，中国银行网上银行服务系统成功办理了我国大陆第一笔国际互联网上的电子交易，从而拉开了我国网上银行业的序幕。1998年4月，中国银行与首都信息发展有限公司签署了战略合作协议书，中国银行为北京公用信息平台发展电子商务提供网上交易支付的认证和授权。1999年6月，中国银行正式推出“企业在线理财”“个人在线理财”和“支付网上行”等网上银行的系列化产品。更具特色的是，中国银行按照 SET 标准建立了一整套购物及支付系统，为用户提供了一个快捷、方便、安全的网上购物环境，使得中国银行的持卡人可以毫无后顾之忧地享受网上购物的乐趣。2011年中国银行将网上银行作为战略性业务来经营，大幅优化产品功能、提升运营效率、加固安全机制，努力实现网上银行的跨越式发展。2012年中国银行持续完善电子银行渠道服务体系，提升电子银行产品功能。在企业网银方面，新增供应链融资和托管服务，实现快捷代发、个人转账等服务的跨渠道授权，并推出企业手机银行，提供查询、转账授权等功能。个人网银新增银医通、中银财互通账户等多项产品功能，优化转账汇款和通知存款服务。个人手机银行新增白银宝、第三方存管预约开户等服务功能。电子商务新增 B2C 网上跨行支付服务，报关即时通、网上商户直连等服务进一步优化。海外网上银行服务覆盖 29 个国家和地区，其中个人网银全球账户管理服务拓展至澳大利亚、德国等 12 个国家。

2013 年 7 月，中国银行把以电子商务平台为核心的网络银行建设与发展作为一项核心战略，成立网络银行建设领导小组并设立办公室，以“中银易商”作为重要品牌，与现有银行体系统一规划、双轮驱动、紧密结合、相互促进。中国银行网络银行以“中银易商”平台为基础，着力于“搭平台、积数据、建生态、促转型”，重点提升产业链定制、银银合作、社区互动、网络跨境支付等能力；整合线上线下资源，创新产品与服务，形成具备自我成长并帮助客户成长的互联网金融生态系统；整合产业链与服务链资源，为实体经济中的产业链及小微大众客户提供在线金融服务；丰富移动支付产品布局，重点打造跨境电子商务等，推进海内外一体化发展。未来，中国银行将借助开放式的技术与业务平台，从易金融、泛金融、非金融、自金融等四个维度全力打造以移动化、服务型电子商务为核心的网络银行，建立全新的商业模式，为客户提供更公平、更高效、更便捷、更安全的全新互联网金融服务。中国银行网络银行建设是充分把握网络新时代及电子商务经济发展机遇的重大举措，也是传统银行业建立全新商业模式、为客户打造互联网金融服务的重要尝试。

**2. 中国招商银行网上银行**

1997 年 4 月，中国招商银行率先设立了网上银行“一网通”，并推出网上个人银行业务，初步构建了网上银行的经营模式。1998 年 4 月，率先在国内推出了企业网上银行，开通网上支付功能。1999 年底，形成了以“一网通”为品牌的国内著名金融网站，功能包括“企业银行”“个人银行”“网上证券”“网上商城”“网上支付”5 个系统。2000 年 2 月，招商银行推出了“移动银行”服务，将网上银行的终端扩展到移动电话上，成为国内首家通过手机短信平台向全球通手机用户提供综合化个人银行的理财服务银行。2000 年 11 月，招商银行又在个人网上银行大众版的基础上，推出了业务内容更丰富、安全机制更高的专业版，可为用户提供账务查询、卡内定/活互转、专户互转、同城转账、异地汇款、网络支付等一系列功能。2013 年招行在微信客服的基础上推出微信银行，将手机银行的大部分功能延伸到微信端，并且增加了网点查询、排队人数查询的 O2O 式功能。

**3. 中国建设银行网上银行**

1999 年，建设银行推出个人网上银行服务，为客户提供网上查询、转账、代理缴费、挂失等服务。2000 年，建设银行面向企业客户推出企业网上银行服务，并对个人客户服务系统再次进行完善升级，初步建成了一个集个人服务和企业服务于一身的网上银行服务体系。2002 年，建设银行网上银行进一步完善，全面升级至网上银行 2.0 版，初步形成了基于客户、产品和管理三个方面完整的服务体系。2003 年，建设银行网上银行优化了普通个人客户的登录方式，丰富了简易版的功能，能办理账户查询、个人名下转账、代理缴费和网上购物支付 4 项基本业务。2005 年，建设银行网上银行升级到 4.0 版本，向个人客户推出了查得快、网上收银台、网上身份认证、个人外汇买卖客户端、交易积分、贷记卡业务和代客资金理财等服务功能。2006 年，建设银行网上银行推出了网上银行理财卡服务，标志着建行理财卡又增添了一个全新的服务渠道，并于同年面向全国推出个人跨行转账业务。2007 年，建设银行网上银行正式推出网上银行外汇汇款、网上银行个人贷款及虚拟卡业务。2008 年，建设银行网上银行推出网上银行保险业务、银期直通车业务、社保业务。建设银行成立电子银行研发中心，承担电子银行新产品研发职责。2009 年，建设银行推出以提升客户体验为核心的网上银行服务流程优化工作。2010年，建设银行成立电子银行业务中心，承担电子银行反欺诈管理、客户互动服务、风险监控、专家服务、业务维护等职责。2011年，“电子银行客户之声综合管理平台”正式上线，以收集客户之声，改善客户服务，提高服务质量。建设银行还与浙江支付宝、上海快钱、北京通融通等第三方支付平台及商户开展反欺诈合作。2012年，建设银行推出建设银行手机网，该服务支持用户通过手机及平板电脑访问，实现了移动互联网用户的全面覆盖。2013年建设银行还正式对外推出电子商务金融服务平台——“善融商务”，该平台是建设银行为响应国家加快信息化建设的方针，促进电子商务健康发展，延伸渗透金融服务而推出的电子商务金融服务平台，其核心目的是以建设银行客户资源和品牌资源为依托，为参与“善融商务”的企业客户和个人客户提供更便捷、更实惠、更全面的金融服务，帮助企业解决融资问题，更好地支持实体经济和中小企业的发展。

**4. 中国工商银行网上银行**

1997年10月，中国工商银行建立了银行主页宣传金融服务业务，2000年6月30日在深圳等31个城市正式开通了网上银行业务，此举对业界触动极大，也使国内网上银行开始形成竞争的格局。工商银行的网上银行是依托于具有国际先进水平的“新资金汇划清算系统”，是利用Internet技术开发的面向广大客户的高新技术产品。中国工商银行提供了企业、个人的网上支付及其他金融服务，其业务覆盖了全国300多个城市。工商银行的网银数据足以证明其网上银行发展之迅猛，工行企业网上银行交易额从2000年的100多亿元迅速增长为2008年的110.5万亿元，成为国内首家交易额突破百万亿元的企业网上银行。根据相关数据显示，在使用网银方面，用户最优先选择U盾进行安全保护，而作为国内率先推出U盾技术的工商银行，自然占据了很大优势。2003年工行率先在国内推出了基于智能芯片硬件加密的物理数字证书“U盾”，并获得了国家专利。其次，电子银行口令卡也是由工行在U盾之后发布的产品，它比U盾更方便携带，同时价格也更低廉。作为网络银行的领军人物，工商银行在安全保护方面不断创新，相继推出了多款U盾产品，帮助广大用户更安心地进行网上支付。截至2013年末，工行个人网上银行客户数已达1.6亿，移动银行客户数超过1.3亿，50%以上的客户已有一半的业务依靠电子渠道办理，近30%的客户其80%以上的业务不再到网点来办理。

其他如深圳发展银行、浦东发展银行、杭州商业银行、浙商银行等地方性银行均针对网络时代与电子商务的需求，加快了迈向“网上银行”业务的步伐，也相继推出了网上银行业务。

随着信息技术的发展，我国网上银行的使用率和活跃度得到进一步普及。自2007年以来，我国网上银行的交易额始终呈现快速增长的发展态势，虽然受2008年全球金融危机的影响，2008年和2009年网上银行交易增速出现下滑；但2010年以来，受全球金融危机的影响基本已经消退，网上支付的增速保持恢复性趋势。从2011年度的交易额来看，随着网上银行支付应用范围的拓展和大银行对网上银行业务的重视程度提升，2011年度网上银行交额达到821.9万亿元，较2010年度有48.3%的增长率，增长态势进一步回升。2012年中国网上银行交易额已突破900万亿元。根据易观智库产业数据库最新发布的《2013年第4季度中国网上银行市场行业数据库》数据显示，2013年第4季度中国网上银行市场整体交易规模达到347.3万亿元人民币，环比增长10.1%，同比增长 27.2%，全年增长情况如图 4-33 所示。2013 年第 4 季度中国工商银行、中国建设银行、中国农业银行分别以 37.37%、18.43%、10.24%占据网上银行市场前三位，接下去为中国银行 10.05%、交通银行 6.44%、招商银行 6.23%、中信银行 2.50%、兴业银行 2.26%、民生银行 2.16%、光大银行 1.42%、其他 2.90%。可以看出，我国网上银行市场的竞争格局保持相对稳定。

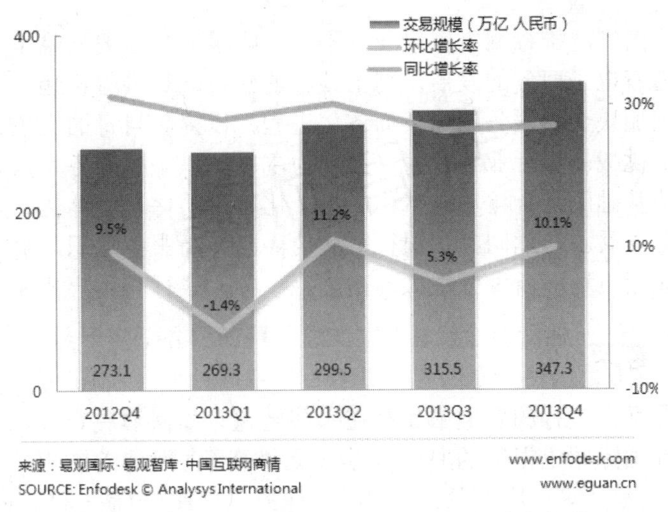


图 4-33　2012Q4～2013Q4 中国网上银行交易规模

中国网上银行市场在 2013 年市场交易规模仍保持稳定高速增长，根据《2013中国电子银行调查报告》数据显示，2013 年全国个人网银用户比例较上年增长 1.7 个百分点，企业网银用户较去年增长 10 个百分点；76%的企业使用网上银行替代了超过一半以上的柜台业务。与此同时，个人手机银行用户比例较去年增长近 3 个百分点。可见网上银行发展已经进入成熟期，活跃用户占比显著提升，用户交易额持续增高。并且随着网银用户普及率的提高，熟练使用网银已经从年轻用户逐渐扩展到中老年用户群。

从交易量的构成来看，企业依旧是网上银行业务的主体，随着行业互联网化和办公电子化的发展，企业银行成为各家银行的业务重点。建设银行的新版电子银行明确地区分了个人用户和企业用户，并有更多银行开始推出针对小微企业的网上银行。同时，个人网银交易额占比呈逐年提升态势，成为网银交易额增长的重要动力。加强活跃用户的占比和客户的交易频率，依然是网上银行重点发力的方向。2013 年各家银行还结合热点事件和节假日，推出了相对吸引眼球的活动。其中，农业银行推出金 E 顺竞猜之旅系列活动，鼓励用户通过微博发布旅行照片和环保公益活动为本次营销造势，最后落脚点依然在使用网银支付、转账方面。

在产品创新方面，银行针对小微客户、企业推出更多贷款、理财创新产品，以应对互联网金融冲击。多家商业银行已开始发力活期存款资金的理财，欲在互联网金融的格局下，携手基金公司，通过网银、第三方支付公司以及电商等平台，实现消费、流动资金管理和理财增值业务的无缝对接，连接消费、货币基金投资与信用卡还款业务。此外，各家网上银行还积极与电子商务企业结成合作伙伴，以"结盟"的形式开拓网上银行市场。网上银行业务正在实实在在地转变为一项能够带来实际利益的业务，甚至成为了商业银行的形象品牌和市场竞争的利器。

总的来说，我国的网上银行虽然起步较晚，但发展很快，特别是最近几年，我国商业银行正在非常积极地拓展网上银行业务，以工商银行、招商银行为代表的网上银行服务的品种、水平、覆盖区域正逐渐缩小与美国等发达国家网上银行的差距。

## 任务完成结论

总之，目前我国广泛推行网上银行业务不会一帆风顺，还要面临不少棘手的问题。但是，无论如何，随着电子商务的发展，网上银行的建设既是大势所趋，又是必然结果。我国的商业银行必须加快金融服务的电子商务化进程，以提高自身的竞争力，迎接全球信息化、金融全球化的挑战。银行业将朝着以品牌为主导、以全面服务为内涵、以互联网为依托、以物理网络为基础的综合化、全球化、电子化、集团化、一体化、人性化安全便捷的全能服务机构方向发展。与此同时，银行等机构需要提高服务意识，增加服务种类，提高用户体验。只有在把市场不断做强做大的基础上，各大银行和用户才能实现双赢。

## 课堂训练与测评

（1）讨论我国网上银行的发展中还存在哪些问题？如何解决？

（2）阐述目前国际网上银行的发展特点以及电子商务发展的影响。

## 知识拓展

（1）第 33 次中国互联网络发展状况统计报告（http://www.cnnic.net.cn/hlwfzyj/201403/t20140305_46240.htm）。

（2）艾瑞网—网上银行—电子商务（http://ec.iresearch.cn/e-bank）。

# 项目五　第三方支付

我国电子商务的快速发展以及电子支付巨大的需求和市场空间，使得第三方支付服务模式应运而生。目前，第三方支付已成为了零售支付领域中最具创新能力和服务意识的一支活跃力量，在商业模式、市场营销、技术开发和风险管理等方面进行了大量有益的尝试和创新。第三方支付的出现丰富并完善了国内的电子支付体系，给支付领域的发展带来了积极、深远的影响。

本项目分别介绍了第三方支付的概念、分类、特点、交易流程，并主要分析了第三方支付的商业模式，特别就适合我国国情的商业模式进行深入的探讨，同时结合目前国内外先进的第三方支付实例分析了第三方支付提供的网上支付功能与第三方支付平台的网上支付使用方法，最后分析了国内外第三方支付的发展现状与发展趋势。

❑ 应知目标

- 掌握第三方支付的含义、分类、特点与交易流程。
- 了解常见的第三方支付网站的服务功能。
- 了解第三方支付的发展现状。

❑ 应会目标

- 熟练掌握支付宝、财付通等第三方支付网站的相关产品服务。
- 学会第三方支付网站的账号申请、充值。
- 能使用第三方网站完成网上支付。

## 任务一　了解第三方支付的相关知识

### 知识点、能力点

- 了解第三方支付的定义。
- 了解第三方支付的分类。
- 了解第三方支付的特点。
- 了解第三方支付的流程。

### 任务情境

我国电子商务的快速发展以及电子支付巨大的需求和市场空间，使得第三方支付服务模式应运而生，并在 2005 年达到了一个阶段性高潮—— 国内相继成立了 50 多家第三方网上支付公司。2007 年，我国第三方电子支付市场迅速发展，交易额达到 1 009 亿元。面对 2008 年金融风暴和经济下滑带来的不利影响和巨大压力，我国第三方电子支付市场的主力厂商表现得可圈可点，市场整体交易额突破了 2700 亿元大关，2010 年交易额达到 10 000 亿元，2011 年超过 21 000 亿元，2012 年中国第三方互联网在线支付市场交易额继续保持快速增长，全年交易额规模达 38 000 亿元。2013 年总体交易规模突破 59 666 亿元，而到 2014 年已达到 88 161 亿元，交易规模保持高速增长。可见随着电子商务快速发展，第三方支付行业从无到有，不断壮大。第三方电子支付市场逐渐由培育期进入到了高速增长阶段。那到底什么是第三方支付呢？下面我们就来了解一下第三方支付的相关基础知识。

### 任务分析

本任务我们将学习第三方支付的定义、特点、分类和第三方支付平台及交易流程等有关第三方支付的基本知识，从而对第三方支付有一个全面的认识。

### 任务实施

## 一、第三方支付的产生与定义

#### 1．第三方支付的产生

第三方支付起源于美国的独立销售组织（Independent Sales Organization，ISO）制度，是指收单机构和交易处理商委托 ISO 做中小商户的发展、服务和管理工作的一种机制。企业开展电子商务势必接受信用卡支付，因而需要建立自己的商业账户（Merchant Account）。商业账户是一个以商业为目的接受和处理信用卡订单而建立的特殊账户。收单银行必须是 VISA 或 Master Card 的成员银行，这类银行需要由 VISA 或 Master Card 组织认证。收单机构的商户拓展、评估、风险管理、终端租赁、终端维护、客户服务等往往需要借助 ISO 完成，ISO 在商户与收单机构之间起着中介作用。

然而并非所有的网上商户都能够顺利申请到自己的商业账户，特别是一些小企业，例如那些刚开业的缺少信用并且每月销售额在 1 000 美元以下的小企业，开业时间长一些但信用状况不太好的企业以及非美国的公司或者网络信息服务公司，这些企业不是在申请商业账户方面存在障碍就是因为 ISO 在小额交易收费较高而难以开展电子商务，因而为第三方支付处理商（Third Party Payment Processor）提供了市场空间。第三方支付处理商可以让商户无需商业账户即可接受信用卡，交易是通过第三方服务商的账户处理的，第三方处理商会服务于整个购买过程，包括购物车、信用卡授权、客户服务和账单查询等。

ISO 和第三方支付处理商实质都是为网上企业提供支付中间服务，它们的区别主要是收单方式、费用和服务内容。ISO 可以服务于拥有商业账户和没有商业账户的企业，但收费种类较多，包括体现费、交易费和月费等；第三方支付处理商主要服务于那些没有商业账户的企业，这些企业往往是刚成立或者销售量非常少的企业，对这些企业通常只收取交易处理费，一般按百分比收取。对销售量较小的企业适合使用第三方支付处理商，而交易量大的企业适合利用自己的商业账户与收单机构合作。

20 世纪 90 年代末，我国电子商务开始进入商业化阶段，以 BtoC 为首的电子商务网站逐渐增多，但在这个发展过程中人们发现，网民很难实现网上购物，其中最大的问题是付款很难，也很不安全：买家通过互联网下购买订单，在没有收到货物之前就要把钱先付给卖家，这与我国几千年来“一手交钱一手交货”购物方式完全不一样，大家都担心付了款而拿不到货。所以，那时候很多买家都选择了货到付款，货品送上门检查过后才付钱，这样虽然买家买得很踏实，但其中卖家的手续却多了，资金回收期也长了，这就制约电子商务的发展，于是支付宝、财付通等建立在信用基础上的第三方电子支付就在这样的背景下产生了。国内的第三方支付功能类似于美国的ISO和第三方支付处理商，主要提供的是多银行网关的接入和支付清算服务。目前，国内有阿里巴巴的“支付宝”、贝宝、首信易支付、腾讯的财付通、环迅、网银在线、云网等50余家的第三方网上支付平台活跃在网上支付市场。

**2．第三方支付的定义**

通常，第三方支付服务商是指具备一定实力和信誉保障的独立机构，采用与各大银行签约的方式，为商户与消费者提供与银行支付结算系统接口的交易支持平台的网络支付模式。

第三方支付服务商通过和银行、运营商、认证机构等合作，并以银行的支付结算功能为基础，向企业和个人用户提供个性化的支付结算服务和营销增值服务。

在第三方支付模式中，买方选购商品后，使用第三方平台提供的账户进行货款支付，并由第三方通知卖家货款到账、要求发货；买方收到货物，并检验商品进行确认后，就可以通知第三方付款给卖家，第三方再将款项转至卖家账户上。

第三方支付作为目前主要的网络交易手段和信用中介，最重要的是起到了在网上商家和银行之间建立起连接，实现第三方监管和技术保障的作用，包括时下流行的支付宝、财付通、快钱等第三方支付工具都具备信用中介的功能，在买卖双方和银行之间充当桥梁的角色。采用第三方支付，可以安全地实现从消费者、金融机构到商家的在线货币支付、现金流转、资金清算、查询统计等流程；为商家开展BtoB、BtoC交易等电子商务服务和其他增值服务提供完善的支持。借助第三方支付完善自身业务，进行全面发展，已经成为国内网上支付行业乃至整个电子商务产业达到世界一流水准所需的一条必经之路！

## 二、第三方支付的特点

**1．支付中介**

第三方支付平台采用了与众多银行合作的方式，提供一系列的应用接口程序，将多种银行卡支付方式整合到一个界面上，负责交易结算中与银行的对接，商家和客户之间的交涉由第三方来完成，使网上交易变得更加快捷、简单。对于商户来说，不用安装各个银行的认证软件，从一定程度上简化了操作，降低了开发和运营成本；消费者和商家不需要在不同的银行开设不同的账户，可以帮助消费者降低网上购物的成本；对于银行，可以直接利用第三方的服务系统提供服务，帮助银行节省网关开发成本，并为银行带来一定的潜在利润。

**2．技术服务**

第三方支付服务商连接多家银行，使互联网与银行系统之间能够加密传输数据，向商户提供统一的支付接口，使商户能够同时利用多家银行的支付通道。

**3．信用保证**

运行规范的第三方支付服务商，只向合法注册的企业或认证后的个人商户提供支付网关服务，在很大程度上避免了交易欺诈的发生，令消费者使用网上支付更有信心。同时，第三方支付平台可以对交易双方的交易进行详细的记录，从而防止交易双方对交易行为可能出现的抵赖以及为在后续交易中可能出现的纠纷问题提供相应的证据。

4．个性化与增值服务

第三方支付可以根据被服务企业的市场竞争与业务发展所创新的商业模式，同步定制个性化的支付结算服务。第三方支付平台能够提供一些增值服务，例如帮助商户网站解决实时交易查询和交易系统分析，提供方便及时的退款和支付服务。

相对于传统银行的重心在资金管理和特大商户方面，第三方支付更加关注应用和服务，以及广大中小企业。在提供创新的产品和服务、灵活适应市场的需求上，第三方支付公司较银行等传统金融机构更具优势。自 1999 年初开始提供服务至今，第三方支付有力地推动了电子商务的发展，对发展我国的创新型经济也有重要的意义。

## 三、第三方支付的分类

第三方支付系统按功能可以分成 2 种形式：①单纯的第三方支付，如银联电子支付、NPS 网上支付等；②以支付宝为代表的支付，具有电子钱包功能，可以进行电子现金的存取，消费账单的显示。但事实上无论采用哪种形式，最终都需要通过银行的网上系统来完成支付。

第三方支付系统按独立性也可以分为 2 种形式：独立第三方支付平台与非独立第三方支付平台。

独立的第三方支付平台是指完全独立于电子商务网站，由第三方投资机构为网上签约商户提供围绕订单和支付等多种增值服务的共享平台。这类平台提供支付产品和支付系统解决方案，平台前端提供各种支付方法供网上商户和消费者选择，平台后端连着众多的银行，对支付进行支持。国内具有代表性的独立的第三方支付平台包括银联、快钱和 YeePay 等。独立的第三方支付平台由支付平台负责与银行间的账户进行清算，同时提供商户的订单管理及账户查询功能等增值服务。独立的第三支付平台保持中立，不直接参与商品或服务的买卖，公平、公正地维护参与各方的合法利益。

非独立的第三方支付平台是指网上交易平台同商业银行建立合作关系，凭借其公司的实力和信誉承担买卖双方中间担保的第三方支付平台。非独立的第三方支付平台主要利用自身的电子商务平台和中介担保支付平台来吸引商家开展经营业务，国内电子支付中广为使用的支付宝、财付通和云网支付等都属于非独立的第三方支付平台。非独立的第三方支付依托电子商务平台，它们只是作为一种附属品存在于自己的门户网站下。支付宝、财付通依托自身 CtoC 购物网站交易额的不断攀升以及背后集团公司的强大资源和实力支持，在商户和用户的开拓方面进展都很迅速，直接拉动其交易额的快速增长。

## 四、第三方支付应用平台及交易流程

第三方支付平台是指由已经和国内外各大银行签约，并具备一定实力和信誉保障的第三方独立机构提供的交易支付平台。它主要是面向开展电子商务业务的企业提供电子商务基础支撑与应用支撑的服务，不直接从事具体的电子商务活动。第三方支付平台独立于银行和商户从事职能清晰的支付。

第三方支付系统主体有消费者、商家、第三方支付平台、认证机构和银行，其支付平台基本构成如图 5-1 所示。

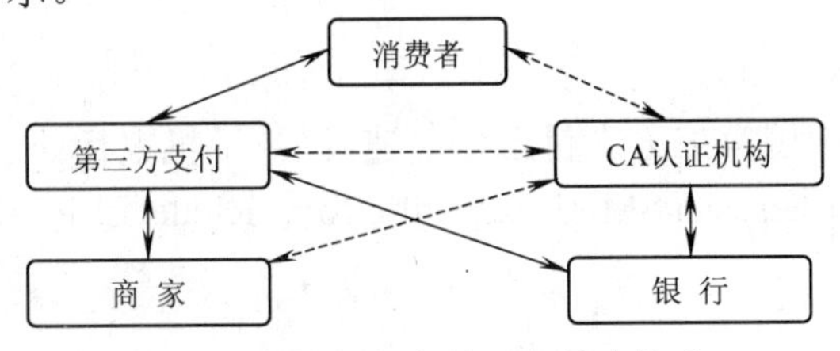


图 5-1　第三方支付平台基本构成

第三方商务支付平台的网关支付流程如图 5-2 所示。

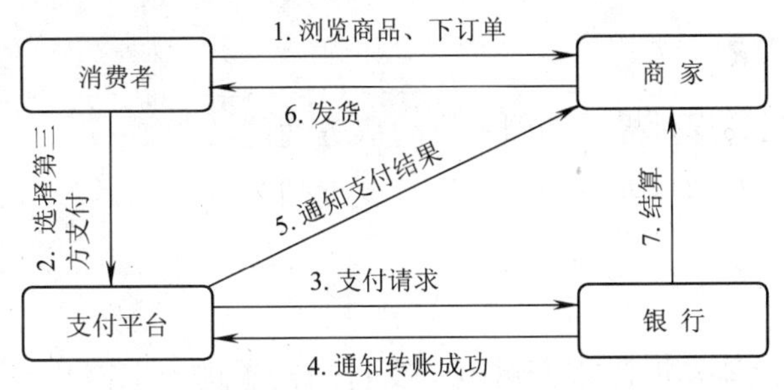


图 5-2　第三方商务平台的网关支付流程

（1）消费者浏览商家网页，选定商品并与商家商定好价格，完成订单信息，并提交订单。

（2）消费者选择利用第三方支付平台作为交易中介，商家把订单需要支付的信息传送到第三方支付平台。

（3）第三方支付平台将消费者的支付信息，按照消费者所选择银行的支付网关的要求传递到相关银行。

（4）由认证机构检查证书信息，相关银行（银联）检查消费者的支付能力，实行冻结、扣账或转账，并将结果信息传至第三方支付平台和消费者。

（5）如果消费者具有支付能力，则应付金额被支付到第三方支付平台上，此时第三方支付平台将消费者已支付的消息通知商家，并授权商家在规定时间内发货。

（6）商家收到已支付通知后，向消费者发货或提供服务，消费者确认收货。

（7）银行按照第三方支付平台清算信息，定期/不定期地进行结算。

第三方支付模式使商家看不到客户的信用卡信息，同时又避免了信用卡信息在网络多次公开传输而导致的信用卡信息被窃事件。

## 任务完成结论

通过对本任务的学习，大家对国内外第三方支付的产生、定义、特点、分类、应用平台及交易流程等相关基本知识有了一个全面的认识。

## 课堂训练与测评

（1）描述第三方支付的交易流程。

（2）分析第三方支付模式有哪些优点与不足？

### 知识拓展

易观分析：2013 年中国第三方支付市场高速发展 手机银行处于普及期 网上银行市场格局稳定（http://www.enfodesk.com/SMinisite/maininfo/articledetail-id-401565.html）。

## 任务二 了解第三方支付的业务功能

### 知识点、能力点

- 了解国内第三方支付提供的网上支付服务功能。
- 了解国外第三方支付提供的网上支付服务功能。

### 任务情境

随着电子商务的快速发展，人们对电子支付的需求进一步提升。而第三方支付凭借其对交易过程的监控和交易双方利益的保障，获得了广大个人用户及商户的青睐。此外，企业逐渐开始利用第三方电子支付进行跨地区收款及各类资金流管理，行业应用逐渐普及。各支付企业在航空、游戏、通信领域竞争激烈，而在缴费、教育、彩票、金融服务（目前主要是信用卡还款）等领域也开始进行尝试和拓展，电子支付的应用不断向行业渗透，产品服务更具行业针对性，今后第三方电子支付的产品和服务将更加多样化，并以一站式解决方案的方式满足用户的多重需求。除了作为支付手段，第三方电子支付还将助力企业进行市场推广和资金管理，提升业务量和资金运转效率；帮助个人用户实现生活中方方面面的电子支付，并使国际购买更加方便。

那第三方支付到底能帮我们做什么呢？我们现在就来了解国内外第三方支付平台的支付模式与服务功能。

### 任务分析

本学习任务中，我们将结合国内外知名的第三方支付案例，分析目前第三方支付的运营模式与业务功能。

### 任务实施

#### 一、国内第三方支付网站业务功能实例分析

**1．支付宝**

支付宝（中国）网络技术有限公司是国内领先的独立第三方支付平台，是阿里巴巴集团的关联公司。支付宝（http://www.alipay.com）致力于为中国电子商务提供“简单、安全、快速”的在线支付解决方案。支付宝网站首页如图 5-3 所示。

图 5-3　支付宝网站首页

支付宝公司从 2004 年建立开始，始终将“信任”作为产品和服务的核心。作为中国主流的第三方网上支付平台，支付宝不仅从产品上确保用户在线支付的安全，同时致力于让用户通过支付宝在网络间建立信任的关系，去帮助建设更纯净的互联网环境。支付宝提出的建立信任，化繁为简，以技术创新带动信用体系完善的理念，深得人心。从 2004 年建立至今，支付宝已经成为中国互联网商家首选的网上支付平台，为电子商务各个领域的用户创造了丰富的价值。截至 2013 年年底，支付宝实名用户已近 3 亿，日交易额峰值超过 350 亿元人民币，日交易笔数峰值达到 1.88 亿笔。

支付宝创新的产品技术、独特的理念及庞大的用户群吸引越来越多的商家和合作伙伴选择支付宝作为自己的在线支付解决方案。目前，除淘宝和阿里巴巴外，有超过 46 万的商家和合作伙伴支持支付宝的在线支付和无线支付服务，范围涵盖了 B2C 购物、航旅机票、生活服务、理财、公益等众多方面。这些商家在享受支付宝服务的同时，也同时拥有了一个极具潜力的消费市场。支付宝稳健的作风、先进的技术、敏锐的市场预见能力及极大的社会责任感，赢得了银行等合作伙伴的广泛认同。目前，支付宝已经跟国内外 180 多家银行以及 VISA、MasterCard 国际组织等机构建立了深入的战略合作关系，成为金融机构在电子支付领域最为信任的合作伙伴。

支付宝交易是互联网发展过程中的一个创举，也是电子商务发展的一个里程碑。支付宝品牌以安全、诚信迎得了用户和业界的一致好评。2005 年获得《电子商务》颁发的网上支付最佳人气奖等。2006 年中国 IT 用户满意度调查中，支付宝公司被评为“用户最信赖互联网支付平台”和“互联网支付平台服务满意度第一”。2006 年“中国电子支付高层论坛”中支付宝公司被评为用户安全使用奖。支付宝获得 2007 年“电子支付行业最佳人气奖”、2007 年“中国优秀电子支付企业”“2006～2007 年度中国互联网市场年度成功企业”称号。2008 年 12 月，第四届中国商业思想论坛举办，支付宝（中国）网络技术有限公司力拔 2008 中国最佳商业模式头筹，名列十个最佳商业模式第一位。2009 年获得“2008～2009 年度中国最具价值网络广告品牌”，2012 年获得“值得信赖的第三方支付平台”称号。

中国的电子支付行业才刚刚起步，支付宝将为建立网上支付信用体系，打造功能更为强大、体系更为健全的网上支付平台而不断努力。

（1）支付宝运营模式　支付宝的实质是以其为信用中介，在买家确认收到商品前，由支付宝替买卖双方暂时保管货款的一种增值服务。正是由于这一因素，网络贸易从事者可以坦然地利用网络进行交易，解除了网络交易最为担心的支付安全问题。其具体流程如下：

1）首先注册成为支付宝会员，一旦注册成功，支付宝就会发出邮件进行确认，并让用户激活注册账户。

2）用户开通网络银行业务，与支付宝无缝连接，使资金可从网上银行账户转账至支付宝账户。

3）浏览商品，选中需要购买的商品，单击“立即购买”，确认购买后，通过“付款到支付宝”，就可以将货款从网上银行账户转账至支付宝账户，或者先将应付款项存在“支付宝”账户中。

4）“支付宝”通知卖家发货。

5）待卖家交付货物、买家收到货物且满意，并登录支付宝进行确认，也即同意付款。

6）一旦得到确认，支付宝就会将货款转入卖方的账户。

7）最后就是买卖双方对双方在交易中的表现作出评价，交易完成。

从整个交易过程可以看出，支付宝是整个交易过程的纽带，也是买卖双方权益的保障，通过支付宝可以使用户实时跟踪资金和物流的进展，方便快捷地处理收付款和发货业务。整个购买与支付模式如图 5-4 所示。

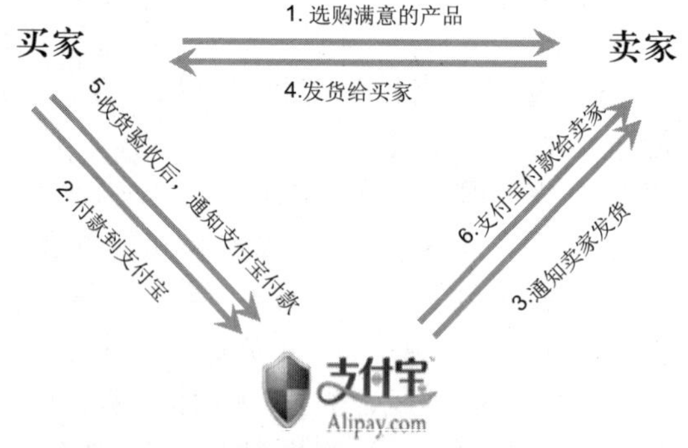


图 5-4　支付宝支付模式

支付宝作为网络支付平台，最大的特点就是使用了“收货满意后卖家才能拿钱”的支付规则，在流程上保证了交易过程的安全与可靠。同时，支付宝拥有先进的反欺诈和风险监控系统，可以有效地降低交易风险。

（2）支付宝网上支付服务功能介绍

支付宝针对个人用户提供的网上支付服务功能：

1）网上付款服务。

① 直接付款——即时到账付款。通过支付宝账号，直接网上付款，付款后钱将直接进入对方账户。一般推荐在亲朋好友间使用此功能。

② 支付宝担保支付服务。支付宝担保支付服务是支付宝的一项基本的支付服务，利用支付宝的信用中介，为网上买家提供令人放心的网上支付服务。其流程为：买家确认后付款给支付宝，支付宝通知卖家发货，买家收到货物满意后通知支付宝付款给卖家。

③ 转账到银行卡。通过支付宝，客户可以将支付宝账户中的可用余额、储蓄卡（网银、快捷支付）资金转入指定人的储蓄卡中（不支持使用存折），转账时间分为：2h 内到账和次日到账。

④ 信用卡还款。信用卡还款是支付宝公司推出的在线还信用卡服务，客户可以使用支付宝账户的可用余额、快捷支付或网上银行，轻松实现跨行、跨地区为自己或他人的信用卡还款。但这项服务仅支持个人类型的支付宝账户，公司类型的账户不支持。

⑤ 找人代付。当用户在网上购买商品后，可以由别人帮助其完成网上付款。用户拍下商品后，选择“找人代付”，输入代付人的支付宝账户，即可由代付人完成付款。

淘宝网全面支持支付宝交易。如果您在其他购物网站上看中某商品，请联系卖家，也可以请卖家通过支付宝网站发起“担保交易收款”，通过支付宝担保交易，可以保障货款安全，使购买者放心。

2）买家保障计划。“买家保障计划”是淘宝网针对买家购物提供的一项先行赔付服务。买家在淘宝网上购物，如果产品出现质量问题，而责任方是卖家时，淘宝会以卖家被冻结的保证金为限向符合条件的买家先行赔付。

3）银行卡卡通支付服务。卡通是支付宝与建设银行、招商银行、中国邮政以及国内各个城市商业银行等联合推出的一种全新的网上支付服务。买家在网上购物不需要开通网上银行，只要输入一次支付密码，就可以安全快捷地完成网上付款。

4）网上收款服务。支付宝提供 4 种收款服务供您选择：

① 支付宝担保交易收款。用支付宝公司信用中介交易方式收款，提高自身信誉，更受买家信赖。享有支付宝担保，即使买家与陌生人交易，也很安全。

② 即时到账交易收款。买家付款后，资金即可到达卖家的支付宝账户。简单、快捷，方便熟人间使用。

③ AA 制收款。聚会、旅游、K 歌等 AA 制活动，可用支付宝向朋友集体收取 AA 款，“集体收款”一步完成。AA 制收款是由收款方创建的即时到账交易。交易建立之后在对方账户将会显示一笔“等待买家付款”的即时到账交易，对方可以登录支付宝账户，进入“交易记录”中进行付款，付款成功后，收款方将会立即收到这笔交易资金。

④ 收款主页。通过收款主页，付款方无需记住收款方的支付宝账户，而访问收款方的收款主页，输入金额即可直接付款。收款方可以将收款主页的地址通过微博、论坛、QQ 或旺旺签名等方式传播出去，方便付款方付款。

5）手机购物支付。在买家不方便上网的地方，可以通过 WAP 购物网站购买买家想要的商品，并且通过手机支付，轻松付款给对方。

6）卖家信贷服务。卖家信贷是由阿里巴巴公司与中国建设银行合作推出的一项个人小额信贷服务。卖家信贷是指卖家以其已成交而没收到货款的交易为担保，并以卖家个人名义向中国建设银行申请的贷款，用于解决个人的短期资金需求。支付宝卖家信贷的贷款资金由中国建设银行提供。在申请信贷前，需要了解：贷款条件、贷款的流程、贷款利率、可贷款额度、贷款放款方式、还款方式、应提供的贷款申请资料、虚拟商品交易不能申请信贷。

7）红包。支付宝提供的红包包括礼仪红包与促销红包。礼仪红包即给亲朋好友发送的红包；促销红包即给自己的客户发送的红包。通过向客户发送促销红包，表达真挚的关怀。发送红包前，请卖家先确认支付宝账户余额是否充足；发送红包后，等额资金将从卖家的账户中冻结。

8）其他网上支付服务功能。其他功能还包括水电煤缴费、手机充值、固话宽带和有线电视缴费等。

（3）支付宝针对企业用户提供的主要服务功能

1）商家收款产品。

① 担保交易收款。买家先将交易资金存入支付宝并通知卖家发货，买家确认收货后资金自动进入卖家支付宝账户，完成交易。

② 即时到账收款。网上交易时，买家的交易资金直接打入卖家支付宝账户，快速回笼交易资金。

③ 双功能收款。买家付款时，可选择担保交易或即时到账中的任一支付方式进行付款，完成交易。

④ 网银支付。买家可直接通过网上银行进行支付，无需通过支付宝就能完成交易。

⑤ COD 货到付款平台。该平台是集合国内众多优秀物流公司的货到付款平台，为商户免费、便捷地建立自己的货到付款配送体系。平台地址为“https://cod.alipay.com”。

⑥ 支付宝公众服务。为企业和组织提供面向支付宝会员的无线公众服务平台，帮助商户实现信息推送、打通交易场景和管理会员服务。

⑦ 快捷支付（无线）。快捷支付（无线）是一种程序式的支付方式，在手机、掌上电脑等无线设备的应用程序内，买家可通过支付宝进行付款购买特定服务或商品，资金即时到账。

⑧ 手机网站支付。手机网站支付主要应用于手机、掌上电脑等无线设备的网页上，通过网页跳转或浏览器自带的支付宝快捷支付实现买家付款的功能，资金即时到账。

⑨ 扫码即时到账收款。通过支付宝手机客户端扫描二维码读取商品或服务的购买信息，确认后可直接通过支付宝进行支付，资金即时到账。

⑩ 扫码担保交易收款。通过支付宝手机客户端扫描二维码读取商品或服务的购买信息，支付后交易资金存入支付宝并通知卖家发货，买家确认收货后资金进入卖家账户，完成交易。

2）商家付款产品。

① 支付宝站内大额收付款。突破支付宝账户即时转账打款限额，大额资金支付一步完成。商家签约此产品之后，将不享受支付宝账户内免费转账额度。

② 批量付款到支付宝账户。商家可一次性给多个不同的支付宝账户打款，转账资金即时到账，快捷便利。

3）网站集成支付宝。该服务使阿里巴巴网站以外的其他商家网站也能让其用户使用支付宝来付款，支付宝公司为商户提供多样性的增值服务。只要成为支付宝特约商家，BtoC 实物销售网站、电话销售行业、航空机票行业、游戏点卡等行业商家就可以拥有高效、快捷的支付工具。网站集成支付宝包括商户自助集成和支付宝协助集成 2 种方式。

4）商家营销工具。

① 在线客服。客户安装阿里旺旺，即可轻松与商家在线沟通。

② 红包管理。商家给客户发促销红包，表达最真挚的关怀，达到最好的推广效果。

③ 购物券管理。一张购物券成就一笔买卖，花最少的钱做最好的推广。

④ 集分宝批量发放。商家可以使用本工具为其客户批量发放集分宝。

5）商家交易、资金管理。

① 为了方便商家的交易、资金管理，支付宝为广大商家提供了交易查询管理平台、资金查询管理平台。

② 商家可以在平台上高效地进行订单确认、修改商品价格、商品发货、退款退货处理、账户资金明细查询、账户资金明细下载、资金充值、资金提现等一系列管理操作。

6）增值服务。

① 数据罗盘。数据罗盘是支付宝提供的基于支付宝交易信息的数据分析工具，可以帮助商家更好地了解网站运营情况，为电商运营指引方向。

② 快捷登录。快捷登录让支付宝会员直接用支付宝账号登录商家的网站，简单快捷的购物操作将帮助商家获得更多订单。

（4）支付宝的特点

1）安全。支付宝在技术层面和非技术层面上都实现了安全性。在技术层面上，浏览器与支付宝网站之间的通信采用 SSL 加密技术，从而实现了通信过程的安全。每个用户都将拥有一个数字证书，密码被盗之后如果没有数字证书只能进行查询操作，不能进行支付或者提现，这进一步提高了安全性。另外，支付宝还提供了手机短信提醒服务，即支付宝账户与用户手机绑定功能，开通了手机绑定功能后，可以使用手机短信来及时关闭或开启余额支付功能，当账户余额变动时，系统还会发短信提醒。在非技术层面上，支付宝本质上提供的是中介服务，并采用实名认证，能有效地防范交易中的风险。

2）快捷。支付宝内部转账全部实时到账与充值，电脑提现免费次日到账，手机提现免费即刻到账。

3）方便。商家可以在支付宝内生成营销工具按钮，如在线客服、联系人等，可将代码嵌入任何网站，而且账户信息变动时可以实现短信实时通知。

4）物流集成。与物流系统对接，买家和卖家都能对货物的运送状况进行查询，并且在买家收到货物未及时确认收货时，支付宝在一定期限后会自动将货款打入卖家账户。

## 2. 财付通

（1）财付通简介　财付通（http://www.tenpay.com）是腾讯集团旗下中国领先的第三方支付平台，为互联网用户和企业提供安全、便捷、专业的在线支付服务。自 2005 年成立伊始，财付通就以“安全便捷”作为产品和服务的核心，不仅为个人用户创造 200 多种便民服务和应用场景，还为 40 多万大中型企业提供专业的资金结算解决方案。目前，财付通服务的个人用户已超过 2 亿，服务的企业客户也超过 40 万，覆盖的行业包括游戏、航旅、电商、保险、电信、物流、钢铁、基金等。结合这些行业特性，财付通提供了快捷支付、财付通余额支付、分期支付、委托代扣、epos 支付、微支付等多种支付产品。财付通网站首页如图 5-5 所示。

图 5-5　财付通网站首页

专业的在线支付服务使财付通获得了业界和用户的一致首肯，并先后荣膺2006年电子支付平台十佳奖、2006年最佳便捷支付奖、2006年中国电子支付最具增长潜力平台奖和2007年最具竞争力电子支付企业奖等奖项，并于2007年首创获得“国家电子商务专项基金”资金支持。2011年财付通获得第三方支付牌照，成为第一批获得央行支付牌照的企业。2012年连获“2012年电子支付行业服务之星奖”和“2012年度最创新第三方支付”称号，成为第三方支付的“优秀模范生”。

（2）财付通网上支付服务功能介绍　财付通构建全新的综合支付平台，业务覆盖BtoB、BtoC和CtoC各领域，提供卓越的网上支付及清算服务，解除了个人用户和广大商家的安全顾虑，保证了在线交易的资金和商品安全。针对个人用户，财付通提供了包括在线充值、提现、支付、交易管理等丰富功能；针对企业用户，财付通提供了安全可靠的支付清算服务和极富特色的QQ营销资源支持。相关网络产品介绍如下：

1）财付通主要功能介绍。

① 充值。从银行卡充值到财付通，可以选择任一财付通支持的银行，通过银行卡对应的网上银行向您的财付通账户充值。若没有银行卡也能充值，财付通支持网汇通支付，用户可以到全国邮政联网邮局（所）直接购买网汇通卡，无需任何烦琐的手续，输入卡号及密码，即可向财付通账户充值。

② 提现。提现是将用户的财付通账户里的资金转到用户的银行卡账户上的过程，用户可以选择任一财付通支持的银行卡，只需设置该卡为提现账号，无需开通网银，即可完成提现，方便快捷，还可以通过账户管理中的提现明细查询功能查询到用户本人详细的提现记录。

③ 账户管理。管理您的财付通账户，可以进行账户设置、查询余额、查询账户明细。

④ 交易管理。可以在交易管理中查询到所有的交易信息，并对正在进行的交易作出下一步操作。其中：

作为买家，可为自己账户中的交易“付款”，为已经收到货的交易“确认收货”，为有异议的交易申请“退款”或“投诉”。

作为卖家，可为买家已付款的交易“发货”，当交易有纠纷时“投诉”。

⑤ 收款。向其他财付通账户收款，包括中介保护收款与即时到账收款。中介保护收款即用财付通中介保护方式收款，提高自身信誉，更受买家依赖，适用于商品交易收款；即时到账收款即对方付款后，资金立即到达用户财付通账户，简单、快捷，适用于熟人间交易。

⑥ 付款。付款给其他财付通账户，用户只需填写对方的Email地址或QQ号及要付款的金额，就可以通过财付通账户或银行账户为用户选购的商品付款，也可以用财付通给家人、朋友付款。付款后，资金立刻到达对方的财付通账户，简单、快捷，建议熟人间使用。

财付通的付款功能同时还支持银行卡付款、信用卡还款、向多人付款、邮政汇款、发红包、还房贷等功能。

用财付通付款时可采用以下6种支付方式：

余额支付：充值财付通，然后使用账户余额支付。

网上银行支付：开通网上银行后，用银行账户的资金支付。

快捷支付：银行卡与财付通账户绑定后，无需登录网银便可实现支付。

QQ快付：专为游戏和移动消费提供，使用起来和Q币一样，无需密码进行支付。

手机支付：在手机上使用财付通余额进行支付。

委托扣款：是为用户定期定额自动缴纳各种业务费用的服务，当客户开通了某项业务的委托扣款后，财付通即可在该业务发起缴费需求时自动为客户缴费，省去客户手工缴费的烦恼。

⑦ 收付易。收付易是财付通专门为企业提供在线资金转账的收付款平台。可实现大额付款、大额收款和大额提现功能。

2）财付通工具。

① 财付通交易按钮。拥有财付通账户后，就可以在财付通网站输入商品信息，自助生成财付通交易按钮，然后发布到 QQ 聊天窗口、网页、论坛、博客、聊天室等场合，让买家可以多途径接触到卖家的商品信息，并便捷地使用财付通支付购买，使卖家的营销更轻松。这一工具非常适合还没有自己的网站、出售 1～10 种商品，希望通过论坛、聊天工具、邮件等媒体展示商品的卖家。

特点：无需开发，中介保护交易，买卖都放心。

使用流程：买家创建交易按钮→粘贴到论坛、聊天窗口、邮件中，买家单击交易按钮付款→收货确认后将货款打给卖家→交易成功。

② 网站集成财付通。如果您有一个自己的网站，并想在网站上出售各种商品，可以方便地集成财付通支付方式到您的网站，轻松实现收款。集成财付通包括中介担保交易、即时到账交易和银行代付交易 3 种模式。

中介担保交易：财付通作为担保方，买家先付款到财付通，财付通通知卖家发货，买家确认收货后，卖家才能收到货款。

即时到账交易：财付通不再作为交易担保方，买家付款后，货款立即到达卖家账户。

银行代付交易：财付通为商户提供方便快捷的代付功能，商户可以方便地将工资、货款、佣金、返点等资金支付给收款人的银行账户。

③ 营销工具。财付通凭借腾讯的品牌、丰富的营销资源和庞大的用户体系，通过科学的营销手段，以腾讯在即时通信、网络媒体、无线、互动娱乐等各业务领域中的优势来协助合作伙伴推动业务开展，财付通为合作伙伴提供包括优惠信息发布、网购导航、腾讯客户管理系统、财付通用户共享登录等丰富的营销工具及营销资源支持。

优惠信息发布：申请参与财付通营销活动，财付通的合作伙伴可以不定期地将优惠券、促销、特价、新商品发布等活动信息直接推送给广大 QQ 用户及财付通用户。

网购导航：网购导航是财付通优质网上购物导航，加入网购导航，让客户分享财付通的巨大流量。

腾讯企业 QQ：腾讯企业 QQ 是专为中小企业开发的在线客服与营销工具。基于 QQ 强大的用户平台，该工具为企业实现高效率客户服务和有效客户关系管理提供完整的解决方案。

3）诚信商家。

财付通基于公平、公正的原则对使用财付通支付平台的电子商务网站进行信誉评估，严格控制和管理，筛选出一批为中国互联网诚信作出贡献的商家，成为财付通的“诚信商家”。

申请加入流程：递交申请并签约→等待并通过审核→获得诚信商家标签→完成贴牌。

## 二、国外第三方支付网站业务功能实例分析

### 1. PayPal

PayPal 是目前全球最大的网上支付公司，也是目前全球使用最为广泛的网上交易工

具。1998 年 12 月 PayPal 由 Peter Thiel 及 Max Levchin 建立，是一个总部在美国加利福尼亚州圣荷西市的因特网服务商，允许在使用电子邮件来标识身份的用户之间转移资金，避免了传统的邮寄支票或者汇款的方法。PayPal 与一些电子商务网站合作，成为它们的货款支付方式之一。PayPal 也是 eBay 旗下的一家公司，致力于让个人或企业通过电子邮件，安全、简单、便捷地实现在线付款和收款。PayPal针对具有国际收付款需求的用户设计账户类型，PayPal 账户所集成的高级管理功能，使用户能轻松掌控每一笔交易详情，并且 PayPal 账户是 PayPal 公司推出的最安全的网络电子账户，使用它可有效降低网络欺诈的发生。截止 2012 年，在跨国交易中超过 90%的卖家和超过 85%的买家认可并正在使用 PayPal 电子支付业务。PayPal 能帮助我们进行便捷的外贸收款，提现与交易跟踪；从事安全的国际采购与消费；快捷支付并接收包括美元、加元、欧元、英镑、澳元和日元等 25 种国际主要流通货币。PayPal 是备受全球亿万用户追捧的国际贸易支付工具，即时支付，即时到账，全中文操作界面，能通过中国的本地银行轻松提现，为用户解决外贸收款难题，帮助用户成功开展海外业务。用户注册 PayPal 后就可立即开始接受信用卡付款。PayPal 集国际流行的信用卡、借记卡、电子支票等支付方式于一身，帮助买卖双方解决各种交易过程中的支付难题。Paypal 的中文网页如图 5-6 所示。

图 5-6　PayPal 网站首页

（1）PayPal 支付流程　PayPal 支付系统建立在成熟的信用卡支付系统基础之上，依托 eBay 庞大的电子商务平台开展第三方支付业务，其支付流程如下：

1）客户使用任一电子邮件地址申请开通 PayPal 账户，通过验证成为其注册用户后，将银行信用卡账户中的资金划拨到 PayPal 账户中以备可能的付款。

2）客户浏览商家网站并选择所需要的商品，填写相应的订单至商家处，并选择 PayPal 账户付款，填写商家的电子邮件地址、支付金额及币种等相关支付信息并提交至 PayPal 业务处理系统。

3）PayPal 业务处理系统在收到客户的支付指令后，通过电子邮件的方式向商家发出通知，告知其有等待领取或转账的款项。

4）商家确认相应商品的资金款项已到达自己的 PayPal 账户上（该款项暂时冻结），立即组织发货给客户，并在 eBay 上确认发货。

5）客户收到商品确认无误后，在 eBay 上确认收货，此时商家的 PayPal 账户上该款项解冻。

6）客户与商家可选择是否将资金保留在 PayPal 账户上或转账至银行卡账户。

从以上流程可以看出，PayPal 平台在客户与商家的商品交易中实现了很好的支付中介，起到了安全的屏障作用，并很好地屏蔽了信用卡等相关敏感的个人信息，并简化了跨行、跨地区甚至跨国间的烦琐转账环节。

（2）PayPal 的业务功能

PayPal 的多币种支持特性，对买家而言，可以实现如下功能：

1）以选定的币种支付购物款项。

2）付款将自动兑换为用户需要的币种。

3）以另一种币种发送付款，账号中不需要有该币种的余额。

对卖家而言，可以实现：

1）直接以用户选定的币种接收付款。

2）提现转入到用户的当地银行账户中时，不需要支付币种兑换费。

3）使用 PayPal 账户管理多币种付款。

4）持有一种币种的余额，仍然可以接收多币种的付款。

（3）PayPal 的优势

1）全球用户广。

PayPal 在全球 190 个国家和地区，有超过 2.2 亿用户，已实现在 25 种外币间进行交易。使用 PayPal 可以轻松拓展海外市场，因其覆盖国外 85%的买家。

2）品牌效应强。

PayPal 在欧美普及率极高，是全球在线支付的代名词，强大的品牌优势，能让您的网站轻松吸引众多海外客户。使用 PayPal 可以加强买家对商家的信任度，因很多国外买家都已非常习惯用 PayPal 付款。

3）资金周转快。

相比到银行汇款，PayPal 要省时省力得多，PayPal 独有的即时支付、即时到账的特点，让用户能够实时收到海外客户发送的款项。同时，最短仅需 3 天，即可将账户内款项转账至用户国内的银行账户，及时高效地帮助用户开拓海外市场。并支持包括国际信用卡在内的多种付款方式。

4）安全保障高。

完善的安全保障体系，丰富的防欺诈经验，业界最低风险损失率（仅 0.27%），不到使用传统交易方式的六分之一。确保用户的交易顺利进行。

5）使用成本低。

无注册费、无年费，只有产生交易才需付费，手续费仅为传统收款方式的二分之一，比起西联和 TT，PayPal 针对单笔交易在 1 万美元以下的小额交易更划算。

6）数据加密技术完善。

当用户注册或登录 PayPal 的站点时，PayPal 会验证您的网络浏览器是否正在运行安全套接层 3.0（SSL）或更高版本。传送过程中，信息受到加密密钥长度达 168 位的 SSL 保护。用户信息存储在 PayPal 的服务器上，无论是服务器本身还是电子数据都受到严密保护。为了进一步保护用户的信用卡和银行账号，PayPal 不会将受到防火墙保护的服务器直接连接到网络。

在提供在线支付解决方案方面，PayPal 是全球领导者。2011 年，PayPal 处理交易总金额 1 180 亿美元，活跃用户上亿。PayPal 一直关注并支持着中小企业群体在跨境电子商务市场的发展。截至 2012 年 6 月 30 日的前 12 个月中，使用 PayPal 支付方式且年交易额超过 10 万美元的商家，即“PayPal 大商家”，总交易额增长了 35%。其中，中国内地 PayPal 大商家交易额增长 48%。PayPal 在 2006 年就成立商业顾问团队，通过“外贸一站通”为中小外贸企业提供服务。据不完全统计，PayPal 商业顾问团队已经为超过 10 万家中小外贸企业提供了咨询服务。2013 年新成立的商务经理团队为逾 4 万家中国中小出口企业提供支持。

### 任务完成结论

通过对本任务的学习，大家对国内外第三方支付所提供的网上支付服务功能有了一个全面的认识。

### 课堂训练与测评

分析支付宝与财付通所提供的网上支付服务功能的异同。

### 知识拓展

（1）支付宝新手入门（http://abc.alipay.com/cool/cool.htm）。
（2）财付通帮助中心（http://help.tenpay.com/helpcenter/index.shtml）。

## 任务三　使用第三方支付工具进行网上支付

### 知识点、能力点

- 学会第三方支付工具的申请、充值。
- 学会使用第三方支付工具进行网上支付。

### 任务情境

小熊经常上网，听说网上购物价廉物美，也安全，于是他开始了网上购物之旅。之后他发现，目前有很多第三方支付工具除了可以实现网上支付外还实施了买家保障计划、担保支付等，方便又安全，用了很放心。那我们又如何使用方便又安全的第三方支付工具进行网上购物呢？

### 任务分析

本任务我们将以支付宝为例，学习第三方支付网站网上支付的账号申请、账户充值、网上支付的业务操作流程。

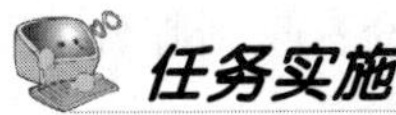

## 任务实施

### 一、支付宝账户注册

**1．账户注册**

（1）打开www.alipay.com，单击“免费注册”，如图 5-7 所示。

图 5-7　支付宝注册主页

（2）单击“个人账户”，默认选择“中国大陆”，输入手机号码或电子邮箱作为账户名，再输入验证码，单击“下一步”，如图 5-8 所示。

图 5-8　支付宝注册页面

（3）用手机号作为账户名时，填入的手机号如已注册过会提示“此手机号码已经被注册，请更换号码注册或登录”。填入手机上收到的校验码，单击“下一步”，如图 5-9 所示。如校验一直没有收到，可以单击“重发校验码短信”，如图 5-10 所示。

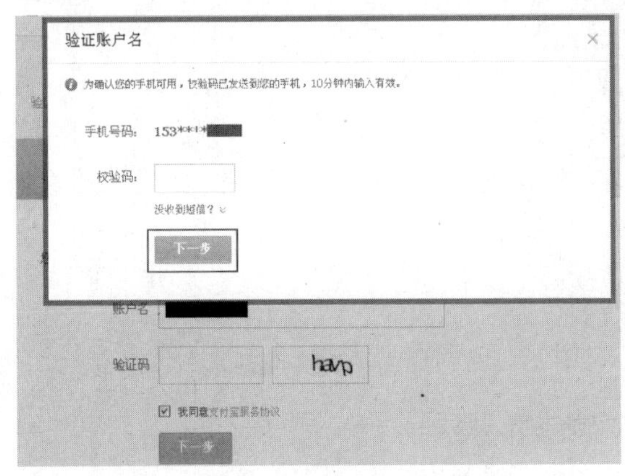


图 5-9　输入校验码页面

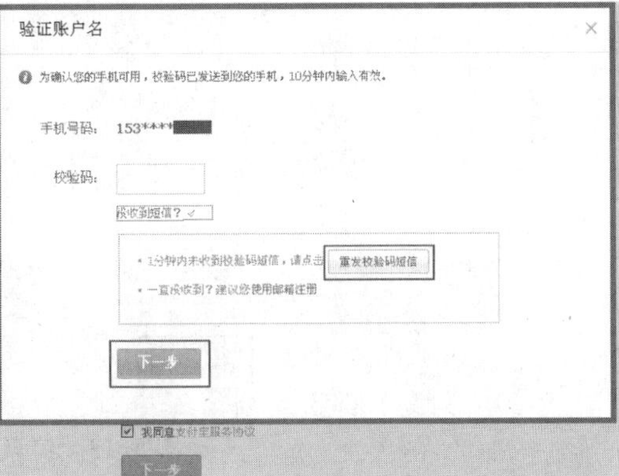


图 5-10　重发校验码短信页面

（4）如果是采用电子邮箱作为账户名，单击“立即查收邮件”，如果没有收到邮件，可单击“重新发送邮件”，如图 5-11 所示。

提示：中国雅虎邮箱（yahoo.com.cn、yahoo.cn）于 2013 年 8 月 19 日停止服务，目前不再支持此类邮箱注册和修改为登录名，请填写其他邮箱。

收到激活支付宝账户的邮件，单击“继续注册”，如图 5-12 所示。

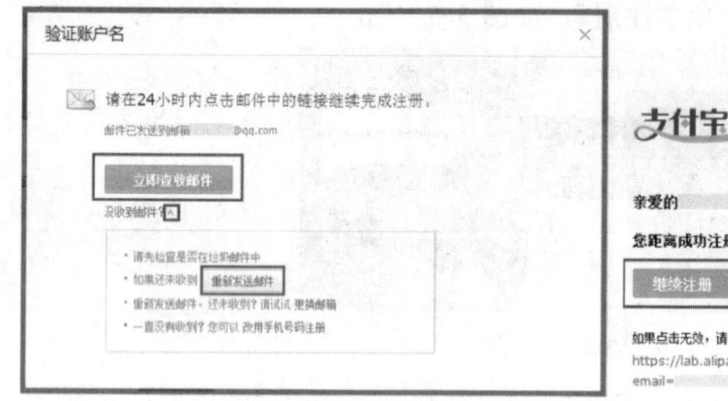


图 5-11　邮箱注册验证页面

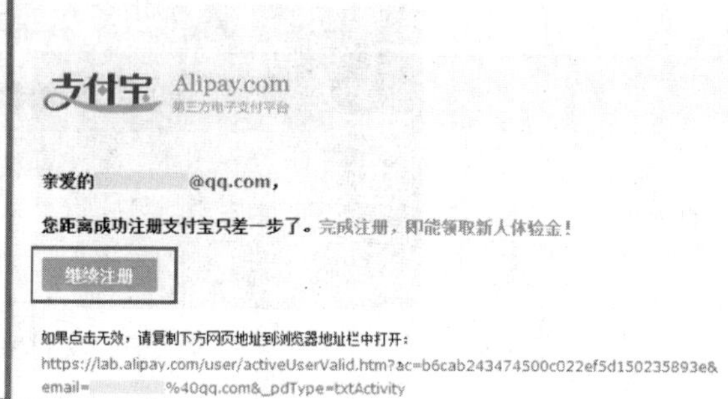


图 5-12　继续邮箱注册页面

（5）填写账户基本信息（账户注册成功则默认支付宝账户绑定手机）。真实姓名为必填项，需要填写用户的真实姓名，注册完成后不可修改，如图 5-13 所示。

验证账户名　设置身份信息　设置支付方式　成功

为了给您提供更好的支付和金融服务，您需要填写真实的身份信息享受会员保障服务。
身份信息一经录入不可更改，隐私信息未经本人许可严格保密。

支付宝账户名

设置登录密码
登录密码
再输入一次

设置支付密码
支付密码
再输入一次

设置身份信息
真实姓名
身份证号码

确定

图 5-13　填写账户基本信息页面

（6）单击“确定”成功后，会有 2 种情况：

1）未通过身份证验证，可以在网上购物，但不可以充值、查询收入明细、收款金额会被冻结（解决方法：完成“实名认证”）。原来已有支付宝账户通过了实名认证，请完成“关联认证”操作。

2）通过身份信息验证，可以使用支付宝所有功能（但收款额度只有 5 000 元/年，解决方法：完成实名认证后，无收款额度限制）。姓名和身份证号码通过身份信息验证后，页面提示银行绑定银行卡，输入用户的银行卡卡号及该卡银行预留手机，单击“同意协议并确定”，如图 5-14 所示，再输入手机收到的校验码，单击“确认，注册成功”，如图 5-15 所示，完成开通支付宝服务且绑定银行卡成功。

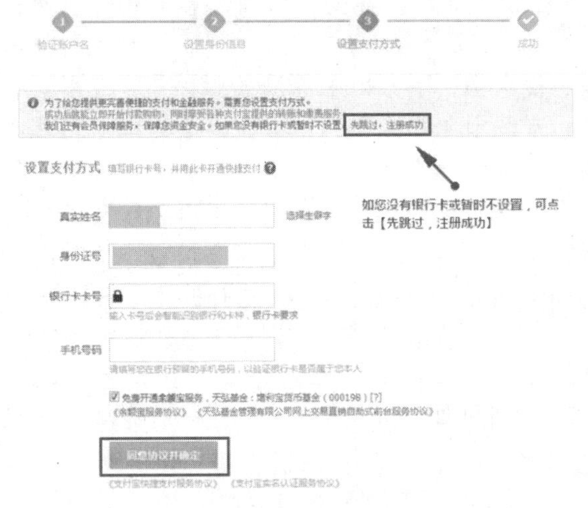


图 5-14　设置支付方式页面

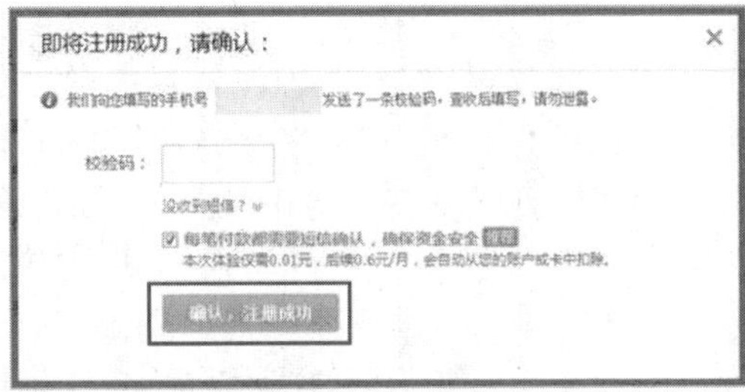


图 5-15　注册成功页面

（7）开通支付宝服务成功后，单击“完善账户信息”补全用户职业及身份证有效期信息，如图 5-16 和图 5-17 所示。

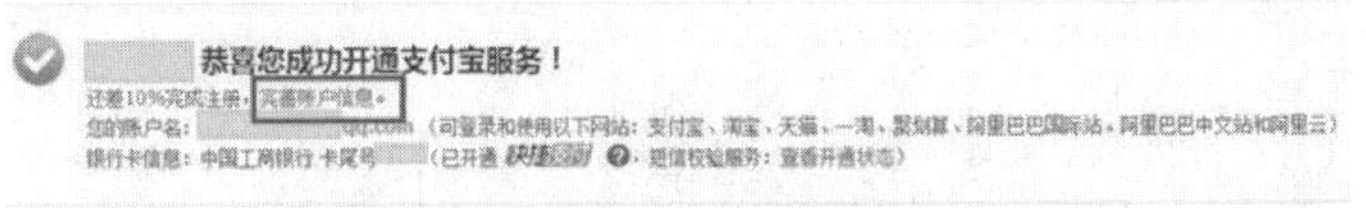


图 5-16　开通支付宝成功页面

图 5-17　完善账户信息页面

部分账户注册成功后，该登录名可在支付宝、天猫、淘宝、聚划算、一淘、阿里巴巴国际站、阿里巴巴中文站、阿里云网上通用（注册成功页面有提醒），且登录密码与支付宝登录密码一致。

**2．实名认证**

（1）打开www.alipay.com，登录支付宝账户，单击“账户设置”，在“基本信息”中选择“实名认证”，并单击“立即认证”，如图 5-18 所示。之后选择 “大陆认证”，单击“立即认证”，如图 5-19 所示。

图 5-18 实名认证页面

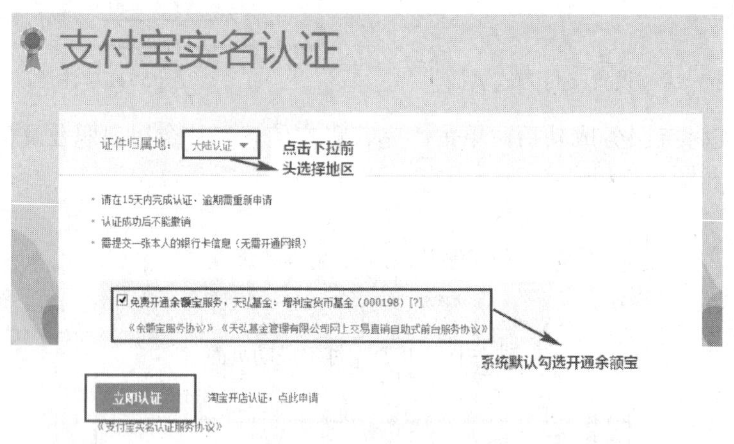


图 5-19 立即认证页面

（2）在验证身份信息步骤中，填写真实姓名、身份证号码、支付密码，单击“下一步”，进行身份验证，如图 5-20 所示。

若身份信息未通过验证，用户需点单击“申请人工审核”提交证件图片由支付宝进行人工审核（审核时间：2 天），如图 5-21 所示，审核通过后可以继续申请认证。

若提示身份信息已被占用，按照页面提示完成操作：

1）被其他实名认证账户占用：若账户为自己的，选择“上述账户是我的”，并单击“下一步”；若不是自己的，请选择“上述账户不是我的，进行申诉”，并单击“下一步”，客服会核实具体的情况，3 个工作日内完成审核，审核通过后可以继续申请认证。被其他实名认证账户占用页面如图 5-22 所示。

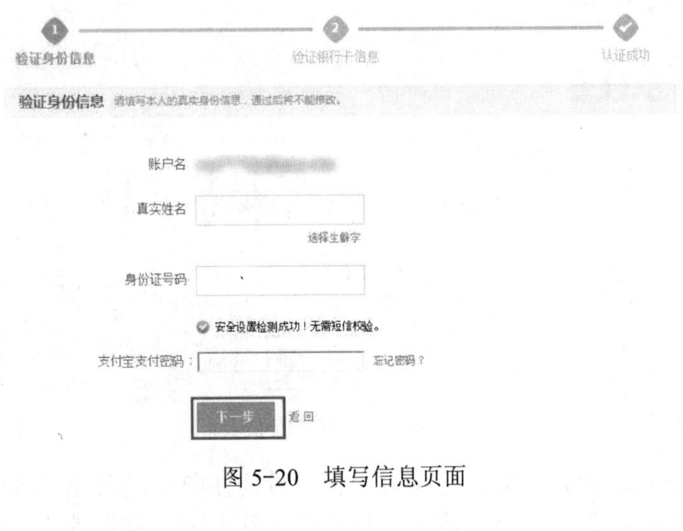


图 5-20　填写信息页面

图 5-21　未通过验证页面

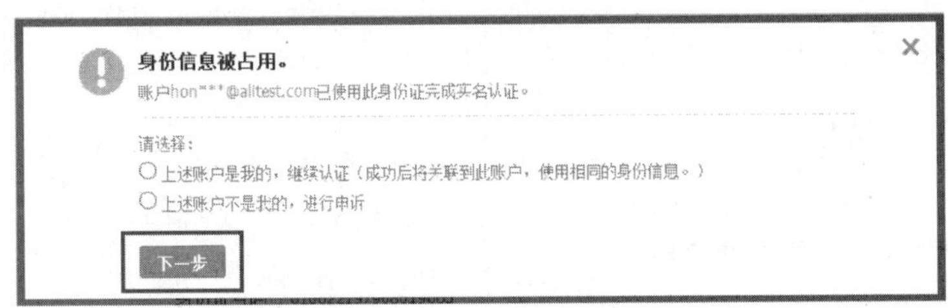


图 5-22　被其他实名认证账户占用页面

2）被其他身份验证通过的账户占用：若占用账户是自己的，选择“上述账户是我的”，则本账户与占用账户关联成功，占用账户为主账户；若占用账户不是自己的，选择“上述账户不是我的”，本账户可继续实名认证，且完成对占用账户身份信息的删除。被其他身份验证通过的账户占用页面如图 5-23 所示。

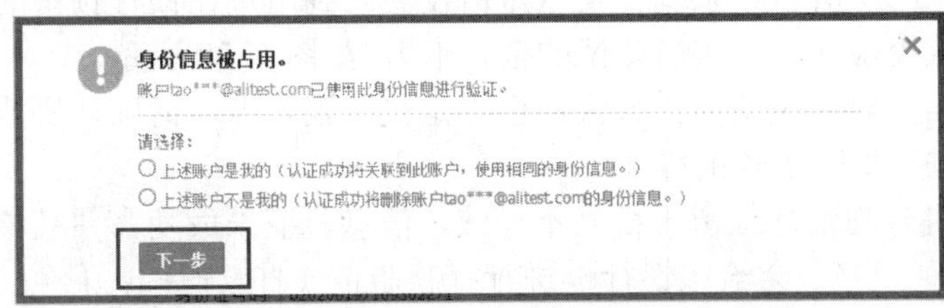


图 5-23　被其他身份验证通过的账户占用页面

（3）请确认姓名和身份证号码无误，单击“确认”，确认后身份信息不能修改；若单击“暂不确认，跳过”，页面会回到“我的支付宝”首页，相当于用户并没有通过身份验证。确认账户身份页面如图 5-24 所示。

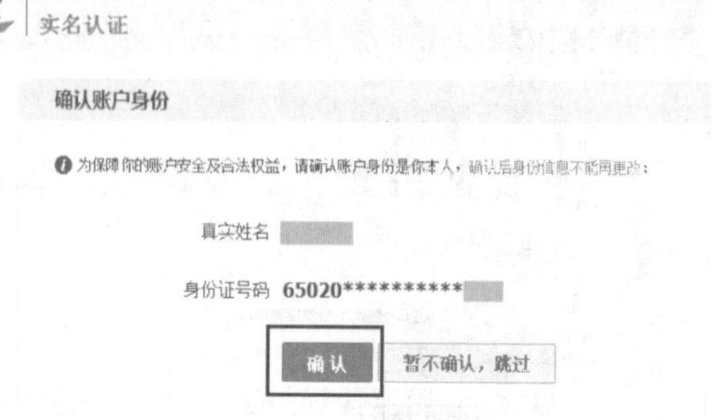


图 5-24　确认账户身份页面

（4）通过身份信息验证，提示您是否上传身份证件图片，选择“跳过，继续认证”：不上传证件，收款额度 2 万元/月，收付款总额度 5 万元/月，如图 5-25 所示。选择“上传证件”：收付款额度无限制，上传身份证件页面如图 5-26 所示。

图 5-25　验证身份信息页面　　　　图 5-26　上传身份证件页面

（5）选择“跳过，继续认证”或上传证件成功后，进入验证银行卡信息页面，填写银行卡相关信息（支持银行：所有支持开通快捷支付的银行卡均可），校验成功单击“同意协议并确定”，如图 5-27 所示。系统将发送短信校验码到用户在银行预留的手机号上，接受并填写校验码完成校验（支持实名认证的银行卡），如图 5-28 所示。

注意：身份信息验证成功后，若账户已绑定快捷银行卡，请确认快捷银行卡信息即可认证成功，无需进行如下步骤的操作。

若填写的手机号与银行预留手机号不一致，信息验证未成功，并且该卡支持打款方式校验，请单击“下一步”，会给该银行卡进行打款验证（打款时间：1～2 天）；若用户还有其他银行卡，可单击“更换银行卡”进行银行卡校验；若页面提示“您的银行卡校验失败”，用户可单击“继续认证”进入打款方式验证环节。打款方式验证银行卡页面如图 5-29 所示，打款方式验证认证进度页面如图 5-30 所示。

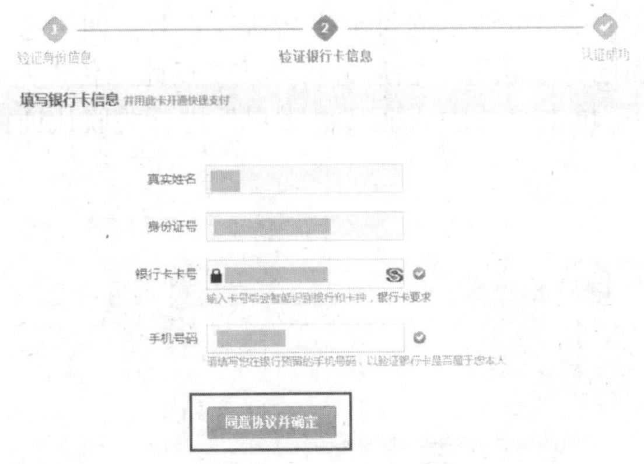


图 5-27　填写银行卡信息页面

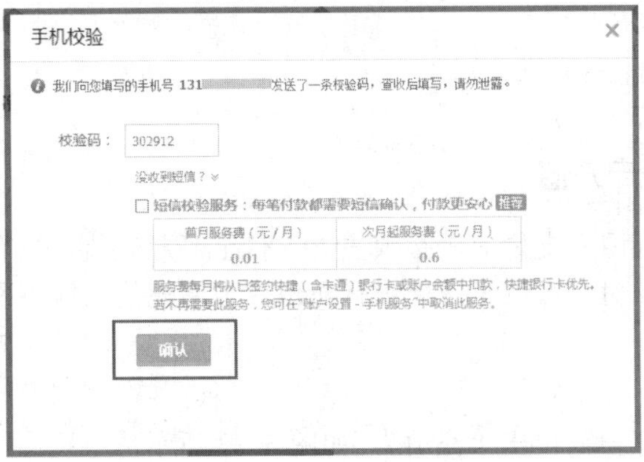

手机校验

我们向您填写的手机号 131　　发送了一条校验码，查收后填写，请勿泄露。

校验码：302912

没收到短信？

短信校验服务：每笔付款都需要短信确认，付款更安心 推荐

| 首月服务费（元/月） | 次月起服务费（元/月） |
|---|---|
| 0.01 | 0.6 |

服务费每月将从已签约快捷（含卡通）银行卡或账户余额中扣款，快捷银行卡优先。若不再需要此服务，您可在"账户设置－手机服务"中取消此服务。

确认

图 5-28　手机校验页面

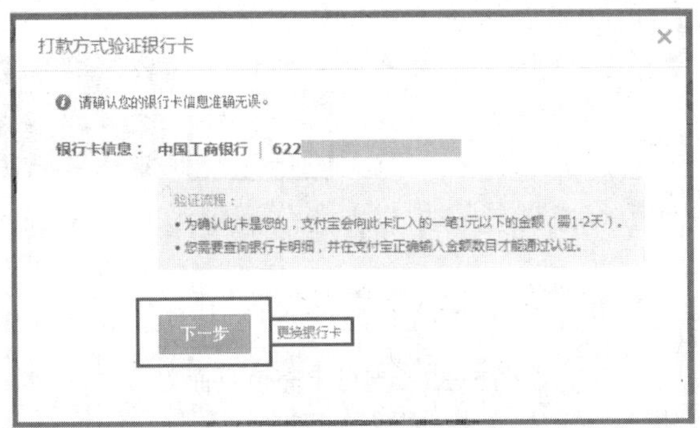


图 5-29　打款方式验证银行卡页面

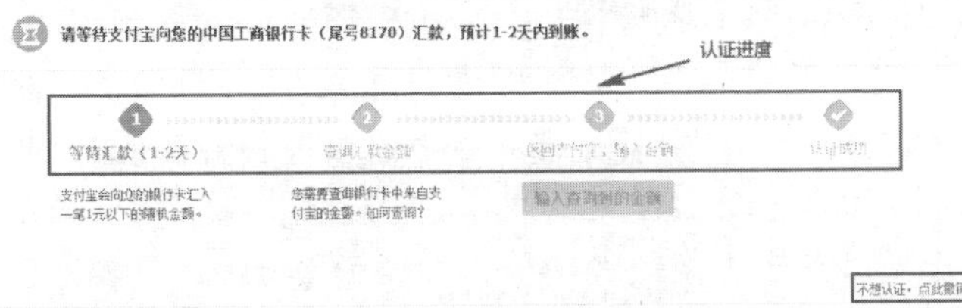


图 5-30　打款方式验证认证进度页面

收到打款且查询打款金额后，登录支付宝账户，进入认证页面，输入收到的打款金额，完成金额的确认，如图 5-31 所示。

（6）银行卡验证成功，即可通过支付宝实名认证。若第四步选择的是“跳过，继续认证”，请在认证成功页面的升级认证一栏后方可单击“点此上传”完成身份证的补传；若还有其他账户需要认证，可单击“关联认证其他账户”进行关联认证操作。实名认证成功页面如图 5-32 所示。

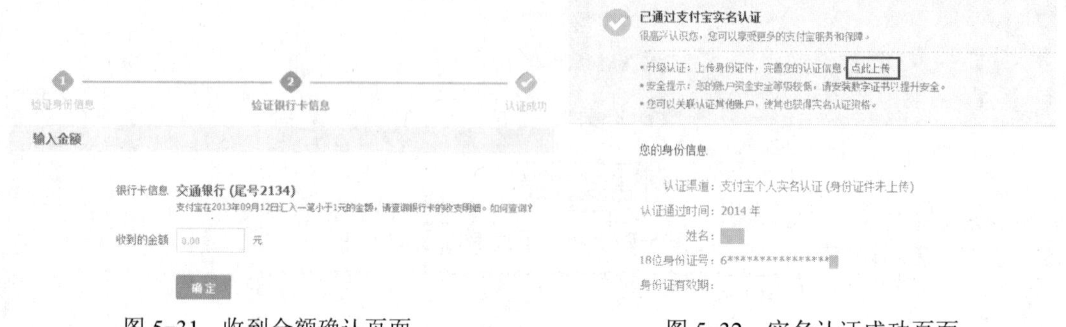


图 5-31 收到金额确认页面　　图 5-32 实名认证成功页面

## 二、为支付宝账户充值

在使用支付宝进行网上支付前，必须先为支付宝账户充值，只有这样才能通过支付宝进行网上支付，目前支付宝提供了网上银行充值、卡通充值、线下网点充值、邮局充值 4 种充值方式。

### 1．网上银行充值

（1）登录支付宝账户，单击“充值”，如图 5-33 所示。

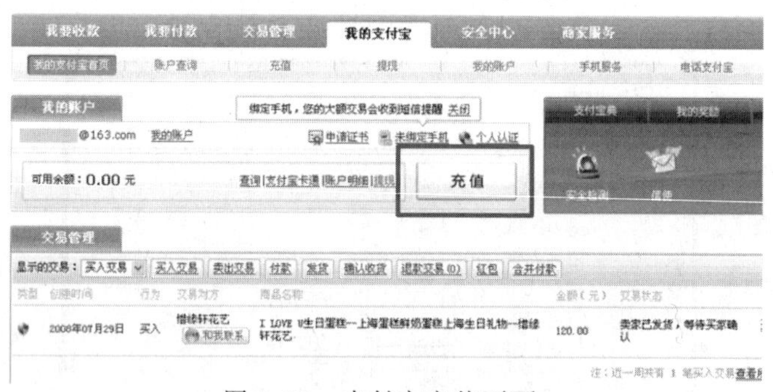


图 5-33 支付宝充值页面

（2）选择银行、填写充值金额，如图 5-34 所示。

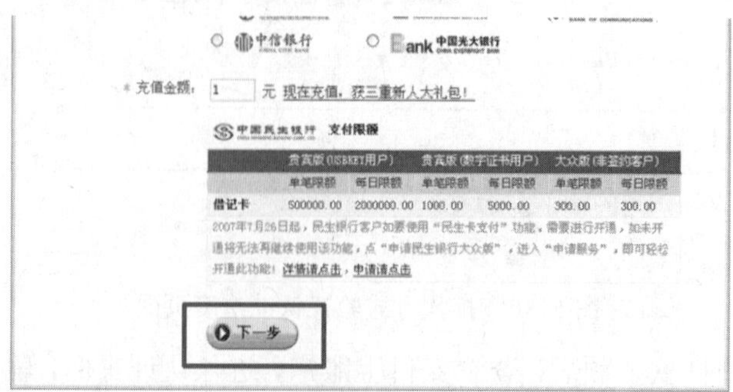


图 5-34 选择银行、填写充值金额

（3）单击“去网上银行充值”，如图 5-35 所示。

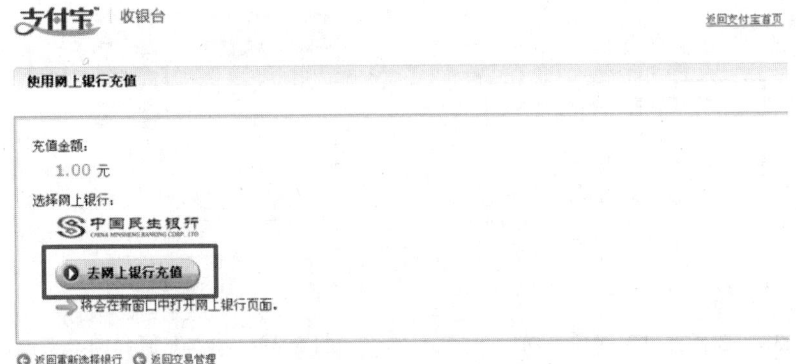


图 5-35　网银充值入口

（4）填写并确认银行卡号及相关信息，如图 5-36 所示。

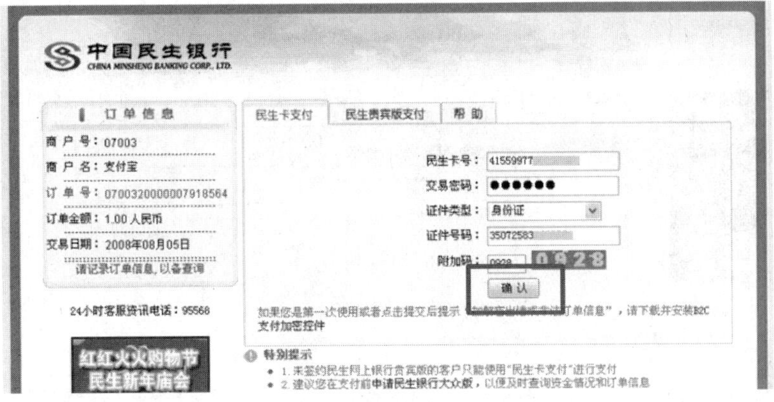


图 5-36　填写并确认银行卡号等信息

（5）充值成功，如图 5-37 所示。

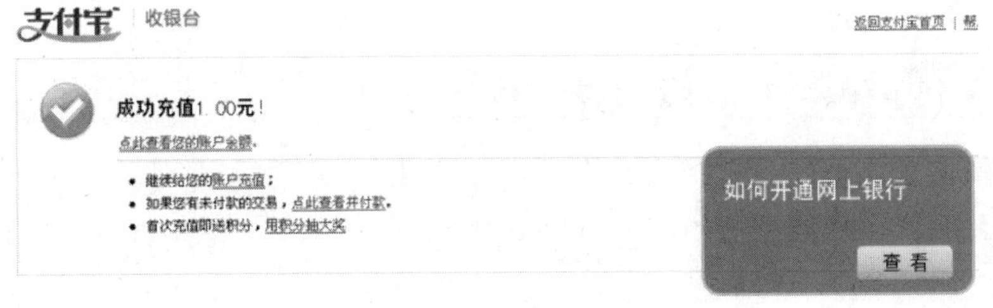


图 5-37　充值成功

**2．卡通充值**

（1）同样回到充值页面，单击“充值”，如图 5-33 所示。

（2）单击“支付宝卡通”，如图 5-38 所示。

（3）输入充值金额、支付密码，如图 5-39 所示。

（4）充值成功，如图 5-37 所示。

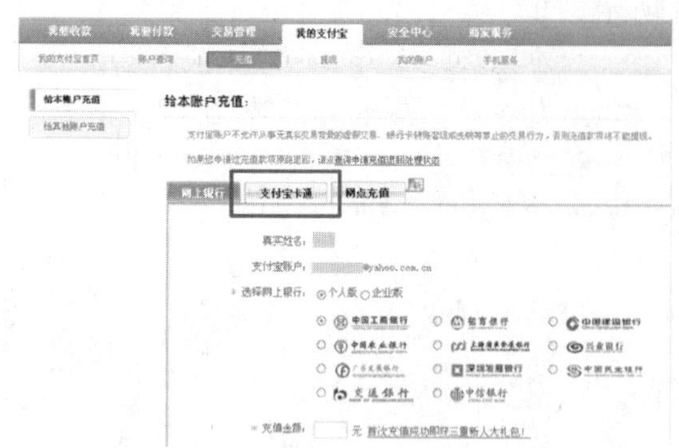

图 5-38　选择支付宝卡通页面

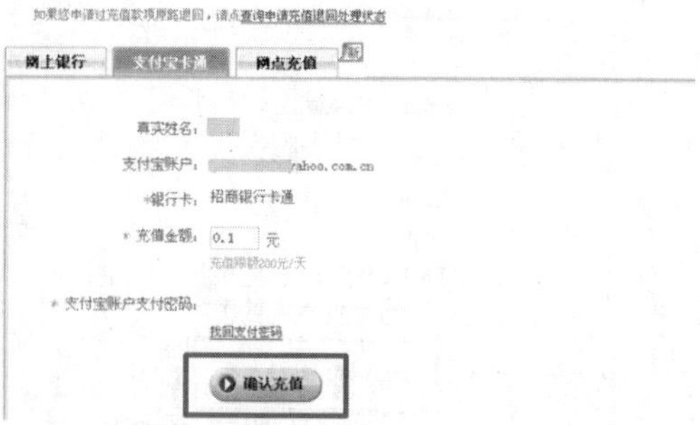

图 5-39　输入充值金额、支付密码页面

### 3．线下网点充值

（1）单击“充值”，如图 5-33 所示。

（2）选择“网点充值”，如图 5-40 所示。

图 5-40　选择网点充值页面

（3）选择“用充值码充值”，如图 5-41 所示。

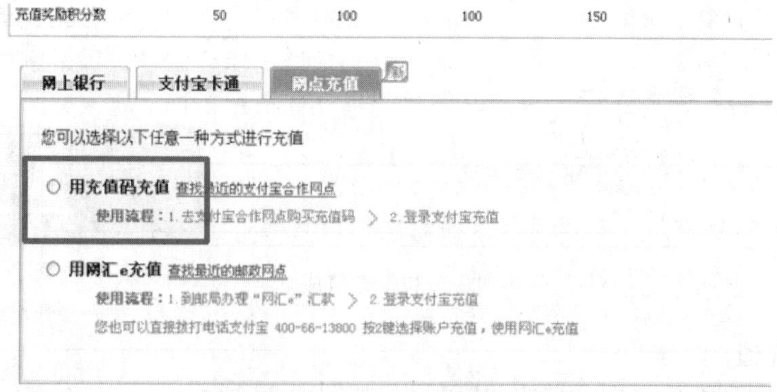


图 5-41　选择充值码充值

（4）用户到支付宝合作网点，用现金或刷卡购买充值码，并输入充值码，单击“确认提交”，如图 5-42 所示。

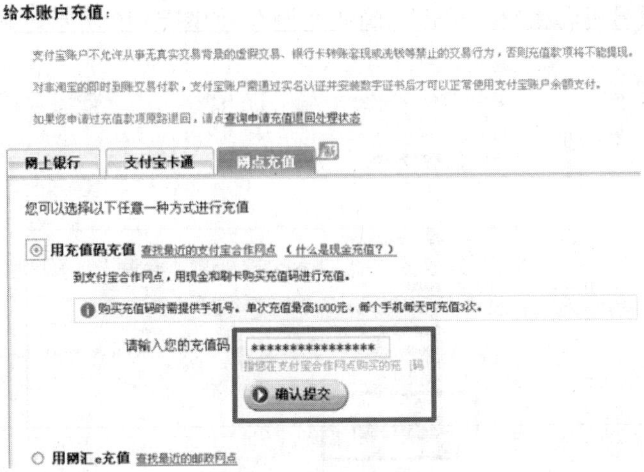

给本账户充值：

支付宝账户不允许从事无真实交易背景的虚假交易、银行卡转账套现或洗钱等禁止的交易行为，否则充值款项将不能提现。

对非淘宝的即时到账交易付款，支付宝账户需通过实名认证并安装数字证书后才可以正常使用支付宝账户余额支付。

如果您申请过充值款项原路退回，请点查询申请充值退回处理状态

网上银行　支付宝卡通　网点充值

您可以选择以下任意一种方式进行充值

用充值码充值　查找最近的支付宝合作网点　（什么是现金充值？）

到支付宝合作网点，用现金和刷卡购买充值码进行充值。

购买充值码时需提供手机号。单次充值最高1000元，每个手机每天可充值3次。

请输入您的充值码 ****************

确认提交

用网汇e充值　查找最近的邮政网点

图 5-42　输入充值码

（5）购买充值码时需提供手机号码，支付宝将校验码以短信形式发送到用户手机，用户将手机校验码输入并确认即可，如图 5-43 所示。

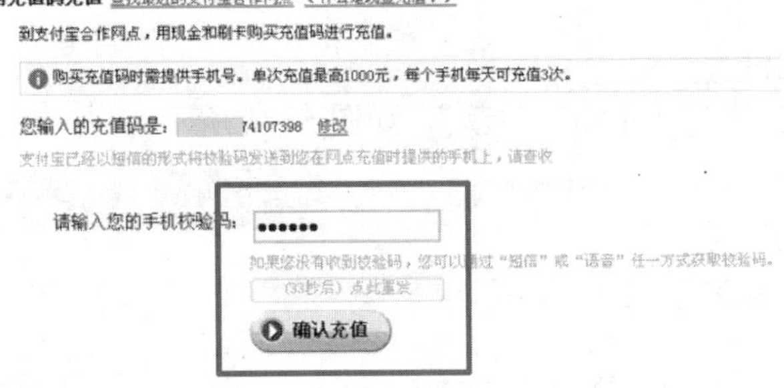


图 5-43　输入手机的校验码

（6）充值成功，如图 5-37 所示。

**4．邮局充值**

用户可到邮局柜台，办理“网络 e”汇款业务，并获得邮局的汇票号码。

（1）单击“充值”到充值页面，如图 5-33 所示。

（2）单击选择“网点充值”，并选择“用网汇 e 充值”，如图 5-44 所示。

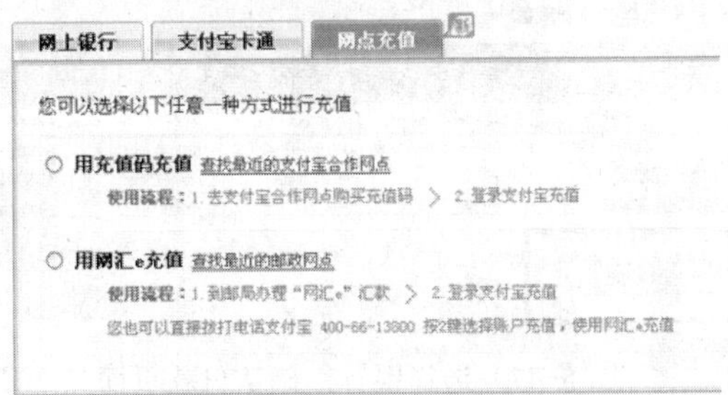


图 5-44　选择网汇 e 充值页面

（3）输入汇票号码和密码，单击“确认充值”，如图 5-45 所示。

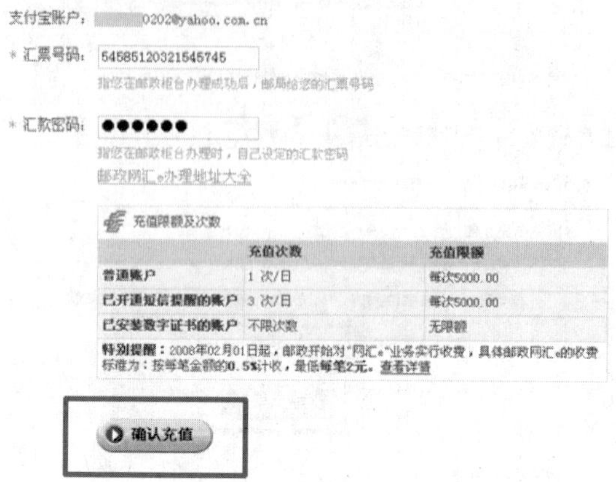


图 5-45　输入汇票号码与汇款密码

（4）充值成功，如图 5-37 所示。

## 三、支付宝支付方式

### 1．网上银行支付

（1）登录支付宝账户，单击“付款”，如图 5-46 所示。

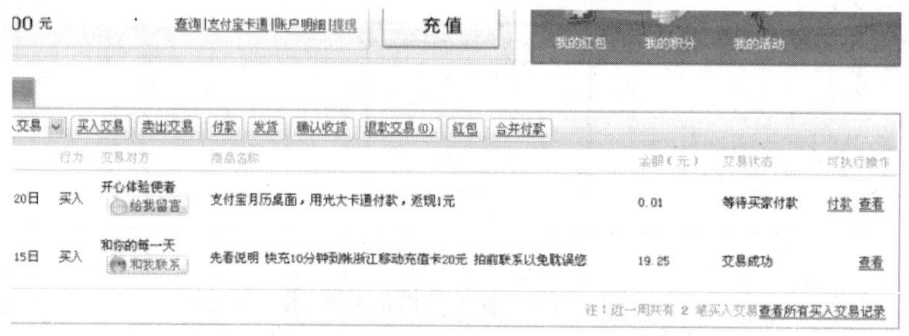


图 5-46　使用支付宝付款页面

（2）选择银行，单击“确认无误，付款”，如图 5-47 所示。

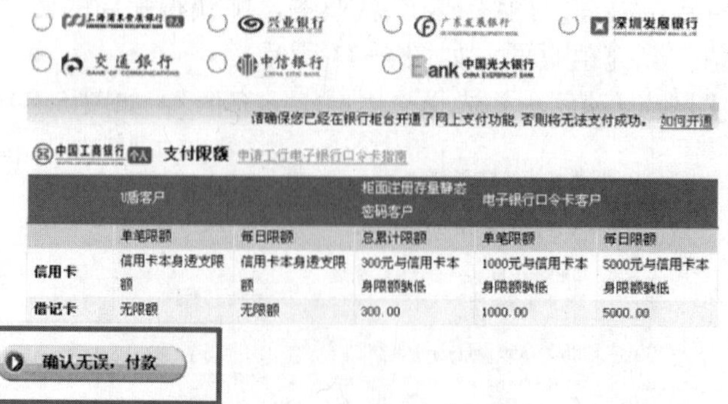


图 5-47　选择银行，确认付款页面

（3）单击“去网上银行付款”，如图 5-48 所示。

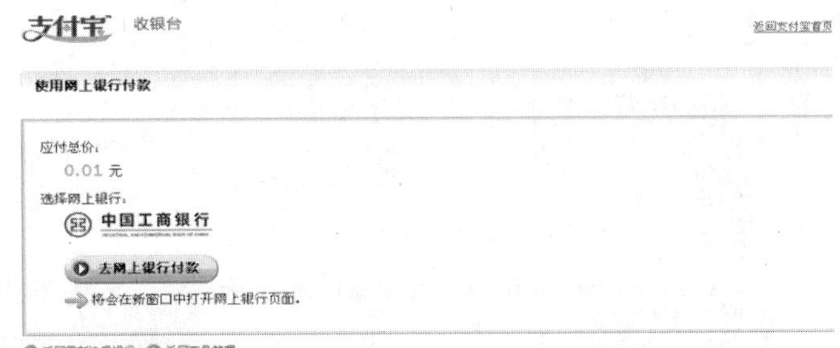


图 5-48　使用网上银行付款页面

（4）输入支付卡号和验证码，单击“提交”，如图 5-49 所示。

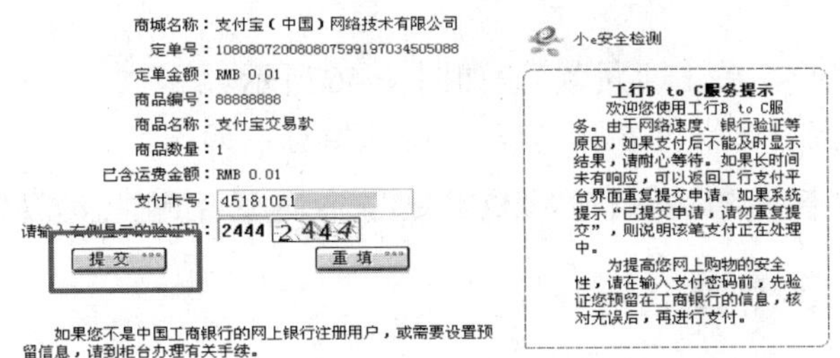


图 5-49　输入支付卡号和验证码页面

（5）确认预留信息，单击“确定”，如图 5-50 所示。

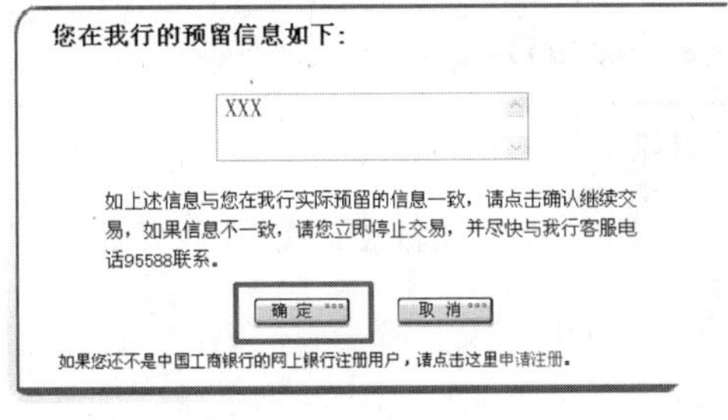


图 5-50　确认网银预留信息页面

（6）输入口令卡密码，单击“提交”，如图 5-51 所示。

图 5-51　输入口令卡以及网银密码页面

（7）支付成功，如图 5-52 所示。

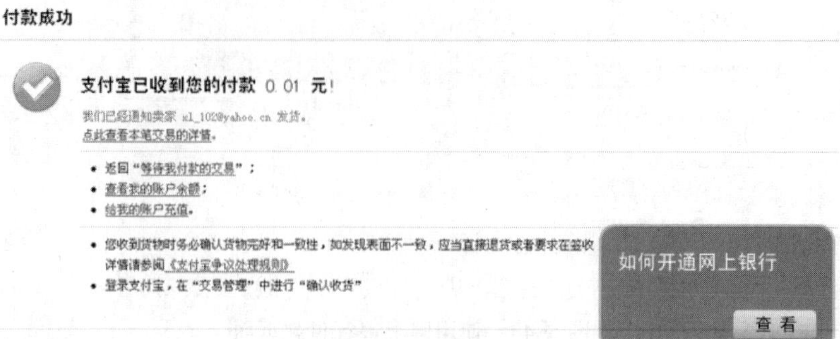


图 5-52 支付成功页面

**2．卡通支付**

（1）登录支付宝账户，单击“付款”，如图 5-46 所示。

（2）选择“‘支付宝卡通’付款”，填写并确认信息，如图 5-53 所示。

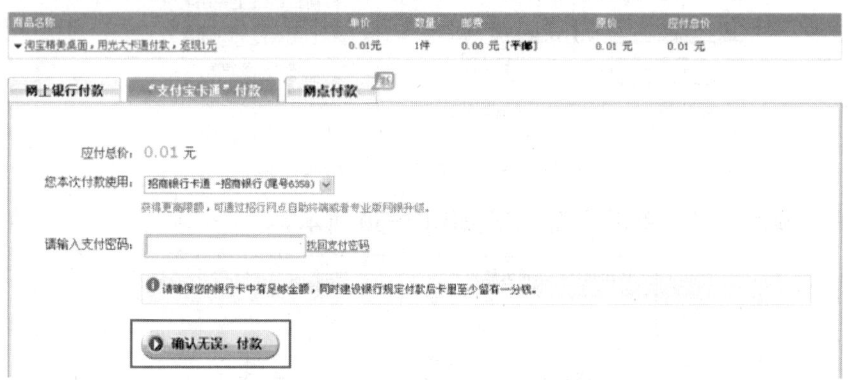


图 5-53 “支付宝卡通”付款页面

（3）付款成功，如图 5-52 所示。

**3．线下网点支付**

（1）登录支付宝账户，单击“付款”，如图 5-46 所示。

（2）选择“网点付款”，单击“免费保存到手机上”，把交易信息保存到手机上，如图 5-54 所示。

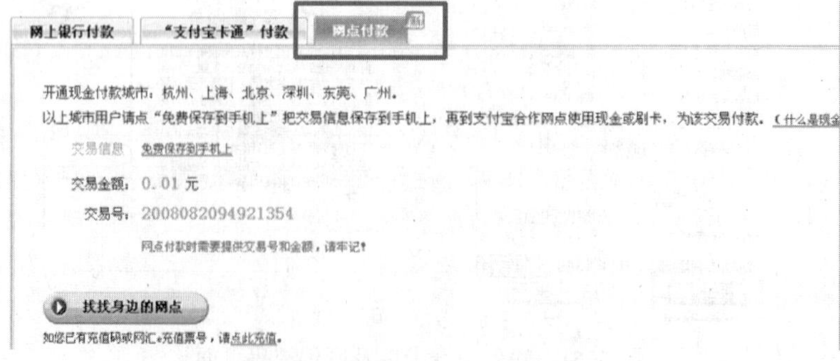


图 5-54 使用“网点付款”页面

（3）输入手机号码，单击“确认发送”，如图 5-55 所示。

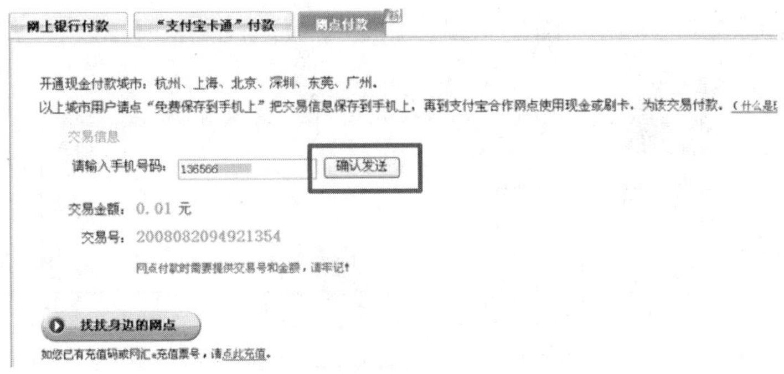


图 5-55　输入手机号码

（4）交易信息发送成功，手机收到相关支付信息，即可到支付宝合作网点使用现金或刷卡付款，如图 5-56 所示。

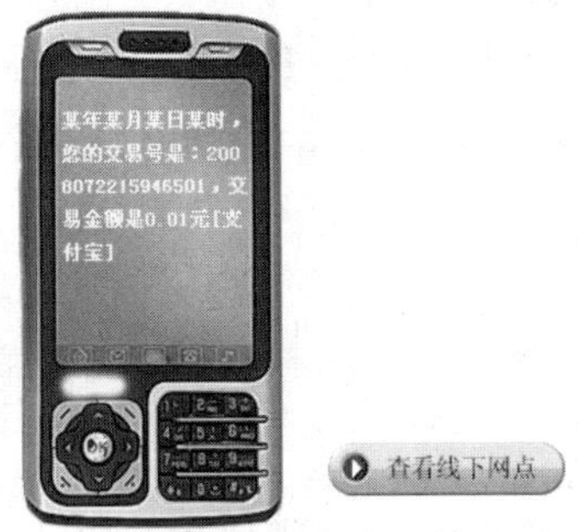


图 5-56　手机收到支付信息模拟页面

## 四、使用支付宝购物演示

使用支付宝购物有 2 种付款流程：①直接付款，原理和过程跟一般的支付网关类似，付款后，货款立即进入卖家的账户，但为了安全起见，每天的交易限额为 500 元；②支付宝交易，付款后钱不是马上转到对方账户，而是转存到支付宝中介账户中，等买家确认收到卖家商品并且满意后，货款才从支付宝中介账户转到卖家账户。第二种方式较好地维护了买方的利益，保证了网上购物的安全性。下面我们分别学习这 2 种购物付款流程。

### 1．淘宝网购物演示

（1）挑选商品，单击“立刻购买”，如图 5-57 所示。

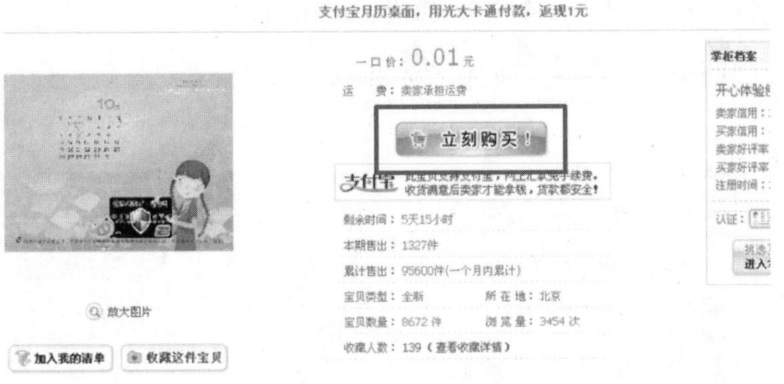


图 5-57　单击“立刻购买”

（2）确认购买信息，单击“确认无误，购买”，如图 5-58 所示。

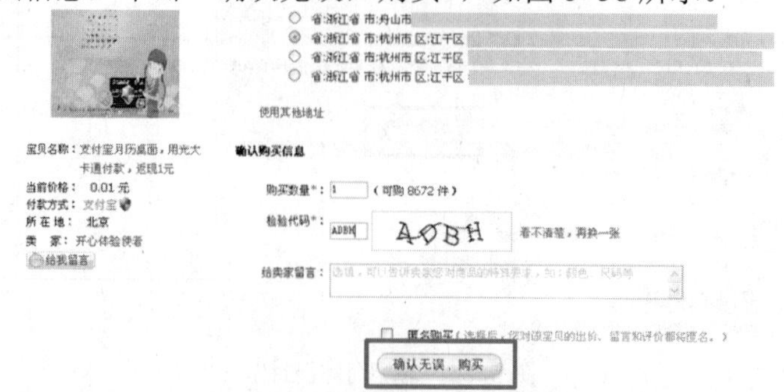


图 5-58 购买信息填写并确认

（3）输入支付密码，将现金转存到支付宝中介账户中，如图 5-59 所示。

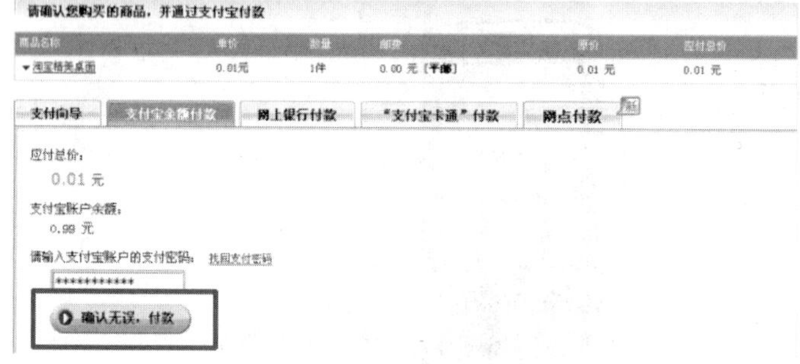


图 5-59 输入支付密码页面

（4）付款成功，如图 5-60 所示。

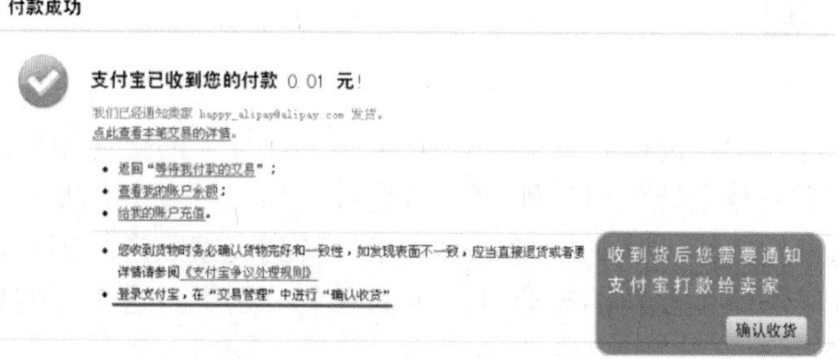


图 5-60 付款到支付宝账户成功页面

（5）收到货后，单击“确认收货”，如图 5-61 所示。

入交易 | 买入交易 | 卖出交易 | 付款 | 发货 | 确认收货 | 退款交易(0) | 红包 | 合并付款

| | 行为 | 交易对方 | 商品名称 | 金额（元） | 交易状态 | 可执行操作 |
|---|---|---|---|---|---|---|
| 月07日 | 买入 | 开心体验使者 给我留言 | 支付宝月历桌面，用光大卡通付款，返现1元 | 0.01 | 等待买家付款 | 付款 查看 |
| 月07日 | 买入 | 开心体验使者 给我留言 | 支付宝月历桌面，用光大卡通付款，返现1元 | 0.01 | 卖家已发货，等待买家确认 | 退款 确认收货 查看 |
| 月05日 | 买入 | x1137463546 和我联系 | 支付宝月历桌面 | 0.01 | 交易关闭 | 查看 |
| 月05日 | 买入 | x1137463546 和我联系 | 支付宝月历桌面 | 0.01 | 交易关闭 | 查看 |
| 月05日 | 买入 | x1137463546 和我联系 | 支付宝月历桌面 | 0.01 | 卖家已发货，等待买家确认 | 退款 确认收货 查看 |

注：近一周共有 5 笔买入交易查看所有买入交易记录

图 5-61 确认收货页面

（6）输入支付密码，单击“同意付款”，如图 5-62 所示。

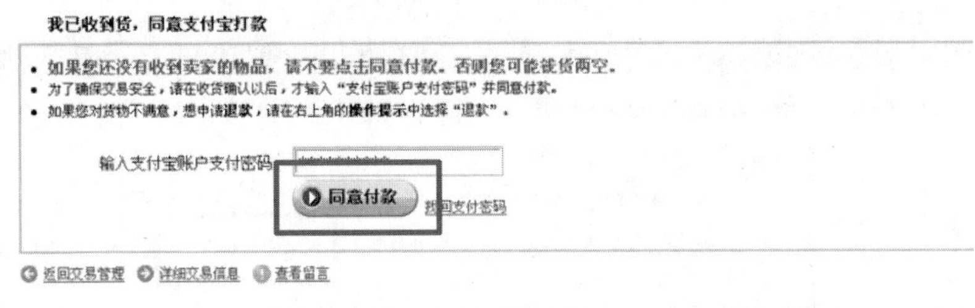


图 5-62　输入支付密码

（7）单击“确定”，如图 5-63 所示。

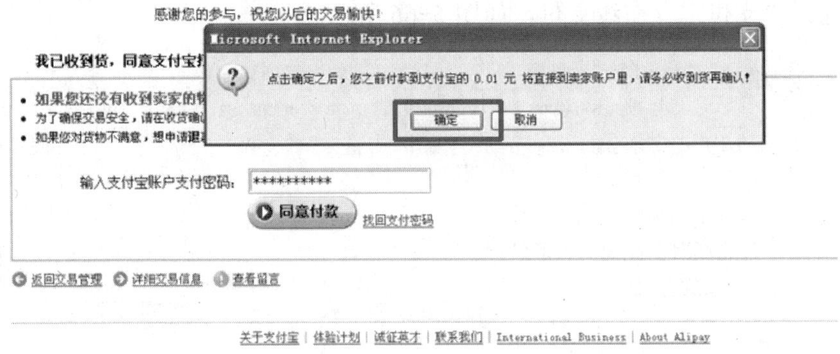


图 5-63　支付确认页面

（8）交易成功，如图 5-64 所示。

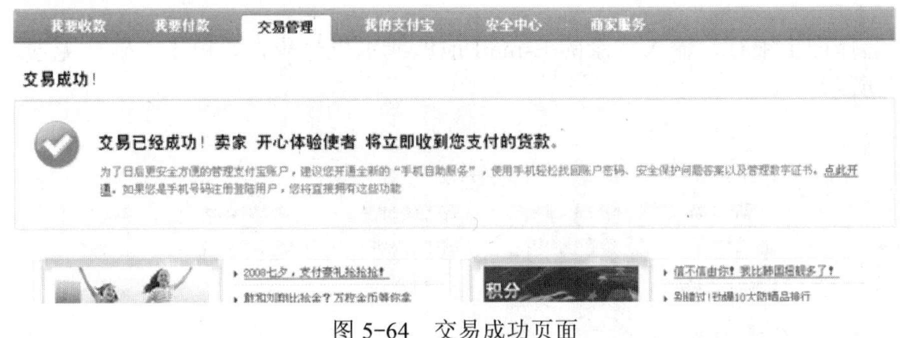


图 5-64　交易成功页面

### 2. 商户网站购物演示

下面以博库书城为例，来了解使用支付宝购物的网上支付操作流程。

（1）单击“去收银台”，如图 5-65 所示。

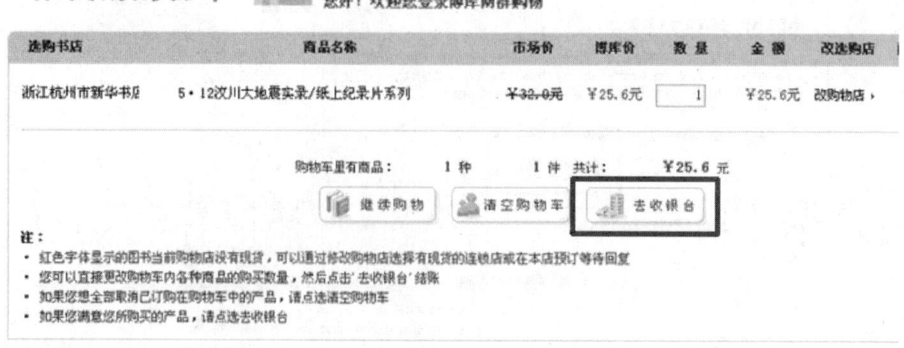


图 5-65 支付宝合作商务付款页面

（2）选择“支付宝”在线支付，如图 5-66 所示。

图 5-66 选择“支付宝”在线支付页面

（3）选择网上银行，输入登录的 E-mail 地址或手机号码，并单击“确认无误，付款”，如图 5-67 所示。

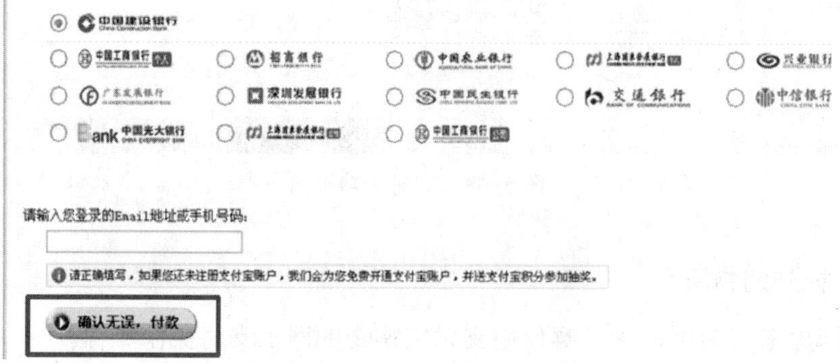

中国建设银行　中国工商银行　招商银行　中国农业银行　上海浦东发展银行　兴业银行　广东发展银行　深圳发展银行　中国民生银行　交通银行　中信银行　中国光大银行　上海浦东发展银行　中国工商银行

请输入您登录的Email地址或手机号码：

请正确填写，如果您还未注册支付宝账户，我们会为您免费开通支付宝账户，并送支付宝积分参加抽奖。

确认无误，付款

图 5-67 选择网上银行

（4）输入证件号码或用户昵称、登录密码以及附加码，如图 5-68 所示。

图 5-68　网上银行支付信息输入页面

（5）输入支付账户及动态口令，如图 5-69 所示。

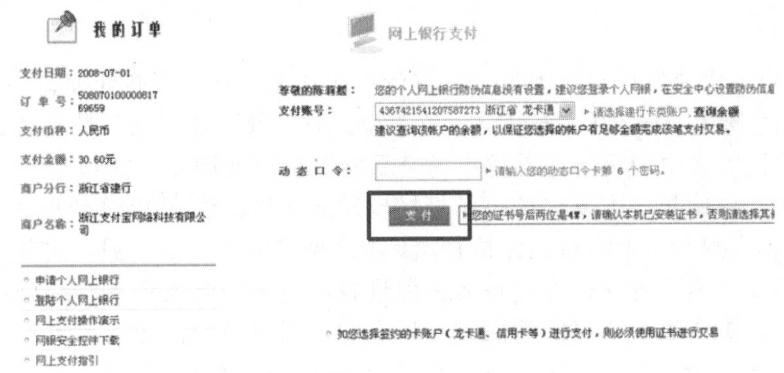


图 5-69　网上银行支付账户密码输入页面

（6）支付成功，如图 5-70 所示。

图 5-70　支付成功页面

## 任务完成结论

本学习任务以支付宝为例，分析了第三方支付网站支付账号的申请方法、充值方法、网上支付方式以及使用支付宝的网上购物流程。通过对本任务的学习，我们对第三方支付的网上支付的使用方法、操作流程有了一个全面的认识。

## 课堂训练与测评

请登录支付宝网、财付通网或者其他第三方支付网站进行注册，并完成一次网上支付，写出操作流程。

## 知识拓展

支付宝各种付款方式介绍（http:/home.alipay.com/individual/payment.htm）。

# 任务四　第三方支付发展现状

## 知识点、能力点

- 了解第三方支付的发展现状。
- 了解第三方支付发展中存在的问题及解决方法。

## 任务情境

随着电子商务快速发展，我国第三方支付行业从无到有，不断壮大。目前，国内的第三方支付产品主要有 PayPal、支付宝、拉卡拉、财付通、盛付通、腾付通、通联支付、易宝支付、快钱等。中国第三方支付市场交易额保持快速增长，2014 年总体交易规模突破 88 161 亿元。中国第三方支付的市场规模也发展迅速，截至 2014 年底，央行已发放了 269 张第三方支付牌照，市场格局保持稳定。越来越多的企业携手第三方支付平台为其解决网上支付难题，第三方支付方式正成为促进我国电子商务发展的核心应用之一。以支付宝、财付通、快钱等为代表的第三方支付企业正引领着我国第三方支付市场开创新的格局，但在产业快速发展的同时，也出现了一系列亟待解决的问题。我们现在就来了解目前第三方支付的发展现状与存在的问题。

## 任务分析

本任务中，我们可以了解到第三方网上支付在我国经历了 10 多年实践后的现状与未来发展趋势，并对第三方支付企业发展中重点关注的几个问题作了深入的探讨。

## 任务实施

### 1. 国内第三方支付网站的发展现状

随着我国电子商务的蓬勃发展以及网上购物人群的迅猛增长，我国的电子商务市场在信息流、物流等方面的大部分难题已经得以解决，然而支付问题却成为如今制约我国电子商务发展的瓶颈。随着网民对网络支付形式接受度的提高，更多的商家开始将网络支付作为自己业务的一种支付方式提供给消费者。正是在我国电子商务的快速发展以及电子支付的巨大需求和市场空间的基础下，使得第三方支付服务模式应运而生，并在 2005 年达到了一个阶段性高潮——国内相继成立了 50 多家第三方网上支付公司。2007 年，我国第三方电子支付市场迅速发展，交易额达到 1 009 亿元。面对 2008 年金融风暴和经济下滑带来的不利影响和巨大压力，我国第三方电子支付市场的主力厂商表现得可圈可点，市场整体交易额突破了 2 700

亿元大关，2010 年交易额达到 1 万亿元，2011 年超过 2.1 万亿元，2012 年中国第三方互联网在线支付市场交易额继续保持快速增长，全年交易额规模达 3.8 万亿元，比 2011 年增长 76%。2013 年总体交易规模突破 59 666 亿元，同比增长 56.9%。到 2014 年，达到 88 161 亿元，同比增长 47.8%。可以看出，对比 2010 年和 2011 年高达 90%以上的增长率，2013 年和 2014 年的增速明显趋缓，这也显示出第三方互联网支付市场竞争日益激烈。

从市场整体情况看，由于 2014 年持有第三方支付牌照的企业已超过 250 家，电子支付市场竞争日益激烈，传统的互联网支付公司进一步加强了线上线下的融合，向移动支付和线下 POS 收单市场拓展。另一方面，随着基金支付牌照的发放，互联网支付公司开始在基础支付道路的基础上构建金融、理财等增值服务，构建竞争壁垒；在业务范围上，也从网购、个人缴费、航旅市场等传统互联网收单领域，向保险、教育、跨境支付和 P2P 资金托管等新兴细分市场拓展。

2013 年政策环境也发生了较大的变化。首先，以基金、保险为代表的传统金融产品销售的电子商务化取得了突破性的进展，在政策层面确立了第三方支付公司的合规地位；其次，包括支付宝、财付通、快钱在内的多家第三方支付公司获得了跨境支付牌照，为第三方支付企业扩展海外及跨境支付市场奠定了政策基础；最后，第三方支付牌照也首次向海外资本放开，为整体的支付产业带来了更为丰富的参与主体，也间接推动了国内支付企业的创新和国际化开拓。

2013 年中国互联网支付的市场格局保持稳定，支付宝、财付通和银联网上支付以 46.57%、19.29%和 13.75%的占比位居前三位，市场占有率接近 80%，市场集中度依然很高。2013 年中国第三方互联网支付交易规模结构中网络购物依然占据最大份额，为 35.2%；其次是航空客票，占 13.2%；而在互联网金融元年爆发的基金申购市场则一跃成为第三大细分市场，占比为 10.5%，其余传统领域市场占比均有不同程度缩小。

在这样的大背景下，“多元化”“差异化”成为第三方支付厂商的重要战略，企业的诉求也从牌照发放前单纯追求市场规模转到寻求规模和利润的平衡。国内第三方企业发展呈现以下特点：

（1）支付业务多元化，逐渐过渡至线下　随着市场竞争的加剧，主流第三方支付企业在支付业务上逐渐从线上走向线下，支付业务多元化趋势明显，支付业务涉及互联网支付、移动支付、电话支付、银行卡收单等，为企业客户提供综合支付解决方案。

（2）第三方支付企业的差异化发展路径进一步明显　支付宝推出全民对账单、信用支付等一系列举措，个人业务仍然是支付宝主要的发力点；财付通继与美运通开展跨境支付业务后，2013 年又与中国台湾玉山银行合作，进一步拓展跨境支付业务；快钱围绕企业资金流转深化行业的同时发展供应链金融；汇付天下大力拓展银行卡收单市场，银行卡收单业务增长迅猛；易宝支付 2013 年也明确了“支付+金融+营销”的发展模式。第三方支付市场上规模较大的支付企业都已经开始寻求适合自身企业发展的道路，以构建企业的核心竞争力。

（3）增值服务拓展用户、提升收益　增值服务探索主要表现为 3 个方面：①支付+金融，围绕核心企业的资金现结、赊销和预付等常见支付形式，开发供应链金融服务，快钱为其代表企业；②支付+营销，营销是当前电子商务企业面临的主要问题，所以依托企业集团资源和用户资源，在支付的基础上为客户提供营销增值服务，成为支付企业的又一创新，财付通为其代表企业；③支付+财务管理，支付公司通过与财务管理软件企业合作，把支付服务嵌入到财务管理软件服务中，为广大中小企业提供资金支付服务的同时，提升了财务管理水平和效率。快银和支付宝为其代表企业。

（4）跨境支付增长潜力巨大　近几年随着海淘用户的增加，用户对于跨境支付的需求越来越旺盛，所以跨境支付的市场应用环境越来越成熟，跨境支付有望成为在线支付领域又一个快速发展的细分市场。支付宝、财付通为其代表企业。

（5）移动支付成为各家支付企业布局的重点　随着移动互联网和智能终端的快速发展，移动支付将肩负改写未来支付市场格局的重要业务，所以依托企业各自的资源优势，各家主流支付企业纷纷加快在移动支付市场的布局，手机钱包、手机刷卡器、客户端和应用内支付等支付产品都开始推广尝试。

**2．了解第三方支付发展中存在的问题及解决方法**

越来越多的企业携手第三方支付平台为其解决网上支付难题，第三方支付方式正成为促进我国电子商务发展的核心应用之一。我国第三方支付市场的发展已经走进了十多个年头，到目前为止我国市场上共有200余家规模不等的第三方支付公司，它们在推动我国第三方支付市场发展的同时也带来了许多亟待解决的新问题。目前，第三方支付涉及的问题，主要可分为3类：

（1）从事资金吸储而形成的资金沉淀问题。市场调查表明，每天滞留在第三方平台上的资金至少有数百万元。根据结算周期不同，第三方支付公司将能取得一笔定期存款或短期存款的利息，而利息的分配就成为一个大问题。

（2）第三方支付平台中的大量资金沉淀，如果缺乏有效的流动性管理，则可能存在资金安全隐患，并可能引发支付风险和道德风险。不久前上海一家小型第三方支付公司卷款而逃的案例给我们敲响了警钟。

（3）由于网络交易的匿名性、隐蔽性，利用支付平台的网络违法犯罪活动不断出现，其造成的危害也堪忧。第三方支付平台很难辨别资金的真实来源和去向，使得利用第三方平台进行资金的非法转移、洗钱、贿赂、诈骗、赌博以及逃税漏税等活动有了可乘之机。

在国外，电子商务早已是经济中的一个重要组成部分，可是国内电子商务还处于发展探索阶段，首要原因是网上支付问题，可以说网上支付是我国目前发展电子商务需待加强的现代化服务之一。实际上，目前国内市场上几股巨大的力量正从用户需求、金融体制、政策法规、通信渠道等层面推动着网上支付的发展。我国第三方电子支付市场虽然逐渐由培育期进入到了高速增长阶段，但与此同时，第三方支付的政策风险、安全隐患、信用体系建设等问题依然存在。行业整体目前正处于快速上升初期，但鱼龙混杂，行业创新意识差，同质化严重，经常低水平恶意竞争，风险管理水平亟待提高。在我国目前尚缺乏完善的诚信控制机制的前提下，仅依靠企业自律来维持行业规范发展，这是很不够的，因此需要适度的政府监管，并借鉴国外的经验，以市场为导向，以促进市场发展为目的来规范支付市场。解决第三方支付发展中存在的问题可以从以下3个方面入手：

（1）在政策层面，国家非常重视，就如何引导第三方支付规范、健康发展，有效防范和控制其业务活动中的风险，切实推动我国支付服务市场的持续与创新发展等问题，中国人民银行借鉴国际上对此类机构的监管经验，依据《中国人民银行法》《行政许可法》等法律规范，着力研究和拟订第三方支付行业规则，以规范第三方支付的支付清算服务行为。2010年6月，央行出台《非金融机构支付服务管理办法》，首次对非金融机构从事网络支付、预付卡发行与管理、银行卡收单等支付服务的市场准入、行政许可、监督管理等作出明确规定。2010年12月，央行又公布了《非金融机构支付服务管理办法实施细则》。经过近一年的合规与筹备工作后，2011 年 5 月 18 日，央行颁发首批业务许可证，支付宝、拉卡拉、快钱、汇付天下等 27 家企业顺利获得支付牌照。2011 年 8 月 31 日，央行颁发了第二批 13 张第三方支付牌照；2011 年 12 月 31 日，央行再次颁发了 61 张第三方支付牌照。支付牌照的正式发放进一步提升了行业的市场地位，将吸引更多资本和优秀人才进入第三方支付业，为行业的快速发展注入了强大动力。同时，行业规则的出台有利于第三方支付企业明确自身的权利和义务，在法律法规允许的范围下积极开拓市场，实现更好更快的发展。2005 年，央行起草了《支付清算组织管理办法（征求意见稿）》，并于当年 6 月向社会各界公开征求意见。第三方支付企业的主体资格、经营范围、支付安全、信用风险、沉淀资金的使用、洗钱风险、套现风险等均需要监管部门在《支付清算组织管理办法》中明确。通过对此类支付清算组织的规范管理办法的出台，电子支付服务市场将会得到更好、更快的发展，电子商务活动将会面临一个更加和谐、有效的支付环境。从政策角度明确第三方支付公司的地位和属性，这会直接影响到相关监管政策的发布与实施监督，进而影响行业的发展进程。

（2）在应用环境层面，虽然用户已经开始进行尝试，但仍然非常担心安全，网络的欺诈也不时发生，保护用户的手段有待逐步健全。

第三方支付企业应确保达到其技术要求。例如，如何确保系统的稳定性、数据的安全性，如何制定内控制度等。这些方面除央行会制定规范外，可能还需要委托第三方公证或监察机构进行监督认证。其次还应建立信用制度。美国就是借助信用，通过数据的整合、挖掘，制定有效的奖惩机制，进而推动立法更新，最终成为信用制度最完善的国家。

（3）在企业发展模式层面，明确市场定位，做精做细优势业务，走差异化发展之路。

第三方支付企业获得业务许可，只是获得市场准入，要想谋求更大的成长空间，还需进一步明确市场定位，做精做细优势业务，走差异化发展之路。第三方支付发展早期，绝大多数第三方支付企业以互联网支付业务为主，而随着获牌业务类型的多样化以及企业和个人用户需求的多样化，第三方支付企业的业务类型逐渐由线上走向线下，向收单、结算、信贷、供应链融资等金融增值服务延伸。如今，越来越多的商户有很强的理财需求，网上金融理财服务必定是未来一大趋势。此外，随着移动互联网和智能手机的发展，越来越多的第三方支付企业发力移动支付市场。第三方支付市场的竞争日趋激烈，有成熟业务模式和稳定客户资源的企业不会满足于现有的优势领域，还会不断地寻找、培育新的盈利增长点，从而推动行业快速发展。

目前的第三方支付市场竞争十分激烈，标准化服务固然是市场所需要的，但更多商户需要的是定制个性化的支付解决方案，创新已经成为第三方支付生存和发展的必然选择。第三方支付的创新主要体现在 2 个方面：①电子支付技术的提高；②延伸业务，即向增值服务拓展。当前，对于第三方支付企业，最为关键的是理顺上下游产业链的关系，避免恶性竞争，结合国情开展服务创新。同时，第三方支付清算组织提供的支付清算服务涉及多种支付手段，业务模式多样，且服务对象具有广泛的社会性，其所产生的社会影响日益增强。但是，这类机构之间在资金实力、技术水平、风险管理能力等方面仍然存在一定的差距；此外，在推动我国支付清算服务提供主体多元化发展的同时，也伴随着一些风险。例如，一些机构通过为服务对象代为保管用于支付的货币资金的方式提供支付清算服务，在一定程度上保证了服务对象特定支付的完成，但是也会存在资金沉淀问题，需要结合相关政策指导和有关部门的监督管理，有效地处理好资金沉淀问题，促进支付行业的稳定发展。

随着技术的完善、牌照的发放以及模式探索的更加到位，这几股力量累积到一定程度的时候，业务量的爆发性增长便指日可待。

##  任务完成结论

随着我国电子商务的深入发展，面对海量中小商家及个人多样化支付服务的迫切需求，第三方支付服务于 2000 年前后应运而生，“支付宝”“财付通”等第三方支付工具以及赔付制度更是在很大程度上改善了电子商务的购买信任危机。该行业总体正在不断调整并呈现快速上升的趋势。在 2010 年央行出台《非金融机构支付服务管理办法》基础上，截至 2014 年 3 月，持有第三方支付牌照的企业已经超过 250 家，市场格局保持稳定。越来越多的企业携手第三方支付平台为其解决网上支付难题，第三方支付方式正成为促进我国电子商务发展的核心应用之一。第三方支付已成为了支付领域中最具创新能力和服务意识的一支活跃力量，在商业模式、市场营销、技术开发和风险管理等方面进行了大量有益的尝试和创新。第三方网上支付的出现丰富并完善了国内的电子支付体系，给支付领域的发展带来了积极、深远的影响。

##  课堂训练与测评

（1）通过网络，搜集第三方支付平台发展现状的相关资料与数据。

（2）分析我国目前第三方支付发展中存在的问题。

##  知识拓展

（1）易观智库：中国第三方支付市场趋势预测 2013~2016（http://www.enfodesk.com/SMinisite/maininfo/articledetail-id-397036.html）。

（2）易观分析：2013 年中国第三方支付市场高速发展 手机银行处于普及期 网上银行市场格局稳定(http://www.enfodesk.com/SMinisite/maininfo/articledetail-id-401565.html)。

# 项目六　其他支付结算方式与系统

随着信息技术、通信技术的飞速发展，移动支付、虚拟货币支付、电话支付等支付方式成为了电子商务网上支付方式的重要补充。本项目我们将学习电子商务应用中的移动支付、虚拟货币支付以及电话支付的支付模式与操作流程。

❑ 应知目标

- 了解移动支付的工作原理与支付流程。
- 了解虚拟货币支付的工作原理与支付流程。
- 了解电话支付的工作原理与支付流程。

❑ 应会目标

- 能熟练使用手机完成移动支付。
- 能熟练使用虚拟货币完成网上支付操作。
- 能熟练使用电话支付完成电子商务交易。

## 任务一　移动支付应用

### 知识点、能力点

- 了解移动支付的概念。
- 了解移动支付的分类。
- 了解移动支付的运营模式。
- 了解移动支付的发展现状与发展趋势。
- 能够掌握移动支付的申请与使用。

### 任务情境

进入 21 世纪，由于科学技术特别是通信业与信息业的迅猛发展，电子商务也在日益完善并大规模地从实现商务活动向 Internet 与无线网络转移。随着手机、个人数字助理（PDA）即掌上电脑、笔记本电脑以及其他手持式移动设备正逐渐成为人们生活与工作中的必备工具，人们对移动商务的需求日益强烈。特别是在手机方面，随着经济的不断发展，近几年，人们对于手机的要求已经有了本质的改变，手机已经不仅限于通信功能工具，而且还成为了可信赖的支付工具，人们在消费、购物、交通等领域，都能够方便地通过移动设备完成支付，即可以达到“一机在手，畅行无忧”。同时，银行金融产品及服务与 NFC、二维码、微信等新兴技术有机融合，不断向客户提供“碰一碰”“扫一扫”“摇一摇”等移动支付新体验。利用移动互联网新技术，银行加快探索创新发展近场支付与远程支付、线上支付与线下支付相融合的业务模式，移动金融是未来网络银行的一个重大发展方向，并有望最终改变当前银行业的市场竞争格局。移动电子商务也正在显示出巨大的市场潜力，移动支付也会在这种浪潮之下快速发展。我们可以预见，在无线通信科技的带动下，电子支付技术越来越多地呈现出一种移动互联的趋势，而未来，移动支付技术无疑是一次正在酝酿着的技术革命。移动支付产业在各方积极、有力的推动下，势必会打开新的局面，也会为相应市场带来更大的利润与冲击，相信在不久的将来，一部手机可以真的“畅行无忧”。

## 任务分析

移动支付由于载体的特殊性、信道传递的网络化以及债务关系的虚拟化等特点，决定了它与传统的支付方式和支付工具存在极大的差异，这也是本任务要着重分析和研究的主要内容，特别是读者要能够掌握移动支付过程的层次和结构分析。

## 任务实施

### 一、了解移动支付的概念

移动支付是指进行交易的双方以一定信用额度或一定金额的存款，为了某种货物或者业务，通过移动设备从移动支付服务商处兑换到代表相同金额的数据，移动终端可以是手机、具备无线功能的 PDA、移动 PC、移动 POS 机等。移动支付实施的基础是金融电子化。

通过移动支付，用户可以随时、随地、随意通过移动终端使用移动商务 SP 提供的业务服务，如投注彩票、购买各种 IP 卡/上网卡/游戏卡、网站购物等。与传统支付方式比较，移动支付最主要的特点是支付灵活便捷、交易时间短，可以减少往返银行的时间和支付处理时间。移动支付不仅可以为移动运营商带来增值收益，也可以为银行和金融系统带来业务收入。手机支付作为新兴的费用结算方式，由于其方便性而日益受到移动运营商、网上商家和消费者的青睐。

手机支付是近年发展起来的一种新型的支付方式，但因其有着与信用卡同样的方便性，同时又避免了在交易过程中使用多种信用卡以及商家是否支持这些信用卡结算的麻烦，消费者只需一部手机，就可以完成整个交易，深受消费者尤其是年轻人的推崇，因此采用手机支付的消费者数量在全球范围内不断增长。全球技术研究和咨询公司 Garther 指出，2013 年全球移动支付交易值达到 2 354 亿美元，移动支付用户数量达到 2.452 亿，预计到 2016 年全球移动支付将达到 7 210 亿美元，拥有 4.50 亿移动支付用户。市场研究公司 IDC 的最新报告也显示，2017 年全球移动支付的金额将突破 1 万亿美元，这 1 万亿美元的支付金额中，有 66%来自移动电子商务。

移动支付作为一种崭新的支付方式，具有方便、快捷、安全等优点，将会有非常好的商业前景，而且将会引领移动电子商务和无线金融的发展。手机付费是移动电子商务发展的一种趋势，它包括手机小额微支付和手机钱包两大内容。

### 二、移动支付的发展历程

根据全球移动支付业务发展情况，全球移动支付业务可被划分为 5 个阶段，在这几个阶段的发展中，虽然移动支付特征鲜明，但没有明显的时间划分，而且世界各国发展程度不一样，往往呈现出交叉发展局面。

第一阶段：移动增值服务购买阶段

移动支付业务发展的最初期，各地均有一定程度的发展，包括手机铃声、音乐、游戏等增值业务的购买下载，通常由通信月账单统一支付，后来逐步发展到利用网上购物平台购物，输入手机号，费用从手机话费中扣除。

第二阶段：短信支付阶段

此种方式在亚洲国家比较常见，最近几年在美国也有相应的发展。通常利用短消息上下行方式办理移动支付业务，是扩展的短信息服务业务。利用短信提供移动支付相关业务，客户进入门槛低，相对比较容易。

但是对于复杂业务，短信输入不便，客户与银行的交互性较差，尤其是短信的安全性较低，短信内容为明码传输，会出现客户密码等重要信息，如果用户的手机被盗，第三个人就会接触到原用户的支付信息。此外，短信具有不可靠的特性，用户可能接收不到支付后发来的重要信息，而扣费方对此短信的路径无法追踪，因此业务的种类和范围受到限制。

第三阶段：WAP（Wireless Application Protocol）等无线互联网支付阶段

此种方式在欧美发展成熟。无线互联网实现了移动支付业务的发展，解决了短信输入的繁杂和短信的信息安全问题，支付完成时间也大大缩短，使得 WAP 上网移动支付业务在一定时期内取得了快速发展。但是，由于手机屏幕狭小和网络连接速度慢以及数据传输速度慢等因素的限制，人们又开始寻找新的移动支付实现方式。

第四阶段：手机软件支付

此种支付方式在欧洲发展较好。通过从 JAVA/BREW 技术平台下载支付软件到手机终端，实现移动支付及其银行账户的管理功能。此阶段作为过渡阶段，发展初见端倪就被下一阶段的智能卡支付所替代。

第五阶段：手机智能卡支付阶段

此种支付方式也是现在日韩盛行的手机智能卡移动支付服务。或者通过插入外加的智能芯片，或者将智能芯片与 SIM 卡融为一体，从而为移动用户提供方便。

## 三、移动支付的分类

### 1. 按获得商品的渠道分类

根据购买服务或商品类型的不同，即获得商品的渠道不同，移动支付可分为 3 类：

（1）移动服务支付　用户购买的是基于手机的内容或应用（如手机铃声、手机游戏等），应用服务平台与支付费用平台相同，即皆为手机，以小额支付为主。

（2）移动远程支付　远程支付有 2 种方式：①支付渠道与购物渠道分开的方式，例如通过有线上网购买商品或服务，而通过手机来支付费用；②支付渠道与购物渠道相同，都通过手机，如通过手机来远程购买彩票等。

（3）移动现场支付　移动现场支付是指在购物现场选购商品或服务，而通过手机或移动 POS 机等支付的方式。例如在自动售货机处购买饮料、在报摊上买杂志、付停车费、加油费、过路费等。现场支付分为 2 种：①利用移动终端，通过移动通信网络与银行以及商户进行通信完成交易；②只将手机作为 IC 卡的承载平台以及与 POS 机的通信工具来完成交易。

### 2. 按照接入方式分类

目前移动支付接入方式主要有 5 种。①利用短信（STK）方式；②语音方式 IVR

（Interactive Voice Response，交互式语音应答）；③利用 USSD 方式；④使用 WAP 协议实现；⑤利用 WEB 方式实现。目前，主要采用的是 IVR、STK 和 WEB，其余两种则较少被使用。但是按照中国移动的计划，USSD 方式也是移动支付将来的重要接入方式。

（1）STK 支付方式 STK 是 SIM Tool Kit 的英文缩写，即“用户识别应用开发工具”。它包含一组指令，用于手机与 SIM 卡的交互，这样可以使 SIM 卡内运行小应用程序，从而实现增值服务的目的。之所以称小应用程序，是因为受 SIM 卡空间的限制，STK 卡中的应用程序都不大，而且功能简单易行。市场提供的 STK 卡主要有 16K、32K 和 64K 卡。STK 卡可以有选择性地和 PKI 结合使用，通过在卡内实现的 RSA 算法来进行签名验证，从而使利用手机来从事移动商务活动成为现实。

STK 卡与普通 SIM 卡的区别在于，STK 卡中固化了应用程序。在移动通信提供的手机 SIM 卡中，通过该应用程序，注入银行提供的功能服务菜单、银行的密钥，即成为提供银行服务的专用卡 STK 卡，利用 STK 卡提供的智能菜单，用户通过简单的按键操作就可实现对信息的检索，甚至交易，将手机银行服务的信息通过移动通信网的短消息系统送到银行，银行接到信息，对信息进行处理后，将其结果返送手机，完成手机支付服务。目前，中国工商银行、招商银行的手机银行业务采用的就是这种 STK 方式。借助这种方式，通过手机把移动通信、信用卡、IC 卡等功能融合在一起，可成为生活中一个多功能工具。更通俗的说法是，手机正在逐渐具备信用卡的功能。

（2）USSD 支付方式 USSD 是英文 Unstructured Supplementary Service Data 的简称，即非结构化补充数据业务，是一种基于 GSM 网络的新型交互式数据业务，它是在 GSM 短消息系统技术的基础上推出的新业务，当然也可用于支付业务的处理。USSD 技术集短信的可视操作界面、GPRS 的实时连接等优点于一身，而且交互速度快，特别适合于实时、高速、小数据量的交互式业务。显然 USSD 特别适用于移动支付。

（3）WAP 应用支付方式 WAP 是无线 Internet 的标准，由多家大厂商合作开发，它定义了一个分层的、可扩展的体系结构，为无线 Internet 提供了全面的解决方案。WAP 协议开发的原则之一是要独立于空中接口，所谓独立于空中接口是指 WAP 应用能够运行于各种无线承载网络之上，如 TDMA、CDMA、GSM、GPRS、SMS 等，目前 WAP 方式比较少见。不过，WAP 可提供类似于 WEB 的菜单，用户只需点击相应的菜单就可完成支付操作，使用起来很方便。随着手机价格和 WAP 使用费的下降，WAP 方式有可能受到青睐。

（4）WEB 应用支付方式 所谓的 WEB 应用支付方式，就是以互联网作为选购界面。此时用户可在互联网上挑选商品，并通过互联网激活手机支付。该方式有利于 SP 的开发、提供应用。WEB 接入方式具体实现包括 Kjava 方式和 BREW 方式。在使用 IVR 作为接入方式时，用户首先需要拨通接入号码，如 12588，随后就按照语音提示进行操作，输入订单号、手机号码、支付密码等信息。

**3．按照业务模式分类**

从业务种类看，移动支付可分为手机代缴费业务、手机钱包、手机银行和手机信用平台等几类。

（1）手机代缴费业务 手机代缴费是指用户所缴纳的费用在移动通信费用的账单中统一结算，其特点是代收费的额度较小且支付时间、额度固定，如个人用户的 E-mail 邮箱服务费业务代收。当前，该种服务在手机支付服务中居首要地位。

（2）手机钱包业务 手机钱包是综合了支付类业务的各种功能的一项全新服务，它是以银行卡账户为资金支持、以手机为交易工具的业务，就是将用户在银行的账户和用户的手机号码绑定，通过手机短信息、IVR、WAP 等多种方式，用户可以对绑定账户进行操作，实现购物消费、转账、账户余额查询，并可以通过短信等方式得到交易结果通知和账户变化通知。

例如，中国移动推出了手机钱包业务，具体来说，手机钱包是中国移动和银行系统推出的为客户提供移动金融服务的业务。这项业务的主要功能就是通过将用户的手机号码与其银行信用卡账户进行绑定，用户通过手机就能随时随地对其银行信用卡账户进行查询以及转账、缴费、交易等支付性操作。很多欧美国家已经在小型购物、支付交通费用、购买水电等方面引入了手机钱包的方式，在一些地区，手机钱包甚至已经占据了与现金、支票和信用卡同等重要的位置，成为最流行的支付方式之一。

（3）手机银行业务　所谓手机银行就是通过移动通信网络将客户的手机连接至银行，实现通过手机界面直接完成各种金融理财业务的服务系统。

手机银行和手机钱包的主要区别有：

1）手机钱包由移动运营商与银行合资推出，以规避金融政策的风险；手机银行由银行联合移动运营商推出，移动运营商为银行提供信息通道，它们之间一般不存在合资关系。

2）申请手机银行需更换具有特定银行接口信息的 STK 卡，这就容易受到银行的限制，难以进行异地、异行划拨；而手机钱包则不需要更换 STK 卡，受银行的限制也较小。

3）手机钱包需要建立一个额外的移动支付账户，而手机银行只需要原有的银行卡账号。

4）手机钱包主要用于支付，特别是小额支付；而手机银行可以看作是银行服务方式的升级，利用手机银行，用户除了可以支付，还可查询账户余额和股票、外汇信息，完成转账、股票交易、外汇交易和其他银行业务。

（4）手机信用平台业务　手机信用平台的特点是移动运营商和信用卡发行单位合作，将用户手机中的 SIM 卡等身份认证技术与信用卡身份认证技术结合，实现一卡多用的功能，例如在某些场合，接触式或非接触式 SIM 卡可以用来代替信用卡，由用户提供密码，进行信用消费。

## 四、移动支付运营模式

移动支付价值链可以涉及很多个方面：标准制定组织、技术平台供应商、网络运营商、金融组织、第三方运营商、终端设备提供商、商品或服务供应商以及消费者。移动支付的运营模式由移动支付价值链中各方的利益分配原则及合作关系所决定。成功的移动支付解决方案应该是充分考虑到移动支付价值链中的所有环节，进行利益共享和利益平衡。目前，移动支付的运营模式主要有以下几种：

### 1. 移动运营商为运营主体的模式

当移动运营商作为移动支付平台的运营主体时，移动运营商会以用户手机话费账户或专门的小额账户作为移动支付账户，用户所发生的移动支付交易费用全部从用户话费账户或小额账户中扣减。

优势：移动运营商控制着移动用户及其话费账户、手机厂商、内容提供商和服务提供商，凭借这种资源优势在现阶段掌握了与商业银行或银联合作的话语权。

劣势：对于移动运营商来说，最明显的劣势就是缺乏金融行业的运营经验，具体包括具有金融行业从业经验的专业人才和业务流程、财务制度、风险控制等。其次，就基于话费账户的移动支付业务来看，这种模式的发展面临较多限制：一是话费账户每月的最高消费额度限制不能满足用户的额度需求；二是话费账户的目标客户群多为后付费用户，而乐于尝试新业务的年轻群体多为预付费用户，另外话费账户的支付成本高，结算周期较慢；三是就基于银行账户或银行专业账户的移动支付业务来看，在这种模式下，移动运营商失去了产业发展的话语权，变成纯粹的通道提供商；四是发生大额交易时可能与国家金融政策发生抵触，运营商需承担部分金融机构的责任。

**2．银行为运营主体的模式**

在这种模式下，银行通过专线与移动通信网络实现互联，用户可以通过将银行账户与手机账户绑定，进行移动支付。

优势：该运营模式下银行的资本实力、营业网点规模和分布、营销宣传等方面比较强，仅把移动运营商的网络当作一种类似互联网的信息通道，而且不受其他各方的制约，可以灵活开展支付业务。

劣势：该运营模式下移动支付业务不能够实现跨行互联互通，各银行只能为自己的用户提供服务。另外如果不与移动运营商合作，持卡人若要实现银行卡的个人化，就只能本人亲自到不同银行的柜台办理。

**3．中国银联为运营主体的模式**

中国银联独立于银行和移动运营商，利用移动通信网络资源和金融机构的各种支付卡，实现支付的身份认证和支付确认。通过中国银联的交易平台，用户可以实现跨银行移动支付服务。

优势：该运营模式下，中国银联的最大优势在于联结各发卡行的银行卡信息交换网络。同时，中国银联拥有多样化的支付渠道，可以向行业客户和重要商户提供一系列的支付解决方案，从而增加中国银联对商户的吸引力。另外该业务模式提高了商务运作效率，简化了其他环节之间的关系，而且移动运营商、银行和中国银联之间权责明确。

劣势：首先，中国银联的产业定位使其无法直接掌握持卡人资源和商户资源，尽管他们都是中国银联的最终用户，但是作为转接机构的中国银联并不拥有对这两个市场的直接影响力。其次，银联的体制使其不能和银行结成有效的利益共同体。中国银联的股东中，没有任何一家银行处于控股地位。同时，中国银联人事任免等主要事务基本上由央行决定，因此长期以来，中国银联更像是一个政府机构。这种体制设计产生的一个重大负面影响就是中国银联的创新能力和市场反应能力较弱。再次，中国银联的资本实力较弱，对于初期需要较大投入的移动支付业务，中国银联仅仅依靠自身的实力难以推动市场的前进。

**4．移动运营商和银行合作的模式**

该运营模式下移动运营商和银行各自发挥自己的优势来保证移动支付的安全和信用管理，使交易能够顺利、正常进行，这样移动运营商和银行就能空出更多的时间和精力来研发自己的核心技术。

优势：通过优势互补来增强产业链的竞争力，带动上游和下游企业健康运营，同时银行不需要支付巨额资金给移动运营商。

劣势：该运营模式中的竞争仅仅是一对一的关系，即移动运营商只能与某一个银行的信用卡号进行绑定，无法实现跨行支付。另外，不同银行的接口标准不同，运营商与不同的银行合作会造成成本增加。

通过分析发现，移动运营商和金融机构（银行、卡类组织等）是移动支付最主要的服务提供商，对于银行和移动运营商来说，进入移动支付市场而没有对方的支持是非常困难的，移动运营商与银行都有各自的优势和劣势：移动运营商拥有账单支付的基础环境与移动通信网络，但是缺乏像银行那样管理合作支付风险的能力；同样，银行拥有客户支付消费的信任，而缺乏移动支付所需的接入通信网络和未经移动运营商同意接入的移动用户。任何一个机构都不能成为独立运营主体，银行和移动运营商作为移动支付的两大主体必然是产业链上不可缺少的部分。因此，在合作的基础上，引入一个第三方来协调移动运营商和不同银行之间合作的运营模式应运而生。这种模式既结合了以银行和移动运营商为核心的商业模式，以及以第三方为核心的商业模式，又克服了独立运营模式存在的不足。第三方支付服务提供商作为移动运营商和银行机构的桥梁，可以使移动运营商、金融机构和支付平台之间分工明确；简化系统结构、提高运行效率、实现跨行之间的支付交易；实现资源共享、达到优势互补，促进价值链的高效运转。

对于我国移动支付发展的商业模式，可以采取移动运营商和银行合作，中国银联作为第三方服务提供商的商业运营模式。这样不仅可以使移动运营商和银行建立关系，还可以方便用户的支付过程。同时，适当时机引入第三方支付提供商，以克服中国银联的垄断性。因此，以银行与移动运营商合作，而由中国银联为主要支持方，第三方支付服务商协助的商业模式会成为移动支付行业的标准。

## 五、移动支付运营发展现状与发展趋势

由于各国产业发展状况的不同以及各方合作力度的不等，各国所采用的移动支付运营模式也有所不同，同时移动支付的运营模式又将决定价值链中各方利益的分配，从而影响到各个合作方的发展。成功的合作模式将是移动支付能否被市场所接受并逐步走向繁荣的关键。

欧洲国家的移动支付如其他产业一样，同时进军欧洲多国，所以欧洲品牌多数采用的是多国运营商联合运作的方式，即银行作为合作者但不参与运营。目前，主流的移动支付业务模式以远程为主，往往是通过 WAP（无线应用协议）、SMS（短消息业务）、IVR（交互语音应答）等方式接入来验证身份等，操作较为烦琐，不适用时间要求很高的支付行为，所以多用于 WAP 业务、电子票务、预购物等。近端支付方面则倾向于采用 SIM 卡作为近场支付的工具，以便更好地协调参与各方的利益，从而推进移动支付产业发展的进程。此外，NFC（近距离无线通信）也成为欧洲运营商主推业务。

日本最大的手机运营商NTT DoCoMo 在 2004 年就已经推出第一款手机钱包，这种内置FeliCa芯片的 FeliCa 手机通过非接触式IC 卡技术，把手机变成一个移动的电子钱包。该技术能够将个人或企业的信息、银行卡号等数据以安全的方式存储。该移动钱包主要应用于商店购物、公交乘车、各种票务、公司门禁卡、个人身份识别等多种应用，主要合作方包括全日空、东日本铁路公司、航空公司、票务公司 PIA、各种连锁店等。到 2005 年，NTT DoCoMo 收购日本银行三井住友的信用卡公司股权，进一步将手机支付业务渗透到消费信贷，推出 DCMX 品牌的移动信用卡，从而实现了手机钱包与银行信用卡的严格绑定，这种方式可以

不需要再通过在线网银先向手机钱包充值再进行消费，而直接通过用户的信用额度进行透支支付。同时，日本的另外两大电信运营商 KDDI 和 Vodafone 也先后推出了基于 Felica 技术的手机支付业务，采取了类似于 NTT DoCoMo 的发展模式。由于三家移动运营都采用了 SONY 的 Felica 技术，为了实现读卡设备的相互操作，他们共同推进 Felica 成为标准，促进日本整个手机支付行业的蓬勃发展，无论消费者使用的是哪家运营商的电话卡，都可以在全国数十万个支付应用受理点体验到手机刷卡支付的便捷服务。日本的移动运营商是移动支付服务的主要提供者和利益享有者；作为手机制造商和智能芯片开发商，SONY 增加了芯片的销售和手机的销售；参与移动支付的各种卡类组织，也增加了支付的渠道和支付的利润回扣；另外，各种支付终端的商户对移动支付的接受与参与也拓宽了客户的支付渠道。当然，最大的受益者应该是消费者，方便安全的支付手段为用户带来了购物消费的便捷，省去了携带现金和银行卡的不便。因而日本移动支付在多个层面得到了广泛的拥护，业务推广成功也就不足为奇了。

银行独家运营模式在韩国已形成规模，韩国银行业对移动支付的高度重视，也是韩国移动支付飞速发展的关键。银行独立运营，往往希望提供类似信用卡的方式，不需要 SMS、WAP 等方式反复身份验证，这样对终端就有了新的要求，消费者需要购买支持红外线的终端、上百万家的餐馆和商店需购置通过红外线读取手机信用卡的终端。所以该模式的顺利发展与其先进的技术、电子货币的普及、人们的观念、产业链的和谐发展是分不开的。但是，这仍要归功于这种成功的商业模式，正因为它实现了各环节的利益共享，才会为产业链中的各环节所接受，使得韩国成为在世界上移动支付领域最为成功的国家之一。

目前，我国移动支付模式大致分为远程移动支付，如微信支付、支付宝钱包；手机刷卡器支付，如拉卡拉；传统短信支付，如手机钱包、银信通；移动近场支付，如 NFC 支付等。作为电子支付的一支新生力量，中国移动支付行业依托智能终端、移动互联网技术与应用的飞速发展，借助资本和产业链各方在移动支付领域的积极布局，我国的移动支付技术正逐渐走向成熟。艾瑞咨询统计，2013 年中国移动购物市场交易规模达到 1 676.4 亿元，增速是 PC 端网购的 4 倍多。移动支付作为更加方便的支付模式，已开始逐步接管传统信用卡支付，甚至替代实体钱包，而且未来几年的年增长率将保持在 40%左右。这意味着我国移动支付行业已整体步入高速增长阶段。移动支付对网络购物、打车等众多应用的发掘，将使公众的生活和消费更为便捷。随着阿里巴巴、腾讯等互联网巨头进军移动支付领域，2014 年以智能手机的广泛应用为基础，移动支付产业或将迎来大爆发，截至第三季度，移动网购交易规模已超 2 100 亿元。

移动互联网将是未来十年企业争夺的焦点，其产业价值将比桌面互联网大十倍，且已到了爆发增长的临界点。Google、阿里巴巴、腾讯、百度等传统互联网企业及周边产业开始纷纷转战移动互联网市场。曾经与台式机密不可分的计算机系统正越来越多地被用于移动终端设备上，或者把数据发给移动用户的“云”服务上。

利用移动互联网新技术，银行也加快探索创新，发展近场支付与远程支付、线上支付与线下支付相融合的业务模式。例如，银行金融产品及服务与 NFC、二维码、微信等新兴技术有机融合，不断向客户提供“碰一碰”“扫一扫”“摇一摇”等移动支付新体验。移动金融是未来网络银行的一个重大发展方向，并有望最终改变当前银行业的市场竞争格局。

在无线通信科技的带动下，电子支付技术越来越多地呈现出一种移动互联的趋势，而未来，移动支付技术无疑是一次正在酝酿着的技术革命。移动支付应该说是方兴未艾的领域，这个领域依然存在很多问题，包括政策、市场、技术的问题。但任何市场的发展都是由小到大，移动支付也是如此。3G服务、4G服务、手机电视这些新兴业务的推出，也吸引了许多人使用手机，所以移动电子商务正在显示出巨大的市场潜力。同时，移动支付也会在这种浪潮之下快速发展。未来移动支付的发展趋势应该是金融机构与移动运营商紧密合作，利用双方的优势，整合多方资源，联合管理和运营移动支付，积极推进移动支付技术和移动商务的发展，建立一个完整的交易支付价值链，为用户在支付过程中提供更多的便捷和安全。也只有这样，移动支付才能与当今社会存在的现金支付、电子支付等支付方式同时并存发展，并逐渐争取现金支付和电子支付的市场份额，成为大众的支付方式。可以预见，移动支付产业在各方积极、有力的推动下，势必会打开新的局面，也会为相应市场带来更大的利润与冲击，希望在不久的将来，一部手机可以真的“畅行无忧”。

## 六、移动支付应用实例

### 1. 国内移动支付案例介绍

（1）手机银行

1）建设银行手机银行简介。随着移动互联网新技术飞速发展，银行也加快发展移动支付的步伐。建行手机银行是中国建设银行携手移动运营商推出的新一代电子银行服务。用户只需将手机号与建行账户绑定，就能使用户的手机成为一个掌上的银行柜台，随时随地体验各项金融服务。建设银行手机银行功能界面如图6-1所示。

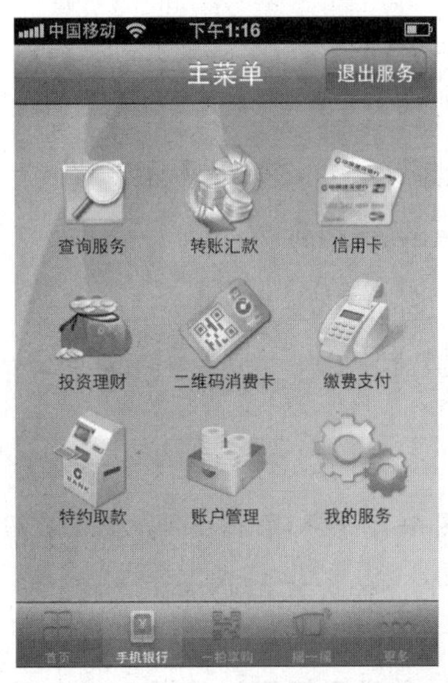


图6-1　建设银行手机银行功能界面

2）建设银行手机银行开通流程。用户只需拥有建行龙卡或存折、在申领龙卡或存折时使用的有效身份证件、一部支持上网功能的手机即可开通手机银行。其开通流程如下：

① 阅读协议及风险提示，如图6-2所示。

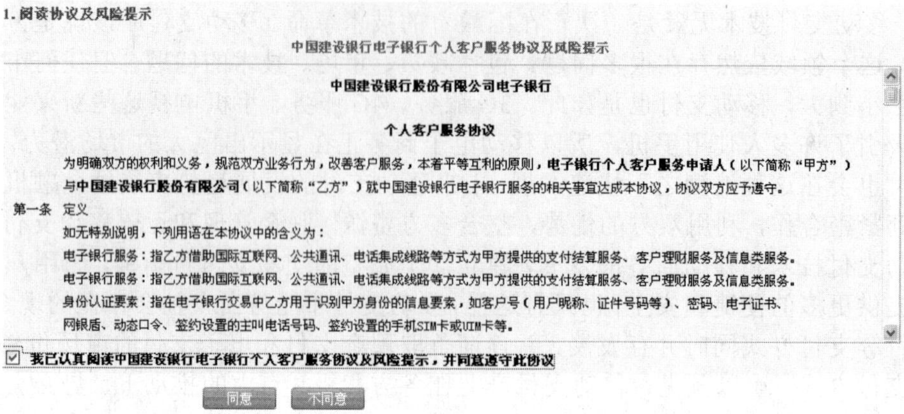

图 6-2 阅读协议及风险提示

② 填写手机号码及账户信息，如图 6-3 所示。

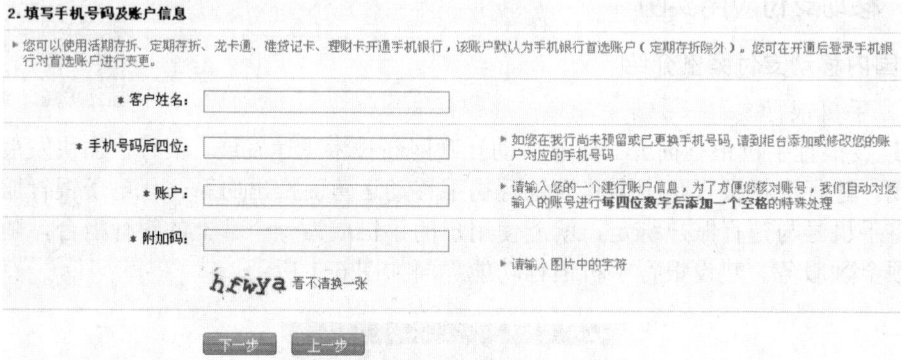

图 6-3 填写手机号码记账户信息

③ 输入账户密码及短信验证码，如图 6-4 所示。

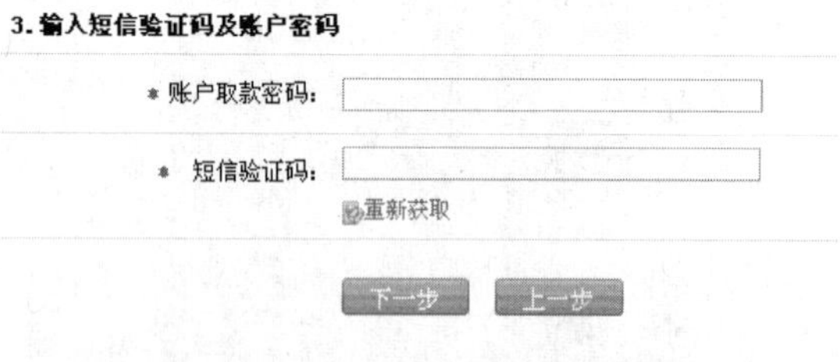

图 6-4 输入短信验证码及账户密码

④ 设置手机银行的基本信息。输入短信验证码及账户密码后，就显示手机银行开通通知，如图 6-5 所示。

至此，手机银行就开通了，普通手机可以使用 WAP 版登录建设银行手机银行的地址（wap.ccb.com），如果是 iphone 版或安卓版智能手机客户可以在 AppStore、AndroidMarket 内搜索“建行手机银行”下载客户端，成功安装后，完成手机银行的登录与基本信息设置，就可以使用手机银行各项查询类功能、账户管理、我的服务、缴费支付及网点搜索等功能，其他部分功能仅支持签约账户使用，需到银行柜台办理签约手续。

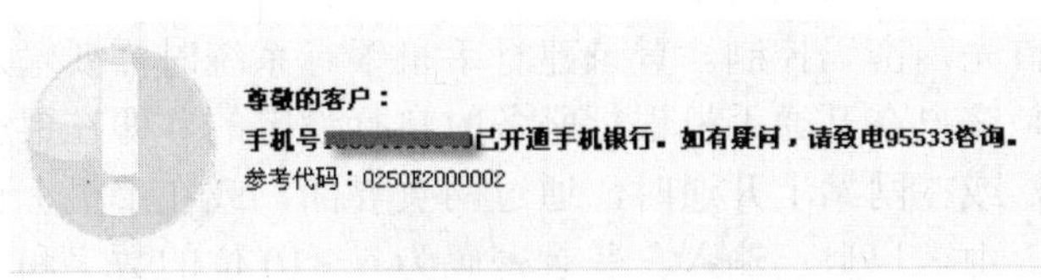


图 6-5　手机银行开通通知

3）手机银行独特的安全特性。这么多银行业务在一部小小的手机上实现，用户最关心的就是安全性，下面将从建行手机银行的安全特性及系统层、应用层等方面了解建行手机银行的安全性。

①客户身份信息与手机号码的绑定。手机不同于电脑等设备，随身携带是它的一个重要特性，现代人基本上离不开它，即使丢失也会很快发现，并且手机号码也已成为个人的身份识别标志。同其他电子银行渠道相比，建行手机银行安全性最具特点的是客户身份信息与手机号码建立了唯一绑定关系。客户使用手机银行服务时，必须使用其开通手机银行服务时所指定的手机号码，也就是说，只有客户本人的手机才能以该客户的身份登录手机银行，他人是无法通过其他手机登录的。这种硬件的身份识别办法，加上登录密码的验证与控制，建立了客户身份信息、手机号码、登录密码三重保护机制，构建了手机银行业务独特的安全特性。

②封闭的通信网络防黑客木马攻击。大家熟悉的网上银行风险，很大程度上由于其处于开放性的互联网，容易受到黑客攻击，特别是黑客通过放置恶意的木马程序，非法获取客户的账户信息和密码，从而导致风险的存在。而手机银行处于相对封闭的移动数据网络，并且手机终端本身没有统一的操作系统等病毒所需的滋生环境，因此手机银行业务几乎不受黑客和木马程序的影响，其安全性也大大提高。

③系统层的安全。为确保“手机银行”的安全，建行手机银行在技术层面采用了多种先进的加密手段和方法，即要保证手机银行的安全又不失便捷性。第一，建立安全通道，手机银行整个系统全程采用端对端的加密数据传送方式，交易数据在传送之前，手机端必须和手机银行服务器端建立安全通道。由于客户第一次登录时需提供客户账号和密码等关键信息，手机银行系统对这些数据采用 1 024 位的 RSA 公钥加密，验证客户信息和 DES 密钥，如果正确，则客户和服务器端连接就建立起。第二，数据传输全程加密。建行手机银行系统采用硬件方式实现 RSA 和 DES 的加、解密算法，数据在传输过程中全程加密，此方式的实现既保证了系统运算的速度，又确保了手机银行服务的实时性、安全性和可靠性。第三，防数据破坏，确保数据的完整性。对于所有交易数据，手机和银行加密都会对交易数据进行摘要处理，产生交易数据的校验信息，以防止数据在传输中途被修改或丢失。若接收到数据的摘要验证不通过，即认为数据被破坏，要求交易重新进行，确保数据的完整性。第四，安全方面的其他措施。手机银行系统在安全通道的基础上，在客户登录前将由服务器产生图形附加码传至手机上，由用户输入上传至服务器验证，在端对端加密的安全方案基础上加上附加码的验证措施便可有效地防止自动尝试密码、避免了黑客的网络攻击，从而保证了手机电子银行交易平台的安全。另外，客户每次退出手机银行之后，手机内存中关于卡号、密码等关键信息将会被自动清除，而交易信息和账户密码等内容只保存在银行核心主机里，不会因为手机丢失而影响客户的资金安全。

④应用层安全。首先，密码控制。登录建行手机银行系统时需要输入登录密码。登录密码不是账户密码，是客户在开通手机银行服务时自行设定的。即在银行网点签约时，通过柜台上的密码键盘，或在网站上开通时，通过网页界面，或在手机上直接开通手机银行服务时，在手机界面上由客户自己输入。登录密码为6～10位的数字和字母混合组成。客户通过登录密码才能使用手机银行服务，并可自行更改密码。客户号和登录密码是手机银行进行客户身份验证的一个重要环节，银行先进行用户密码的验证，若密码错误，登录终止。为防止有人恶意试探别人密码，系统设置了密码错误次数日累计限制，当达到限制时，将置该客户手机银行服务为暂停状态。其次，签约机制。建行手机银行为进一步保障客户资金安全，引入了签约机制。对于通过建设银行网站或在手机上直接开通手机银行服务的客户可以使用查询、缴费、小额支付等功能。如果客户持本人有效证件原件及账户凭证（卡或存折）到账户所在地的银行营业网点进行身份认证，签署相关协议，并经银行认证后，此类客户才成为手机银行的签约客户，签约客户可享受手机银行提供的全部服务，包括转账、汇款等业务。最后，限额控制。为进一步降低业务风险，建行手机银行业务对诸如支付、缴费、转账、汇款、外汇买卖等业务都采用了日累计限额的控制。以后将引入个人交易限额，客户可以根据自身情况灵活地设置自己交易限额，既满足个性化需求，又控制了业务风险。

客户可能十分担心手机丢失后会对本人账户信息和资金构成危险。其实，手机银行有密码保护，此密码存储在银行核心业务系统中，即使他人捡到遗失的手机，在不知道密码的情况下，是无法使用手机银行业务的。当然，如果客户发现手机遗失，可以立刻向移动运营商报失停机，这样这部手机就无法作联机银行交易了，即使窃贼知道客户密码也毫无用处。另外，客户也可以通过手机、互联网站、银行柜台等渠道取消手机银行服务，待手机找回或使用新的手机号码时，再开通手机银行服务。

（2）手机钱包

手机钱包是指通过短信、WAP 或 IVR 通信方式，以二维码、RFID、USSD 等方法购买商品、查询账户信息，实现移动电子商务支付的个人金融信息服务。手机钱包业务的支付账户包括话费账户和银行卡账户，话费支付指通过手机话费进行支付性操作；银行卡支付指将手机号码与银行卡或存折账户（以下统称“银行卡”）进行绑定后，通过银行卡账户进行支付性操作。它是中国移动推出的一种新服务，此项业务是综合了支付类业务的各种功能的一项全新服务，它是以银行卡账户为资金支持，手机为交易工具的业务，就是将用户在银行的账户和用户的全球通手机号码绑定，通过手机短信息、IVR、WAP 等多种方式，用户可以对绑定账户进行操作，实现购物消费、代缴费、转账、账户余额查询，并可以通过短信等方式得到交易结果通知和账户变化通知。“手机钱包”是将手机与信用卡两大高科技产品融合起来，并演变成一种最新的支付工具，为用户提供安全、便捷、时尚的支付手段。客户可以通过银行营业厅、银行网站、语音、短信以及POS 机等方式开通服务（开通方式视开通地区与接入银行而有所不同)，可办理手机查缴话费、手机理财、手机购物等多项业务。通过升级增加了刷卡支付功能，可在商场、超市中购物或乘坐公交车辆时使用。

手机缴纳话费不受时间与空间的限制，可以根据短信提示轻松缴纳自己的手机话费；可以随时随地用手机购买体育彩票；手机购买游戏点卡可以省去在外寻觅各种卡片的劳碌之苦，轻松完成购买；手机订报订水业务是为都市用户量身打造的一项全新的支付服务，具有方便、快捷、省时、省事等优点，使您足不出户就可以享受现代新生活；手机购买汽车票业务可以购买各地的长途汽车票，免去了长时间排队购票的辛苦。

中国移动手机钱包（NFC）业务是将用户各种电子卡片应用（如银行卡、公交卡、校园企业一卡通、会员卡等）装载在具有 NFC 功能的手机中，为您提供一种安全、便捷、一卡多用的移动支付解决方案的业务。可持满足中国移动手机钱包业务规范要求的 NFC 手机以非接触的方式在电子卡应用所对应的受理商户处使用。可以通过中国移动手机钱包客户端下载、使用并管理各类卡应用，通过这些卡应用实现刷手机进行现场购物消费、刷手机搭乘城市公交的士、刷手机通过门禁等丰富便捷的应用功能，真正将手机变成时尚又实用的私人钱包。用户需要购买符合中国移动手机钱包相关规范的定制 NFC 手机，同时用户还须更换一张中国移动发行的 NFC-SIM 卡。浦发银行携手中国移动推出的 NFC 手机钱包，是我国首个具有自主知识产权、基于 SIM 卡的手机支付系统。NFC 手机钱包依托中国移动的无线网络、开放的 NFC 多应用管理平台，可将银行卡、公交地铁卡、会员卡、积分卡、企业门禁卡等集成到 SIM 卡里，与 NFC 手机之间传输数据，为客户提供多卡合一、一卡多用、非接触式便捷支付的服务业务。

Near Field Communication（NFC）是一种近距离无线通信技术，它允许不同的器材之间进行通信，主要使用在手机上。具备 NFC 功能的手机装有一个感应器，它把手机变成一个免触碰卡。两台手机在交换资料的时候，距离必须在 20cm 以内。随着 NFC 科技在全球普及，手机制造商将把它当成基本配置，预计以后推出的新手机将都具备 NFC 功能。全球多个国家及地区已着手使用或测试 NFC 科技，包括法国、中国、美国、日本、韩国、土耳其、意大利、中国台湾等。“手机钱包”具备了信用卡和提款卡功能，往后出门购物，手机只需在终端机前晃一晃，就能签信用卡。需要现款时，只要把手机拿到提款机前，输入个人密码，就能提取现款。手机万一遗失了，用户只需报失，就能中断所有电子钱包服务。

手机支付无疑是未来移动电话发展的潮流之一，尤其近距离通信作为支持该功能的主要技术之一已经开始被更多的手机厂商所关注。2014 年新上市的手机将逐步默认具备 NFC 功能，未来 2～3 年，NFC 手机将成为客户标配，同时，众多客户将更换成带有 NFC 的 SIM 卡。NFC SIM 卡市场潜力巨大，在手机钱包客户端、NFC 应用方面，也逐步完善和扩大。中国移动基于 NFC 的手机钱包业务在未来 3～4 年有望突破 3 亿规模。

（3）拉卡拉移动支付

拉卡拉集团是联想控股成员企业，成立于 2005 年，是目前中国最大的线下支付公司，2011 年是第一批获得中国人民银行颁发的《支付业务许可证》的企业之一。拉卡拉是中国便民金融服务的开创者及领导者，在全国超过 300 个城市投资了超过 10 万台自助终端，遍布所有知名品牌便利店、商场中的超市、社区店，每月为超过 1 500 万人提供信用卡还款、水电煤气缴费等公共缴费服务。2007 年 9 月，拉卡拉与平安银行签署战略合作协议，双方在电子账单以及信用卡还款展开合作。随后，拉卡拉陆续与其他商业银行展开了类似的合作。拉卡拉已经与中国银联以及包括工、农、中、建四大国有商业银行在内 50 余家银行建立了战略合作伙伴关系。在任何一个拉卡拉便利支付点，利用拉卡拉的智能刷卡终端，用户可以使用带有银联标志的借记卡为指定信用卡进行还款，支持所有银行的借记卡及拉卡拉签约服务银行的信用卡。拉卡拉的发展分 3 个阶段：第一阶段是日常金融类服务，例如余额查询、信用卡还款、转账汇款等；第二阶段是生活类服务，包括机票、演出票、彩票、租车等；第三阶段则是便利购物服务，拉卡拉将引入像京东、凡客、携程、易龙这样的精品商户，让用户更为方便地购买一些产品。

拉卡拉此前与电商的合作主要集中在支付环节方面，即通过支付宝渠道实现线上购物、线下刷卡付款。“开店宝”终端的推出，一方面可以改变拉卡拉在电商领域购物、支付分离的用户体验，实现购物、支付一体化；更重要的是，大举铺设线下终端，意味着拉卡拉在电商中扮演的角色将从纯粹的支付工具扩展为“支付+渠道”。此外，拉卡拉还为用户提供特惠、团购、账单分期等多种增值服务，为用户创造消费价值。拉卡拉始终坚持“让支付更简单”这一经营目标，整合资源，不断创新，提供个性化的服务体验，是用户身边名副其实的便民支付专家。

拉卡拉推出了收款宝、开店宝、拉卡拉手机刷卡器、拉卡拉 MINI 家用型刷卡机等产品。其中，拉卡拉手机刷卡器是拉卡拉推出的自主知识产权的个人刷卡终端，拉卡拉手机刷卡器是一款通过音频进行数据传输的刷卡外设终端，支持 iPhone、HTC、小米等各类主流手机以及 Pad 产品。其主要提供信用卡还款、转账汇款、在线支付等便民生活便利支付的金融服务。拉卡拉手机刷卡器如图 6-6 所示。

图 6-6 拉卡拉手机刷卡器

（4）支付宝钱包移动支付

支付宝钱包是国内领先的移动支付平台，可以还信用卡、转账、付款、收款、缴费、充话费、卡券管理，更有余额宝理财服务，成为用户贴身资产管家。支付宝钱包的操作界面如图 6-7 所示。

图 6-7 支付宝钱包的操作界面

用户在下载安装支付宝钱包后，手机上就能随时使用余额宝，并进行线下支付、转账、信用卡还款、话费充值等手机理财与支付服务。支付宝钱包将不仅是支付工具，能赚钱将成为支付宝钱包区别于其他同类产品的最大特色。余额宝服务，使支付宝钱包成为会赚钱的“钱包”。据统计，2013 年 6 月 13 日才在支付宝上线的余额宝，截至 2013 年 9 月底资金规模已达到 556.53 亿，第 3 季度规模增长近 10 倍，客户数突破 1 300 万，第 3 季度余额宝共为用户带来了 3.62 亿元的收益，它惊人的增速让市场再一次见证了互联网金融的神奇。截至 2014 年底，余额宝资金规模已达到 5 789 亿元，用户高达 1.49 亿。

除了余额宝之外，支付宝钱包还具有公众服务、全新转账、全新当面付、校园服务、开放平台等 30 多项免费功能与服务。其中“声波离线支付”“转账动态表情”“拍卡支付”等领先技术为业内首创。尤其是声波离线支付，将一改扫二维码应用受限于网络条件的局限，在地铁、室内等信号不稳定的区域，实现线下付款的安全与便捷。而这也将成为支付宝钱包在线下拓展的核心应用方式。为了与微信支付争夺用户，支付宝钱包上线公众账号服务，面向银行、电信运营商等企业开放。用户只需要在支付宝上添加需要的公众账号，就可直接查阅银行卡余额、变更手机套餐等。支付宝钱包的公众账号服务在试运营半个月中，官方宣称的用户数为 4 000 万。支付宝方面称，入驻公众平台的企业包括中信、平安等 10 家银行，电信、联通和移动这 3 家移动运营商也已加入。支付宝钱包拍卡支付功能使用户通过手机扫描银行卡就能开始绑定银行账户，无需手动输入账号、发卡行等信息。

**2．国外手机支付案例介绍**

（1）消费和转账功能相结合的案例

1）谷歌钱包（Google Wallet）。2011 年 9 月 1 日，互联网运营商谷歌公司推出名为谷歌钱包的无线支付服务，客户可以在 Nexus 手机上安装谷歌钱包应用软件。这项服务能够安全地存储持有人的支付信息，可在实体商户和网上商户使用。在实体商户使用时，客户可以在支持万事达卡 Paypass 的终端机上配合谷歌钱包实现手机支付；在网上商户使用时，客户需要首先在谷歌钱包网站上注册并登记银行卡信息，然后单击支付网页上“Google Wallet”的标识进入，输入姓名和账户名登录谷歌钱包的账户，输入确认密码按指示完成支付。

客户可将所有的信用卡信息存储在谷歌钱包中，谷歌公司采取了一系列技术来保障存储信息和交易信息的安全，只有经过客户授权之后才能进行交易。很多银行为客户提供谷歌钱包被盗用时的零责任承担服务，谷歌公司还建立了优惠购物网站，客户可以使用谷歌钱包来进行交易支付。

2）澳大利亚联邦银行的 Kaching 应用。澳大利亚联邦银行的 Kaching 应用包含了整套的银行服务界面，客户可以在手机上完成账户查询、转账、日常生活费用的缴纳等。

Kaching 应用支持手机近场支付，但是客户必须使用 iPhone4 或 iPhone4 版本以上手机，并需要购买名为 iCarte Case 的配件。客户可以在有万事达卡 Paypass 标识的终端机上进行手机付款，无需签名和密码，每笔交易限额为 100 澳元。

银行的客户还可以利用 Kaching 应用通过手机号码或电子邮件进行远程支付。通过手机号码支付时，客户仅需在苹果手机中输入收款人的手机号码即可完成支付；通过电子邮件付款时，客户仅需输入收款人的电子邮件地址即可。当然，收款人必须拥有澳大利亚联邦银行的账户。

（2）转账功能与手机银行相结合的案例

1）澳新银行的移动金融业务（ANZ GoMorley）。GoMoney 是澳新银行在 iPhone 手机上的一个应用。目前，该行正考虑将这一应用运用到其他品牌的手机上。GoMoney 的特色功能包括：使用 4 位 PIN 码登录、发送和接收手机间的支付、账户间转账、查询账户余额和交易历史、支付日常生活账单、存储和电邮支付业务收据、对个人账户进行个性化设置等。

客户使用 GoMoney 时，无需输入客户号码和账户密码，只需输入一个 4 位密码即可查询账户和办理交易。利用 GoMoney 向他人汇款非常方便，汇款人仅凭收款人的手机号码，而不必知道其银行账号便可将款项汇入收款人在澳大利亚任何一家银行的账户。

2）印度 IndusInd 银行的手机银行应用（IndusMobile）。IndusInd 银行提供可下载到手机上的手机银行应用软件，每一项功能都有相应的按钮，客户只需输入 4 位手机交易密码便可进行账户查询、转账、信用卡还款、手机充值、购买飞机票和电影票等金融交易。使用手机银行应用可以选择 GPRS 和手机短信 2 个渠道，手机短信渠道使客户可以在未连接互联网的情况下办理手机银行业务。

IndusInd 银行还为客户提供手机现金业务。手机现金业务支持短信汇款，汇款人只需输入收款人的手机号码、交易金额和汇款密码即可完成汇款。在汇款人完成操作的同时，收款人会收到一条写有汇款金额和收款密码的短信通知，可凭汇款和收款密码在 IndusInd 银行的 ATM 机上取现。

（3）消费功能的手机支付案例

1）美国 Square 公司的卡盒（Card Case）。卡盒利用支持 GPS 的手机直接连接到客户的银行账户，客户仅凭自己的姓名和照片便可进行支付。

客户可以通过卡盒寻找附近的商店和餐厅，并可以查询商户的具体位置和优惠信息；还可以通过卡盒存储电子收据，方便对消费进行管理。当客户在某一区域活动时，手机上会自动显示附近商户的卡片和标签，当进入某一家商户时，该商户的标签会自动打开，客户激活该商户的标签，结账时只需告知收银员自己的姓名便可完成支付。

2）美国银行的可佩戴式钱包（Wearable Wallet）。美国银行为不愿携带钱包的持卡人设计了一款可佩戴腕表式钱包，客户可以在受理万事达卡 Paypass 的商户进行非接触式支付，50 美元以下的消费无需签字。这款腕表式钱包将非接触技术与紧急联系信息和医疗信息结合在一起，通过一个独特的 8 位数字编码，银行可为客户提供客户化的紧急支援方案，并为其建立一套健康医疗档案。

（4）转账功能的手机支付案例：手机对手机支付

美国的 ING Direct 银行开发了手机对手机支付的“碰撞”技术。使用这一应用需要从 ING Direct 银行网站上下载该项应用软件，还需要双方都拥有 ING Direct 银行的 Electric Orange 账户，并且只能在苹果手机或 iPad、iPod Touch 上进行。

使用这项服务首先要确保两部手机都安装了手机对手机支付的应用程序，手机用户登入该程序，选择“碰撞”功能，单击“我在付款”或“我在收款”，然后轻轻摇动手机，确认之后便可完成整个付款或收款过程。使用手机对手机支付，不需要知道对方的账户，但需要两部手机在同一地点，并同时打开 GPS、连接互联网。

## 任务完成结论

通过对本任务的学习，大家对移动支付的概念、分类、运营模式以及发展现状与发展趋势有了一个全面的认识。

## 课堂训练与测评

（1）调研移动支付在我国的实际应用情况，并分析应用效果。

（2）谈谈移动支付在我国的发展情况及前景。

### 知识拓展

中国建设银行手机银行开通使用流程（http://ebank.ccb.com/cn/ebank/personal/ demoCenter/002001001.html）。

## 任务二　虚拟货币的支付应用

### 知识点、能力点

- 了解虚拟货币的概念。
- 了解虚拟货币的特点。
- 掌握虚拟货币的使用方法及支付流程。

### 任务情境

虚拟货币作为电子商务的最新产物，开始扮演越来越重要的角色。据不完全统计，目前市面流通的网络虚拟货币不下 10 种，如腾讯 Q 币、百度币、酷币、魔兽币、盛大元宝、网易 POPO 币、新浪 U 币、天堂币等可以支付网上的收费服务项目，可以在网上购买众多虚拟产品和服务甚至各种真实的商品，互联网也因此变得更加生动有趣。以腾讯 Q 币为例，目前使用者已超过 2 亿人。Q 币的出现，正好满足了网友们对网络交易便利性的需求，类似于第三方支付。业内人士估计，国内互联网已具备每年几十亿元的虚拟货币市场规模，并以每年 15%～20%的速度增长。虚拟货币作为电子商务的产物开始扮演越来越重要的角色。但在虚拟货币规模日益增长的同时，相关法规却相对滞后。据某法院统计数据，网游案件自 2002 年开始出现，该法院平均一年就收到 10 件左右，其中游戏账号被停用及虚拟财产丢失是纠纷产生的主要原因。随着盗窃 Q 币等虚拟财产的案件屡屡曝光，Q 币等虚拟货币、虚拟财产合法性及监管问题引起了业界的激烈讨论。

那到底什么是虚拟货币，又如何使用虚拟货币来完成网上支付呢？我们现在就来学习网上虚拟货币的相关知识。

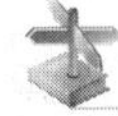

### 任务分析

随着网络交易的不断发展，越发迫切需要虚拟货币的结算方式。本任务中，通过对虚拟货币的特点、网上支付模式等相关知识的介绍，为读者熟练使用虚拟货币完成电子商务交易提供助力。

### 任务实施

### 一、虚拟货币简介

随着我国互联网的快速发展，网民们逐渐开始在网上购买虚拟产品和服务，这些虚拟产品和服务的价格一般在5元人民币以下。一开始，邮局汇寄是大家普遍使用的方法，但这种支付方法的成本太高，而且过于麻烦；如果选用银行卡支付，又可能会因为几元钱而导致银行卡资料外泄；相比之下，具有灵活、便捷、安全功能的虚拟货币无疑是满足网络微支付需求的最佳选择，从而顺理成章地得到了广大网民的喜爱。

目前，对虚拟货币尚没有一个明确、标准的定义。最初，虚拟货币主要由网络游戏服务商发行，用来购买游戏中的道具，如装备、服装等。为方便玩家进行网上支付，一些游戏运营商和门户网站纷纷推出名称各异的网络虚拟货币，国内各个网络运营商和门户网站几乎都推出了自己的网络虚拟货币，且大都可用现实货币购买，如盛大、网易、新浪、搜狐、腾讯都推出了自己的网络虚拟货币，但都只能在自家领域内使用，而不能在整个互联网上流通。

虚拟货币通常用于购买货币发行者（也即服务提供商）提供的产品及服务，如用虚拟货币购买游戏点卡、实物和一些影片、软件的下载服务等，这些产品和服务都是真实的。虚拟货币也可以用于某服务提供商所提供的某一个网络游戏，或者兑换成此货币发行者所发行的其他虚拟货币，如新浪的U币或米票（用于iGame游戏）、侠义元宝（用于侠义道游戏）、纹银（用于碧雪情天游戏）。

对于虚拟货币的发行商来说，出售虚拟货币不仅可以直接获得经济回报，还可以用做会员激励：一方面可以满足会员的荣誉感，促进会员为了进一步提升自己在网站的地位而参与网站活动的积极性；另一方面虚拟货币的推出还可以引导用户树立付费消费的习惯。因此，网络交易的发展需要类似虚拟货币的结算方式，互联网也因虚拟货币的出现而变得更加生动有趣。

## 二、虚拟货币的特点

### 1. 虚拟货币支付方便快捷

在互联网上，一些虚拟货币已经开始在一定范围内行使着货币的职能。例如：腾讯与瑞星合作，用户在瑞星站点下载杀毒软件可用Q币进行支付；新浪的U币用户可在新浪商城中直接用U币为其所购买的商品支付；百度币可以用于个人MP3的收费下载等。各家虚拟货币已经开始试着走出“虚拟”世界，进入现实领域。

### 2. 虚拟货币本身只是一个产品，并非真正货币

严格的意义上，目前的虚拟货币虽然已经具备了现实货币的雏形，但仍不是真正的货币；同时在各发行商家看来，他们发行的虚拟货币也并不是金融学概念中的“货币”。虚拟货币只是一个产品，或者说是“储值卡”“账户”，网民仅仅是将人民币存储在他们的账户里面进行消费。

货币应该具有法定的性质，是一个国家主权的象征，而且货币的发行权归央行所有，其他的网络服务商不可能僭越。根据古典政治经济学解释，真正货币应该具备交换、流通、存储、价值尺度4个基本职能，而虚拟货币显然并不完全具备这4个基本职能。现在网上的虚拟货币越来越多，其功能也越来越丰富，但是虚拟货币在本质上仍然不是真正的货币。

## 三、虚拟货币应用实例

### 1. Q币/Q点

腾讯公司发行的网络虚拟Q币本意是作为一种网络增值服务提供给网民，而且业务兑换范围也仅局限于购买、支付腾讯自身或合作方的产品（如超女投票、杀毒软件下载）。例如，

在超级女声总决赛中，超女的粉丝们为了支持自己心爱的歌手，纷纷购买虚拟货币——Q币进行投票，仅淘宝网一天Q币的交易额就超过50万元。腾讯公司还针对其网络服务（如QQ秀、QQ游戏、QQ音乐、QQ宠物等）推出了Q点，Q点能在腾讯的多种服务中使用，Q点和Q币一样，可以购买腾讯的各种互联网服务、网络游戏道具，并且在网络游戏中作为时间点消耗。Q币实行的都是单向度的兑换规则，即虚拟Q币不可兑换人民币。同时，Q点可以兑换为Q币，每10Q点可兑换为1Q币，但是Q币不能兑换为Q点。

（1）Q币/Q点充值

登录腾讯充值中心http://pay.qq.com，用户可使用财付通/银行卡对Q点/Q币进行网上充值，或者可以在便利店、超市、网吧、书报亭、软件商店等购买QQ卡充值，也可以使用手机充值。图6-8为使用财付通账户进行Q点/Q币充值的页面，填写相关信息后，单击“财付通支付”按钮。

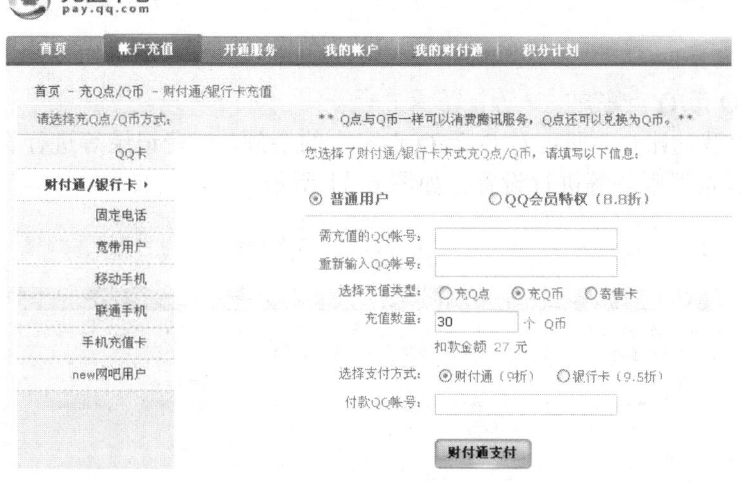


图6-8　Q币/Q点充值页面

在财付通支付页面输入财付通支付密码即完成Q币/Q点的充值，如图6-9所示。Q币/Q点充值成功页面如图6-10所示。

图6-9　使用财付通为Q币/Q点充值页面

图 6-10 Q 币/Q 点充值成功页面

（2）管理 Q 币/Q 点账户

用户单击“我的账户”即可对 Q 币/Q 点账户的余额、消费记录等进行查询，并可以对账户支付密码、消费限额等进行设置，如图 6-11 所示。

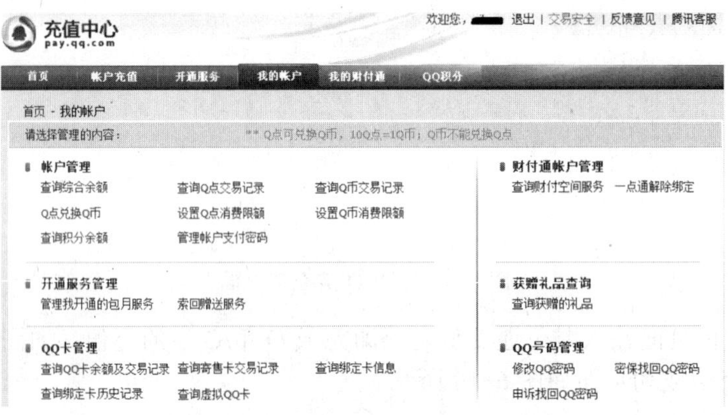


图 6-11 Q 币/Q 点账户查询、管理界面

（3）使用 Q 币/Q 点进行网上支付

我们以腾讯公司的网络服务产品 QQ 秀为例，为大家演示 Q 币的网上支付流程。QQ 秀是基于 QQ 的网络虚拟社区形象。您可以选择 QQ 商城中的虚拟服饰、头像、场景、配饰、主题、品牌等物品装扮您在 QQ 客户端、Q 秀聊天室、腾讯社区、QQ 家园等服务中显示的个人虚拟形象。参与 QQ 秀，您将在互联网虚拟世界中体验到现实生活的自由和乐趣。

首先登录 QQ 秀商城首页 http://show.qq.com，如图 6-12 所示。

在 QQ 秀商城我们可以浏览 QQ 秀服装、QQ 秀配饰、QQ 秀场景等网络产品，并选择自己喜欢的 QQ 秀产品，单击“购买”，如图 6-13 所示。

选择 Q 点/Q 币支付方式，单击“确认支付”，如图 6-14 所示。

图 6-12　QQ 秀商城首页

图 6-13　QQ 秀网络产品选择页面

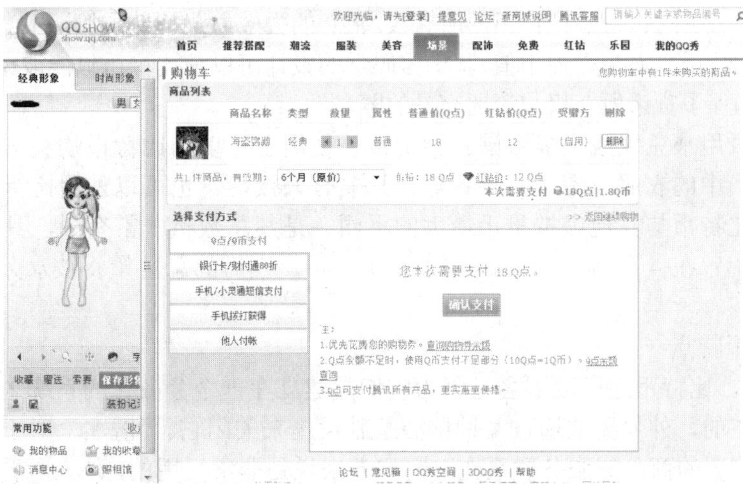


图 6-14　QQ 秀网络产品支付页面

若Q点/Q币账户中有足够的余额，即可成功购买，如图6-15所示。

图6-15 QQ秀网络产品购买成功页面

2. 比特币（Bitcoin）

虚拟货币比特币（Bitcoin）的概念最初由中本聪（Satoshi Nakamoto）在2009年提出。比特币是一种由开源的P2P软件产生的电子币、数字币，是一种网络虚拟资产。比特币也被意译为“比特金”。比特币基于一套密码编码、通过复杂算法产生，这一规则不受任何个人或组织干扰，去中心化；任何人都可以下载并运行比特币客户端而参与制造比特币；比特币利用电子签名的方式来实现流通，通过P2P分布式网络来核查重复消费。每一块比特币的产生、消费都会通过P2P分布式网络记录并告知全网，不存在伪造的可能。

与大多数货币不同，比特币不依赖于特定的中央发行机构，它通过特定算法的大量计算产生，使用遍布整个P2P网络节点的分布式数据库来记录货币的交易，并使用密码学的设计来确保货币流通各个环节安全性。例如，比特币只能被它的真实拥有者使用，而且仅一次，支付完成之后原主人即失去对该份额比特币的所有权。P2P的去中心化特性与算法本身可以确保无法通过大量制造比特币来人为操控币值，基于密码学的设计可以使比特币只能被真实的拥有者转移或支付。这确保了货币所有权与流通交易的匿名性。

比特币可以用来兑现成大多数国家的货币。使用者可以用比特币购买一些虚拟物品，例如网络游戏当中的衣服、帽子、装备等，只要有人接受，也可以使用比特币购买现实生活中的物品。比特币与其他虚拟货币最大的不同，是其总数量非常有限，具有极强的稀缺性。该货币系统曾在4年内只有不超过1 050万个，之后的总数量将被永久限制在2 100万个。

（1）比特币特点

1）匿名性。比特币之所以匿名是因为它们是建立在一个分散化的系统之上的，比特币是完全独立存在的，外界无法通过某种核心基础设施来关闭它。“匿名”对于那些不想让自己的名字和所购置的商品或服务联系在一起的人来说是非常受用的，外人所看到的无非是你的比特币钱包地址和一串随机的文字和数字等信息，除此之外没有任何能够辨认个人身份的信息。用户还可以免费创建多个新钱包。比特币被设计为允许匿名的所有权与使用权，比特币既可以被以计算机文件的形式（wallet）保存在个人电脑中，也可以储存在第三方托管服务。不管以何种形式保存，比特币都可以通过比特币地址发送给互联网上的任意一个人。

2）去中心化。比特币是一种分布式的虚拟货币，整个网络由用户构成，没有中央银行。去中心化是比特币安全与自由的保证。P2P的分布式特性与不存在中央管理机制的设计确保了任何机构都不可能操控比特币的价值，或者制造通货膨胀。

3）全世界流通。比特币可以在任意一台接入互联网的电脑上管理。不管身处何方，任何人都可以挖掘、购买、出售或收取比特币。一般的跨国汇款，会经过层层外汇管制机构，而且交易记录会被多方记录在案。但如果用比特币交易，直接输入数字地址，点一下鼠标，等待P2P网络确认交易后，大量资金就可实现跨国汇款。不经过任何管控机构，也不会留下任何跨境交易记录。

4）专属所有权。操控比特币需要私钥，它可以被隔离保存在任何存储介质。除了用户自己之外无人可以获取。

5）低交易费用。可以免费汇出比特币，但最终对每笔交易将收取约 1 比特分的交易费以确保交易更快执行。

6）无隐藏成本。作为 P2P 的支付手段，比特币没有烦琐的额度与手续限制。知道对方比特币地址就可以进行支付。

7）跨平台挖掘。用户可以在众多平台上发掘不同硬件的计算能力。

虽然比特币网络很强大，但是比特币交易平台很脆弱。交易平台通常是一个网站，而网站会遭到黑客攻击，或者遭到主管部门的关闭。比特币钱包初次安装时，会消耗大量时间下载历史交易数据块。而比特币交易时，为了确认数据准确性，会消耗一些时间，与P2P网络进行交互，得到全网确认后，交易才算完成。由于大量炒家介入，导致比特币兑换现金的价格波动较大，使得比特币更适合投机，而不是匿名交易。同时，大众并不理解，很多人甚至无法分清比特币和Q 币的区别。“没有发行者”是比特币的优点，但在传统金融从业人员看来，“没有发行者”的货币毫无价值。所以，比特币还存在交易平台的脆弱性、交易确认时间长、价格波动极大、大众对原理不理解以及传统金融从业人员的抵制等缺点。

（2）比特币的购买方法

比特币的购买方法主要有 2 种：①购买专业的机器设备“挖矿”；②通过买卖交易等兑换方式。“挖矿”即使用计算机依照算法进行大量的运算来“开采”比特币。在用户“开采”比特币时，需要用电脑搜寻 64 位的数字就行，然后通过反复解密与其他淘金者相互竞争，为比特币网络提供所需的数字，如果用户的电脑成功地创造出一组数字，那么就将会获得 25 个比特币。由于比特币系统采用了分散化编程，所以在每 10min 内只能获得 25 个比特币，而到 2140 年，流通的比特币上限将会达到 2 100 万。因此，比特币系统是能够实现自给自足的，通过编码来抵御通胀，并防止他人对这些代码进行破坏。

另一种方式即是通过买卖交易等兑换方式用户可以买到比特币。国内外有很多网上的比特币交易机构，接受比特币与法定货币的兑换。其中，Mt. Gox 是最早且最具实力的比特币交易平台，2010 年成立于日本。Bitstamp 和 BTC-e 是另外 2 个国外较大的交易所。目前，国内主流的交易平台包括比特币中国（BTC China）、比特 360（BTC360）、OKCoin、火币网等。其中，比特币中国成立于 2011 年 6 月，是第一家在中国境内运营的交易平台，它是中国最大的比特币交易平台，也是全球交易量前三的公司化运行平台，首页如图 6-16 所示。比特 360 是国内新一代交易平台的代表。OKCoin 是国内第一个公司化运作的平台。

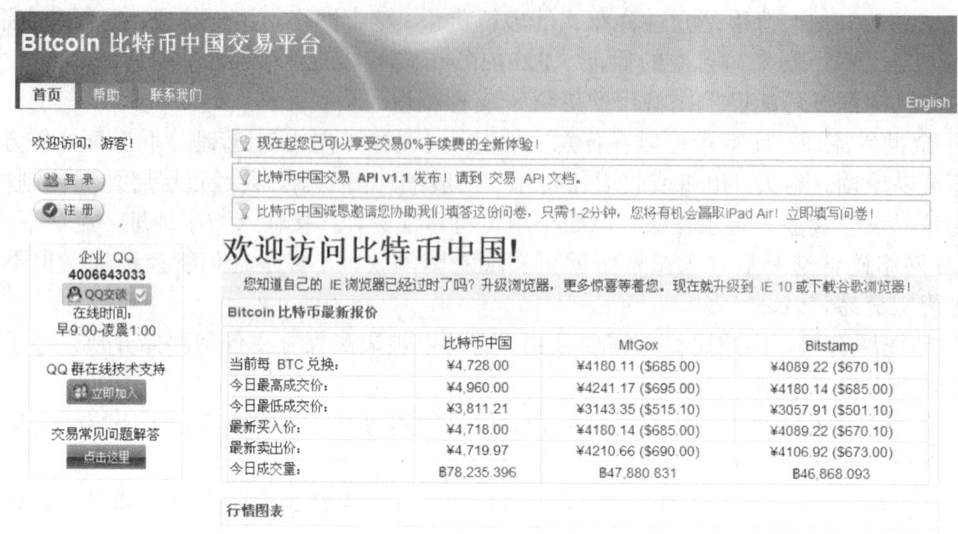


图 6-16 比特币中国网站首页

交易比特币的过程和买卖股票十分类似。以火币网为例，注册后，充值人民币至网站账户就可以开始购买比特币，所购买的比特币存放在网站交易平台。若成功卖出，也可从账户中提取人民币到自己的支付宝或银行账户。与此前每次交易需要缴 0.3%手续费不同，如今国内主要比特币交易平台都陆续取消了交易手续费。但通过财付通或网银充值仍需缴 0.4%的手续费，如果以人民币提现，则从每天第二次提现开始，按银行转账费率收取提现手续费。

（3）比特币法律现状

2013 年 6 月底德国议会决定持有比特币 1 年以上将予以免税后，比特币被德国财政部认定为“记账单位”，这意味着比特币在德国已被视为合法货币，并且可以用来交税和从事贸易活动。2013 年 8 月，美国德克萨斯州地方法院法官阿莫斯·马赞特在一起比特币虚拟对冲基金的案件中裁定，比特币是一种货币，应该将其纳入金融法规的监管范围之内。加拿大则诞生了第一台比特币 ATM 机。

2013 年 12 月 5 日，中国人民银行、工业和信息化部、中国银行业监督管理委员会、中国证券监督管理委员会、中国保险监督管理委员会联合印发了《中国人民银行 工业和信息化部 中国银行业监督管理委员会 中国证券监督管理委员会 中国保险监督管理委员会关于防范比特币风险的通知》（银发〔2013〕289 号）。中国央行等五部委联合发出防范比特币风险的通知，要求各金融机构和支付机构不得以比特币作为产品或服务定价。

## 四、虚拟货币发展中的问题

### 1. 虚拟货币的法律问题

虚拟货币作为电子商务的最新产物，开始扮演越来越重要的角色，而且也越来越和现实世界交汇。然而，在虚拟货币规模日益增长的同时，相关法规却相对滞后，从某种意义上说，这方面法律还是一片空白。迄今为止，一些网民的QQ号被盗丢失Q币的现象一直没有得到一个说法，这是由于QQ号被盗后网民所丢失的Q币是一种网络中的虚拟财产，而我国在网络虚拟财产方面尚未有相关的法律可以依循，现有的《刑法》没有针对虚拟财产作出规定的条款，盗走虚拟财产是否触犯刑法还存在争议。又如网民的游戏装备，作为一种虚拟财产，是否受法律保护，这类财产被盗后，价值如何计算，也都没有法律依据。所以，我们也无从追究一些相关当事人的责任。现有的案例只是通过一些互联网管理规定来执行，如果QQ用户在注册QQ时与网站运营商所签订的协议条款中对相关事宜有明确规定的，将以此协议为准。

据了解，目前我国每年的网络游戏收入已达数十亿元，因此网络财产纠纷也日趋增多，所以应尽快给予虚拟财产以基本的法律地位，在相关立法中予以明确，保护合法的虚拟财产和交易行为，促进网络经济更加健康、快速的发展。

**2．虚拟货币的监管问题**

与虚拟货币相关法规“还是一片空白”相对应的是，虚拟货币地下交易暗涌。以Q币为例，由于Q币有着广阔的使用场所，在网上不难找到专门替人进行Q币和人民币双向兑换的网站。在这些网站上，Q币的兑换价格一般是150Q币按120元人民币的价格卖出，这就如同现实中的外汇黑市一样不断吸引着网民。这种交易日益增多的直接后果是，虚拟造币厂“顺势而生”—— 虚拟货币除了由主营公司提供之外，还有一些专门从事“虚拟造币”的人以专业玩游戏等方式获取虚拟货币，然后再转卖给其他玩家。据悉，在浙江温州，大概有七八家这样的“虚拟造币工厂”，从业者达到四五百人，除了偏远地区外，国内其他地区都有这样的从业者或是公司。在现代金融体系中，货币的发行方一般是各国央行，央行负责对货币的运行进行管理和监督；而作为网络上用来替代现实货币流通的等价交换品，网络虚拟货币实质上同现实货币已经没有什么区别了，不同的是，发行方不再是央行，而是各家网络公司。如果发行虚拟货币的公司没有被纳入到现有的货币监管体系内，随着电子商务的发展，越来越频繁地使用虚拟货币就有可能对现行的货币政策产生不小的影响。

在现代金融体系中，腾讯Q币、网易泡币、魔兽币、盛大点券等虚拟货币并没有被纳入货币监管体系，玩家疯狂造币，虚拟货币在市场上越来越多，必然会导致网络游戏世界的通货膨胀，继而引发恶性循环，使整个虚拟货币市场陷入“币不值钱”的金融危机，就像现实世界中可能发生的那样。所以，对虚拟货币的监管是必然的趋势，但如何去监管呢？这是一个世界难题。对于虚拟货币的监管，包括欧洲与美国在内，都没有一个可以值得借鉴的先例可循。

在我国，根据《人民币管理条例》，网上的各种虚拟货币并不属于央行监管范围，而在《人民银行法》或者《银行业监督管理条例》中也都没有“虚拟货币”这样的字眼。尽管我国《人民银行法》第20条规定：“任何单位和个人不得印制、发售代币票券，以代替人民币在市场上流通。”相同的规定也可以在《人民币管理条例》第29条中找到，即明确规定代金券是不允许回兑成人民币的。而Q币是用人民币交换得来的网络虚拟货币，充当着网络中的代金券，这就等于明确了不允许像Q币这样的虚拟货币兑换成人民币。但事实上，现实中早已逾越了此界限。如果说在网上银行和电子支付发展尚不完善的今天，Q币的出现是一种必然，那么对其采取有效监管也应是必然。

我国官方已经开始关注虚拟货币，并且正在认真研究。中国人民银行正在起草、制定电子货币相关的管理办法，包括虚拟货币在内的电子货币将成为继电子支付后又一个监管重点。2009年6月文化部、商务部发布《关于加强网络游戏虚拟货币管理工作的通知》（以下简称《通知》），《通知》中首次明确了网络游戏虚拟货币的适用范围，对当前网络游戏虚拟货币与游戏内的虚拟道具做了区分，并规定从事相关服务的企业需批准后方可经营。对虚拟货币的监管还要落脚于《支付清算组织管理办法》，对可以从事第三方支付的公司发放牌照，采取严格的准入制度，从根源上堵住漏洞。

同时，规定国内个人通过网络收购玩家的虚拟货币，加价后向他人出售取得的收入，必须缴纳个人所得税，从2008年10月起通过虚拟货币获利需要缴纳20%的个人所得税。针对北京市地方税务局《关于个人通过网络销售虚拟货币取得收入计征个人所得税问题的请示》，国家税务总局作出上述批复，明确规定个人通过网络收购玩家的虚拟货币，加价后向他人出售取得的收入，属于个人所得税应税所得，应按照“财产转让所得”项目计算缴纳个人所得税。与此同时，国家税务总局强调，个人销售虚拟货币的财产原值，为其收购网络虚拟货币所支付的价款和相关税费。对于个人不能提供有关财产原值凭证的，由主管税务机关核定其财产原值。按照“财产转让所得”项目计算缴纳个人所得税的税率固定为20%，北京地税还将出台核定个人销售虚拟货币财产原值的相关办法。

### 任务完成结论

通过对本任务的学习，大家对电子商务应用中的虚拟货币的支付特点、支付模式、支付流程、发展现状等有了一个全面的认识。

### 课堂训练与测评

（1）结合自己网上支付实例，简述虚拟货币的交易流程。

（2）你认为虚拟货币还需要加强哪些方面的监管？

### 知识拓展

（1）腾讯Q币（http://baike.baidu.com/view/41010.htm）。

（2）腾讯Q点（http://baike.baidu.com/view/395555.htm）。

## 任务三　电话支付的应用

### 知识点、能力点

- 了解电话支付的概念。
- 了解电子商务中的电话支付模式。
- 能够熟练操作电子商务中的电话支付。

## 任务情境

小王正在去往单位的出租车上，估计 40min 后到单位，而他因为急事必须在 1h 后拿到飞机票去外地。那最好的处理办法便是他通过电话向类似于游易网这样的网站购买机票并用电话支付完成付款，这样等他到单位约 20min 后，机票就可以送到了。所以，当消费者没有随身携带大量现金，周围又没有商家 POS 机，也无法上网使用网上支付的情况下，电话支付就成了我们此时最有效的支付方式。而对商家来说，好处则是不用收付现金，不用货到付款，也就没有了坏账和烂账，多提供一种支付方式可以做成更多生意，还可以实现财务的集中管理。

根据中国互联网络信息中心（CNNIC）发布的第 33 次《中国互联网络发展状况统计报告》，截至 2013 年 12 月底，中国网民数达到 6.18 亿，而固定电话、手机用户数量已超过 8 亿。显然，电话支付拥有比网上支付更为广大的用户群体，对于用户来说，特别是对于中老年用户，电话支付的便捷操作方法更易于接受。其实，电话支付的最大优势还在于可以真正实现电子商务的社区化、生活化。试想，如果社区的快客、物美、7-11、蔬菜水果等生活超市都可以使用电话支付的话，那么我们每个人待在家，只需一个电话就可以采购我们的生活用品，那是一个多大的市场！下面我们就来了解与学习电子商务中的电话支付。

## 任务分析

作为在线支付的有效补充，电话支付为更多传统行业搭建了电子支付的高速公路，并成为电子商务渗入传统商业领域的最佳利器。本任务我们将学习电子商务中电话支付的相关基本理论、支付模式，并结合实例介绍电子商务中的电话支付流程。

## 任务实施

### 一、电话支付简介

电话支付就是源于支付产品创新理念而开发出来的，并且是作为继现金、刷卡、在线支付之后的一种新型的支付手段，电话支付将互联网、手机、固定电话整合在一个平台上，把每一部普通电话都变成了虚拟的 POS 机消费终端，真正实现了脱离互联网限制的电子支付。使消费者无论身在何处，只要持有信用卡、借记卡或活期存折，都可以通过银行统一客户服务电话，实现脱离互联网限制的电子支付，同时商家只需接入电话支付业务，便可为消费者提供一体化的购买、支付全套服务，拓展多维立体化的市场空间。

### 二、电话支付的特点

#### 1．“封闭系统”打造安全电话支付

毋庸置疑，随着电子商务环境的逐步成熟，网上支付已经成为一种很重要的电子支付工具，尤其适用于数字产品类行业。

网上支付是以互联网为载体来实现传输数据信息的，互联网本身就具有交互性强、发散性的特点，网络载体的这个特点就决定了网上支付工具还需要更进一步完善。网上支付盗卡及诈骗案件屡有发生，诈骗者通过使用木马病毒截获受害者的个人信息，使用记录器将键盘、鼠标的使用情况记录下来，从而获取银行卡密码；盗贼还会通过共享、漏洞入侵、端口法扫描、网页恶意代码、欺骗受害者登录类似网站等方法窃取受害者资料，例如获取网银口令，取得系统口令进入受害者的计算机，偷取特权后可以非法获得对用户机器的完全控制权等。如果消费者使用专业版的网银接口应该是比较安全的，但是开通专业版需要消费者去银行柜台办理个人银行专业版文件证书和移动证书。

与之不同，电话支付的产品开发设计理念则是建立在“封闭系统”之上的，所以说电话支付是独立、封闭的语音系统，相对而言安全性比较高。同时，电话是专线系统，是点对点的数据传输，其安全性更有保证。我国固定电话用户及手机用户数量庞大，再加上人们对互联网支付较为信任，使电话支付更易于接受和普及。电话支付需要本人确认，因此电话支付比较安全。

**2．随需应变，无处不达**

业内人士表示，电话支付业务的问世，打破了横隔在商家和消费者之间的交易瓶颈，使交易渠道畅通无阻，很大程度上突破了传统支付方式对现代商务的束缚。

曾经，IBM 在京推出“随需应变运作环境”实施方案，今天电话支付也实现了随需应变的解决方案：①不同的行业有不同的电话支付解决方案；②打破了互联网与传统业务的电子支付瓶颈；③用户在享受线下服务时没有 POS 机、POS 出现数据传输中断、现金交易带来的假钞风险等因素的影响，这些都让消费者有充分的理由选择电话支付。

据统计，截至 2014 年底，我国电话用户达到 15.36 亿户，其中移动电话用户达 12.86 亿户。电话及手机终端的普及降低了消费者进行电子支付的门槛。例如，小王在新疆出差，他是在一个比较偏远的地方，根本无法上网，但是他很想尽快预定一张回北京的电子客票，就抱着试试看的态度，用电话支付预订电子客票，结果几分钟就 OK 了！这个案例表明，电话支付是不受地域限制的。假如我们不会上网，那也可以用电话支付来享受电子商务的乐趣，即使是盲人或行动不便的人也可以顺利通过电话完成非面对面的支付，所以从这个意义上而言，电话支付也为全球信息化的无障碍推动添了砖加了瓦。

**3．电话支付，银行柜台业务的延伸**

随着计算机网络的普及，金融服务手段的不断改善，柜台服务方式越来越难以满足客户对方便、快捷的要求，客户日常消费将更多地转向电子化服务，直接现金交易减少，非现金交易将增大。这样，传统的银行储蓄柜台业务将弱化，各类电子化服务渠道的转账、查询交易将增加，让客户做到真正的“足不出户、理财购物”。

在银行休息期间，很多消费者会为交电费、电话费等费用而感到头疼，即使银行正常营业也免不了排长队等候，所以手机银行、电话支付等电子支付手段大大缓解了银行柜台的压力，加强电子支付手段的普及与应用也是银行未来的发展方向。

## 三、电子商务中电话支付模式

目前，有 4 种正在被应用的电话支付模式：话费扣除模式、商业银行电话银行模式、智能刷卡电话模式和第三方支付服务模式。

### 1. 话费扣除模式

话费扣除模式是最早出现的电话支付模式。用户拨打支付提供商的专用声讯服务平台（如网联支付声讯台），根据语音提示选择具体支付币值，之后 IVR 语音播报则会提供给用户一个充值密码，同时扣除相应话费。用户在支持该服务的相关网站上使用此密码进行等额度消费，流程如图 6-17 所示。

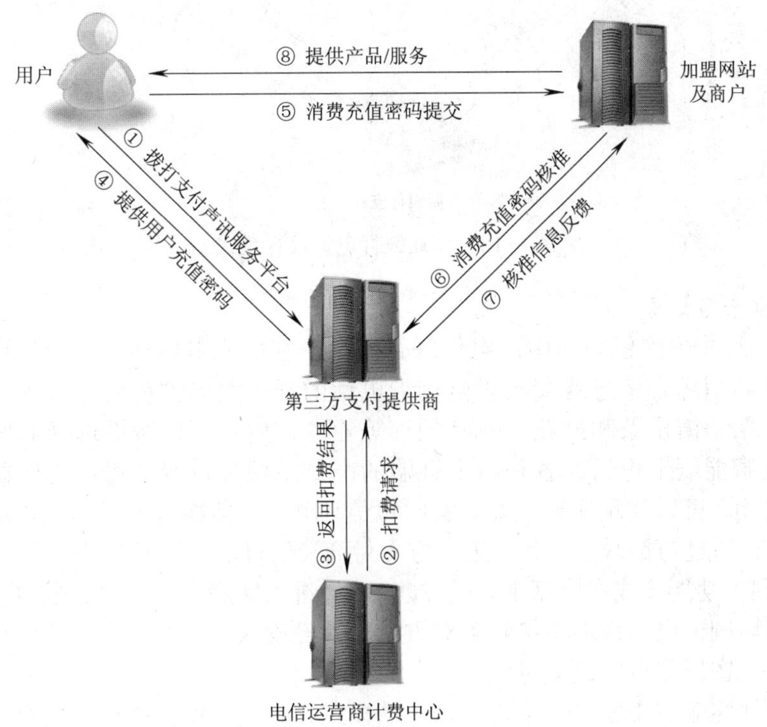


图 6-17　话费扣除模式流程

话费扣除模式为用户带来了一定的方便，也存在一些难以克服的缺点：

（1）建立广覆盖的声讯网络先期成本较高。

（2）支付商在产业链中处于弱势地位。

（3）运营流程复杂。

（4）对消费者而言也存在消费额度有限（一般不超过 30 元）、消费范围有限（只能消费网站提供的产品和服务）和低安全性等问题。

### 2. 商业银行电话银行模式

目前，有中国工商银行、中国建设银行、招商银行、民生银行、深圳发展银行等多家银行开通了电话支付业务，其业务流程如图 6-18 所示。

（1）用户拨打商户电话订购商品。

（2）商户发送订单信息至银行。

（3）用户拨打银行电话进行付款。

（4）银行将付款成功信息发至商户。

（5）银行将付款成功信息发给用户。

（6）商户发送商品信息或送货。

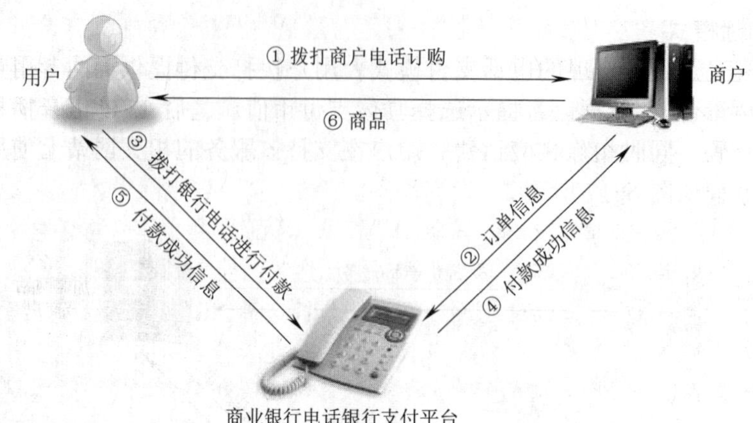


图 6-18 商业银行电话银行模式

### 3. 智能刷卡电话模式

2006 年 4 月，中国银联和中国电信联合推出了智能刷卡电话，使电话成为能实现个人电子支付的新型综合信息终端。智能刷卡电话的屏幕菜单上可内置多种业务接口，如飞机票、火车票、演出票和鲜花、礼品预订等业务，用户可以按键选择并刷卡支付；用户还可以通过智能刷卡电话为各种网上订购的产品及服务付费。通过智能刷卡电话支付货款或服务费用，可以实现实时到账、实时短信通知。智能刷卡电话模式本质上属于 POS 刷卡支付方法。通过与银联的合作，第三方支付商（如首信，代表产品“支付易”）把商户的 POS 终端刷卡功能集成在固话上，使 POS 功能进入家庭。用户先通过电话语音与商户确认订单，随后刷卡电话终端将接收到对方发送的经确认的订单信息，此时用户只需在电话上刷卡并输入密码即可完成支付。

通过对硬件终端的集成，“支付易”入户的模式在一定程度上降低了安全问题中的“不信任关系”，实现了在家刷卡支付，提升了用户体验。不过，作为一套全新的系统，刷卡电话是对普通电话的取代而非升级，将额外增加用户成本。而商户如要使用这套系统，也将必然增加相关软硬件投入。目前，“支付易”的应用范围主要局限在公共事业缴费、代理机票等小范围应用上。刷卡电话的操作流程如图 6-19 所示。

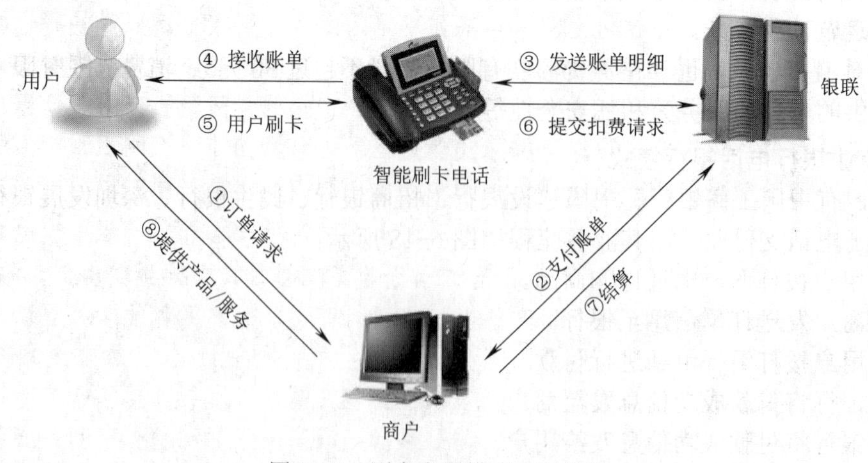


图 6-19 刷卡电话模式支付流程

### 4. 第三方支付服务——YeePay 模式

国内第三方支付服务商 YeePay（易宝）联手中国工商银行、招商银行、民生银行和中国建设银行北京市分行推出电话支付服务，4 家银行用户可以通过电话进行包括电子客票、话费缴纳、BtoC 购物等交易活动的支付。YeePay 模式是网络支付在电话上的延伸。

该模式下，用户首先开通某个银行的电话支付服务；用户通过商家网站（在线下单）或打电话（商家帮用户下单）订购商品和服务；商户将该账单通过互联网发送给第三方网络支付服务商；第三方支付商接到账单后随即把账单转到用户银行的网络支付网关上，整个过程短时间内即可完成；随后，用户将收到第三方支付商确认订单的短信。这意味着，用户即可拨打银行的服务号码（如工行 95588），按语音提示输入订单号及密码完成支付，用户银行账户中的相应金额将划拨给商户，商户则在确认用户支付完成后提供产品或服务。

YeePay 模式的交易流程如图 6-20 所示。

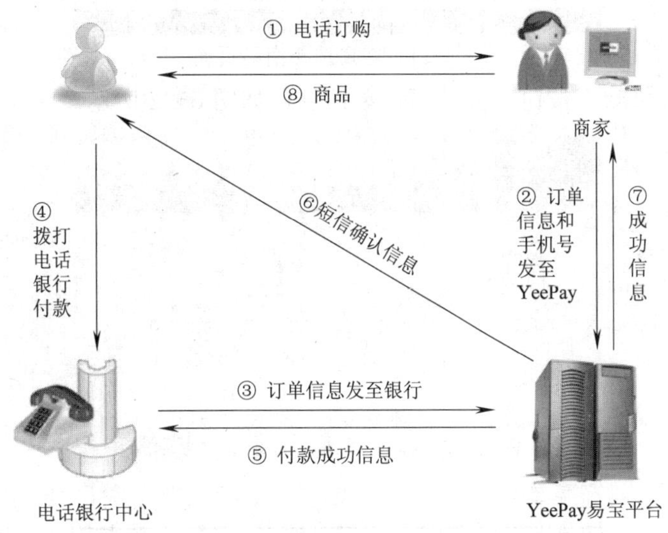


图 6-20　第三方电话支付—— YeePay 模式流程

（1）用户拨打商户电话订购商品。

（2）商户确定订单后，经互联网发送订单信息至第三方电话支付平台。

（3）电话支付平台将订单数据转送给银行支付网关，同时第三方支付平台将订单明细以短信方式回复给用户手机。

（4）用户确认后，拨打银行电话，按语音提示进行付款。

（5）银行进行账户扣款结算，银行将付款成功信息发至第三方电话支付平台。

（6）同时第三方电话支付平台给第一次使用电话支付的用户发送确认信息，并分配平台会员账户，提示其查询方式。

（7）第三方电话支付平台将付款成功信息返回商户。

（8）商户发送商品信息或送货。

## 四、电子商务中的电话支付应用实例——YeePay 模式的交易演示

下面以 YeePay 为例，介绍通过互联网购买商品，并使用电话支付的购物流程。

**1．消费者通过商家网站（在线下单）订购商品和服务**

（1）登录网站选择自己喜欢的商品，如图 6-21 所示。

图 6-21　客户选择商品页面

（2）单击“去付款”按钮，并填写订单信息，如图 6-22 所示。

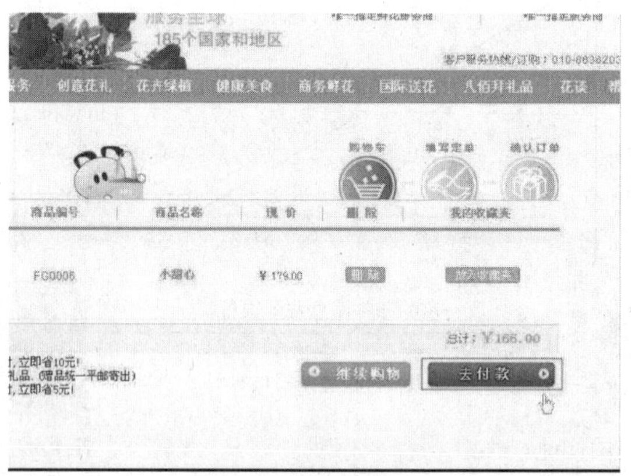


图 6-22　用户付款页面

（3）到网站选择支付方式的页面，选择“YeePay 易宝电话银行支付”，并单击“下一步”按钮，如图 6-23 所示。

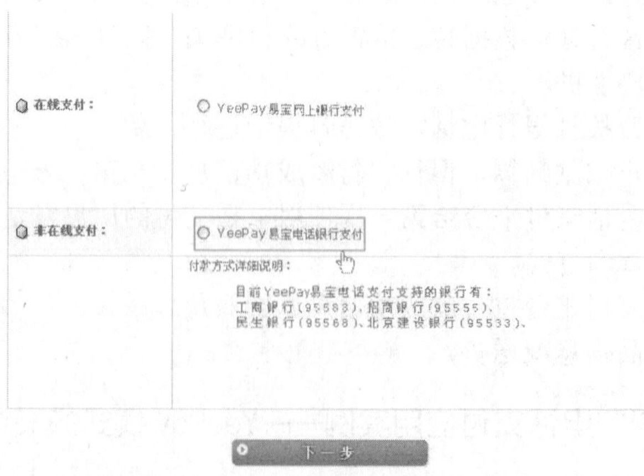


图 6-23　选择 YeePay 易宝电话银行支付页面

（4）在 YeePay 易宝网关页面，根据您所持有的卡，选择不同的电话银行，并单击“确认支付”，如图 6-24 所示。

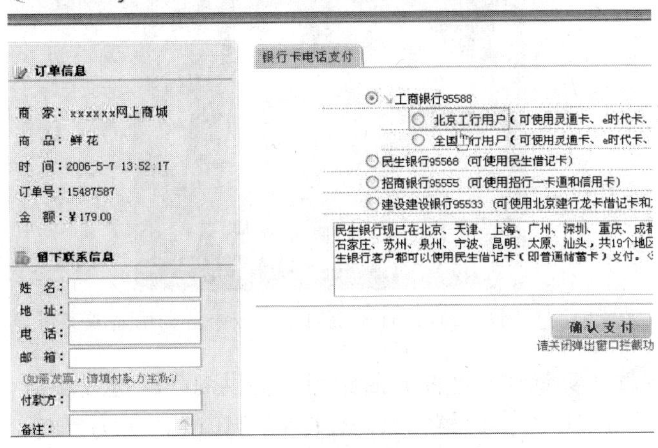


图 6-24　选择电话银行页面

（5）输入 11 位手机号码，并单击“下一步”按钮，如图 6-25 所示，注意电话支付不是从用户输入号码的手机中扣除话费，而是从用户的银行卡里扣款。

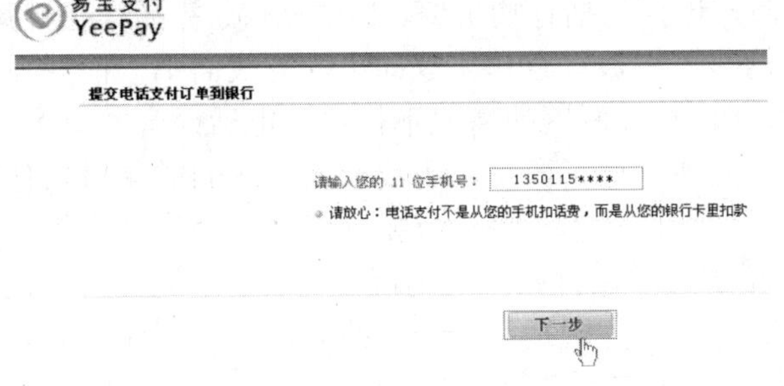


图 6-25　输入手机号码页面

（6）电话支付订单提交成功，按提示拨打电话银行完成支付，如图 6-26 所示。

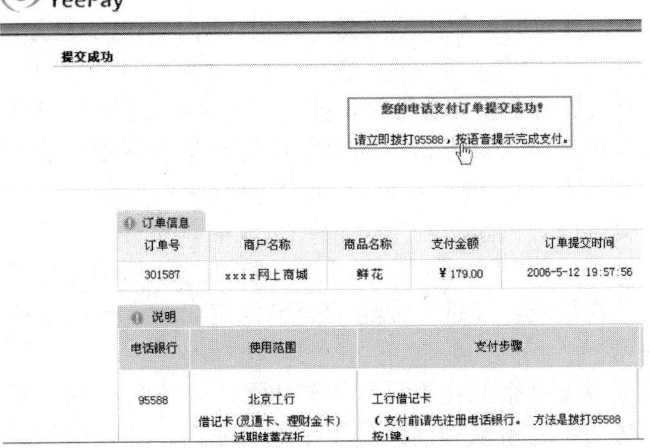


图 6-26　电话支付订单提交成功页面

### 2. 消费者拨打银行系统电话（如工商银行 95588）

消费者拨打银行系统的电话按照自动语音提示输入银行卡号及密码完成支付。如图 6-27 所示。

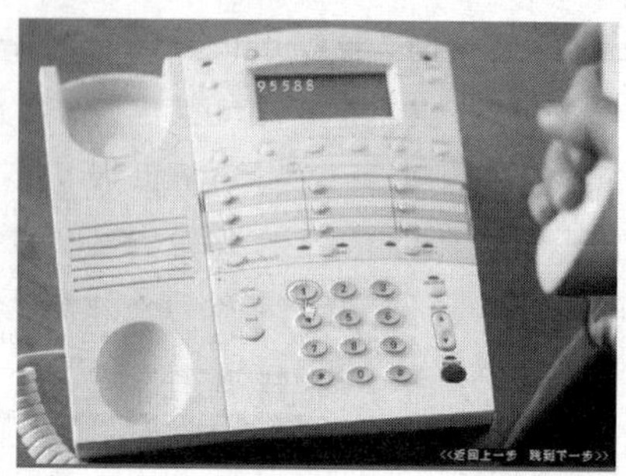


图 6-27 用户拨打银行系统电话，按语音提示完成支付

### 3. 商家确认收款（实时到款通知）后给用户提供商品配送或服务

电话支付领域，易宝还是国内第一家，且得到了 IBM 的大力支持，又已经跟商业银行中的工商银行、招商银行、民生银行以及百度、搜狐、当当、800buy、国美、18900 手机网等商家取得了较好的合作关系，易宝模式电话服务提供商已发展成为国内成熟的第三方网络支付服务商。在与商户合作方面，易宝模式不仅能够为 BtoC 网站提供较好的支付解决办法，也能与线下商户进行包括订购机票、话费充值、礼品鲜花订购等传统交易的合作。商户只需要拥有互联网接入，签订合作协议即可，方式简单，前期投入较少。用户则可以实现完全的离线支付，在没有互联网的情况下仅通过电话语音服务也能实现多种远程交易。

因此，易宝模式较好地打通了商户、用户和银行之间的支付信任障碍，并起到了信用中介的关键作用，同时这种模式有利进一步拓展商户、合作银行的范围。

YeePay 模式在不增加用户硬件投入的情况下，实现了完全离线的支付方式，并能够整合线上线下商户和众多电子银行，是目前较好的电话支付模式。另外，支付商进入门槛也较低。因此，该模式将进一步被更多第三方支付商复制，而逐渐成为电话支付的主流方式。

## 五、电话支付的发展现状与发展趋势

电话支付的用户群体优势，推动了电话支付的飞速发展，对于用户来说，特别是对于中老年用户，电话支付便捷的操作方法更易于接受，据中国电子商务研究中心监测数据显示，2013 年，全国共发生电话支付业务 4.35 亿笔，金额 4.74 万亿元。可以看出电话支付作为电子商务支付方式仍易于接受和普及，其已成为网上支付的有效补充。

目前，国内较为常见的固定电话分为电信固定电话和网通固定电话。电话支付指的就是通过固定电话或手机拨打声讯号码，通过语音或输入号码指令来代替现金支付的一种支付方式。电话支付的最大价值在于其最终用户的真实性，而这种点对点交易的真实性和可追溯性，对于金融类应用来说非常重要。特别是使用固定电话支付的过程，可以证明卡在现场、用户在现场，并进行完整的交易认定。而这一点是移动支付和互联网支付所不具备的。

当前，一些第三方支付企业在机票行业推出了电话支付，因为机票属于较大额度的消费，而且消费群体的整体素质较高，信用卡拥有率高，通过电话进行信用卡支付，取得了不错的效果。这种支付手段广泛应用于机票行业，和机票是实名制购买、他人难以盗用有重要关系。虽然在机票销售领域已经成功地使用了电话支付，但这种支付方式适应的领域仍较狭窄。如何把电话支付同电子支付结合起来仍然是目前电话领域探索的关键问题。当前，已经有一些企业推出了相关的电话支付产品，把电话与银行卡绑定消费的方式也早已推出。用户在拨打销售热线、咨询完毕、确定购买时，可以通过电话快速完成付款，用户所做的是回复支付确认信息。易宝、支付宝推出了语音支付，就是把用户的支付账户与电话绑定，用户在订购产品结束后，会接到 BtoC 企业的回访电话，在电话中要求其确认支付，即可完成交易。但显然，这些方案或多或少存在不方便的地方，难以吸引更多 BtoC 企业加入。其最主要的问题在于尽管一些支付解决方案能够改进用户的支付手段，但并不是足够方便。况且，电话支付往往增加了企业或者消费者的成本，在当前电子商务企业以低价为最重要的吸引客户的宗旨面前，任何增加成本的方法都会是行不通的。

另外，电话 POS 机终端也已出现，用户可以通过电话 POS 机终端进行刷卡，这种“刷卡电话机”是基于固定电话网络上的专用安全支付平台，具有极强的安全性和保密性。通过“一机一密＋双重密钥”形成可靠的保密机制，加上实名制交易控制与严格的交易风险管理，它的安全性更加有保证。但这种方式需要用户身边有电话 POS 机终端；如果支付企业的电话 POS 机终端推广不够理想，就难以实现支付。

对于固定电话网运营商来说，开展固定电话支付业务，可以发挥固定电话网的信用优势，提升传统网络的附加价值，占领宝贵的客户资源，提高固定电话网黏度，保持固话存量；可以拓展金融类行业、中小企业(行情 股吧)等应用，促进企业转型。最重要的是，还可以通过创新的商业赢利模式，增加非话音业务收入。固定电话支付作为固定电话网运营商发展综合信息服务的新支点，将大大加快其转型步伐。

为不断提升客户服务水平，近年来银行也积极推进电话银行技术研发、系统建设与服务创新，建设具有国际先进水平的电话银行服务系统。例如，工商银行电话银行通过先进的智能交动式语音应答功能和集约化的 95588 座席，为客户提供账户查询、转账汇款、投资理财、缴费支付、信用卡服务、人工咨询等金融服务。2012 年 10 月，工行率先启用智能语音识别电话银行服务，采用业界领先的语音识别技术，对客户语音进行自动识别和智能判断，准确定位到客户需要办理的业务，创造了自由开放、自然语言交互式的服务体验。同时持续优化自助服务与人工服务，推进 IVR 菜单与功能优化，降低客户重复致电率，进一步简化交易流程，持续推动知识库、质量管理等系统优化，全面提升电子银行运营管理的规范化、系统化与信息化水平。

无论是 YeePay 易宝电话支付、支付宝电话支付、刷卡电话机支付，还是工商银行、招商银行的电话银行支付服务，目前都得到了市场的高度认可，当然，任何产品都需要一个发展、完善、普及的过程，电话支付服务商也正不断开发出更简单、易用的产品和功能，以更好地促进电话支付成为网上支付的有效补充。可以预见，随着电子商务的日益普及和壮大，电话支付将成为电子商务的一个非常重要的基础设施，成为用户、银行、银联、运营商都乐于看见的一种便利的支付方式；同时，它也为运营商开展增值业务提供了新的支付渠道。电话支付与网络支付、手机支付形成互补，必将获得巨大的发展空间。但目前的电话支付服务内容还非常有限，产业链也不够完善。总之，“银联卡＋电话”的电话支付模式已经打开了家庭信息化的大门，固网运营商、银行要优化业务结构，做好综合信息服务功课已经迫在眉睫。

## 任务完成结论

我国固定电话用户和手机用户数量庞大，电话支付打破了横隔在商家和消费者之间的交易瓶颈，使交易渠道畅通无阻，很大程度上突破了传统支付方式对现代商务的束缚。同时，电话是专线系统，是点对点的数据传输，并且由于电话支付需要本人电话确认，具有较高的安全保证。电话支付作为电子商务网上支付方式更加易于接受和普及，其已成为在线支付的有效补充。通过对本任务的学习，大家对电子商务中的电话支付模式与支付流程等有了一个全面的认识。

## 课堂训练与测评

（1）简述各种电话支付模式的流程及区别。

（2）注册电话支付账号，尝试使用电话支付完成一次网上交易。

## 知识拓展

（1）易宝电话支付常见问题（http://yeepay.com/html/help/payonphone_1_2_zs.shtml）。

（2）快钱电话支付（https://help.99bill.com/index.php/com-pay/com-tele.html）。

（3）中国银联电话支付（http://cn.unionpay.com/service/innovationBusiness/telPay/ file_2639056.html）。

（4）eBilling 电话小额计费系统（http://www.ebilling.net.cn/index.asp）。

# 项目七　网 上 金 融

随着 Internet 的迅猛发展，网上金融服务已在世界范围内广泛开展。网上金融服务可满足人们的各种需要，包括网上消费、网上银行、个人理财、网上投资交易、网上炒股、网上保险等。这些金融服务的特点是通过电子货币进行即时的网上支付与结算，并且随着电子商务的发展，将会有更多的网上金融业务出现。本项目以证券业和保险业为对象，系统地介绍网上证券交易和网上保险交易的内容、特点、发展、经营模式、操作流程以及资金结算。

❑ **应知目标**

- 了解网上证券与网上保险的含义。
- 了解网上证券、网上保险的经营模式。
- 熟悉网上保险业务功能。
- 了解网上证券交易与网上保险的发展现状与发展趋势。

❑ **应会目标**

- 能够完成网上证券交易申请及相关业务功能的操作。
- 能够完成网上保险的申请及相关业务功能的操作。

## 任务一　网上证券交易

### *知识点、能力点*

- 了解网上证券交易的含义。
- 了解我国网上证券交易的模式。
- 了解网上证券交易的程序。
- 了解网上证券交易的发展现状与发展趋势。

### *任务情境*

作为社会经济发展的“晴雨表”和资本市场的“起搏器”，证券业在为网络经济发展输血加油的同时，其自身也渐渐脱离原有的业务形式，成为网络信息技术实践的急先锋。20 世纪 90 年代，一种被称为“网上证券”的新兴证券交易模式开始兴起，这种新型的交易模式打破了时空限制，降低了券商的经营成本，减少了交易环节，提高了交易效率，加快了证券市场信息流动速度，提高了资源配置效率，优势十分明显。正是看到了网上证券的诸多优势，全球的许多证券机构，尤其是发达国家的证券机构纷纷推出网上证券业务，并取得了良好的业绩。在我国，这种新型的交易模式也逐渐为国内证券机构和广大股民所接受，并且网上证券用户在证券交易总体用户中的比重越来越大。网上证券交易的发展已是全球证券经纪业务发展的一大趋势。那么，网上证券的交易模式有哪些？网上证券的交易流程如何实现？本任务我们将学习网上证券的相关知识与操作方法。

## 任务分析

随着互联网技术的发展，网上证券交易取得了快速的发展，成为券商经纪业务发展的热点，也已经成为我国最有发展前景的电子商务领域。本任务中我们将对网上证券的一些基本知识进行详细介绍，以便为读者进行网上证券的相关业务功能的熟练操作打下坚实的基础。

## 任务实施

### 一、了解网上证券交易的基本知识

#### 1. 证券的概念

证券一般是指有价证券，是载有一定金额、代表财产所有权或债权的一种凭证。一般分为商品证券、货币证券和资本证券。常见的商品证券有提货单、运货单等；支票、汇票等代表货币所有权的被称为货币证券；而资本证券则是证明证券持有者已投资的数额，并有权据此获得收益的所有权和债权的证书。证券从大类别来说，可以分为股票、债券、期货等。

#### 2. 网上证券的概念

网上证券就是应用信息技术和网络技术对证券公司传统业务体系中的各类资源及业务运作流程进行重组，使用户和工作人员通过 Intranet 和 Internet 就可查询上市公司的历史资料及相关券商的分析资料；还可查询交易所公告，进行资金划拨、网上实时委托下单、电子邮件委托下单；通过网上查询交易结果实现网上核账等业务；同时可以进行网上交易，交易的品种包括股票、债券、基金以及指数的期权等金融产品。

网上证券建立于证券市场网络化的基础之上，作为一种交易方式，网络证券将使原来集中、固定的信息获取方式被开放灵活的信息获取方式所取代，使证券交易从营业部走向家庭。网上证券交易的资金支付，离不开银行后台的支持，通常需要通过银证转账系统来具体实施。银证转账系统是运用计算机技术、语音处理技术、电话信号数字化技术和通信网络等手段，为客户提供的多通道的银行账户和证券保证金账户之间资金互转的系统。

#### 3. 网上证券的优势比较

网上证券之所以得到发展，根本原因是由于网上证券能够给券商和投资人双方带来显著的利益。

（1）券商方网上证券的优势表现

1）有助于券商扩张市场，突破现有的地域限制。在互联网上，传统地理上的边界与距离地概念基本消失，给券商带来了突破地域、时空的限制达到扩张市场、拓展经纪业务的最佳手段；通过网上证券，券商可以进入其他券商占有的市场进行竞争；通过网上证券，券商可以把市场拓展到证券业务发展速度慢的市场，如农村小镇等。

2）有助于券商削减成本。网上证券由于不需要修建昂贵的营业厅，可以降低对固定资产的投资；网上证券把部分业务转移到网上进行，也可以减轻营业部的工作负荷，从而减少营业部的人力投资。

（2）投资者网上证券的优势表现

1）信息灵通。互联网提供了最有效的信息传播途径，投资者可以轻松获得自己关心的股票行情、企业基本情况、盘面走势等诸多实用、实时信息，进而以最便捷的方式参与交易。

2）全天候交易。网上证券 24h 全天候的服务是传统证券所不能提供的，投资者可以 24h 进行交易。在国际证券交易中，还可以克服由时差带来的交易障碍。

3）没有地域限制。网上证券突破了地域限制，农村小镇的居民也可以通过网络进行交易，和大城市的投资者同步了解各种信息、新闻；普通股票投资者在全球任何一个国家只要能上网，就可以参与股市的交易。

4）低成本。网上委托所要支付的通信费用相对传统的电话查询、委托，可以节省大量交易成本，特别是对远离营业厅的农村小镇的股民来说，更是如此。

5）得到更好的服务。网上证券使得普通散户也可以方便地进行信息检索，享受功能强大的信息咨询服务，查阅丰富的金融信息，掌握全面的背景资料，享受到过去只有大户才能享受的服务。

网上交易与传统交易方法的最大区别就是：投资者发出的交易指令在到达证券营业部之前是通过公共网络即互联网传输的。这种交易方式相对于传统交易方式有诸多好处，例如：无时空限制，可以减少投资者进行证券交易的中间环节，从而使交易更加方便快捷地进行；同时也能降低证券交易的成本，加速资金的利用和信息的传递。网上证券交易顺应了知识经济的发展趋势，具有传统方式所不可比拟的优越性，代表了证券业的发展方向。随着越来越多的家庭拥有计算机及上网普及，在家利用互联网进行证券交易，成为越来越多的投资者的选择。而在交易方式上，网上交易与传统交易方式相比，则有许多不同之处。

## 二、我国网上证券交易的模式

我国从 1996 年开始出现网上交易以来，经历了观望、开发、试用和发展阶段，尤其是 20 世纪初期网络的普及和相关条例的颁布，使网上交易资格和运作方式得以明确下来，我国网上证券交易才开始迅速发展。目前，我国网上证券交易模式可以分为 4 大类。

### 1．通过 IT 公司网站或者财经网站提供服务的交易模式

这是 IT 公司参与发起的模式，IT 公司包括网上服务公司、资讯公司和软件系统开发商等负责开设网络站点，为客户提供资讯服务，券商则在后台为客户提供网上证券交易服务。这种模式开始于 1997 年，这个时期的网上证券交易方式是以营业部为中心，以 IT 厂商软件产品开发为依托的初级网上交易方式，虽然提供实时行情、委托交易等服务，但只是作为一种新渠道的开发，所以很少有增值服务。

这种模式利用现有的 Browser/Server 的 SSL 平台，交易数据在券商内部传输，安全性好，并且无需下载软件，便可实现网上委托交易、行情服务、信息查询等功能，快捷便利。

### 2．券商自建网站提供服务的模式

这是一种券商占网上证券交易主导地位的模式。券商建立自己的网站，并在此基础上创建网上证券交易系统，通过与互联网的链接，券商在网站上开发出各种如网上模拟操作、国

内外宏观信息报道、证券分析等各种特色化功能，并为客户提供个性化的服务；客户可以通过券商网站上的网上证券交易系统直接进行下单、委托交易、行情查询分析等相关活动。

这种模式下券商拥有自己的网站，并开发自己网站的网上交易系统；券商提供个性化服务，注重投资者不同的服务需求；券商提供自己机构的研究成果，增值服务能力有所提高。

**3. 券商与银行合作的模式**

券商与银行之间建立专线，在银行设立转账服务器，可用于网上证券交易资金查询，资金账户与储蓄账户合二为一，实现银行账户与证券保证金之间的及时划转。采用这种方式，投资者只要持有关证件到银行就可办理开户手续，通过银行柜台、电话银行、网络银行等方式进行交易。

**4. 银行+证券+证券网合作模式**

这种模式使投资者一次交易由三方合作完成，银行负责与资金相关的事务，证券商负责证券网上委托交易、信息服务等有关事务，证券网负责信息传递和交易服务等事务。这种模式下形成了 3 个独立系统：资金系统，资金在银行系统流动；股票系统，股票在券商那里流动；信息系统，信息在网站上流动。这种模式不仅提高了效率，降低了成本，而且可以最大限度地满足证券交易对安全性的要求。

## 三、网上证券交易的程序

相对于传统交易方式，网上交易有成本低廉、突破地域限制、信息广泛、快捷等诸多好处。而在交易方式上，与传统交易方式相比，则有许多不同之处。网上证券投资的交易过程一般主要包括开户、下单委托、清算交割，具体流程如下：

**1. 开户**

目前，开户分 2 个步骤，首先是上网开户，其管理权属各省市电信局。其次是委托开户，委托开户必须到当地各证券营业部开户，办理登记开户手续，签订风险协议书，申请开通网上交易功能。其具体开户流程是：

（1）签订交易委托书　办理网上交易开户手续前，股民需持本人有效身份证及其复印件、股东账户卡、资金卡，代理开户者需携带委托开户人身份证原件和复印件及代理人身份证原件和复印件到证券有限责任公司各营业部领取《风险揭示书》《网上证券委托业务协议书》（一式两份）和《网上委托方式开户申请表》，尚未办理 CA 证书的还需领取《电子商务个人证书申请表》。认真阅读以上资料，在完全理解和认可的前提下按照规定认真负责地填写《网上委托方式开户申请表》《电子商务个人证书申请表》，签订《风险揭示书》《网上证券委托业务协议书》。

（2）网上股票交易系统开户　将填写和签订好的《网上委托方式开户申请表》《电子商务个人证书申请表》《风险揭示书》《网上证券委托业务协议书》交于证券有限责任公司营业部网上证券开户专柜审核并进行开户处理。

（3）办理 CTCA 数字证书　为了保障网上交易的安全性，证券有限责任公司的交易软件采用 CTCA 数字认证，以确保交易双方身份的合法性和不可抵赖性。CTCA 数字证书的办理方法如下：到所在证券有限责任公司各营业部网上证券业务专柜申请办理 CTCA 数字证书，持有效身份证和复印件，填写《电子商务个人证书申请表》，缴纳相应的 CTCA 证书制作费用之后，在规定的时间内即可获得一个包括个人的 CTCA 数字证书存储介质（分

3 种介质：3 寸软盘、IC 卡介质、USB 接口介质）和用户密钥。在得到 CTCA 证书并安装完成后，就可以安全地使用网上委托交易系统进行网上交易了。

（4）办理上网开户手续　在完成以上的工作之后，用户可以到各营业部网上证券专柜代办上网开户手续或到本地的电信、移动等网络服务商处办理上网手续。

（5）登录证券有限责任公司网站，下载网上交易客户端软件　股民办理完上网的手续后，就可以连通 Internet 登录到证券有限责任公司的网站。根据证券有限责任公司交易软件下载的具体位置，选择网上行情和交易软件，然后下载到本地计算机。

（6）安装客户端交易软件　软件下载完成后，将软件安装到本地计算机，具体可根据安装向导的提示进行安装，如有疑问，可以下载有关安装说明或拨打技术支持电话。软件安装完后就可以进行网上委托交易了。

**2．下单委托**

目前，我国证券市场上股票委托的方式很多，可以通过柜台委托、电话委托，磁卡（自助）委托、网上委托等，网上委托是最具发展潜力的方式。一般我国证券公司的网上交易操作流程是：首先要登录互联网，然后双击桌面上的网上交易系统图标，弹出对话框，单击“确定”进入系统。现就交易过程中重要部分说明如下：

（1）查看个股行情，可直接输入证券代码。通常网上报价是实时报价，但有时因为网络拥挤，数据不能及时更新会产生时滞，屏幕显示为历史报价。投资者在看报价时应当确认报价时间，否则会带来投资风险。

（2）下单操作中，单击“系统工具”中的“下单”，弹出对话框，输入资金账号，交易密码以及通信密码，单击“确定”。买入操作中，在输入证券代码后，把价格输入“委托价格”项，并填入委托数量，单击“确定”。出现确定对话框，单击“是”，则委托买入，如果正确将返回一个合同编号。卖出操作中，在输入证券代码或双击出现的股票余额中的股票后，把价格填入“委托价格”，并填入委托数量，单击“确定”，出现确认对话框，单击“是”，卖出委托，返回合同编号。

（3）撤单操作中，选择已申报的委托，双击则决定是否进行撤单，若撤单成功则返回“撤单成功”信息。注意投资者撤单时，必须确定原先发出的委托尚未执行。交易确认的传送有时会出现延误，以致出现委托无法撤回现象。遇到上述情况时，投资者应向证券公司查询，切勿盲目发出指令。

**3．清算交割**

委托执行后，证券公司会把最新情况传送给客户，投资者以 E-mail 形式接收证券商发送的通知单，或连到证券商的 Web 主机上查询自己的交割单和对账单。款项的收付在证券的交易过程中逐笔结算，从网上资金账户中直接转账。

## 四、网上证券交易操作实例

长江证券有限责任公司前身为湖北证券公司，于 1988 年 6 月 1 日成立，并于 1991 年 3 月 18 日经中国人民银行湖北省分行和湖北省人民政府批准为非银行金融机构，成立时实收资本金 1 700 万元。1997 年，公司增资扩股至 1.6 亿元。2000 年 2 月，公司增资扩股至 10.29 亿元，并更名为“长江证券有限责任公司”。2001 年 12 月，公司再次增资扩股至 20 亿元。公司连续 4 年被评为 AAA 级资信企业，多次被国家工商行政管理总局评为“重合同、守信用”企业。2004 年 12 月，公司率先成为首批 8 家创新试点券商之一。2005 年 1 月，公司受中国证监会委托，托管大鹏证券经纪业务。同年 6 月，公司收购大鹏证券经纪业务，在业内开立了以市场化方式处置风险类券商的先河。2006 年，在“第二届（2005）中国十大影响力品牌”公益评选中，公司荣膺“中国证券行业十大影响力品牌”称号。2007 年，在 21 世纪中国券商创新高峰论坛暨“中国券商奖”评选中，公司荣获“2006 年最具发展力券商奖”。2012 年公司荣获“中国最具成长性证券经纪商”大奖。

**1．客户端软件下载**

在浏览器地址栏中输入“www.95579.com”，登录长江证券网站，单击首页图标，如图 7-1 所示。进入软件下载页面，如图 7-2 所示，选择所需要下载的交易软件类型。下载时，系统提示文件下载保存目录，请按“保存”，并记住保存程序名称和保存的目录。

图 7-1 首页图标　　图 7-2 软件下载页面

**2．软件安装（以金长江网上交易财智版为例）**

（1）双击下载的客户端安装程序，进入安装向导。

屏幕出现安装程序提示框，选择安装路径（默认安装路径为：c:\金长江网上交易\金长江网上交易财智版），然后单击“开始安装”。

（2）屏幕出现安装程序提示框“c:\金长江网上交易\金长江网上交易财智版不存在，要新建该目录吗？”，请单击“确定”，程序开始自动安装。

（3）安装完毕，程序提示“金长江网上交易财智版安装结束”，请按“确定”。

（4）安装完成，在桌面会出现“金长江网上交易财智版”的图标。

**3．软件使用（以金长江网上交易财智版为例）**

（1）双击计算机桌面上的“金长江网上交易财智版”快捷方式，如图 7-3 所示。

图 7-3 “金长江网上交易财智版”快捷方式

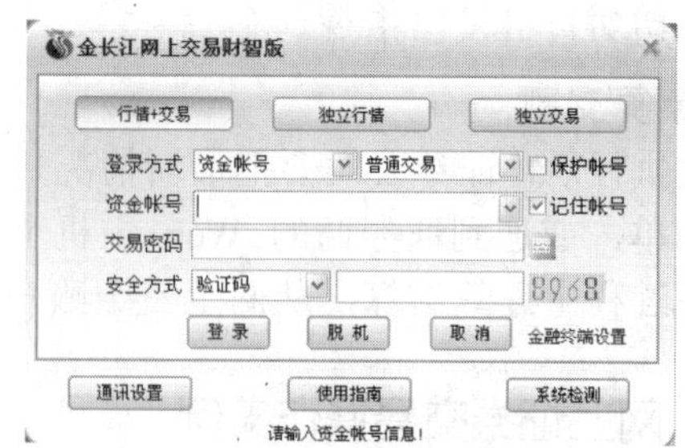


图 7-4 登录页面

（2）登录界面如图 7-4 所示。选择“行情+交易”进入行情和交易综合版；选择“独立行情”进入单行情版；选择“独立交易”进入单交易版。如果选择“行情+交易”方式，选择登录方式，输入对应的资金账号、交易密码、验证码，然后单击“登录”将进入系统主界面，如图 7-5 所示。

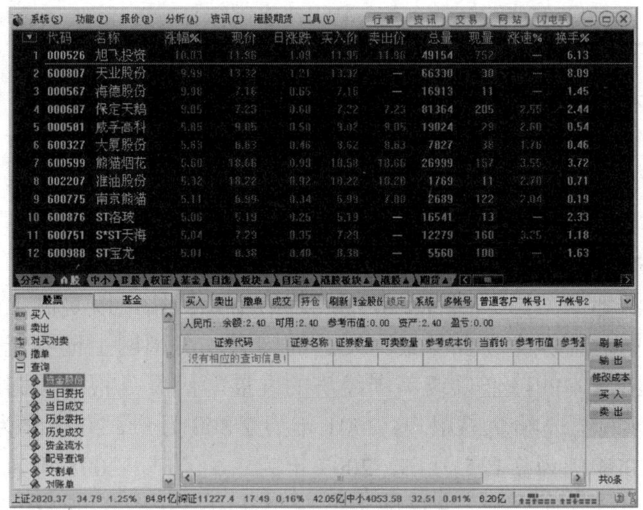

图 7-5 登录后系统主界面

进入系统后，屏幕上首先出现行情显示窗口，列表显示最新股票交易行情。窗口顶部是主菜单条。注意，主菜单条的右端有两组按钮，分别控制系统窗口和其子窗口的最小化、层叠/还原、关闭。该系统支持整屏放大功能。拖动纵向滚动条，或按“PageUp”键与“PageDown”键，可看到更多股票的行情。拖动横向滚动条，可看到更多栏目内容。

行情显示窗口下面是交易显示窗口，可以进行股票和基金的买入、卖出、对买对卖、撤单、查询等操作。

（3）登录界面上的“通讯设置”可以对主站选择进行设置，如图 7-6 所示。“系统检测”列出了各主站服务器的连接网速情况，如图 7-7 所示。

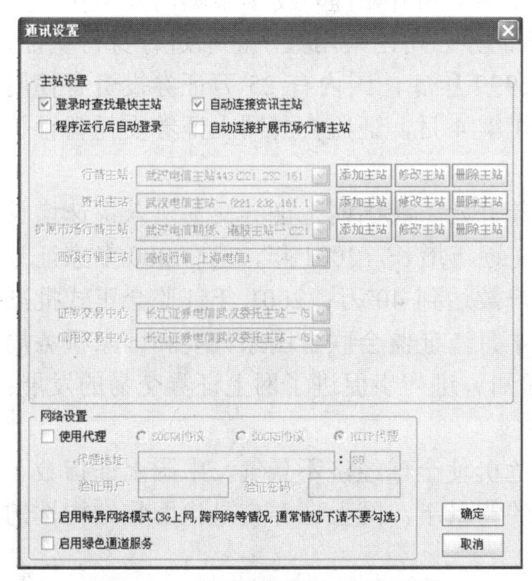

图 7-6 “通讯设置”显示界面

图 7-7 “系统检测” 显示界面

（4）登录界面上的“使用指南”是软件的帮助文件，详细介绍了软件的功能和使用情况。

## 五、了解网上证券交易的发展现状

网上证券交易是建立在计算机和网络技术基础上的业务手段创新，既可以把它看成是对证券市场传统业务方式的延伸，也可以说是对传统业务方式的变革。从具体过程看，网上证券交易就是将数字化手段渗透到证券活动的各个环节，如信息采集、加工处理、信息发布、信息检索、交易、货币支付、清算、交割等一系列过程。

**1．网上证券的发展现状**

作为互联网发源地的美国，拥有世界最发达的信息网络，既是网上证券交易业务最早开展的国家，也是网上证券交易业务最为发达的国家。美国网上证券交易的发展得益于信息技术的发展、交易成本的降低以及美国经济的发展等因素。根据美国国际证券业务信息中心数据统计，全球网上证券交易用户：2001 年为 2 860 万户，2002 年为 4 090 万户，2003 年为 5 850 万户，2004 年为 7 135 万户，2007 年为 1.6 亿户，2008 年为 2.2 亿户，2009 年为 2.99 亿户，2010 年为 4.1 亿户，全球网上证券交易用户在以 34.6%的平均增长速度增加，2011 年为 5.6 亿户，到 2015 年几乎所有的证券投资者都将通过网上交易进行投资。

我国网上证券交易起步晚于美国，而且主要是由 IT 技术厂商和中小型券商的营业部推动发展的，网上交易可以降低券商的成本、突破地域和时间的限制，在全国甚至全球拓展客户，但投资者从一开始并不像券商那样积极投入，1997 年中国华融信托投资公司湛江营业部推出“视聆通”多媒体公众信息网上交易系统，标志着中国证券网上交易的开始。我国网上证券交易经过了以下几个发展阶段：

（1）起步阶段（1996～1997 年） 部分证券公司与 IT 公司开始最基本的合作，因为网络基础设施不完善，导致了只有极少数券商为极少数客户提供网上交易服务，这个时期的网上交易系统一般只能提供简单的行情浏览和股票交易等服务。

（2）初步发展阶段（1998～2000 年） 网上证券交易开始注重交易数据的安全性，并采用 PKI、X.509 等标准电子商务安全体系，部分证券公司已采用数字证书进行身份认证，安全技术的发展为网上证券交易提供安全保障。1999 年底，国内有 25 万证券投资者使用互联网交易，网上交易额占总交易额的 1%；2000 年 4 月，证监会《网上证券委托暂行管理办法》的发行，对网上证券交易做出政策规范。

（3）快速发展阶段（2001～2008 年） 2001 年开始，我国网上证券交易进入快速增长时期，网上证券交易占沪深两市总成交量的比重在逐年增长。2001 年，已有 200 多家证券经营机构实验性地开展了网上委托业务，网上开户数达到 40 万；2001 年证监会正式批准首批 23 家证券公司开展网上证券交易；2002 年 4 月，证监会联合国家计委和国家税务局制定颁布了《关于调整证券交易佣金收取标准的通知》，进一步促进了网上证券交易的发展；2003 年已有 73 家证券公司获得网上证券交易资格。

（4）调整阶段（2009 年至今） 2008 年金融危机使全球经济不景气，中国上证指数下跌，在国家经济发展模式由粗放型向集约型转变的背景下，网上证券交易也面临结构性的调整。

据不完全统计，目前国内保持正常信息更新的非券商类证券网站共有 40 余个，有一定用户基础的券商网站达 50 多家，而且有 200 多家证券经营机构已开展了网上委托业务，包括君安证券、华泰证券、华融信托、闽发证券、大鹏证券、港澳信托等，其中部分大券商正试图以网上交易为基础，进一步开发如手机、掌上电脑、双向有线电视系统等多种网络交易业务。由此可见，随着我国网络信息技术的普及和在证券业的广泛运用，有关证券电子商务发展的法律法规的完善和各证券公司的大力推动及投资者的积极响应，我国证券电子商务的发展具有广阔前景。随着网上证券用户数和网上证券交易量的不断增长，网上交易从最初“搭平台”的热潮中向更高的服务层次转化，个性化服务的理念和移动证券迅速普及。

**2．我国网上证券交易存在的问题**

目前，国内的投资者也正在接受网络交易这种便捷、高效的交易方式，但就总体而言，我国的网上证券交易仍然处于较低的阶段，主要存在以下问题：

（1）安全问题　安全性是网上证券交易中最受关注的问题，网上证券交易的安全是赢得客户信赖的基石。网上证券交易所涉及的大量信息和数据都是以电子的形式在Internet上传输的，因此在网上证券应用中不可避免地存在着由Internet的自由、开放所带来的信息安全隐患。通过Internet进行网上证券交易，交易的参与者几乎可以不受时间、空间的限制，而且网上证券交易的参与者可以匿名。因此，会发生交易者否认参与已发生的交易、身份鉴别、个人资料的保密等问题。此外，证券公司的服务器也可能会遭到非法侵入、窃取投资者信息、篡改交易信息、恶意攻击、出现服务器故障，给投资者造成经济损失。如何确保交易者信息的安全性、保密性和交易行为的不可否认性，在网上证券交易方式下显得相当重要。国际上保护信息安全采取的方式较多，有防火墙、加密和生物技术等手段，主要采用数字签名技术来实现对交易者信息的保密性和不可否认性，也就是通过建立认证中心进行网上数字化的签名来取代书面签名，以此来确保网上证券交易的保密性及不可否认性。为了规范我国的网上证券业务，防范网上证券交易安全风险，我国证券行业的权威管理机构中国证监会颁布了《网上证券委托暂行管理办法》，该办法明确规定：“在互联网上传输的过程中，必须对网上委托的客户信息、交易指令及其他敏感信息进行可靠的加密”；“证券公司应采用可靠的技术或管理措施，正确识别网上投资者的身份，防止仿冒客户身份或证券公司身份；必须有防止事后否认的技术或措施”。

（2）法律问题　网上证券作为证券市场全球化的重要推动力和主要体现方式，客观上要求要有适应该交易方式的法律和全球化的监管。而我国在网上证券交易的立法显得相对滞后。在一些业务领域立法还是空白状态，增加了证券公司经营的不确定性。比如，对消费者权益的保护规则是否可适用于网上交易的投资者、网上交易协议的法律效应、信息披露和用户信息隐私的保护等，这些都需要由相关法律法规进行明确，以此减少纠纷的产生，公平投资者和证券公司的责任承担。此外，在证券网上交易中，如何制定调整参与电子合同各方之间的法律关系，如何规范数字签名行为，都需要制定相应的法律法规加以确认。合同签订地和合同履行地往往是管辖权确定的基础，网上证券交易是通过缔结电子合同来达成的，合同签订地和履行地都有别于传统的含义。而且，交易者来自世界各地，如何确定合同签订地和合同履行地，以便确定管辖权也对现有的法律提出了挑战。恰当地解决法律问题已成为发展网络证券必需的重要环节之一。

（3）监管问题　证券市场向国际资本开放，是我国经济发展的客观要求，也是我国金融业走向世界的必然选择，而网络证券正提供了这样一个全球化的市场平台。为此我国的证券业要根据这一发展趋势进行改革，提高自己的竞争能力，这对我国的监管部门提出了新的要求。此外，在网上证券交易带来方便、快捷、成本低等种种便利的同时，也极大地增加了交易的风险，这也要求我国的监管部门不仅要加强本国的监管，而且要根据网上证券交易的特点加强与世界各国监管部门的合作，尽可能采取各种措施来防止风险的发生。

（4）网上证券交易服务个性化程度低　我国的网上证券交易在提供个性化的网站信息服务等方面还明显落后于发达国家。目前，国内网上交易只是开辟了一个交易手段，一些软件在设计方面也没有加强客户服务功能，其服务方式也没有多大优势。例如，有些网上交易仅提供证券交易的实时行情分析、实时个股表现，但缺乏具有鲜明的个性化服务，诸如实时个股评论、实时个股咨询、实时大盘研判等内容，同时也没有能提供互动性服务。完全的网上经纪业务，应具有多元化和多功能；有个性化服务，即对不同偏好和需求的客户有不同的策略和定位；要有较高的服务质量，即较高的安全性、稳定性、信息资料的丰富性和咨询服务的及时性；同时应当引入保险机制，开发对应的险种，消除投资者对网上交易安全性的担心；推动银证合作来完成全方位的资金清算、划转等金融业务和网上开户等服务。现在国内网上证券交易服务普遍存在单一、信息重复、原创信息少等弊病，大多数券商开通网上交易只是将其作为一个交易渠道而已，而并没有做到真正意义上的网上经纪。由于绝大多数国内证券网站都能够提供丰富、全面、及时的证券信息，因此券商在这个方面下工夫的意义已经不大。而相比之下，个性化服务虽还处于初级阶段，但个性化服务将是网上交易的主要发展方向。通过提供个性化服务，不仅可以吸引大量的投资者，还能够使券商在未来实施自由佣金制度时能够迅速完成转型，及时提供多种服务—收费组合而抢占市场。此外，券商还需要通过建立创新机制来实现公司业务的持续增长。由于网上交易的创新大多数是非技术性的，而创新一旦不具有技术上的垄断性，极易被模仿与改进。只有不断创新，才能够在竞争环境下保持公司的竞争优势。这就要求证券公司必须建立一套能够不断实现金融服务创新的机制，甚至有必要为此成立专门的机构进行负责。建立一整套这样的服务体系，需要经历一个艰难的发展过程。

## 六、网上证券交易的发展趋势

### 1. 集中式网上交易成为一种发展趋势

我国证券行业正在向集中交易、集中清算、集中管理以及规模化和集团化的经营方式转换。网上交易采用这一经营模式，更有利于整合券商的资源，实现资源共享，节约交易成本与管理费用，增强监管和风险控制能力。可见，集中式网上交易模式符合未来券商经营模式的发展方向。

### 2. 有形营业部与虚拟证券部网上网下融合的服务模式

机构投资的发展和个人投资者知识水平提高使得网上证券交易变得更加成熟理性，对证券交易的差异化要求也变得越高，越来越偏向对信息质量和增值服务的高要求。一方面，券商将有形营业部与虚拟证券部整合混合运营，可以充分利用公司研究资源和人力资源；另一方面通过网上网下资源的融合，网上资源的运用可以提供全方位、个性化信息服务，直面的服务可以增加信任感、真实感；对于中国处于目前缺乏信用机制的时代，网上网下的结合既符合了网络经济的潮流又照顾了现实利益的需要。

### 3. 网上证券交易实现方式趋向于多元化

据资料显示，随着我国家庭拥有计算机、电视机和手机的比例不断升高，突破“Web＋PC”的网上交易模式，使投资者可以借助计算机、手机、机顶盒、手提式电子设备等多种信息终端进行网上证券交易，通过各种终端上的专业炒股软件，不仅能让广大证券投资者随时随地关注市场行情和相关资讯，而且还能给交易客户提供包括证券买卖、账户查询和银证转账等及时的理财服务。

**4．网上证券交易将以更快的速度向农村和偏远地区发展**

网上交易的普及、交易网络的无限延伸，将使占中国85%以上的小城市和农村居民变成潜在的股民，使很多本来没有条件进行股票买卖的人拥有条件，加入到股民的队伍中来。

**5．券商转换经营理念，以客户需要为中心，提供个性化的市场信息服务**

互联网的出现使证券服务的方式和服务内容发生了重大变化。以高层次、智能化、个性化服务为特征的信息咨询服务已成为券商之间竞争的关键。跨越价格竞争阶段，提前进入网上服务和差别信息竞争，以客户需要为中心、提供个性化的市场信息服务是必然的选择。以目前互联网的技术手段，券商不仅要在信息咨询上可以向客户提供一对一的个性化服务，还要在理财服务上为客户定做产品。例如，建立客户关系治理系统，积极拓展与客户的关系，强化全方位的理财服务。通过客户关系治理建立客户关系档案，只要客户一上网，经纪人就可以根据其家庭背景、投资历史品种、财力和投资偏好，为其量身定制一套投资计划或组合；依据网上交易特点对原有业务流程进行重新设计，如开拓客户应答中心、24h全天候服务、实时大势分析；根据客户的不同层次，设计多元化的产品，提供个性化服务，满足不同客户的需要。

**6．引入保险机制，保障投资者切身利益**

尽管券商的网上交易系统采用了多项安全措施，但投资者对网上交易仍然存有诸多担心。为此，我们应在依靠技术进步，不断强化安全保密手段，打击利用互联网进行证券犯罪的同时，与保险公司合作，开发对应的险种，为投资者投保，通过保险机制的配套工程来消除投资者的疑虑，树立投资者对网络安全的信心，建立保障投资者切实可行的运行机制。目前，国内还没有一家保险公司备案登记开展网络信息安全方面的保险业务。而国外保险公司早就意识到开拓网络安全保险市场的重要性，在一些发达国家和地区，包括互联网保险在内的高科技保险业务正成倍增长。英国和美国的一些保险公司已经推出了“黑客保险”业务，网上证券经纪商ETrade为每个交易账户提供高达1亿美元的保险，这项措施极大地增加了投资者通过ETrade网站进行网上交易的信心。

随着我国网络信息技术的普及和在证券业的广泛运用，有关证券电子商务发展的法律法规的完善和各证券公司的大力推动及投资者的积极响应，我国证券电子商务发展具有很好的市场潜力和广阔前景。

## 任务完成结论

网上证券指证券市场的组成主体、发行主体、中介机构和投资主体及其他相关主体以互联网为手段进行的与证券交易相关的活动。这些活动通常包括证券的网上发行、证券信息发布和查询、网上理财经纪服务和网上委托交易等。随着更多的家庭拥有计算机并连通了互联网，在家利用互联网进行证券交易，成为越来越多的投资者的选择。通过对本任务的学习，使大家对网上证券的含义、交易模式、交易流程以及国内外网上证券的发展现状等有了一个全面的认识。

## 课堂训练与测评

（1）简述网上证券交易的基本流程有哪些。

（2）分析我国目前网上证券发展中的问题。

### 知识拓展

（1）和讯理财（http://data.money.hexun.com）。

（2）证券之星（http://www.stockstar.com）。

（3）国泰君安证券（http://www.gtja.com）。

（4）大智慧（http://www.gw.com.cn）。

## 任务二　网上保险服务

### 知识点、能力点

- 了解网上保险的含义、优势。
- 了解网上保险的经营模式。
- 熟悉网上保险的业务功能。
- 能够熟练完成网上投保的相关操作。
- 了解网上保险的发展现状与发展趋势。

### 任务情境

坐在家里，通过互联网，直接购买意外险，不仅方便，还可以获得优惠价。长假来临前，保险公司备战节前市场，为投保者提供便利的购买渠道。现在越来越多的人喜欢在节假日或周末和家人、朋友短途旅行，由于节假日出行的人较多，交通拥堵，增加了意外伤害事故发生的概率。平安财险开通网上通保服务，消费者通过登录平安保险网上商城就可在网上直接投保交通工具意外伤害保险和旅行意外伤害保险。除了外出旅游前可以通过网络买一份旅游保险，私家车保险到期了，也可以通过网络续保。

一般保险公司在网上推出的产品，大多是比较简单的卡式保险，如一年期交通工具意外险、家庭财产保险、短期旅行保险等，这些产品对服务的需求相对较小。一般来说，网上销售成本较低，保险公司通常会定出较低的价格。以人保“航空意外伤害年度保险”为例，全年 80 万元的保障金额，以普通方式购买，保费是 100 元，如果在网上购买，则只要 90 元；再如车险，如果在网上向保险公司投保，保险公司通常会有 10%～15%的折扣。这是因为，通过传统代理渠道每做一笔业务，保险公司都要给代理中介一笔不菲的手续费，而通过网上、电话投保等方式，则省去了这部分费用，因此保费相对会下降。

外贸公司通过人保财险的货运险电子商务系统投保货运险，不会受到时间的限制，一张保单的平均出单时间只要 1～3min，节假日也能出单，其他网上保单一般也能在 5min 内搞定。按照传统的货运险业务模式，外贸企业备好繁多的报关单证以后，还需要等保险公司送保单或者企业自己派人上门拿保单。而通过网上投保、核保，自己打印保单，既可以降低企业的投保成本和劳动强度，也可以减少人为的差错。

另外，网上也有保险顾问，厦门天地安保险代理公司是一家专门做网上保险业务的公司，他们的工作人员叫做网上保险顾问，这是保险代理人的一种网上存在形式。这些保险顾问不会像一般保险营销员一样到客户家里或者约见地点谈保险，而是通过 QQ、MSN、微博、微信等新兴的互联网媒体宣传保险产品、提供保险服务。网上保险顾问通过传递保险信息、协助企业来获得协保佣金。

通过电子商务购买简易的保险产品，投保费用低、平均出单时间快，既优惠又便捷，那网上保险的经营模式如何？如何购买网上保险呢？本任务我们将对网上保险的相关知识与操作方法进行介绍。

## 任务分析

近几年，在世界网上保险业务蓬勃发展的同时，我国的网上保险也正在兴起。本任务我们将介绍网上保险的基本知识、经营模式、操作流程以及网上保险的发展现状与发展趋势，为读者进行网上保险的相关业务功能的熟练操作打下坚实的基础。

## 任务实施

### 一、了解网上保险的基本知识

#### 1. 保险的含义

保险（insurance）是以契约形式确立双方经济关系，以缴纳保险费建立起来的保险基金，对保险合同规定范围内的灾害事故所造成的损失，进行经济补偿或给付的一种经济形式，分为广义保险与狭义保险。

（1）广义保险　无论何种形式的保险，就其自然属性而言，都可以将其概括为：保险是集合具有同类风险的众多单位和个人，以合理计算风险分担金的形式，向少数因该风险事故发生而受到经济损失的成员提供保险经济保障的一种行为。

（2）狭义保险　通常我们所说的保险是狭义的保险，即商业保险。《中华人民共和国保险法》明确指出：本法所称保险，是指投保人根据合同约定，向保险人支付保险费，保险人对于合同约定的可能发生的事故因其发生所造成的财产损失承担赔偿保险金责任，或者当被保险人死亡、伤残、疾病或者达到合同约定的年龄、期限等条件时承担给付保险金责任的商业保险行为。

投保人向保险人支付的费用被称为“保险费”。大量客户所缴纳的保险费一部分被用来建立保险基金以应付预期发生的赔款，另一部分被保险人用做营业费用支出。如果自始至终保险人所支出的赔款和费用小于保险费收入，那么差额就成为保险公司的利润。

#### 2. 网上保险的含义

网络是信息时代高度发展的产物，它的应用已涉及社会各个领域。互联网不仅能够及时快速地提供大量信息来满足人们强烈地求知欲，而且能够为用户提供一个进行各种交流活动的自由场所。保险作为一个需要多种专业部门协同工作、通信时效要求比较高的行业，更应在现有的基础上加强网络建设。

网络应用于保险业，便赋予了保险新的形式，从而产生了网上保险。所谓网上保险，就是通过互联网进行网上保险经营活动，也称保险电子商务。从狭义上讲，网上保险是指客户通过互联网完成全部投保流程，包括咨询、报价、出单和付费等；从广义上讲，网上保险是指利用互联网等电子手段作为保险公司日常经营和管理的后台支持，从而达到降低成本和提升效率的经营方式总和。因此，网上保险是指保险企业采用网络来开展一切活动的经营方式，它包括在保户、政府及其他参与方式之间通过电子工具来共享结构化和非结构化的信息，并完成商务活动、管理活动和消费活动。

网上保险的最终目标是实现电子交易，即通过网络实现投保、核保、理赔、给付。客户通过公司网站提供的产品和服务项目的详细内容，选择适合自己的险种、费率等投保内容；依照网上设计表格依次输入个人资料，确定后通过电子邮件传入保险公司；经保险公司签发后的保单将由专人送达投保人，客户正式签名，合同成立；客户缴纳现金，或者通过网络银行转账系统的信用卡方式，保费自动转入保险公司，保单正式生效。因此，保险公司的电子商务平台不是企业从传统到网络的一次简单移植，而是为客户提供了产品、渠道和服务上的更多选择。

## 二、网上保险的优势

与传统的保险企业经营方式相比，利用互联网开展保险业务具有 4 大优势：

### 1．扩大知名度，提高竞争力

迄今为止，发达国家的大部分保险公司已经通过设立主页、介绍保险知识、提供咨询、推销保险商品来抢占市场。

### 2．简化保险商品交易手续，提高效率，降低成本

在 Internet 上开展保险业务缩短了销售渠道，大大降低了费用，从而能获得更高的利润。通过网上保险业务的开展，投保人只要简单地输入一些情况，保险公司就可以接收到这些信息，并作出相应的反应，从而节省双方当事人之间进行联系以及商谈的大量时间，提高效率，同时降低了公司的经营成本。电子化的发展大大简化了商品交易的手续。申请者除了不能通过 Internet 在投保单上签名盖章外，其他有关事宜均可在 Internet 上完成。甚至保费也可以通过 Internet 来缴纳。

### 3．方便快捷，不受时空限制

应用互联网，保险消费者可以在一天 24h 内随时方便地上网比较保险产品，并向保险公司直接投保，这对于那些相对简单的险种尤为适用。

### 4．为客户创造和提供更高质量的服务

互联网能够加快信息传递速度的优势可使保险服务质量得以大大提升。很多在线下不能获得或不易获得的服务，在互联网上变得轻而易举。例如，保险消费者可以在投保前毫无销售压力的情况下从容选择适合自己的产品和保险代理，获得投保方案，而无须不厌其烦地去和每家保险公司、保险代理打交道；在投保后轻松获得在线保单变更、报案、查询理赔状况、保单验真、续保、管理保单的服务，从而避免了烦琐的手续、舟车劳顿、长时间等待等不利因素。目前的易保网就能够提供保险方案匿名竞标，按照消费者的要求搜索代理人、保险需求自测等服务。

## 三、网上保险的经营模式

目前的网上保险业务平台，通常有 2 种模式。

#### 1．完全基于网络的全新保险企业

这种模式下的保险企业，其所有业务的开展都是通过网络来进行，是一种较为纯粹的网上保险公司，也称为虚拟保险公司。这类保险公司直接在网上经营销售保险，提供一系列个性化的服务，具有较高的灵活性，如美国的 E-Coverage 公司。

#### 2．传统保险公司通过网络来开展保险业务

按照这类模式开展网上保险业务的公司，又可分为 3 种模式。

（1）保险公司在自家网站自建销售平台。例如：太平洋保险公司成立全资子公司太平洋保险在线服务科技有限公司；中国人寿推出新版互联网电子商务平台，服务范围涵盖了寿险、财险、企业年金等综合业务；以及前面所提到的平安、泰康等。

（2）保险公司与各大电子商务网站合作，建立网上保险门店。平安保险、泰康人寿、昆仑健康险、阳光保险、华泰保险和太平洋保险都在天猫上开设有旗舰店。保险公司与购物网站通过宣传造势、打折促销、优化服务，吸引消费者转换商品购买渠道，互联网保险业务以其特有的便捷性和所谓的价格优势，迎合了特定人群快速消费的偏好，呈现出方兴未艾的发展势头。

（3）以中介身份建立专门的保险电子商务平台。如泛华保网、新 1 站、大家保、慧保网、易保网、中国保险网等。利用第三方平台的保险公司，往往会在相应的第三方平台建立自己的交易内容，以此来为客户提供服务。以中国保险网（http://www.china-insurance.com）为例，这是一个典型的第三方平台，拥有大量的加盟会员，客户只要进入保险网的网站，就相当于进入了一个保险超市，可以方便地进行产品比较，选择适合自己的产品。

### 四、网上保险业务的主要内容

无论采用哪种模式，网上保险的业务内容都是类似的。通常，保险公司开展网上保险的主要业务内容有在线宣传、在线销售、在线客户服务和在线合作。

#### 1．在线宣传

利用网络进行在线宣传，对于保险公司而言，不仅成本低廉，而且可以有效地针对客户需求进行互动宣传。同时，通过在一些重要的保险中介机构、保险监管机构、相关学术机构上建立连接，能够有效地将公司的产品、服务理念、经营理念等予以宣传。

#### 2．在线销售

通常，投保人的网上保险流程为浏览网站、选择产品和服务、填写投保意向书、核保承保、订立合同、缴纳现金、保单生效。在线销售可以使投保人在任何时候都能登录保险网站，完成浏览、咨询、比较、选择等环节，经过在线填写保单，保险公司核保无误后，投保人就可以利用网上支付方式缴纳保险，保险公司在收到保费后，可以给客户出具电子保单，或者通过邮寄方式，将保单递交到客户手中，至此保单的在线销售过程即宣告完成。

#### 3．在线客户服务

客户服务是保单售后的一项重要工作。网上保险的开展过程中，保险公司可以通过网络、邮件等方式维持与客户的关系，来了解客户的需求和意见，从而可以更好地做好客户服务。

#### 4．在线合作

保险公司的网站可以通过与保险代理机构网站、保险经纪网站、银行网站、汽车销售公司网站、房产销售网站、证券公司网站等相互合作，提供一系列的在线销售服务，以此来延伸保险公司的业务范围，同时又可以与有关机构形成资源共享，实现共赢。

## 五、网上保险操作流程实例

中国平安保险（集团）股份有限公司（以下简称“中国平安”）是中国第一家以保险为核心的，融证券、信托、银行、资产管理、企业年金等多元金融业务为一体的紧密、高效、多元的综合金融服务集团。公司成立于 1988 年，总部位于深圳。中国平安建立了以电话中心和互联网为核心，依托门店服务中心和专业业务员队伍的 3A（Anytime、Anywhere、Anyway）服务模式，为客户提供全国通赔、定点医院、门店“一柜通”等差异化的服务。

### 1．网上投保流程

中国平安网上投保流程分为报价、基本信息、选择支付方式、完成投保 4 个过程，下面以网上投保汽车交强险为例，对网上投保操作流程进行演示。

（1）填写联系信息和开始报价　通过网上门店的交强险和车船税页面或其他链接进入网上投保汽车交强险页面，如图 7-8 所示。投保人需先选择车辆所在城市，然后填写基本信息，车辆的基本信息以及购买车船税等相关信息（注：部分区系统将自动通过交警平台、地税网等来查询投保人的车船税缴税以及交通违法记录等信息）。单击“立即报价”后显示交强险保费及车船税金额（注：交强险保费目前全国统一，但受投保人的交通违法记录及交通事故记录等因素的影响；车船税是代缴业务，各省标准不一样，对延期依法未缴纳的部分将实行补收并需缴纳一定的滞纳金）。

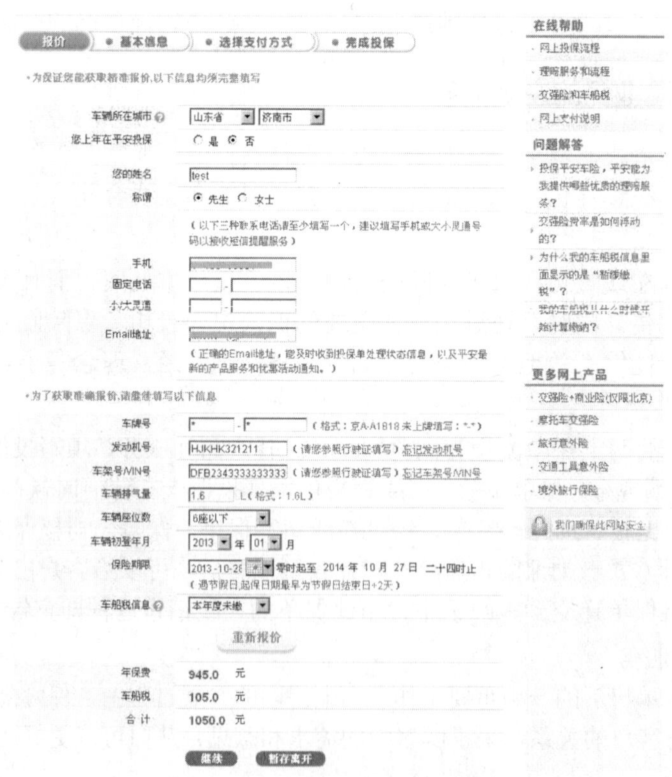

图 7-8　网上投保汽车交强险页面

（2）交强险费率浮动信息确认　仔细阅读交强险费率浮动告知单后，单击“确认以上信息”按钮，进入投保单基本信息填写页面，如图 7-9 所示。

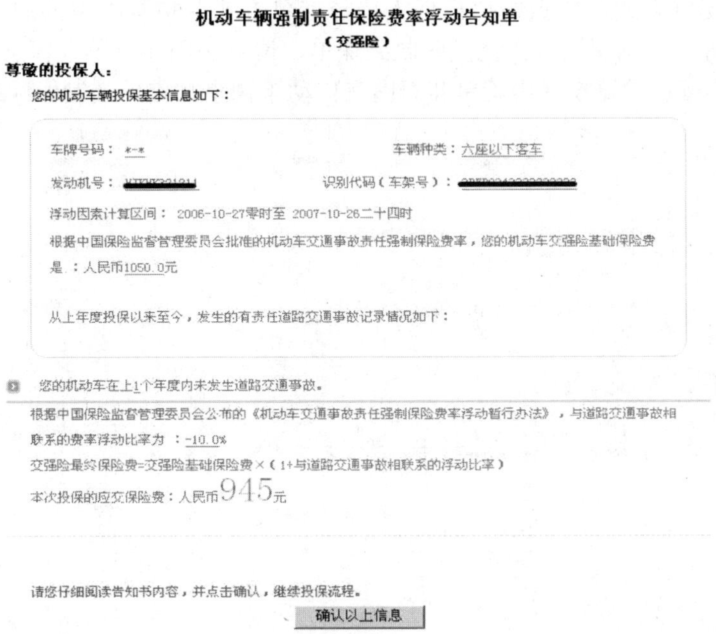

机动车辆强制责任保险费率浮动告知单
（交强险）

尊敬的投保人：

您的机动车辆投保基本信息如下：

车牌号码：*-*　　车辆种类：六座以下客车

发动机号：　　识别代码（车架号）：

浮动因素计算区间：2006-10-27零时至 2007-10-26二十四时

根据中国保险监督管理委员会批准的机动车交通事故责任强制保险费率，您的机动车交强险基础保险费是：人民币1050.0元

从上年度投保以来至今，发生的有责任道路交通事故记录情况如下：

您的机动车在上1个年度内未发生道路交通事故。

根据中国保险监督管理委员会公布的《机动车交通事故责任强制保险费率浮动暂行办法》，与道路交通事故相联系的费率浮动比率为：-10.0%

交强险最终保险费=交强险基础保险费×（1+与道路交通事故相联系的浮动比率）

本次投保的应交保险费：人民币945元

请您仔细阅读告知书内容，并点击确认，继续投保流程。

确认以上信息

图 7-9　交强险费率浮动信息确认页面

（3）填写投保信息　填写车辆信息、投保人信息、被保险人信息等内容，如图 7-10 所示。部分投保人信息由上一页自动带入本页，并可以修改，如果投保人信息与被保险人信息是同一个人，那么投保人只要选择“同投保人”即可，在正确填写所有信息后，投保人可以选择“继续”按钮后进入选择支付方式页面。

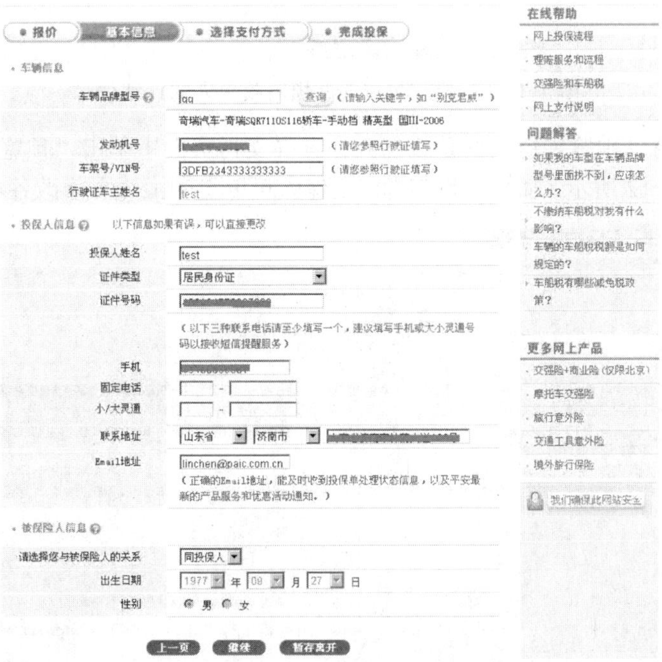

报价　基本信息　选择支付方式　完成投保

车辆信息

车辆品牌型号　qq　查询（请输入关键字，如“别克君威”）

奇瑞汽车-奇瑞SQR7110S116轿车-手动档 精英型 国III-2006

发动机号　（请您参照行驶证填写）

车架号/VIN号　3DFB2343333333333　（请您参照行驶证填写）

行驶证车主姓名　test

投保人信息　以下信息如果有误，可以直接更改

投保人姓名　test

证件类型　居民身份证

证件号码

（以下三种联系电话请至少填写一个，建议填写手机或大小灵通号码以接收短信提醒服务）

手机

固定电话

小/大灵通

联系地址　山东省　济南市

Email地址　linchen@paic.com.cn

（正确的Email地址，能及时收到投保单处理状态信息，以及平安最新的产品服务和优惠活动通知。）

被保险人信息

请选择您与被保险人的关系　同投保人

出生日期　1977 年 08 月 27 日

性别　男　女

上一页　继续　暂存离开

在线帮助

网上投保流程

理赔服务和流程

交强险和车船税

网上支付说明

问题解答

如果我的车型在车辆品牌型号里面找不到，应该怎么办？

不缴纳车船税对我有什么影响？

车辆的车船税税额是如何规定的？

车船税有哪些减免税政策？

更多网上产品

交强险+商业险（仅限北京）

摩托车交强险

旅行意外险

交通工具意外险

境外旅行保险

我们确保此网站安全

图 7-10　填写投保信息页面

（4）选择支付方式　此页需要投保人选择支付方式并填写收单人的详细信息，如图7-11所示。另外，为确保投保人能及时收到保单，请务必确保收单人信息是真实有效的。在本页投保人还可以预览投保申请单和查阅《机动车辆事故责任强制保险条款》。

图7-11　选择支付方式并填写收单人的详细信息

（5）投保申请单预览　该页面是投保人在选择支付页面中单击“预览”后弹出的投保单预览页面，如图7-12所示，如果发现问题，投保人可以返回上一页修改各项信息，确保无误。

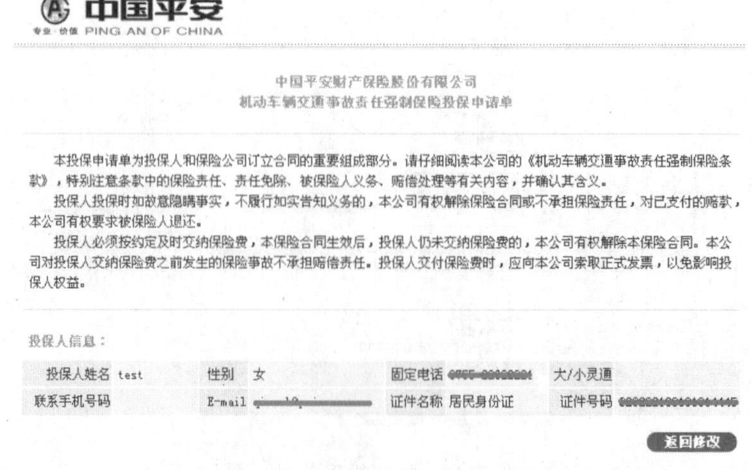

中国平安
专业·价值 PING AN OF CHINA

中国平安财产保险股份有限公司
机动车辆交通事故责任强制保险投保申请单

本投保申请单为投保人和保险公司订立合同的重要组成部分。请仔细阅读本公司的《机动车辆交通事故责任强制保险条款》，特别注意条款中的保险责任、责任免除、被保险人义务、赔偿处理等有关内容，并确认其含义。

投保人投保时如故意隐瞒事实，不履行如实告知义务的，本公司有权解除保险合同或不承担保险责任，对已支付的赔款，本公司有权要求被保险人退还。

投保人必须按约定及时交纳保险费，本保险合同生效后，投保人仍未交纳保险费的，本公司有权解除本保险合同。本公司对投保人交纳保险费之前发生的保险事故不承担赔偿责任。投保人交付保险费时，应向本公司索取正式发票，以免影响投保人权益。

投保人信息：

| 投保人姓名 test | 性别 女 | 固定电话 [illegible] | 大/小灵通 |
|---|---|---|---|
| 联系手机号码 | E-mail [illegible] | 证件名称 居民身份证 | 证件号码 [illegible] |

返回修改

图7-12　投保申请单预览页面

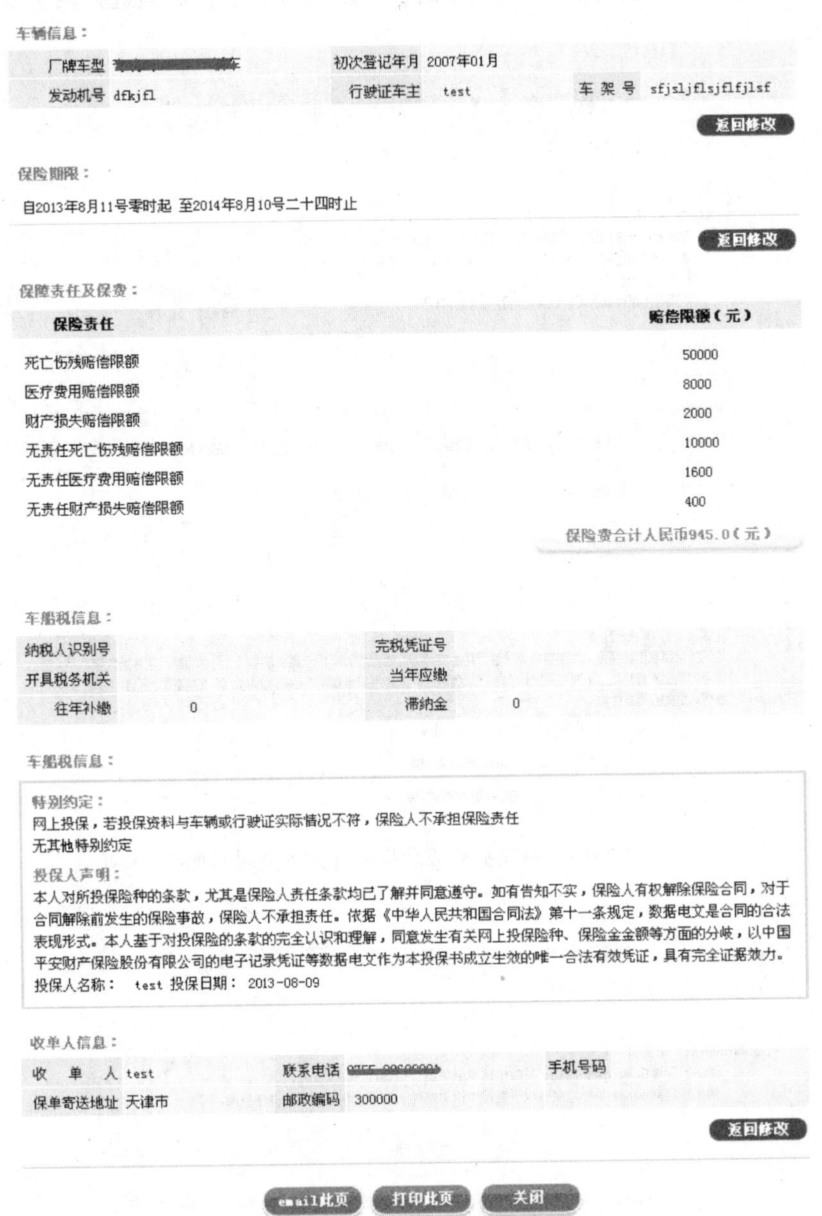


图 7-12　投保申请单预览页面（续）

（6）投保提交成功提示　当出现本页面，如图 7-13 所示，说明投保人已成功提交投保申请，保险公司收到投保申请，并已经通过电子邮件将投保信息发至投保人的邮箱。投保人可以单击“立即支付”按钮进行支付。如果投保人在本页面上没有看到“立即支付”按钮，如图 7-14 所示，则投保人这次的投保还需等待专业人员的确认，确认后再支付保费。

（7）网上支付　目前中国平安网上支付业务支持招商银行一卡通/一网通、工商银行卡及银联支持的全国 20 多家银行的多种银行卡。在查询列表中，选中要进行网上支付的保单后，单击后进入中国平安支付提示页面，如图 7-15 所示，请在这里选择网上支付银行，进入支付流程。

报价
基本信息
选择支付方式
完成投保
投保申请提交成功
尊敬的test 先生 ：
您的投保申请已提交，您的投保申请号是：51225000351007001595，
我们已经向您的邮箱发送该电子投保申请单，请注意查收。（视网络状况可能会有延时）
要现在生成保单您可以现在就进行网上支付！
您所需要支付的交强险和车船税
合计 1050.0 元
如果您是第一次使用网上支付，请阅读网上支付说明
网上支付
我们现在支持工商银行、招商银行、农业银行、建设银行等全国二十多家银行的网上支付功能。
如果您是第一次网上支付，请阅读网上支付说明
立即支付
无法进行网上支付？
您的投保信息已被保存，如果暂时无法进行网上支付，可能因您的银行卡尚未开通网上支付功能。在开通您银行卡的网上支付功能后，可以随时回到本网站通过“网上投保记录查询”功能找回您的投保信息，支付并完成投保。您的查询条件为：
查询人姓名
test
证件号码
Email地址

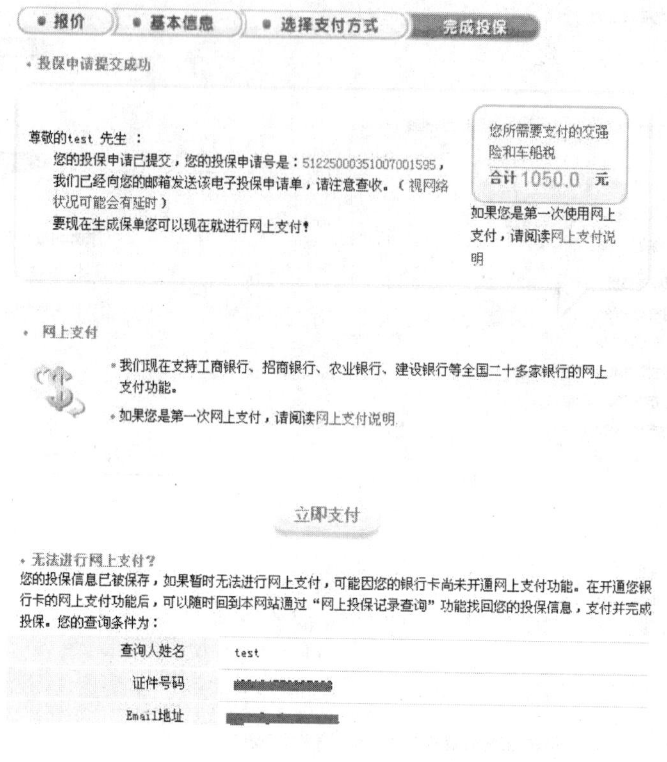

图 7-13　投保提交成功提示并进入支付页面

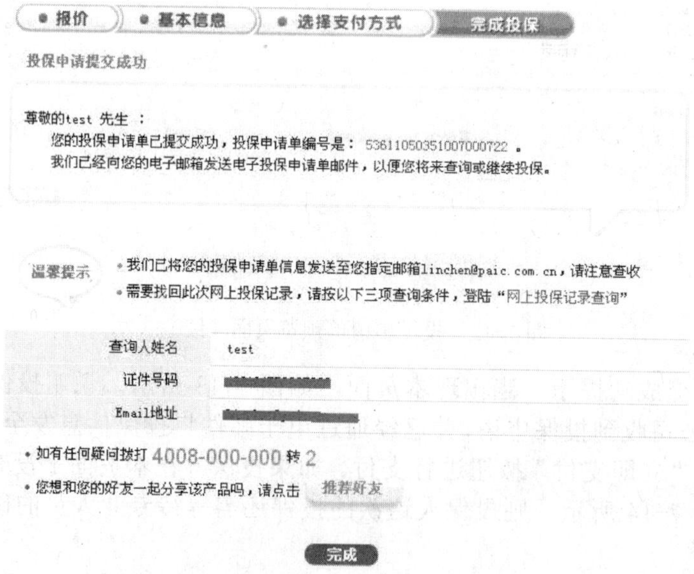

报价
基本信息
选择支付方式
完成投保
投保申请提交成功
尊敬的test 先生 ：
您的投保申请单已提交成功，投保申请单编号是： 53611050351007000722 。
我们已经向您的电子邮箱发送电子投保申请单邮件，以便您将来查询或继续投保。
温馨提示
我们已将您的投保申请单信息发送至您指定邮箱linchen@paic.com.cn，请注意查收
需要找回此次网上投保记录，请按以下三项查询条件，登陆“网上投保记录查询”
查询人姓名
test
证件号码
Email地址
如有任何疑问拨打 4008-000-000 转 2
您想和您的好友一起分享该产品吗，请点击 推荐好友
完成

图 7-14　投保提交成功提示，等待支付页面

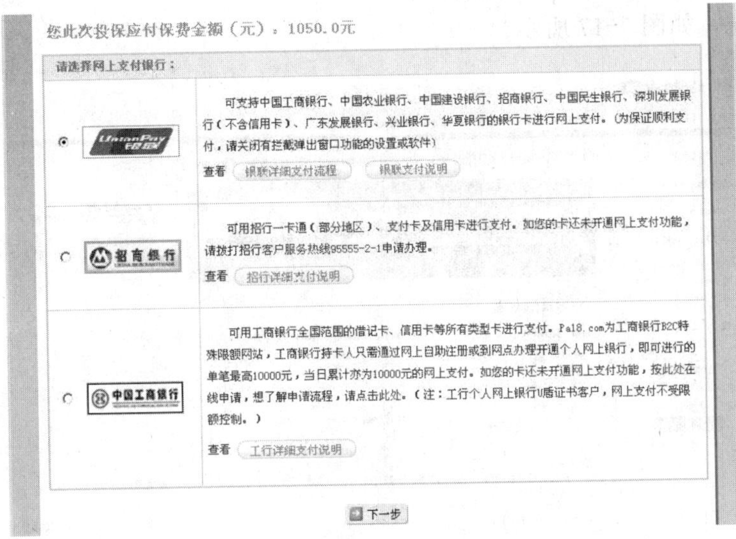


图 7-15　选择网上支付银行

（8）保存投保信息　为了方便，保险公司在完成投保前的每一个投保页面里都设置了“暂存离开”按钮。如果投保人在投保过程中有事要离开，或者还有不明白的地方需要弄清后再投保，没关系，投保人可以单击“暂存离开”按钮，只需填写投保人的姓名、证件号码、E-mail 地址 3 项信息，单击“确定”，就会为投保人保存本次投保记录，等待下次方便的时候再通过投保记录查询找回，继续完成投保，如图 7-16 所示。

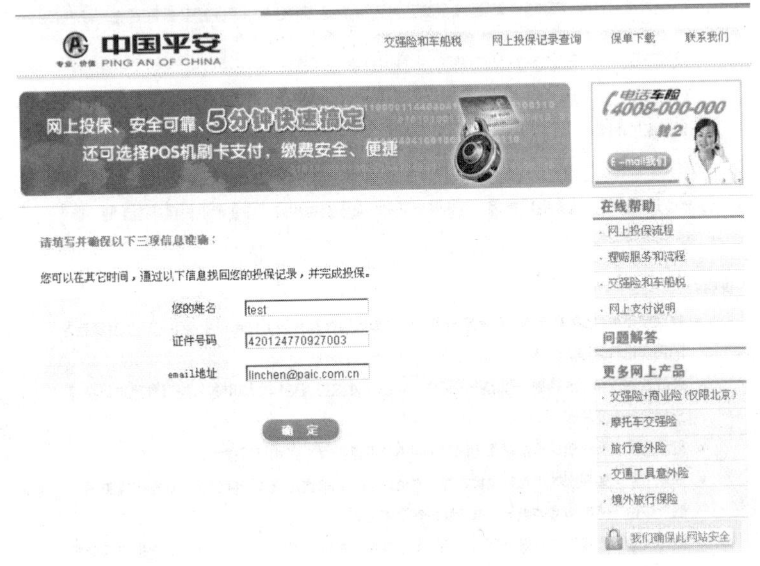


图 7-16　保存投保信息

（9）网上投保记录查询　在投保人投保成功或选择了“暂存离开”后，可通过单击邮件中的“立即查询”按钮，或者在“平安网上门店”频道、投保页面右方的“在线帮助”栏等通道进入“网上投保自助服务”页面，在输入投保人姓名、证件号码、E-mail 后，单击“确定”按钮后，即可查询到投保人在网上投保的所有险种的保单或投保申请单的支付情况和投保信息，如图 7-17 所示。

图 7-17 查询保单或投保申请单

（10）投保记录查询结果 输入查询条件后的查询结果页面，如图 7-18 所示，并可进行如下操作：

1）查询在本网站的历史投保记录。

2）可以对未投保成功的投保申请单进行修改、继续投保或完成支付。

3）在支付成功以后，查询或下载电子保单。

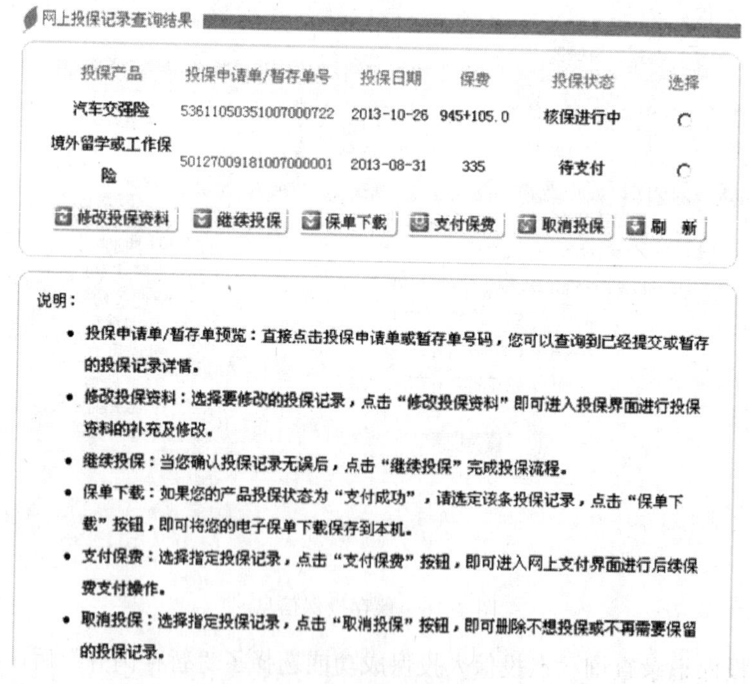


图 7-18 投保记录查询结果页面

## 2. 网上保险的网上支付流程

中国平安网的网上支付方式支持信用卡网上支付、网上银行支付、银联支付 3 种支付方式。

（1）信用卡网上支付　若用户持有中国银行、深圳平安银行、上海浦东发展银行、广东发展银行的信用卡无需开通网银即可直接进行支付，即可以使用以上银行的信用卡进行网上支付。

第一步：完成投保，提示可以立即支付；或者登录网上门店找到投保人的“待支付”保单，选中，如图 7-19 所示。

图 7-19　投保支付页面

第二步：点选信用卡支付，在下拉列表中选择投保人想使用的卡种，如图 7-20 所示。

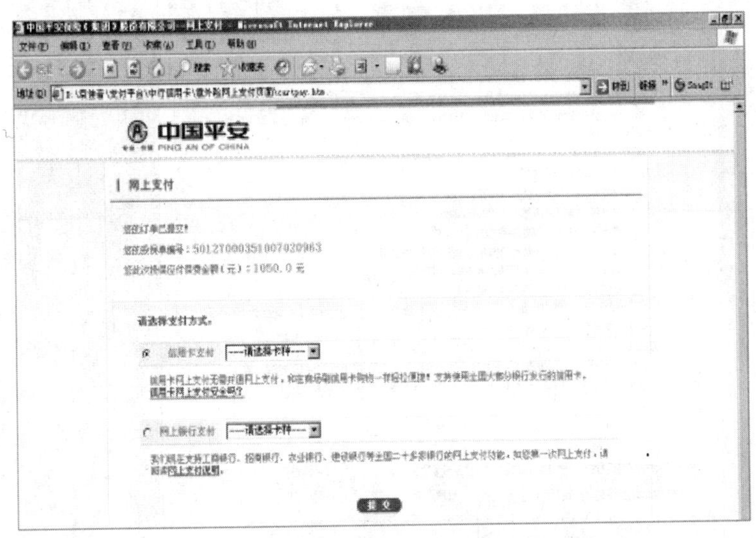


图 7-20　信用卡选择页面

第三步：如果投保人使用中国银行、深圳平安银行、浦东发展银行、广东发展银行的信用卡支付，将进入以下页面，请准确填写信用卡卡号、有效期、持卡人姓名等信息，提交，如图 7-21 所示。

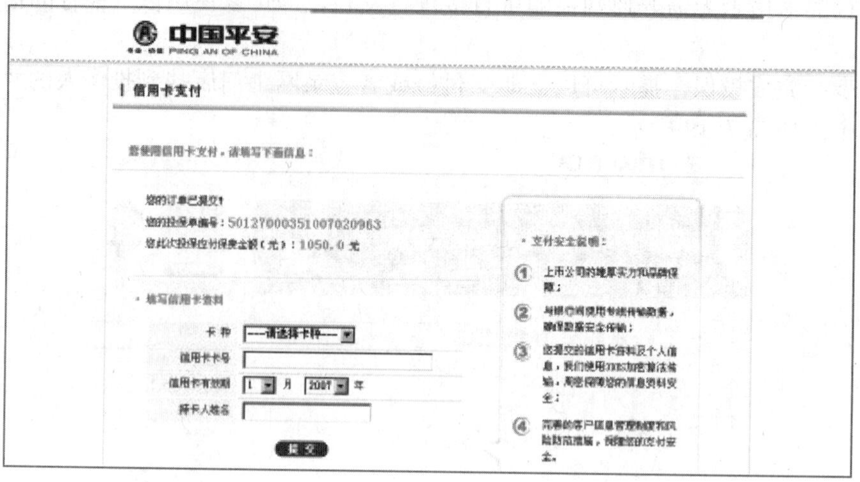

图 7-21　信用卡信息填写页面

如果投保人想使用招商银行和工商银行的信用卡支付，请进入招商银行或工商银行网上银行页面，按照提示进行支付。（其中工行网银详细支付说明可参考项目四）

第四步：页面自动给出反馈，显示支付是否成功，如图 7-22 所示。

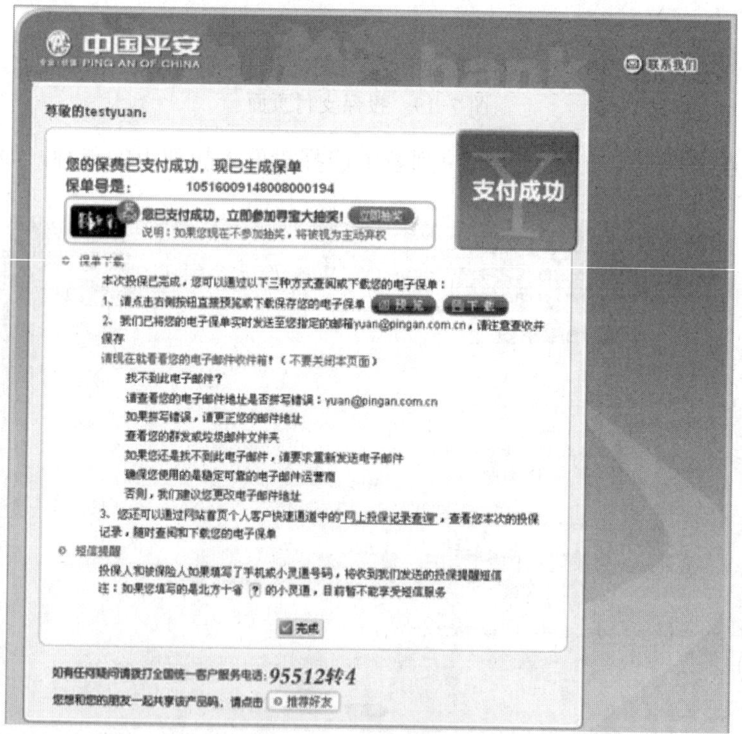


图 7-22　信用卡支付成功页面

（2）网上银行支付　投保人如果使用招商银行、中国工商银行、中国建设银行、中国农业银行或平安银行的银行卡支付，并已经开通了网银支付功能，可以使用网上银行进行网上保险的支付，下面以中国农业银行为例，介绍农业银行网上银行的网上保险支付流程。

第一步：完成投保，提示可以立即支付；或者登录网上门店找到投保人的“待支付”保单，选中，如图 7-23 所示。

图 7-23　投保支付页面

第二步：点选网上银行支付方式，在下拉列表中选择中国农业银行网银支付，如图 7-24 所示。

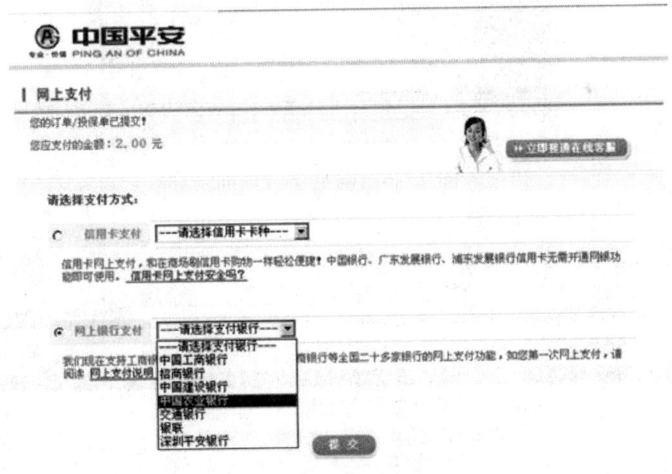


图 7-24　选择农业银行网银支付页面

第三步：跳转到中国农业银行网银页面。点选证书客户支付，再单击“确定付款”按钮，如图 7-25 所示。

第四步：如果弹出以下页面，单击“确定”，如图 7-26 所示。

第五步：如果投保人是电子口令卡用户，将看到以下页面：请在“选择支付卡号”框内选择投保人要使用的农行卡，在动态密码处输入动态口令卡上给定坐标处显示的号码，最后单击“确定付款”按钮，如图 7-27 所示。

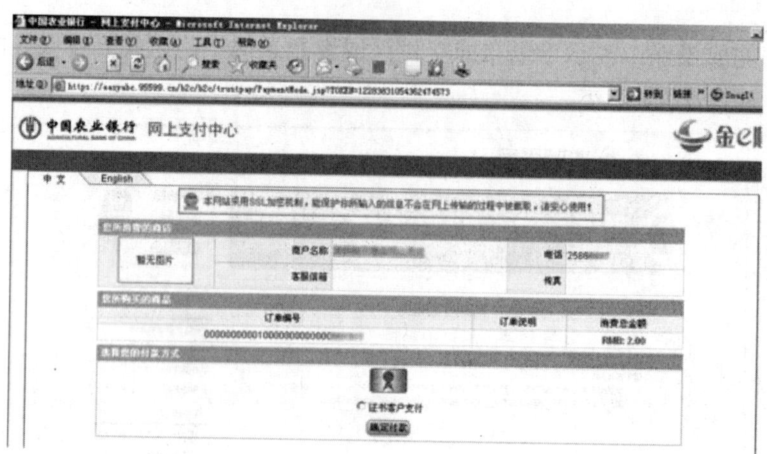


图 7-25 中国农业银行网银支付页面

图 7-26 确定支付页面

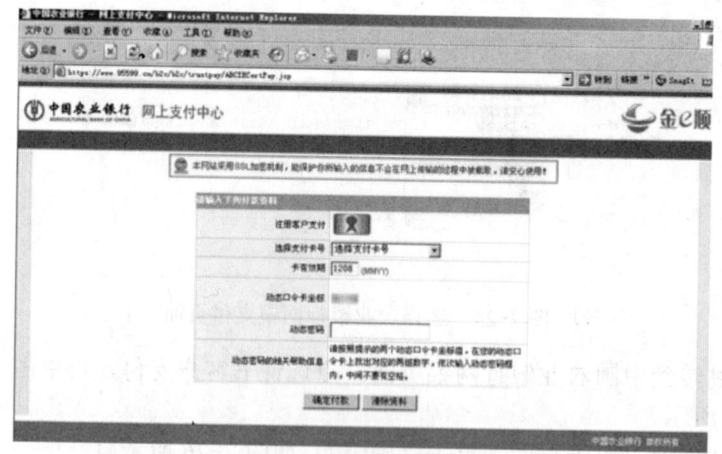


图 7-27 中国农业银行网银账号信息输入页面

第六步：单击以下弹出窗口中的“确定”按钮，如图 7-28 所示。

图 7-28　确认支付页面

第七步：投保人将看到中国农业银行给出的支付成功页面，如图 7-29 所示；以及平安网站反馈的支付成功页面，如图 7-30 所示。

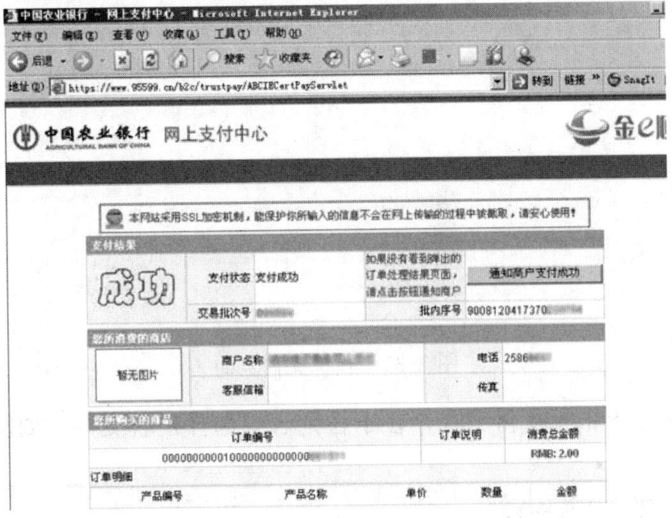


图 7-29　中国农业银行反馈的支付成功页面

图 7-30　平安网站反馈的支付成功页面

（3）银联支付

第一步：完成投保，提示可以立即支付；或者登录网上门店找到投保人的“待支付”保单，选中，如图 7-31 所示。

图 7-31 投保支付页面

第二步：点选网上银行支付方式，在下拉列表中选择银联支付，如图 7-32 所示。

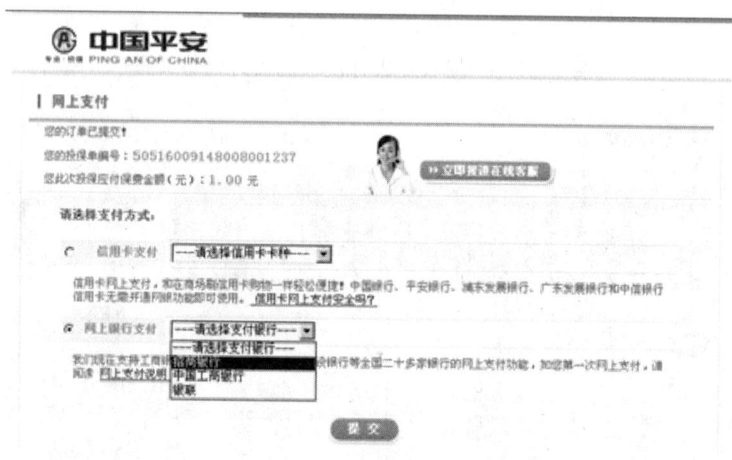


图 7-32 选择银联支付页面

第三步：跳转到银联网站。选择发卡行、发卡地区、银行卡类型，单击“确认支付”。如图 7-33 所示。

第四步：银联根据发卡行、开卡地点，给出相应的界面，按要求操作。

第五步：页面自动给出反馈，告知投保人的支付是否成功，如图 7-34 所示。

ww.ebankunion.com/epay-gateway/GWGlobalMercRequestDispatch.do 转到

银联易办事安全支付中心

易办事 安全支付

商户名称：中国平安财产保险股份有限公司
订 单 号：0002007000000142415
支付金额：1.00 元

发卡银行
请选择

银行卡所在地区
深圳市
广州市
上海市
其它地区

银行卡类型
借记卡
信用卡

卡号支付
输入银行卡号支付
EPOS刷卡支付
EPOS键盘刷卡支付
帮助
支付帮助信息

确认支付

图 7-33 选择银行信息页面

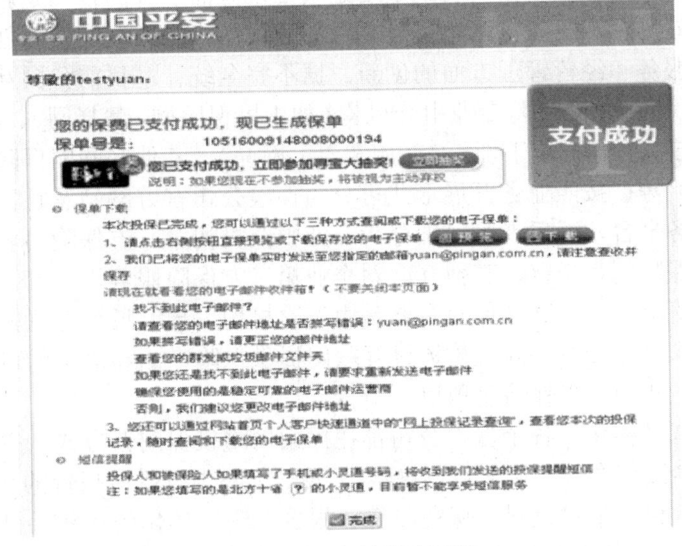


图 7-34 支付成功页面

## 六、网上保险的发展现状与发展趋势

### 1. 网上保险的发展现状

随着互联网金融的兴起，保险业也开始借助互联网寻求新的发展空间。在西方发达国家，随着互联网的高速发展，近几年来网络保险逐渐被人们所接受。美国由于在网络用户数量、普及率等方面有着明显的优势，成为发展网络保险的先驱者。美国国民第一证券银行首创通过互联网销售保险单，营业仅一个月就销售了上千亿美元的保单。现在美国几乎所有的保险公司都已上网经营。与西方发达国家相比，我国的网上保险起步比较晚，1997年11月，中国保险信息网（2000年7月正式更名为中国保险网）正式上线，成为我国最早的保险行业第三方门户网站，该网涉及保险业的培训、咨询、销售、投诉等内容。在信息网开通的当天，新华人寿保险公司通过保险网收到了客户的第一份投保意向书，由此诞生了我国第一张互联网保单。随后各商业性保险公司纷纷推出了自己的网站来介绍产品、介绍公司的背景，并与客户进行网上交流，宣传扩大影响。2000 年 5 月，人保推出了网上保险业务，客户可以选取自己需要的险种投保。2000 年 8 月，泰康在线成功上线，成为了我国第一家由保险公司投资建设，能够实现在线投保的网站。2001 年 3 月，太平洋保险北京分公司开通了“网神”，推出了 30 余个险种，开始了真正意义上的保险网上营销。该公司当月保费达到 99 万元，让业界看到了保险业网上营销的巨大魅力，也预示了网上保险业在我国发展空间的巨大。2012 年全国原保险保费收入 15 488 亿元，比 2011 年增长 8%。2013 年全年实现原保险保费收入 1.72 万亿元，同比增长 11.2%。2014 年全国保费收入达 2.02 万亿元，同比增长 17.5%。其中，互联网保险业务发挥了积极的作用。

据中国保险行业近期发布的《互联网保险行业发展报告》显示，2011 年至 2013 年国内经营互联网保险业务的公司从 28 家上升到 60 家，年均增长达 46%；规模保费从 32 亿元增长到 291 亿元，3 年间增幅总体达到 810%，年均增长率达到 202%；投保客户数从 816 万人增长到 5 437 万人，增幅达 566%。

我国目前在互联网保险方面的实践主要是从 2 个方面展开的：一是新渠道的搭建，即保险公司官方网站平台和第三方网销保险平台的建设；二是互联网保险创新，即基于互联网的保险产品、服务和经营管理方面的创新。据不完全统计，目前我国互联网保险业务按参与主体可分为保险公司、保险专业中介机构（如中民保险网、慧择网）、电子商务企业（如淘宝、京东、苏宁）、互联网门户网站（如和讯、网易）、其他互联网保险服务网站（如优保网、大家保网）等；按照业务开展形式可分为保险公司官方网站及官方网上商城、第三方保险销售和服务平台，而后者又可细分为专业中介机构第三方保险销售平台、传统电子商务企业第三方保险销售平台、其他互联网企业第三方保险服务平台等。

从我国目前情况看，互联网保险主要是由保险机构主导、通过互联网平台开展的保险活动，但不排除未来非传统保险机构通过互联网提供保险产品和服务的可能性。随着网络金融的飞速发展，我国网上保险呈现以下新特点：

（1）投保方式多样化　各个保险公司都在探索网络投保的新方式。中国平安在其官方微博平台发布了全新的“微博版车险计算器”，天平车险也有微博报价的功能。泰康人寿率先推出了首个可提供“手机投保、保费测算、报价”等一体化的在线手机服务平台“泰康口袋”。友邦中国与多媒体终端提供商“安欣生活”合作，推出了自助保险销售机，消费者能通过放置在上海轨道交通各站台的 500 台多媒体自助终端机体验友邦保险提供的保险服务。太平洋寿险与中国移动、联动科技公司共同开发推出了手机短信投保服务，并在杭州萧山国际机场试行，受到客户欢迎。

（2）产品形式多样化　在互联网销售的保险产品，除主流的短期意外险之外，还出现了保障期限较长的医疗保障保险、定期寿险、投资理财产品等。新华人寿网上商城推出了少儿疾病保障计划，趸交和期交产品均有，保障期限长、保费高；泰康人寿在京东商城上线的近 10 款保险产品包含综合意外险、旅游意外险、交通意外险、母婴险、女性疾病险、住院医疗险等险种。

（3）保险网络团购创造新纪录　2013 年淘宝理财频道首次参与“双十一”，保险产品成为了其中的主角。据淘宝官方统计，淘宝理财在“双十一”当天成交额 9.08 亿元，其中国华人寿官方旗舰店成交了 5.31 亿元，生命人寿官方旗舰店成交了 1.01 亿元，国华人寿华瑞 2 号单品成交 4.62 亿元，刷新了互联网单品在线即时成交纪录。

（4）保险公司与网络公司深度合作　中国平安与阿里巴巴、腾讯积极接触，合作探讨互联网保险业务新模式。由阿里巴巴和腾讯提供客户群和网络平台，平安保险提供保险产品。

（5）政策监管逐步完善　2012 年 1 月 1 日正式施行的《保险代理、经纪公司互联网保险业务监管办法（试行）》主要涉及以下几方面的内容：一是明确了保险代理、经纪公司从事互联网保险业务采取事后报告的方式；二是设立了保险代理、经纪公司从事互联网业务的准入门槛；三是确立了互联网业务集中运营、投保流程合理、严格履行保险合同说明义务、保证服务质量等基本经营规则；四是要求进行充分信息披露。该办法的颁布实施，对于进一步规范和促进保险代理、经纪公司互联网保险业务的健康发展，防范网络保险欺诈风险，切实保护投保人、被保险人和受益人的合法权益，具有重要意义。

2012 年 5 月 17 日，保监会又发布《关于提示互联网保险业务风险的公告》，要求社会公众在通过互联网购买保险产品前，要在中国保监会官方网站上查看保险代理公司、保险经纪公司开展互联网保险业务的相关情况，仔细甄别，避免上当。同时提出，从重从快查处违法违规开展互联网保险业务的单位和个人，坚决维护保险市场的秩序和保险消费者的合法权益。根据保监会官方网站的数据统计，截至 2015 年 1 月，保监会已公布了 82 家保险代理、经纪公司的互联网业务备案情况。保险代理、经纪公司互联网业务备案页面如图 7-35 所示。

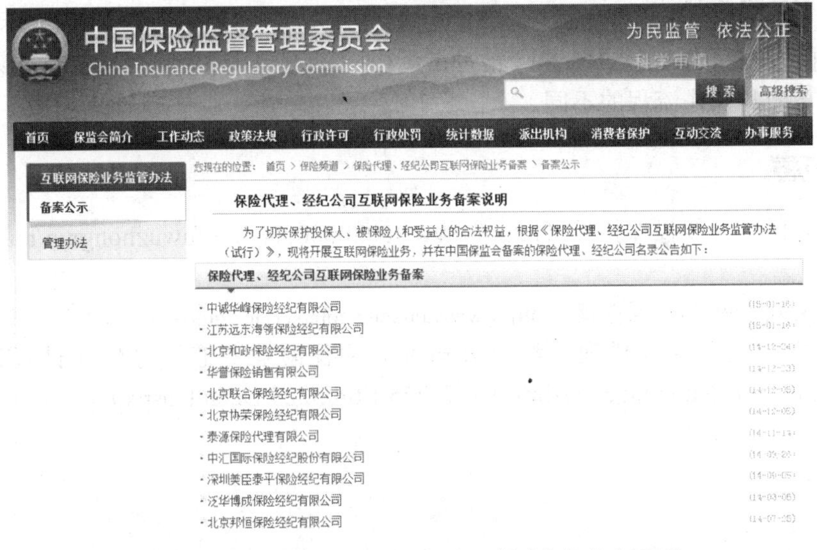

图 7-35　保险代理、经纪公司互联网业务备案页面

**2．我国网上保险的发展趋势**

我国网络保险快速发展中仍存在一定的问题，但作为一个新兴的营销渠道，网络保险在我国还是体现出了十分广阔的发展前景。

（1）强大的网民后盾和网购热潮激发了网络保险的潜力　庞大的网民规模为网络保险的发展提供了坚实的潜在消费群基础，而相对滞后的网络保险消费意味着更大的市场潜力。

（2）网络保险的监管环境日益规范　鉴于网络保险业务的巨大潜力和发展过程中暴露出的一些不规范经营行为，保监会出台了《互联网保险业务监管暂行办法（征求意见稿）》，主要是计划对保险网销设定市场准入条件，并就人员、技术、管理等方面对保险公司和中介公司开展网销作出要求。可以预见，以往那种普通保险代理人可以随意通过第三方电子商务网站销售保险产品、保险产品和保单真实性难以得到保证的情况会得到大大改善。

（3）网络保险个性化的发展趋势符合年轻消费群体的喜好　互联网的交互性使得客户由传统营销方式中的被动接受者转变为主动参与者。网络保险具有兼顾保单的标准化和差异化的优点，它允许客户在标准化合同的基础上提出个人的差异化需求，这不仅迎合了年轻消费者的喜好，也有助于保险公司更好地了解客户需求，更有针对性地开发产品。

（4）实现真正意义上的网销是未来发展的趋势　目前，网销产品在传统渠道也能买到，放在网上只是购买方式存在不同。而真正意义上的保险网络销售则需要实现保险信息咨询、保险计划书设计、投保、缴费、保单信息查询以及基本保全变更等功能，以及实现投保人需求、信息和保险公司承保政策及监管规定三方信息的无缝对接。虽然这些功能与要求的实现并不容易，但并不妨碍其成为未来的发展趋势。

## 任务完成结论

通过对本任务的学习，大家可以对网上保险的基本知识、经营模式、操作流程以及网上保险的发展现状与发展趋势等有一个全面的认识。

## 课堂训练与测评

登录中国平安网（http://www.pingan.com）、中国保险（http://www.china-insurance.com），比较其业务功能与操作流程的不同。

## 知识拓展

（1）平安保险在线投保指南（http://www.4008000000.com/fuwuzhongxin/toubaozhinan.shtml）。

（2）泰康人寿网上投保指南（http://www.taikang.com/service/guide）。

（3）关于印发《保险代理、经纪公司互联网保险业务监管办法（试行）》的通知（http://www.circ.gov.cn/tabid/5171/InfoID/178475/frtid/5225/Default.aspx）。

# 参 考 文 献

[1] 柯新生．网络支付与结算[M]．北京：电子工业出版社，2004．

[2] 中国电子商务协会．第三方电子支付探索与实践[M]．北京：中国标准出版社，2008．

[3] 张宽海．网上支付与结算[M]．北京：机械工业出版社，2008．

[4] 汪蕾．网上支付与结算[M]．杭州：浙江大学出版社，2007．

[5] 金桂兰．电子交易与支付[M]．北京：中国电力出版社，2004．

[6] 甘嵘静，陈文林．电子商务概论[M]．北京：电子工业出版社，2006．

[7] 宋沛军．电子商务概论[M]．西安：西安电子科技大学出版社，2006．

[8] 荆林波，梁春晓．中国电子商务服务业发展报告[M]．北京：社会科学文献出版社，2013．

[9] 中华人民共和国商务部．中国电子商务报告（2012）[M]．北京：清华大学出版社，2013．

# 参 考 网 址

[1] http://www.cnnic.net.cn

[2] http://www.icbc.com.cn

[3] http://www.abchina.com

[4] http://www.ccb.com

[5] http://www.cmbchina.com

[6] http://www.bankcomm.com

[7] http://www.cgbchina.com.cn

[8] http://www.cmbc.com.cn

[9] http://www.ca365.com

[10] http://www.alipay.com

[11] http://www.tenpay.com

[12] http://www.paypal.com

[13] http://pay.qq.com

[14] http://www.umpay.com

[15] http://www.yeepay.com

[16] http://www.95579.com

[17] http://www.pingan.com

[18] http://www.analysys.com.cn

[19] http://www.iresearch.cn